Kohlhammer

Domainrecht

Dr. Jens Bücking
Fachanwalt für Informationstechnologierecht,
Lehrbeauftragter an der Hochschule für Technik, Stuttgart

Henrik M. Angster
Rechtsanwalt, Stuttgart

2., überarbeitete und erweiterte Auflage

Verlag W. Kohlhammer

Gesamtherstellung:
W. Kohlhammer Druckerei GmbH + Co. KG, Stuttgart
Printed in Germany

ISBN 978-3-17-019820-3

Vorwort

Im Zuge des Online-Booms der neunziger Jahre haben zahlreiche Unternehmen begonnen, sich das neue Medium Internet für Werbe- und Vertriebszwecke nutzbar zu machen. Die Möglichkeiten, mittels innovativer Marketingstrategien, die via Web mit relativ geringem technischem und finanziellem Aufwand verfolgt werden können, weltweit neue Märkte zu erschließen, erscheinen im Wortsinne grenzenlos. Die Attraktivität, die die universellen Anwendungsmöglichkeiten des Internets verheißen, offenbart freilich nicht selten eine Kehrseite durch den Prioritätsgrundsatz bei der Vergabe werbewirksamer Domainadressen, das so genannte „*First come – First served*"-Prinzip. Denn ein Unternehmen, das den globalen Marktplatz nutzen will, muss seine potentiellen Kunden wissen lassen, unter welcher Internetadresse es zu erreichen ist. Keine Adressbezeichnung ist hierbei geeigneter, dem Nutzer das Auffinden der Internet-Präsentation zu erleichtern, als die eigene Firma, Marke oder Geschäftsbezeichnung. Der wirtschaftliche Wert einer gut gewählten Domainbezeichnung ist dem einer eingetragenen Marke oder der Geschäftsbezeichnung daher durchaus vergleichbar.

Allerdings wird die Zugkraft bestimmter Namen oder Kennzeichen mitunter von Dritten genutzt, um potentielle Kunden auf die eigene Homepage zu locken und damit lukrative Zugriffszahlen für eine attraktive Weitervermietung von Werbefläche im Netz („Webspace") zu erzielen oder auf die eigene Produktpalette aufmerksam zu machen. Ein anderes Genre dieser „Domainpiraterie" registriert ohne ernsthafte eigene Nutzungsabsicht kennzeichenrechtlich geschützte Domains und lässt sich die Aufhebung der damit bewirkten Blockaden großzügig versilbern („Domain-Grabbing"). Bisweilen werden die dergestalt blockierten Domains anschließend an Dritte weiterveräußert. Nicht selten besteht der Zweck der Reservierung aber auch allein darin, den eigentlich Berechtigten an der Nutzung „seiner" Domain zu hindern.

Kennzeichen- und wettbewerbsrechtliche Konflikte sind durch diese Praktiken vorprogrammiert. Sie entzünden sich letztlich in aller Regel an der Zulässigkeit der frei wählbaren Second Level Domain (der eigentlichen „Domain") unterhalb der – unbeeinflussbaren – regionalen oder generischen Top Level Domain – im Folgenden Top Level Domain genannt – wie beispielsweise „.de" für den Vergabebereich Deutschland oder „.com" für kommerzielle Anbieter weltweit. Diese Domain kann aus technischen Gründen unterhalb jeder Top Level Domain-Ebene nur jeweils ein einziges Mal vergeben werden, ihre Registrierung schließt sonach alle anderen hieran Interessierten von der Nutzung aus. Man spricht daher auch von der „Eindimensionalität" des Namensraums Internet.

Schwerpunkt der hierdurch aufgeworfenen Konflikte ist mithin der Schutz von Namen, Marken und geschäftlichen Bezeichnungen gegen deren unbefugte Verwendung *als oder in* einer Internet- oder E-Mail-Adresse. Natürlich kann aber auch in der Bereitstellung der via Internet abrufbaren Inhalte selbst eine unbefugte kennzeichenrechtliche Benutzungshandlung des Anbieters liegen. Zu denken ist schließlich auch an international-rechtliche Implikationen: Können etwa deutsche Gerichte einem Anbieter von Online-Inhalten die Einstellung seiner Dienste insgesamt gebieten? Welches Recht gilt bei grenzüberschreitenden Datenströmen, bei deren Abrufbarkeit im Inland es sich häufig um eine allein technisch bedingte Zufälligkeit handeln wird? Eine Klärung der Domain-Problematik erscheint daher auch für den Anbieter von Online-Inhalten notwendig, der sich mit der Wahl einer Domain gleichsam auf ein „Minenfeld" unüberschaubarer kennzeichen- und wettbewerbsrechtlicher Interessen begibt. Wünschenswert ist eine solche Klärung aber auch mit Rücksicht auf die Vergabeorganisationen, die sich ihrerseits im Spannungsfeld von technischen Vorgaben, Kennzeichen- und Kartellrecht befinden.

Dieses Buch steht vor der Aufgabe, die durch die Eindimensionalität des Namensraums Internet bedingten Fragestellungen unter erschöpfender Heranziehung der einschlägigen Judikatur herauszuarbeiten. Dem praktisch orientierten Leser werden mögliche Strategien zur Vermeidung kennzeichen- und wettbewerbsrechtlicher Konflikte bei der gewerblichen Nutzung des Internets aufgezeigt. Angesprochen werden dabei auch Fragen des internationalen materiellen und prozessualen Rechts.

Stuttgart, Juli 2009

Dr. Jens Bücking
Henrik M. Angster

Über die Autoren:

Herr Dr. jur. Jens *Bücking*, Rechtsanwalt und Fachanwalt für Informationstechnologierecht, ist Gründungspartner der Rechtsanwaltskanzlei e/s/b Rechtsanwälte (*http://www.kanzlei.de*) sowie zugleich Fachbuchautor im IT-Recht und Lehrbeauftragter an der Hochschule für Technik in Stuttgart. Herr Dr. Bücking berät Industrie, Handel und öffentliche Verwaltung bei IT-Projekten. Er leistet hier zugleich Unterstützung bei der Schulung der Mitarbeiter und sämtlichen arbeitsrechtlichen Vertragsgestaltungen im IT- und User-Umfeld.

Herr Henrik M. *Angster* ist Rechtsanwalt und Partner der Rechtsanwaltskanzlei e/s/b Rechtsanwälte. Herr Angster widmet sich schwerpunktmäßig den Bereichen Gewerblicher Rechtsschutz, Neue Medien und Geistiges Eigentum. Er berät Unternehmen und Agenturen insbesondere bei Fragen der Konzeption, des Schutzes und der Verwertung von Kennzeichen- und Markenrechten. Herr Angster ist überdies Geschäftsführer der gleichnamigen IP-Agentur (*www.angster.de*).

Inhaltsverzeichnis

Literatur- und Abkürzungsverzeichnis

(Aufgeführt sind verwertete Bücher und die wichtigsten Abkürzungen.)

Anm.	Anmerkung
Beier	Recht der Domainnamen, 2004
Bettinger	Handbuch des Domainrechts
Bücking	Namens- und Kennzeichenrecht im Internet, 1999
Bücking	Die wettbewerbs- und kartellrechtlichen Aspekte der Vergabe von Internetadressen, 2002
Emmerich	Kartellrecht, 9. Auflage 2001
Fezer	Markenrecht, 3. Auflage 2001
FS Beier	Festschrift für Beier 1996
Fn.	Fußnote
Hans.	Hanseatisch(es)
Hefermehl/Köhler/ Bornkamm	Gesetz gegen den unlauteren Wettbewerb: UWG, PAngV, UKlaG, 26. Auflage 2008
Hoeren	Internetrecht, Stand: Sept. 2008 *www.uni-muenster.de/Jura.itm/hoeren*
i. V. m.	in Verbindung mit
Köhler/Arndt	Recht des Internet, 4. Auflage 2003
Ingerl/Rohnke	Markengesetz, 2. neu bearbeitete Auflage 2003
Loewenheim/Koch	Praxis des Online-Rechts, 2000
MünchKomm	Münchener Kommentar, Bürgerlichen Gesetzbuch, Band 1/ Teilband 1: Allgemeiner Teil, 5. Auflage 2006
n. F.	neue Fassung
o. g.	oben genannt (e/en)
Palandt	Bürgerliches Gesetzbuch, 67., neubearbeitete Auflage 2008
Scheller/Boden/Geenen/ Kampermann	Internet, Werkzeuge und Dienste, 1994
Soergel	BGB, Bürgerliches Gesetzbuch, Band 1, 13. Auflage 2000
Stein/Jonas	Kommentar zur Zivilprozessordnung, 22. Auflage 2004
Ströbele/Hacker	Markengesetz, 7. Auflage 2003
UDRP	Uniform Domain Name Dispute Resolution Policy
u. v. m.	und viele(s) mehr
URL	Unified Resource Locator

Teil 1: Das Recht der Domainnamen in Deutschland

A. Technisch-organisatorischer Hintergrund

1 Auslöser der skizzierten Konfliktsituationen ist wie angedeutet die Eindimensionalität des durch das Internet eröffneten Namens- beziehungsweise Adressraumes:

I. IP-Adressen

2 Das der Kommunikation im Internet zugrunde liegende Übertragungsprotokoll TCP/IP (für „Transmission Control Protocol/Internet Protocol") verwendet als standardisiertes numerisches Adressierungsschema (die Kennung einer bestimmten Datei im Internet heißt URL, für „Unified Resource Locator") 4-Byte-Adressen.

Eine Internetadresse für im WWW abzurufende Inhalte beginnt daher mit dem Kürzel „http:" (für „Hypertext Transfer Protocol"), das die Programmiersprache für WWW-Dateien (das so genannte Hypertextformat „Hypertext Markup Language"/HTML) angibt, in der die gesuchte WWW-Seite erstellt worden ist, gefolgt von dem doppelten Slash-Zeichen „//" (Beispiel: „http://www.urteile.kanzlei.de"). Ein gezieltes Auffinden von Dokumenten vollzieht sich indessen nicht allein über den Domainnamen, da dieser nur den Rechner adressiert. Um eine einzelne auf diesem Rechner abgelegte Datei zu lokalisieren, bedarf es der URL, also der vollständigen Verzeichnisadresse der gesuchten Datei. Die URL gibt somit an, in welchem Format (Standard: „HTML") und in welchem Verzeichnis eine Datei gespeichert ist.

3 Danach besteht eine IP-Adresse aus einer 32 Bit großen Zahl, die in Gestalt von vier durch Punkte („Dots") voneinander getrennten 8-Bit-Gruppen des Bereichs 0 bis 255 dargestellt wird. Mit dem Quadrupel 195.180.139.3 beispielsweise wäre ein Netzelement vollständig adressiert. Die Zuweisung von (in der Regel flexiblen, „dynamischen" IP-Adressen) durch den ISP, d. h. den Zugang zum Internet (Konnektivität) vermittelnden „Internet Service Provider", ist mithin Voraussetzung für jeden Aufbau einer Internet-Verbindung.

II. Domainnamen

4 Da sich der Umgang mit numerischen Adressen insbesondere als Anwahl-Kennung eines bestimmten Internet-Angebotes für die Mehrheit der Anwender jedoch als schwierig erwies, wurde 1984 mit dem „Domain Name System" (DNS) ein hierarchisches Namenssystem eingerichtet, welches alphanumerische Zeichenketten auf die technischen Netzadressen abbildet, die IP-Nummern also in logische – und damit einprägsamere – Zahlen-/Satzzeichen-/Buchstabenkombinationen „übersetzt".

Das DNS setzt sich seinerseits aus drei Hauptkomponenten zusammen, nämlich dem „Domain Name Space", dem beschriebenen baumartigen, hierarchisch strukturierten Namensraum und dazugehörigen Datensätzen, die den Netzknoten zugeordnet sind, den „Resource Records" (RRs); den „Nameservern" als Programme beziehungsweise Rechner, die die Informationen über die Struktur des „Domain Name Space" verwalten und aktualisieren, wobei ein „Nameserver" regelmäßig nur eine Teilsicht des „Domain Name Space", nämlich die Namen „seiner" Domain, verwaltet; den „Resolvern" als Programme, die einem bestimmten „Nameserver" zugeordnet sind und Anfragen an diesen stellen; können diese nicht beantwortet werden, wird der „Nameserver" andere „Nameserver" kontaktieren (die Möglichkeit zum Informationsaustausch besteht jedenfalls mit dem nächst höheren oder nächst tieferen autorisierten Nachbarn)[1].

5 Das DNS stellt eine baumartige, weltweit eindeutige und logische Namensstruktur zur Verfügung, die jedem an das Internet angeschlossenen Rechner einen hierarchisch strukturierten Namen zuweist; oder um es anschaulicher mit *Kochinke/Bäumer*[2] auszudrücken: „*Das Internet ist die Route der Datenautobahn, und die Internetadressen sind die einzelnen Abfahrten*".

6 Wenn der Nutzer nun einen Domainnamen eingibt, wird diese Anfrage vom Server des Nutzers an einen so genannten „Nameserver" übermittelt, bei dem der gesuchte Name als technische Adresse registriert sein könnte. Ist dies nicht der Fall, wird die Anfrage schließlich zu einem der großen Wurzelverzeichnisse, einem „Root-Nameserver", weitergeleitet. Dieser ermittelt nun die dem Domainnamen zugeordnete IP-Adresse und eröffnet damit den Zugang zu dem angewählten Rechner[3]. Hierbei vollzieht sich die Namensauflösung von rechts nach links, beginnt jedoch immer an der Wurzel („Root"), also dem Punktzeichen („Dot") „."[4], um sich dann in absteigender hierarchischer Richtung entlang der Struktur

Hostname.(z. B.Third-Level-)Subdomain.(Second Level-)Domain.Top-Level-Domain

fortzusetzen. Der erste Teil der Buchstabenfolge gibt also den groben (regionalen, organisatorischen oder thematischen) Bereich an, gefolgt von der wettbewerbs- und kennzeichenrechtlich interessanten eigentlichen (Second Level-) Domain. Bei dieser Domain der zweiten hierarchischen Ebene handelt es sich also um ein Teilnetz, zu dem der adressierte Rechner gehört. Diese Struktur setzt sich in der nächsten Ebene der „Subdomains" fort. In eine Rechneradresse können unterschiedlich viele Unterabschnitte (Subdomains) eingebunden sein.

TLDs werden in zwei Hauptgruppen und einen Sonderfall unterteilt (Darstellung nach Wikipedia, „Top-Level-Domain", http://wikipedia.org/wiki/Top-Level-Domain):

- allgemeine TLDs: generic TLDs (gTLDs), unterteilt in sponsored TLDs (sTLDs) und unsponsored TLSs (uTLDs)
- länderspezifische TLDs: country-code TLDs (ccTLDs)
  - die Infrastruktur-TLD (iTLD) .arpa (Sonderfall, Technologiedomain für interne Zwecke der DNS-Verwaltung). Länderspezifische TLDs bestehen immer aus zwei, allgemeine TLDs aus drei oder mehr Buchstaben. Die (besonders bedeutsamen) nichtgesponserten generischen TLDs sind der direkten Kontrolle der ICANN und der Internet Society unterstellt. Demgegenüber werden die gesponserten TLDs von unabhängigen Organisationen, die eigene Richtlinien für die Vergabe von Domainnamen aufstellen können, verwaltet und finanziert (die TLD „.mil" etwa wird vom US-amerikanischen Militär betrieben).

---

1 Die Darstellung folgt *Scheller/Boden/Geenen/Kampermann*, Internet, S. 29 f.

2 *Kochinke/Bäumer*, CR 1996, 499.

3 Vgl. dazu auch *J. B. Nordemann/Czychowski/Grüter*, NJW 1997, 1897. Die Autoren betonen, dass sich die großen Wurzelverzeichnisse („Root-Nameserver") für internationale Domainnamen fast sämtlich in den USA befinden und die Zahl derjenigen Personen, die diese strategischen Knotenpunkte eines weltweiten Adressensystems kontrollieren, verschwindend gering ist.

4 In der Wurzel der DNS-Baumstruktur befindet sich die (virtuelle) „Root-Domain", die ihrerseits zwar keinen Namen hat, aber von einer Gruppe von „Root-Servern verwaltet wird („.edu", „.org", „.com", „.mil", „.int", „.gov" und „.net", national etwa „.de"), wobei die hierarchisch darunter befindlichen Ebenen von den (geographischen, organisatorischen oder thematischen) First- beziehungsweise Top Level Domains (TLDs) besetzt sind.

Die Top Level Domains (Hauptbeispiele: „.com" oder „.de") beschreiben entweder thematisch, welcher Anbietergruppe von Web-Inhalten die jeweilige Einrichtung oder das Unternehmen angehören, das den Rechner betreibt (generische Domainnamen). 7

Die mit großem Abstand verbreitetste generische TLD ist „.com". Ursprünglich wurde diese TLD von US-amerikanischen Firmen und Organisationen verwendet, inzwischen wird sie weltweit in allen Bereichen (kommerziell, ideell, privat) und ohne Inhaberbeschränkung (private wie öffentliche Institutionen, Naturpersonen) genutzt. Nachstehend eine Übersicht über die nichtgesponserten generischen TLDs:

TLD	**Bedeutung**	**Anspruchsberechtigung**
.arpa	Arpanet	TLD des ursprünglichen Arpanets, jetzt verwendet als Address and Routing Parameter Area. Von der IANA wird diese TLD als „Infrastruktur-Domain" bezeichnet.
.biz	Business	nur für Unternehmen, mittlerweile für jeden frei zugänglich.
.com	commercial	ursprünglich nur für US-Unternehmen, heute frei für jeden
.info	information	für Informationsanbieter, mittlerweile für jeden frei zugänglich.
.int	international	für Internationale Regierungsorganisationen
.name	Name	nur für natürliche Personen oder Familien (Privatpersonen)
.net	Network	ursprünglich für Netzverwaltungseinrichtungen, heute frei für jeden
.org	organization	ursprünglich für nichtkommerzielle Organisationen (Non-Profit-Organisation) reserviert, inzwischen allgemein freigegeben
.pro	professions	für Anwälte, Steuerberater, Ärzte, Ingenieure (nur für genannte Berufsgruppen der USA, Kanadas, Deutschlands und des Vereinigten Königreichs)

Nachstehend eine Übersicht über die aktuell verfügbaren gesponserten TLDs (sTLD):

TLD	**Bedeutung**	**Anspruchsberechtigung**	**Sponsor**
Existierende gesponserte Domains			
.aero	aeronautics	für in der Luftfahrt tätige Organisationen	Société Internationale de Télécommunications Aéronautiques
.asia	asia	für Personen und Unternehmen die sich innerhalb der ICANN-Region Asia/Australia/Pacific[2] befinden (seit 2008 für jeden zugänglich)	
.cat	catalan	für die katalanische Sprache und Kultur	Fundació puntCAT
.coop	cooperatives	für Gesellschaften	Dot Cooperation LLC
.edu	Educational	nur für Bildungseinrichtungen, die vom US Department of Education als „post-secondary" akkreditiert sind	
.gov	Government	Nur Regierungsorgane der USA	
.jobs	Jobs	Nur für Unternehmen mit Stellenangeboten	
.mil	Military	Nur für militärische Einrichtungen der USA	
.mobi	Mobile	zur Kenntlichmachung von Diensten, die die Nutzung durch mobile Endgeräte explizit unterstützen	mTLD Top Level Domain Limited

TLD	Bedeutung	Anspruchsberechtigung	Sponsor
.museum	Museums	für Museen	Museum Domain Management Association
.pro	Credentialed professionals and related entities	Registry Services Corporation	
.tel	Telefone	zum vereinfachten Anrufen von Firmen und Personen	
.travel	Travel	für die Reise-Industrie (beispielsweise Reisebüros, Fluggesellschaften etc.)	
Ausstehende gesponserte Domains			
.post	Postal	für Post und Logistikunternehmen	Weltpostverein
Abgelehnte Domains			
.xxx	Sex	für erotische und sexuelle Inhalte	ICM Registry, Inc

Beispielsweise ist die TLD „.aero“ von der SITA gesponsert, die die Nutzung auf Inhalte der Luftfahrt beschränkt, oder die Nutzung von „.mobi“ daran gebunden, dass die geräteunabhängige Nutzung von Web-Inhalten sichergestellt wird, d. h. dass Mobiltelefone diese Inhalte darstellen können.

Infolge der sehr liberalen Vergabe der TLDs „.com“, „.net“, „.org“, „.biz“ und „.name“ ist der ursprüngliche (Suggestiv-) Charakter dieser TLD weitgehend verloren gegangen. Beispielsweise wird die originär für nichtkommerzielle Organisationen eingerichtete TLD „.org“ inzwischen auch von einigen kommerziellen Anbietern genutzt, und von internationalen, nichtkommerziellen Anbietern wird oft auf „.net“ (oder „.org“), ausgewichen, um weder auf eine Länder-TLD noch auf „.com“ zurückgreifen zu müssen. Die einzige universelle TLD, für die von vornherein keinerlei Beschränkungen unterlag, ist „.info.“

8 Wenn die Top Level Domains nicht wie oben beschrieben thematisch beschreiben, welcher Anbietergruppe von Web-Inhalten die jeweilige Einrichtung oder das Unternehmen angehören, das den Rechner betreibt, können sie auch darüber Auskunft geben, durch welche Vergabeorganisation der Domainname vergeben wurde (organisatorische oder geographische Domains, z. B. „.de“ für die von der deutschen Vergabestelle DENIC vergebenen Domains).

Dieses Regionalprinzip beruht auf den Regeln der „International Organization for Standardization“ (ISO). Die Vergabe der regionalen Länder-TLDs („Country Code/ ccTLDs“) folgt der ISO 3166. Es gibt über 200 ccTLDs. Jedem Land ist genau ein Zwei-Buchstaben-Code nach ISO 3166 zugeordnet. Daneben gibt es häufig noch eigene ccTLDs für abhängige Gebiete, die meist geographisch vom Mutterland getrennt sind.
Wichtig ist, dass diese Länder-TLDs keinen technisch bedingten Rückschluss auf den Sitz des Anbieters der Inhalte, in der Regel also des Domaininhabers, zulassen. Die regionalen TLDs dienen lediglich dazu, den Einzelstaaten, über deren Territorien die Datenautobahn verläuft, die Organisation der Domainvergabe in eigener Verantwortung zu ermöglichen. **Ausnahmen:**
Das Vereinigte Königreich benutzt die TLD .uk, obwohl sein ISO-3166-1-ALPHA-2-Code auf GB lautet.
Die Vereinigten Staaten besitzen neben .us noch die TLDs .mil (Militär), .gov (Regierung) sowie .edu (Bildungseinrichtungen).
Heard und die McDonaldinseln (Australien) besitzen, obwohl sie unbewohnt sind, eine eigene TLD: .hm. Dasselbe gilt für die Bouvetinsel, der die TLD .bv zugewiesen wurde.
Die Palästinensischen Autonomiegebiete verfügen ebenfalls über eine eigene TLD .ps, obwohl sie nicht den Status eines Staates haben.
Die Europäische Union benutzt mit .eu eine ccTLD, obwohl sie kein eigenständiger Staat ist und .eu deshalb formal auch nicht in die ISO-Liste 3166-1 aufgenommen wurde. Die Einrichtung der .eu-Domain als ccTLD für die Europäische Union erfolgte vielmehr aufgrund einer Sonderentscheidung der Maintenance Agency der ISO 3166 aufgrund eines

festgestellten praktischen Bedarfs. Ihre Mitgliedsländer behalten weiterhin ihre eigenen ccTLDs und es werden auch keine länderspezifischen Subdomains von .eu eingeführt.
Die Republik China (auf Taiwan) verfügt über die TLD .tw, obwohl sie von den meisten Staaten aufgrund von Druck seitens der Volksrepublik China nicht anerkannt wird.
Nationale Vergabestellen haben bisweilen unter dem Dach der jeweiligen Länderdomain weitere ***Subdomains geographischen, sektoriellen oder generischen Charakters*** eingerichtet, um die Differenzierungsmöglichkeiten für die Netzteilnehmer zu vergrößern. In Argentinien, Australien, Frankreich, Österreich, Spanien und dem Vereinigten Königreich etwa wurden kommerzielle Angebote und Angebote von Bildungseinrichtungen unterhalb der TLD gleichsam in zweiter Reihe plaziert (z. B. „.edu.au"; „.com.ar"; „co.at"), während in Italien eine geographische Unterteilung in bestimmte Provinzen (Beispiel: www.regione.umbria.it) erfolgt.

Während ein Domainname unter derselben Top Level Domain nur einmal vergeben werden kann, besteht die Möglichkeit, unter verschiedenen Top Level Domains identische Domainnamen zu registrieren. Im Gegensatz zur Top Level Domain und den Second Level Domains, die zentral vergeben und registriert werden, können jedoch alle weiteren Subdomains frei und ohne vorherige Registrierung durch die jeweils höhere Domainebene zugeteilt werden. Ausgehend von der Second Level Domain kann der Anbieter also Untergliederungen auf hierarchisch niedrigeren Ebenen vornehmen und sein Angebot dadurch beliebig diversifizieren. 9

Zusammengefasst lässt sich die domaingestützte Rechnerkommunikation mithin wie folgt darstellen: Die beschriebenen „Nameserver" verwalten auf verschiedenen Ebenen des DNS-Baumes Zonen, die einen Knotenpunkt in der Baumstruktur des DNS und die darunter befindlichen Zweige beinhalten. Via DNS wird der vom Nutzer gesuchte Domainname als Datenpaket des Transportprotokolls UDP (für „User Datagram Protocol") an den „Nameserver" übermittelt, der sodann in seinen Datenbanken recherchiert und schließlich die korrespondierende IP-Adresse rückübermittelt. Dabei kann jeder „Nameserver" jedenfalls an seinen nächst höheren autorisierten Nachbarn Anfragen nach Domains richten, die er selbst in seinen Datenbanken nicht führt. Entlang dieser hierarchischen Struktur wird eine Anfrage erforderlichenfalls von Server zu Server gesendet, bis schließlich der lokale Server des gesuchten Objekts erreicht ist. Aus Sicherheitsgründen werden in jeder Zone mindestens zwei aktive „Nameserver" (*primary* und *secondary*) unterhalten, auf denen dieselben Informationen abgelegt sind[5]. Im Wege des Datenabgleichs werden dabei die originären Namensdatensätze des *Primary* in kurzen Abständen von dem *Secondary* dupliziert („gespiegelt"). Im Adressbereich unterhalb der deutschen Länder-TLD „.de" wird der „*Primary Nameserver*" von der DENIC eG betrieben. 10

Auf diesem Server sind sämtliche für den deutschen Internet-Adressausschnitt („.de") relevanten Daten abgelegt. Als Secondaries fungieren zwei weitere Nameserver in Deutschland (xlink1.xlink.net; ns.germany. eu.net), zwei innerhalb Europas (ns.ripe.net; sunic.sunet.se) und drei an zentralen Standorten in den USA (ns.uu. net; admII.arl.army.mil; dns-west.nersc.gov).

Soweit von der Zuteilung *von* und der Suche *nach* Domains im Adressraum Internet die Rede ist, betrifft dies stets allein die Second Level Domain. Die übrige Strukturierung des IP-Adressraums durch Subnetze sowie der Second Level Domain durch Einrichtung einer beliebigen Anzahl weiterer (Sub-) Domains steht zur Disposition des lokalen Netzwerkadministrators. 11

---

5 Technische Darstellung nach *Scheller/Boden/Geenen/Kampermann*, Internet, S. 29 f.

12 Da der namensmäßigen Kennung im Internet, der Domain, bei einer vordergründigen, rein technischen Betrachtung nur Adressfunktion zukommt und diese Adresse zudem nicht einmal als Ordnungs- und Identifikationsmerkmal für den Inhaber einer Homepage selbst dient, sondern lediglich einen Computer, den so genannten „Host“ bezeichnet, auf dem dieser Inhaber seine Homepage abgelegt hat, kann eine Domainbezeichnung für jede Top Level Domain weltweit wie gesehen nur ein einziges Mal vergeben werden. Die geographische Entfernung der über das Internet Werbenden, ihre Branchenverschiedenheit und sonstige einen Wettbewerb im traditionellen Sinne eigentlich ausschließenden Unterscheidungsmerkmale vermögen im Internet Interessenkollisionen nicht mehr zu verhindern. Wo früher die Benutzung identischer Namen oder Kennzeichen ohne Konflikte möglich war, wird durch die beschriebene Eindimensionalität heutzutage eine unüberschaubare Vielzahl von Interessen in dem einen virtuellen Rechtsraum Internet zusammengeworfen.

III. Ausblick: Proprietäre Top Level Domains

13 Die Internetaufsicht ICANN will ab 2009 auch Webadressen mit frei wählbaren Top Level-Endungen wie .liebe oder .berlin zulassen. Die Neuerung werde *„die Art und Weise stark verändern, wie das Internet aussieht und funktioniert“*, sagte der ICANN-Vorsitzende *Dengate Thrush* in Paris. Jedoch wird nur wenigen Personen und Organisationen tatsächlich das Privileg der eigenen Top Level Domain zuteil. Dies zum einen, weil die Grundgebühr der Zuteilung 100.000 Dollar betragen soll. Dazuhin benötigt der Registrar einer proprietären Top Level Domain aber auch noch die benötigte Infrastruktur, um diese verwalten und im Netz zum Nutzerabruf bereitstellen zu können. Für Privatleute, die nicht gerade einen sehr weit verbreiteten Nachnamen haben und beispielsweise in Berlin wohnen, soll es jedoch möglich sein, bei einem Internet-Provider die entsprechende Web-Adresse zu registrieren. Durch die neuen Top Level Domains könnten künftig 1,3 Milliarden Internetnutzer weltweit geläufige Wörter, Marken-, Orts-, Firmen- oder Eigennamen als so genannte generic Top Level Domains eintragen lassen, sagte *Thrush* nach der ICANN-Hauptversammlung. Jedoch wird ICANN Bewerbungen für neue Top Level Domains frühestens Mitte 2009 entgegennehmen, begutachten und – wenn keine Einsprüche erhoben werden – zulassen. Für die bereits länger auf den Start wartenden Interessenten bedeutet dies eine weitere Verzögerung.

14 Auch für die Länderadresszonen, etwa eine chinesischsprachige Top Level Domain für CNNIC, gibt es noch eine Menge Fragen zu klären. *Dengate-Thrush* räumte selbst ein, dass man sich vom ursprünglichen Plan „ein Land, eine Schrift, eine ccTop Level Domain“ verabschieden müsse. Für China etwa stellt sich die Frage, ob man klassische oder vereinfachte Schriftzeichen zulassen oder Bündel erlauben soll, die die CNNIC offenbar favorisiert. In verschiedenen Ländern gebe es mehrere Amtssprachen mit verschiedenen Schriften, sagte *Dengate-Thrush*. Schließlich gilt auch zu klären, welche Adresse den Länderregistries zusteht, denn eine Entsprechung zur ISO 3166-1 Liste der Ländercodes (de, us, cn) in lokalen Sprachen beziehungsweise Schriften gibt es nicht.

15 Zur eigentlichen Zielgruppe zählt ICANN insbesondere auch bestimmte Volksgruppen, die ihre Sprache und Kultur bewahren wollten. Neben der Großstadt Berlin könnte sich New York „.nyc“ sichern. Und selbst häufige Nachnamen von Privatleuten könnten durch Zusammenschlüsse etwa in Vereinen zum Zuge kommen. Im Wirtschaftsbereich hält ICANN Endungen wie „.bank“, „.news“ und „.car“ für wahrscheinlich. Grundsätzlich müssen aber auch die neuen Endungen immer aus mindestens drei Buchstaben bestehen und dürfen

maximal 63 Buchstaben umfassen. Als eines der wenigen Einzelunternehmen hat die Online-Auktionsseite eBay bereits Interesse an einer eigenen Domain gezeigt.

Die schwierigsten Probleme stehen ICANN allerdings bei den Verfahren zu möglichen Einsprüchen gegen Top Level Domain-Bewerber vor. Wollen zwei Bewerber dieselbe Domain, will ICANN sie zunächst auffordern, untereinander eine Einigung zu finden. Scheitert dies, ist eine Auktion im Gespräch. 16

Als weitere Einschränkungen nennt ICANN – neben klaren Reglementierungen von Zahlen-Domains, die als IP-Adressen (miss-)verstanden werden könnten, und Adressen, die auf der Liste reservierter Namen verzeichnet sind – die Kategorie der Bewerbungen, die „existierenden Top Level Domains zum Verwechseln ähnlich sind“. ICANN prüft daher, ob die Entscheidung über eine solche Ähnlichkeit auch per Algorithmus geprüft werden kann oder ob auf jeden Fall ein Expertengremium benötigt wird. Schließlich sollen Einsprüche gegen Top Level Domain-Bewerbungen auf der Basis bestehender Markenrechte und auch auf der Basis von „öffentlicher Ordnung und Moral“ möglich sein. 17

ICANN hat ferner beschlossen, chinesischen, arabischen und kyrillischen Schriftzeichen zu einer verstärkten Internet-Präsenz zu verhelfen. Es ist beispielsweise vorgesehen, dass das Kyrillische ab 2009 für eine neue Top Level Domain benutzt werden kann. Russland soll dann außer den lateinischen Top Level Domains „.ru“ und „.su“ auch eine Top Level Domain in kyrillischer Schrift erhalten. Hintergrund ist unter anderem, dass viele Russen Schwierigkeiten haben, die lateinische Schrift zu entziffern. Bislang gibt es in Russland 35 Millionen Internet-Nutzer, was einem Anteil von 24 % an der Bevölkerung entspricht[6]. 18

B. Allgemeine rechtliche Implikationen

Das Internet eröffnet wie gesehen einen „flachen“, eindimensionalen – und damit zwangsläufig konfliktbeladenen – Namens- und Adressraum. Wenngleich es sich im technischen Sinne bei den Domains nicht um Namen oder Kennzeichen handelt, da sie nicht einem bestimmten Rechtsträger zugeordnet sind, sondern vielmehr die alphanumerisch „übersetzte“ Adresse eines Computers bezeichnen, ließe doch eine solche technische Betrachtungsweise die nicht zu übersehende Tatsache außer acht, dass der durchschnittliche Nutzer die Domain regelmäßig gedanklich mit dem Anbieter eines Web-Angebotes in Verbindung bringt. Folgerichtig handelt es sich bei den Domainnamen in der Tat um namensähnliche Kennzeichen, denen – zumindest mittelbar – Namens- bzw. Kennzeichnungsfunktion zukommen kann. 19

6 *http://www.heise.de/newsticker/Neue-Top Level Domains-fuer-mehr-Wettbewerb-im-Internet-Namensraum--/meldung/77576; http://www.spiegel.de/netzwelt/web/0,1518,562850,00.html.*

20 Die Registrierung einer Internetdomain hat daher regelmäßig auch kennzeichenrechtliche Implikationen. Tangiert sind zumeist die Vorschriften des Namens- (§ 12 BGB), Firmen- (§ 37 HGB), Marken- (§§ 4, 5 in Verbindung mit §§ 14, 15 sowie gegebenenfalls §§ 126 ff. MarkenG), Wettbewerbs- (§§ 3 bis 5, 8, 9 UWG) und des allgemeinen Deliktsrechts (§§ 823, 826, 226, 1004 BGB). Diese Auffassung entspricht der inzwischen vorherrschenden Rechtsprechung in Deutschland.

21 Erstmals beschäftigte sich im März 1996 ein deutsches Gericht mit dieser Frage. „Heidelberg.de" befand sich in den Händen eines privaten kommerziellen Anbieters, der sodann vom Landgericht Mannheim wegen Namensrechtsverletzung zur Unterlassung verurteilt wurde, da der durchschnittliche Nutzer darunter zum Abruf bereit gestellte Informationen *von*, nicht *über* die Gemeinde Heidelberg erwarte. Die Entscheidung ist repräsentativ für eine ganze Reihe von Unterlassungsurteilen aus jener Zeit – zumeist ging es um „Domain-Grabbing" („honda.de"; „toyota.de"; „epson.de") – an deren Anfang stereotyp noch zu lesen ist, was es mit dem Internet überhaupt auf sich hat.

Der betreffende Textbaustein, der seinerzeit die Runde in der Judikatur machte, lautete: „Beim Internet handelt es sich um ein weltweites Datennetzwerk, das dezentral aufgebaut ist und die Datenübermittlung von jedem beliebigen an das Netz angeschlossenen Rechner an jeden beliebigen anderen Rechner mit Netzwerkzugang ermöglicht. Um dies zu gewährleisten, muss jedem angeschlossenen Rechner eine eindeutige „Adresse" zugeordnet werden. Technisch gesehen besteht diese Adresse aus einer in mehrere Untergruppen aufgeteilten Zahlenkombination. Um die Adressen für Benutzer besser merkbar zu machen, hat es sich eingebürgert, alternativ Buchstabenkürzel zu verwenden, die ebenfalls in einzelne Abschnitte, so genannte Sub-Domains aufgeteilt sind. Auch für diese Buchstabenkürzel gilt, dass jedem Rechner eine eindeutige Adresse zugeordnet ist. (etc.)"

I. Schutzvorschriften zugunsten des Verletzten

22 Die Ansprüche, die der Inhaber besserer (da alleiniger, oder zumindest prioritätsvorrangiger) Rechte gegen die Registrierung und Nutzung eines zugunsten eines Dritten registrierten Domainnamens geltend machen kann, finden ihre Grundlage, soweit der Domaininhaber unbefugt ein Unternehmenskennzeichen im geschäftlichen Verkehr verwendet, zumeist in den §§ 5 Abs. 2, 15 Abs. 2 und 4 MarkenG oder in den §§ 3, 4 Nr. 9–11 UWG. Im Falle der eingetragenen Marke gelten §§ 4, 14 MarkenG. Soweit die Verwendung der Domain außerhalb des geschäftlichen Verkehrs erfolgt, rechtfertigt sich der Unterlassungs- und Beseitigungsanspruch aus § 12 Satz 2 BGB wegen unbefugter Anmaßung des dem Gläubiger zustehenden Domainnamens. Daneben kommt – wenngleich nicht unbestritten[7] – der Schutz aus dem Recht am eingerichteten und ausgeübten Gewerbebetrieb als sonstiges Recht im Sinne des § 823 Abs. 1 BGB in Betracht[8] und – in den Fallgruppen, die sich mit dem Oberbegriff „Domain-Grabbing" zusammenfassen lassen – die vorsätzliche sittenwidrige Schädigung nach § 826 BGB.

---

7 A. A. das OLG Dresden, K&R 2006, 472 („kettenzüge.de"), wonach ein Unterlassungsanspruch wegen Eingriffs in den eingerichteten und ausgeübten Gewerbebetrieb mangels Betriebsbezogenheit des Eingriffs ausscheide, da die Nichtverfügbarkeit der Domain lediglich eine mittelbare Beeinträchtigung des Betriebs darstelle.

8 BGH, GRUR 1998, 696 – „Rolex-Uhr mit Diamanten".

Als Schutzrechtsposition ist ferner an die besondere Geschäftsbezeichnung im Sinne von § 5 Abs. 2 Satz 1 MarkenG zu denken, die nicht auf den Träger, sondern auf den *Gegenstand des Unternehmens* hinweist, und die – in Abgrenzung zu den Geschäfts*abzeichen* (§ 5 Abs. 2 Satz 2 MarkenG) – Namensfunktion haben muss. Wie im Firmenrecht ist die besondere Geschäftsbezeichnung nur dann schutzfähig, wenn sie unterscheidungskräftig ist oder Verkehrsgeltung erlangt hat[9]. 23

Bei den Geschäftsabzeichen schließlich fehlt es an dem Merkmal der Namensfunktion. Es kommen alle Mittel in Betracht, die auf das äußere Erscheinungsbild eines Unternehmens hinweisen, so beispielsweise Logos, Slogans, Farben, Telefonnummern, etc. Der Schutz eines Geschäftsabzeichens entsteht durch die Benutzungsaufnahme, die auch durch die Freischaltung eines mit entsprechenden Inhalten hinterlegten Domainnamens erfolgen kann; es ist jedoch zwingend Verkehrsgeltung erforderlich[10]. 24

Möglich sind ferner Ansprüche aus dem Werktitelschutz (§§ 5 Abs. 3, 15 MarkenG). Zwar bedarf es auch hier, wie bei Marke und Unternehmenskennzeichen, einer hinreichenden Kennzeichnungskraft. Jedoch ist der Maßstab angesichts der Verkehrsgewohnheiten des Publikums, das an nahezu beschreibende Titel als Herkunftshinweis gewöhnt ist[11] (und daher auf Abweichungen in weit höherem Maße achten wird als bei der eingetragenen Marke oder beim Unternehmenskennzeichen), deutlich großzügiger. Die Kennzeichnungskraft wird beim Werktitel unter Heranziehung des Inhalts der Homepage als von einem anderen Homepage-Inhalt unterscheidbar festgestellt. Dies genügt für die Frage der Schutzfähigkeit eines Werktitels, der primär *inhaltsbezogen* ist und damit vorrangig der Unterscheidung eines Werks von anderen Werken dient[12]. Allerdings ist anerkannt, dass Werktitel, die grundsätzlich „nur" der Unterscheidung eines Werkes von anderen dienen und in der Regel keinen Hinweis auf den Hersteller oder Inhaber des Werkes darstellen, ausnahmsweise unter bestimmten Voraussetzungen zugleich eine Vorstellung von einer bestimmten betrieblichen Herkunft vermitteln können[13]. Dies bedeutet aber auch, dass aus einer geschäftlichen Bezeichnung gegen einen Werktitel nur vorgegangen werden kann, wenn er vom Verkehr im Sinne der o. g. Rechtsprechung ausnahmsweise auch als betrieblicher Herkunftshinweis verstanden wird und deshalb Verwechslungsgefahr besteht. 25

Wie zuvor dargelegt, nehmen auch weitestgehend beschreibende Titel am Werktitelschutz teil. So wurden die Domainnamen „bautipp.de", „uhrenmagazin.de", „motorradmarkt.de" und „österreich.de" als hinreichend unterscheidungskräftig eingestuft[14]. Anders soll es sich bei den Domains „berlinonline.de"[15] und „apothekeonline.de"[16] verhalten. 26

---

9 LG München I, ZUM-RD 1998, 2864.
10 LG Braunschweig, K&R 1999, 573 – „stadtinfo.de".
11 *Ingerl/Rohnke*, Markengesetz, nach § 15 Rn. 112.
12 BGH, GRUR 2002, 1083.
13 BGH, GRUR 1999, 581, 582 – „Max"; BGH, GRUR 2000, 70, 72 – „SZENE".
14 LG Mannheim, CR 1999, 528 – „bautipp.de"; LG Frankfurt/M., GRUR- RR 2002, 68 – „uhren-magazin.de"; OLG Hamburg, MMR 2002, 825 – „motorradmarkt.de"; OLG München, CR 2006, 414 – „österreich.de/oesterreich.de".
15 Kammergericht, ZUM 2001, 74 – „berlin-online.de".
16 OLG Düsseldorf, ZUM-RW 2001, 797 – „apothekeonline.de".

27 Anders beim Unternehmenskennzeichen; hier bedarf es einer hinreichenden Kennzeichnungs- bzw. Unterscheidungskraft in dem Sinne, dass die Bezeichnung als Hinweis auf einen bestimmten Inhaber verstanden wird, was insbesondere bei beschreibenden Angaben nicht der Fall ist[17]. Es genügt jedoch ein Mindestmaß an Kennzeichnungskraft. Fehlt es selbst hieran, so genießt das bessere Rechte reklamierende Zeichen Schutz nur unter der Voraussetzung der Verkehrsgeltung, die in der Regel erst ab einem Verkehrsdurchsetzungsgrad von 20 % und darüber erreicht wird[18]. Dabei ist wichtig zu wissen, dass auch Abkürzungen und Schlagwörter Verkehrsgeltung erlangen können, dies sogar dann, wenn die Buchstaben einzeln ausgesprochen werden[19].

28 Markenschutz im engeren Sinne, d. h. als Name eines Produkts (in Abgrenzung zum Namen eines Unternehmens), wird nicht nur durch die Eintragung eines Kennzeichens im Register des Markenamtes begründet, sondern kann auch durch die bloße Benutzung einer Marke entstehen (§ 4 Abs. 2 MarkenG) oder durch Notorietät (dazu sogleich). Für den Schutz als Benutzungsmarke ist jedoch Verkehrsgeltung im Inland (nicht die noch strengere **Verkehrs*durchsetzung*** gemäß § 8 Abs. 3 MarkenG) erforderlich, und zwar für diejenigen Waren oder Dienstleistungen, für die der Schutz beansprucht wird. Der Bekanntheitsfaktor hängt von der Kennzeichnungskraft der Marke ab. Der Schutz erlischt durch nachlassende Bekanntheit. Für einen Domainnamen ist die Entstehung des Schutzes als Benutzungsmarke dann denkbar, wenn der Inhaber darunter für seine Waren oder Dienstleistungen in einer Weise wirbt, die dem Domainnamen im Laufe der Zeit die erforderliche Bekanntheit im Sinne der vorgenannten Vorschrift verleiht[20].

29 Die Entstehung von Markenschutz aufgrund notorischer Bekanntheit gemäß § 4 Abs. 3 MarkenG ist im Sinne von „**Allbekanntheit**“[21] zu verstehen, von der indes erst dann auszugehen ist, wenn ein allgemeiner Bekanntheitsgrad von 70 % und höher festgestellt werden kann[22].

II. Ähnlichkeit und Verwechslungsgefahr

30 Markenrechtliche Unterlassungsansprüche setzen zunächst einmal voraus, dass die – etwa durch eine Domainregistrierung – in Konflikt geratenen Zeichen identisch oder zumindest einander so ähnlich sind, das sie aus Sicht des objektiven Betrachters miteinander verwechselt werden können. Außerhalb des Bekanntheitsschutzes muss das den Schutz begehrende Zeichen dazuhin wie

17 BGH, CR 2005, 510 – „literaturhaus.de“.

18 *Ingerl/Rohnke*, Markengesetz, § 4 Rn. 21; vgl. aber Kammergericht, a. a. O. (LS): „Die Verbindung eines Stadtnamens mit dem Begriff ‚online‘ ist rein beschreibend und hat – auch als Firmenschlagwort – keine Kennzeichnungskraft. Die Behauptung, das Schlagwort sei 37 % aller Berliner und sogar 64,4 % der hiesigen Internetsurfer bekannt, belegt noch keine Verkehrsgeltung und reicht auch für einen regional begrenzten Schutz nicht aus.“

19 BGH, WRP 2002, 1066 – „defacto.de“; LG Frankfurt/M., CR 1997, 287 – „das.de“.

20 *Beier*, Recht der Domainnamen, S. 251; siehe dazu noch eingehend unten Rn. 143 ff. (F. I. Domains und Mailadressen als schutzfähige Kennzeichen).

21 Nach der Entscheidung des Tribunal Supremo (Madrid) vom 10.11.2004, 6244/2001, GRUR Int. 2005, 741, gilt jedoch, dass Notorietät im Sinne des Art. 6 PVÜ nicht voraussetzt, dass die Marke in der gesamten Öffentlichkeit allgemein bekannt ist. Es reiche vielmehr eine Bekanntheit im für die jeweiligen Waren oder Dienstleistungen relevanten Verkehrskreis aus.

22 *Ingerl/Rohnke*, Markengesetz, § 4 Rn. 27.

gesehen originäre Unterscheidungskraft aufweisen[23]. Nach ständiger Rechtsprechung des Bundesgerichtshofs[24] weist eine Marke Unterscheidungskraft auf, wenn ihr kein im Vordergrund stehender, beschreibender Begriffsinhalt zugeordnet werden kann und es sich auch sonst nicht um ein gebräuchliches Wort der deutschen oder einer bekannten Fremdsprache handelt, das vom Verkehr stets nur als solches und nicht als Unterscheidungsmittel verstanden wird. Beim Verkehr wird hier auf den so genannten **Durchschnittsverbraucher** abgestellt. Dies ist nach der Rechtsprechung des Europäischen Gerichtshofs[25], der sich der Bundesgerichtshof[26] angeschlossen hat, ein durchschnittlich informierter, verständiger und aufmerksamer Verbraucher, der das Marktgeschehen mit der gebotenen Aufmerksamkeit verfolgt.

Die Frage einer markenrechtlichen Verwechslungsgefahr – Anspruchsvoraussetzung der §§ 14, 15 MarkenG, § 12 BGB – ist unter Berücksichtigung aller Umstände des Einzelfalls umfassend zu beurteilen. Bei § 15 MarkenG tritt die Branchennähe an die Stelle der Waren- und Dienstleistungsähnlichkeit im Sinne von § 14 MarkenG. Im Wesentlichen sind dabei drei Faktoren zu berücksichtigen, nämlich (1) die Kennzeichnungskraft der geschützten Bezeichnung, (2) die Zeichenähnlichkeit und (3) die Werk- oder Produktähnlichkeit, wobei diese zueinander dergestalt in ***Wechselwirkung*** stehen, dass ein hochgradigeres Vorliegen eines Faktors dazu führen kann, dass Verwechslungsgefahr auch bei einem geringeren Grade der Verwirklichung eines anderen Faktors zu bejahen ist[27]. **Es kann also ein hoher Grad an Warenähnlichkeit ebenso einen geringeren Grad an Ähnlichkeit der Marken ausgleichen wie eine hohe Kennzeichnungskraft oder umgekehrt**[28]. Eine intensive Benutzung begründet eine erhöhte Kennzeichnungskraft. Die gesteigerte Kennzeichnungskraft ist bei der Beurteilung der Verwechslungsgefahr für den Produkt- oder Dienstleistungsbereich zu berücksichtigen, in dem sie kraft Benutzung der Marke vorliegt[29]. Unterscheidet sich jedoch der Inhalt der Homepage vom Leistungsangebot des Gegners ganz erheblich, kann trotz Zeichenähnlichkeit im vorgenannten Sinne von einer Verwechslungsgefahr im Sinne von § 15 Abs. 2 MarkenG nicht mehr ausgegangen werden[30]. 31

Nach § 14 Abs. 2 Nr. 3 und § 15 Abs. 1 Nr. 2 MarkenG kommt es auf die Identität oder Ähnlichkeit der Waren-/Dienstleistungen nicht an, wenn die Marke im Inland *bekannt* ist und ihre *Wertschätzung in unlauterer Weise aus-* 32

23 Verneint wurde dies z. B. für die Wortmarke „Professional Nails“ (OLG Düsseldorf, MMR 2007, 187 – „professional-nails.com“), ferner im Falle der „Neu.de GmbH“, deren gegen die Domain „neu.eu“ gerichteter Unterlassungs- und Löschungsanspruch vom LG München I abgewiesen wurde (K&R 2007, 336 – „neu.eu“), sowie für die Stiftung Warentest, die in Ansehung ihres Wortbildzeichens „test“ erfolglos die Freigabe der Domain „test24.de“ begehrte (OLG Hamburg, K&R 2007, 271).

24 St. Rspr., siehe etwa BGH, WRP 1999, 1167 m. w. N.

25 EuGH, Slg. 2000, I-117, 147, Rn. 27 m. w. N.

26 BGH, CR 2001, 777 – „mitwohnzentrale.de“.

27 So genannte „Wechselwirkungstheorie“, vgl. nur BGH, GRUR 2002, 1083 m. w. N., inzwischen (wohl) aufgegeben im Zuge der EuGH-Rechtsprechung zu „Thomson Life“, GRUR 2005, 1042, wonach „bei identischen Waren oder Dienstleistungen eine Verwechslungsgefahr für das Publikum bestehen kann, wenn das streitige Zeichen durch die Aneinanderreihung der Unternehmensbezeichnung eines Dritten zum einen und einer normal kennzeichnungskräftigen eingetragenen Marke zum anderen gebildet wird und letztere in dem zusammengesetzten Zeichen, ohne allein seinen Gesamteindruck zu prägen, eine selbständig kennzeichnende Stellung behält.“

28 BGH, GRUR 2004, 514 – „donline/t-online“.

29 BGH, WRP 1992, 96 – „bally/ball“.

30 OLG München, CR 2006, 414 – „österreich.de/oesterreich.de“.

genutzt oder beeinträchtigt wird. In der Rechtsprechung haben sich für das Merkmal der Unlauterkeit Fallgruppen gebildet, in erster Linie die **Rufausbeutung** und **Aufmerksamkeitswerbung**[31], die **Beeinträchtigung der Unterscheidungskraft**[32], die Rufschädigung durch **Markenverunglimpfung**[33] und die **Verwässerung**[34].

33 Soweit eine Verwechslungsgefahr zu verneinen ist, kann gegebenenfalls über den wettbewerbsrechtlichen Schutz eine Beeinträchtigung oder Ausnutzung der Wertschätzung der Klagemarke untersagt werden. Ein Unterlassungsanspruch nach §§ 3, 4 Nr. 10 UWG wegen Behinderung kann sich ergeben, wenn mit der Registrierung gezielt der Zweck verfolgt wird, den Mitbewerber an seiner Entfaltung zu hindern und ihn dadurch vom Markt zu verdrängen. Ist eine solche Zweckrichtung nicht festzustellen, muss die Behinderung doch derart sein, dass der beeinträchtigte Mitbewerber seine Leistung am Markt durch eigene Anstrengung nicht mehr in angemessener Weise zur Geltung bringen kann. Dies lässt sich nur aufgrund einer Gesamtwürdigung der Einzelumstände unter Abwägung der widerstreitenden Interessen des Wettbewerbs beurteilen[35].

34 Abgesehen von dem im BGH-Fall „shell.de“[36] gegebenen Ausnahmefall, bei dem die Interessen des privaten Namensträgers in Abwägung zu den Interessen des Kennzeicheninhabers von einem derart geringeren Gewicht waren, dass hier ausnahmsweise das Gebot zur Rücksichtnahme den Privaten zu Maßnahmen verpflichtete, die die Gefahr einer Verwechslung nach Möglichkeit ausschließen, insbesondere eben durch die **Hereinnahme unterscheidungskräftiger Zusätze**, gilt jedoch der Grundsatz, dass niemand an der Benutzung seines eigenen Namens im Rechts- und Geschäftsverkehr gehindert werden darf, mit der Folge, dass im Bereich der Domainvergabe das Prioritätsprinzip des ***„First come – First served“*** auch zugunsten des Privaten gegenüber einem unternehmerisch tätigen Kennzeicheninhaber Geltung behält. Außerhalb dieser Sonderkonstellation gilt mithin nach dem **Recht der Gleichnamigen**, dass sich um Streit um den registrierten Namen grundsätzlich derjenige durchsetzt, der als Erster diesen Namen für sich hat registrieren lassen. Maßgeblich ist insoweit das Gerechtigkeitsprinzip der Priorität[37].

35 Grundsätzlich wird durch den Erwerb eines Unternehmenskennzeichenrechts im Sinne von § 5 MarkenG bei Vorliegen von Namensfunktion auch ein Namensrecht nach § 12 BGB begründet. Allerdings geht mit dem Bundesgerichtshof[38] der Schutzbereich des Namensrechts in der Regel nicht über den Schutz des Unternehmenskennzeichens hinaus, da der aus § 12 BGB abgeleitete namensrechtliche Schutz einer Unternehmenskennzeichnung auf den Funktionsbereich des betreffenden Unternehmens beschränkt ist und mithin nur so weit reicht, wie überhaupt geschäftliche Beeinträchtigungen zu befürchten sind[39]. Eine Anwendung des § 12 BGB scheidet daher meist aus, weil sich der Funktionsbereich des Unternehmens in der Regel mit dem Anwendungsbereich des – das Namensrecht aus § 12 BGB verdrängenden – Kennzeichenschutzes

---

31 LG Mannheim, K&R 1998, 558 – „brockhaus.de“.
32 BGH, CR 2002, 525 – „shell.de“.
33 LG Frankfurt/M., ZUM-RD 2992, 299 – „viagratipp.de“.
34 OLG Hamm, MMR 2001, 749 – „veltins.com“.
35 BGH, GRUR 2002, 902; Hans. OLG Hamburg, CR 2003, 850 – „schuhmarkt.de“.
36 BGH, CR 2002, 525 – „shell.de“.
37 BGH, a. a. O. – „shell.de“; WRP 2002, 1066 – „defacto.de“; CR 2001, 777 – „mitwohnzentrale.de“.
38 BGH, a. a. O. – „shell.de“.
39 Dazu eingehend unten Rn. 90 ff. (D. I. und II.).

aus §§ 5, 15 MarkenG deckt. Ausnahmsweise kann jedoch der Funktionsbereich des Unternehmens auch durch eine Verwendung des Unternehmenskennzeichens *außerhalb* des Anwendungsbereichs des Kennzeichenrechts berührt werden. In diesen Fällen kann der Namensschutz ergänzend gegen Beeinträchtigungen des Unternehmenskennzeichens herangezogen werden, die – weil außerhalb des geschäftlichen Verkehrs oder außerhalb der Branche stattfindend, und damit außerhalb der kennzeichenrechtlichen Verwechslungsgefahr – nicht mehr im Schutzbereich des Unternehmenskennzeichenrechts liegen. Außerhalb des Anwendungsbereichs der §§ 5, 15 MarkenG kann die Anwendbarkeit des § 12 BGB (oder auch der §§ 823 Abs. 1, 826 BGB) demnach nicht von vornherein ausgeschlossen werden[40].

III. Kennzeichenrechtlicher Geltungsbereich

Zwar sind auch Unternehmenskennzeichen – ebenso wie Marken – in der Regel 36
im gesamten Geltungsbereich des Gesetzes geschützt. Dies gilt jedoch nicht für die Bezeichnung von Unternehmen, die nach Zweck und Zuschnitt nur lokal oder regional tätig sind und die auch nicht auf Expansion ausgelegt sind[41]. Wenn es eine Reihe weiterer Unternehmen der gleichen oder einer ähnlichen Branche gibt, die dasselbe Kennzeichen verwenden, spricht dieser Umstand für einen territorial beschränkten Schutzbereich. Trotz des **ubiquitären Charakters des Internets** bleiben sonach stationäre Betriebe, die sich und ihr Angebot im Internet darstellen, grundsätzlich auf ihren räumlichen Tätigkeitsbereich beschränkt. Auch sonst weisen Unternehmen wie z. B. ein Handwerksbetrieb, ein Restaurant oder ein Hotel, die sich aus welchen Gründen auch immer auf einen bestimmten Wirkungskreis beschränkt haben, mit ihrer Präsenz im Internet nicht notwendig darauf hin, dass diese Beschränkung in Zukunft wegfallen solle. Allein der Internetauftritt eines solchen Unternehmens reicht nicht aus, um auf einen räumlich unbeschränkten Wirkungsbereich schließen zu können[42].

IV. Keine Einrede besserer Rechte Dritter

Der wegen einer Kennzeichenverletzung in Anspruch genommene Domaininhaber kann dem Kläger ältere Rechte anderer Kennzeicheninhaber grundsätz- 37
lich nicht entgegen halten, denn diese entfalten ihre Vorrangswirkung nur zu Gunsten ihrer jeweiligen Inhaber. Die Rechtsprechung des Bundesgerichtshofs lässt jedoch in entsprechender Anwendung des Rechtsgedankens aus § 986 Abs. 1 BGB die Einrede aus einem prioritätsälteren Recht eines Dritten dann zu, wenn der Beklagte aufgrund schuldrechtlicher, insbesondere vertraglicher Gestattung zur Benutzung des älteren Rechts des Dritten berechtigt ist und das Recht des Dritten gegenüber dem Kläger durchsetzbar ist, also der Dritte seinerseits vom Kläger Unterlassung verlangen kann[43].

40 BGH, GRUR 1998, 696 – „Rolex-Uhr mit Diamanten".
41 BGHZ 130, 134 – „Altenburger Spielkartenfabrik".
42 BGH, CR 2005, 362 – „mho.de".
43 Hans. OLG Hamburg, CR 2006, 278 – „abebooks.com" (unter Hinweis auf BGH, GRUR 1994, 652 – Virion).

C. Unlauterkeit bei Registrierung und Nutzung

38 Die bei Domainstreitigkeiten primär in Betracht kommenden Unterlassungsansprüche knüpfen im Verletzungstatbestand sämtlich an eine irgendwie geartete *Verwendung* der streitgegenständlichen Bezeichnung an. Die nicht mit informativen Netzinhalten hinterlegten, nur „reservierten" Domains warfen daher lange Zeit die Frage eines Namens-*Gebrauchs* im Sinne von §§ 12 BGB, 37 Abs. 2 HGB, einer Kennzeichen-*Benutzung* im Geschäftsverkehr gemäß §§ 14, 15 MarkenG oder einem *Handeln zu Wettbewerbszwecken* bzw. *einer Wettbewerbshandlung* (vgl. §§ 2, 3 UWG) auf. Nach Einstellung der Reservierungsdienste durch DENIC und InterNIC hat sich die Problematik auf die „weißen Websites", auf denen zumeist nur Ankündigungen (z. B. „Under Construction"-Hinweise) angezeigt werden, sowie auf die so genannten Umlenk- bzw. Weiterleitungsdomains verlagert.

I. Reservierungsfälle

39 Inzwischen besteht weitgehend Einigkeit, dass jedenfalls im Anwendungsbereich des bürgerlich-rechtlichen Namensschutzes aus § 12 BGB der berechtigte Namensträger gegen den „Blockierer" selbst dann einen Unterlassungsanspruch haben kann, wenn der Domainname lediglich registriert gehalten, aber nicht im eigentlichen Sinne *benutzt*, also für den Abruf von Informationen verwendet wird. Da die Domainadresse Namensfunktion im Sinne von § 12 BGB habe, müsse gelten, dass derjenige, der eine Domain reserviere, die den Namen eines anderen trage, dessen Recht zum Gebrauch des Namens bestreite (Namensleugnung) bzw. – nach anderer, vorherrschender Ansicht – sich eines eigenen Rechts berühme (Namensanmaßung)[44].

1. Namensgebrauch durch bloße Registrierung

40 In seinem „shell.de"-Urteil bezog der Bundesgerichtshof[45] hierzu erstmals Stellung und führte aus, bereits in der Reservierung liege ein Namensgebrauch in Form der Namensanmaßung, da der Namensträger insoweit von einer Benutzung seines Namens als Domainadresse ausgeschlossen werde. Denn eine Namensanmaßung liege vor, wenn ein Dritter unbefugt den gleichen Namen gebrauche, dadurch eine Zuordnungsverwirrung auslöse und schutzwürdige Interessen des Namensträgers verletze. Diese Voraussetzungen seien im Allgemeinen gegeben, wenn ein fremder Name als Internetadresse benutzt werde. Ein solcher Gebrauch des fremden Namens führe im Allgemeinen zu einer **Zuordnungsverwirrung**, und zwar auch dann, wenn der Nutzer beim Betrachten der geöffneten Homepage alsbald bemerke, dass er nicht auf der Internetseite des Namensträgers gelandet sei. Ein – zu einer Identitätsverwirrung führender – unbefugter Namensgebrauch sei im Übrigen bereits dann zu bejahen, wenn der Nichtberechtigte den Domainnamen bislang nur habe registrieren lassen. Denn die den Berechtigten ausschließende Wirkung setze bei der Verwendung eines Namens als Internetadresse bereits mit der Registrierung ein.

41 Aus dieser Rechtsprechung müsste im Grunde folgen, dass es bei § 12 BGB – anders als im Bereich des Marken- und Wettbewerbsrechts (mit der dort prinzipiell anerkannten Möglichkeit, die Gefahr einer Verwechslungsgefahr oder

44 Ständige Rspr. seit BGH, CR 2002, 525 – „shell.de".
45 BGH, a. a. O.

Irreführung noch auf der bereits aufgerufen Homepage zu beseitigen[46]) – für die Frage, ob die Gefahr einer Zuordnungsverwirrung besteht, jedenfalls außerhalb der Fälle der Gleichnamigkeit nicht auf den Inhalt der Homepage ankommen dürfte.

2. Ausnahmekonstellationen

Dennoch wird die Linie „bloße Registrierung verletzt bereits § 12 BGB" – zurecht – nicht uneingeschränkt durchgehalten: Denn auch für den Bereich des – grundsätzlich subsidiären[47] – Namensrechts (mit der dort maßgeblichen Zuordnungsverwirrung, die in der Regel weiter reicht als die kennzeichenrechtliche Verwechslungsgefahr), gilt z. B. mit dem Oberlandesgericht Stuttgart[48], dass diese Gefahr in bestimmten Fällen – hier für den Fall der Gleichnamigkeit des Prätendenten mit dem hinter dem treuhänderischen Domainverwalter stehenden Namensträger – auch noch nachträglich in geeigneter Weise ausgeräumt werden kann. **42**

Auch der Bundesgerichtshof hat in seiner Entscheidung „kurt-biedenkopf.de"[49] (in der er DENIC wie schon bei „ambiente.de"[50] mangels zumutbarer Prüfungspflichten grundsätzlich von der Störerhaftung ausnimmt[51]) klargestellt, dass nicht nur im Falle der Gleichnamigkeit[52], sondern in jedem Fall der Benutzung eines Domainnamens durch nicht namensgleiche Dritte es einer Zuordnungsverwirrung bedürfe, bei der nach der konkreten Art der Verwendung des Domainnamens zu fragen ist. Bei der Prüfung, ob in jedem Fall der Benutzung des Domainnamens durch nicht namensgleiche Dritte für DENIC klar ersichtlich die Gefahr einer unzulässigen Zuordnungsverwirrung gegeben sei, der entgegengetreten werden darf, sei aber ebenso wie bei der Benutzung durch Gleichnamige von maßgeblicher Bedeutung, dass der Kläger *Kurt Biedenkopf* seinen Namen ***nicht selbst*** als Internetadresse verwenden wolle. Schutzwürdige Belange des Klägers würden durch die bloße Registrierung daher (noch) nicht berührt, weil ihn der mit der Registrierung für einen Dritten verbundene Ausschluss von der eigenen Verwendung mangels eines entsprechenden Benutzungswillens nicht beeinträchtige. Schützenswerte Interessen könnten folglich erst verletzt werden, wenn der Dritte den für ihn registrierten Namen tatsächlich als Internetadresse verwende. Ob nach der konkreten Art der Verwendung die Gefahr einer Zuordnungsverwirrung gerade mit dem Kläger gegeben oder ob eine solche Gefahr etwa wegen der Gestaltung der unter der Internetadresse aufzurufenden Homepage ausgeschlossen sei, hänge wiederum von den Umständen des Einzelfalls ab. Danach könne nicht davon ausgegangen werden, dass in jedem Falle die Gefahr einer Zuordnungsverwirrung gegeben sein werde und die Zuordnung zudem gerade zu dem Kläger und nicht zu einem anderen Namensträger erfolge. **43**

Von dem Grundsatz, dass die namensrechtlich relevante Zuordnungsverwirrung schon durch die Registrierung einer Domain bewirkt wird, muss mit dem Bundesgerichtshof eine (weitere) Ausnahme gemacht werden für den Fall, dass **44**

---

46 Dazu eingehend unten Rn. 290 ff. (G. IV.).

47 Zum grundsätzlichen Vorrang des Markenrechts siehe Rn. 35 (oben B. II.), Rn. 90 ff. (unten D I. und II.).

48 OLG Stuttgart, CR 2006, 269.

49 BGH, CR 2004, 531 – „kurt-biedenkopf.de".

50 BGH, CR 2001, 850 – „ambiente.de".

51 Vgl. unten Rn. 404 ff. (K. I. 4.).

52 Zur Gleichnamigkeit siehe auch Rn. 40 ff. (C. I.), Rn. 111 ff. (E. IV. – VI); Rn. 299 ff. (G. V.).

die Registrierung der erste Schritt im Zuge der – für sich genommenen rechtlich unbedenklichen – Aufnahme einer entsprechenden Benutzung als Unternehmenskennzeichen ist[53]. Dem liegt die Erwägung zugrunde, dass es der Inhaber eines identischen Unternehmenskennzeichens nicht verhindern können soll, wenn in einer anderen Branche durch Benutzungsaufnahme ein Kennzeichenrecht an demselben Zeichen entsteht. Ist ein solches Recht erst einmal entstanden, muss auch die Registrierung des entsprechenden Domainnamens hingenommen werden[54]. Wenn der Gegner also einwenden kann, *vor* oder *alsbald nach* der Registrierung des Domainnamens die Nutzung der angegriffenen Bezeichnung für eine branchenfremde Ware oder Dienstleistung in der Weise aufgenommen zu haben, dass ihm an diesem Zeichen ein eigenes Recht nach § 5 Abs. 2 Satz 1 MarkenG zukommt, stehen sich die Bezeichnungen unabhängig voneinander gegenüber[55].

II. Benutzungsfälle

45 Anders verhält es sich, wenn der auf Unterlassung gerichtete Anspruch auf das *Markenrecht* gestützt wird. Anknüpfungspunkt ist hier die Benutzung der Domain *im geschäftlichen Verkehr.*

1. Kennzeichen*benutzung* erst durch konkrete Verwendungsform im Geschäftsverkehr

46 In der Rechtspraxis herrscht gerade im Hinblick auf die – im Rahmen einer vorbeugenden Unterlassungsklage regelmäßig zu prüfende – Absicht einer konkreten künftigen Nutzung der beanstandeten Internetadresse Verunsicherung. Dies gilt umso mehr, als Fallgestaltungen denkbar und auch anzutreffen sind, in denen einer bereits konnektierten Domain gleichwohl ihre konkrete Nutzungsbestimmung (noch) nicht zweifelsfrei angesehen werden kann, was insbesondere wiederum bei der **„weißen Website“** oder dem **„Under Construction“** – Hinweis gilt, bei der Anmelder eine bestimmte Internetadresse konnektieren, ohne darunter Inhalte bereitzuhalten. Die Art und Weise der konkret bevorstehenden Nutzung lässt sich hier zur Begründung eines Anspruchs aus §§ 14, 15 MarkenG nicht ohne Weiteres ermitteln, weshalb eine auf kennzeichenrechtliche Unterlassung gerichtete Klage regelmäßig mit einem nicht unerheblichen Risiko behaftet sein wird.

47 Nach Maßgabe der Rechtsprechung des Bundesgerichtshofs zum grundsätzlichen Anwendungsvorrang des Markenrechts[56] im Fall „shell.de“[57] wird man auch nicht losgelöst vom Merkmal der Benutzung im geschäftlichen Verkehr auf § 12 BGB, gegebenenfalls in Verbindung mit § 823 Abs. 1 BGB (eingerichteter und ausgeübter Gewerbebetrieb), zurückgreifen können, der einen wesentlich weitergehenden Schutz gewährt[58].

---

53 BGH, CR 2005, 362 – „mho.de“.
54 BGH, NJW 2003, 2978 – „maxem.de“.
55 BGH, a. a. O.
56 Vgl. unten Rn. 90 ff. (D. I. und II.).
57 BGH, CR 2002, 525 – „shell.de“.
58 Anders noch LG Lüneburg, WM 1997, 1452 – „celle.com/celle.de“, wonach Namensgebrauch vorliegt bei Reservierung und anschließendem Angebot zum Weiterverkauf; gegen eine Anwendbarkeit des § 823 Abs. 1 BGB (Gewerbebetriebseingriff) OLG Dresden, K&R 2006, 472 („kettenzüge.de“) mangels unmittelbarer Betriebsbezogenheit der Nichtverfügbarkeit einer Domain.

Aber auch umgekehrt gilt, dass durch das gerichtlich verfügte Verbot des Benutzens einer bestimmten Domain deren bloßes Konnektierthalten nicht betroffen ist. Ein „**Baustellen-Hinweis**", der darauf hindeutet, dass eine neue Internetpräsenz entsteht, stellt keinen Inhalt dar und steht einer inhaltslosen Seite gleich. Die betreffende Internetadresse ist dann funktionslos und wird nicht im Rechtssinne „**benutzt**"[59]. Denn mit Blick auf das Erfordernis der Verwechslungsgefahr hat zu gelten, dass die bloße Freihaltung einer Domain mit dem Ziel einer späteren Belegung mit Inhalten noch keine kennzeichenrechtliche Benutzungshandlung darstellt[60]; hier fehlt es an der Beziehung zu einem bestimmten Produkt oder Gewerbe[61]. Anderenfalls liefe die Untersagung einer unbestimmten Nutzung auf ein „**Schlechthinverbot**"[62] hinaus, das die Rechtsprechung nur in engen Ausnahmefällen, namentlich bei überragender Verkehrsbekanntheit[63] oder bei Fällen sittenwidriger Registrierung[64] zubilligt. 48

Die klassische sittenwidrige Behinderung im Bereich der Domains ist das so genannte „Domain-Grabbing". 49

Hierzu hat das Oberlandesgericht Stuttgart[65] ausgeführt: „Um einen Fall des „Domain-Grabbing" handelt es sich, wenn Unternehmen oder Privatpersonen Marken- oder Unternehmenskennzeichen Dritter als eigenen Domainnamen registrieren lassen, um sie dann zu veräußern, also um einen Fall einer missbräuchlichen Registrierung eines Domainnamens".

An einer Definition versucht sich auch das Oberlandesgericht Zweibrücken[66]: „Unter einem „Domain-Grabbing" ist die sittenwidrige Blockade einer Internetdomain zu Lasten eines Marken- bzw. Titelinhabers zu verstehen. Der Begriff erfasst die spekulative und ohne eigenes Nutzungsinteresse verfolgte Registrierung von Marken, Zeichen, Firmen und sonstigen Namensschöpfungen als Internetdomain, um sie anschließend zu verkaufen oder gegen Nutzungsentgelt zu überlassen"[67].

Dabei setzt ein „Domain-Grabbing" nach Ansicht des Oberlandesgerichts Zweibrücken zweierlei voraus: Objektiv bedarf es einer schädigenden Handlung, die regelmäßig durch die Registrierung/Reservierung des Domainnamens erfolgt und die nur dann schädigend sein kann, wenn der Marken- bzw. Rechtsinhaber ebenso bekannt ist wie die „auszubeutende" Marke selbst. Subjektiv ist eine schikanöse, vorsätzlich sittenwidrige Schädigungsabsicht erforderlich, die darauf gerichtet ist, die Domain als Handelsware gegenüber dem Rechtsinhaber zu verwerten. 50

Für die Fälle des „Domain-Grabbing" sollte unseres Erachtens das Erfordernis der Benutzung im geschäftlichen Verkehr – dem Schutzgedanken des Markengesetzes Rechnung tragend – entsprechend weit ausgelegt werden. Es ist davon auszugehen, dass ein „Domain-Grabbing" durch Gewerbetreibende im Zweifel schon deswegen geschäftlich erfolgen wird, weil die Registrierung bereits wegen der damit verbundenen Kosten nur Sinn macht, wenn die Domain anschließend auch tatsächlich in Benutzung genommen wird[68]. Analog der 51

---

59 Hans. OLG Hamburg, Urt. v. 28.8.2007, 3 W 151/07 – „original-nordmann.eu".
60 Hans. OLG Hamburg, a. a. O.: „Das Registrierthalten der Domain ‚www.original-nordmann.eu' stellt als solche noch keine markenmäßige Benutzung der Klagemarke dar".
61 Vgl. OLG Karlsruhe, CR 2002, 60.
62 Dazu unten Rn. 440 ff. (K. V. 2.)
63 BGH, CR 2002, 525 – „shell.de".
64 BGH, CR 2005, 593 – „weltonline.de".
65 OLG Stuttgart, Urt. v. 4.7.2005, 5 U 33/05.
66 OLG Zweibrücken, CR 2003, 532.
67 So auch OLG Frankfurt/M., MDR 2000, 1268; MMR 2001, 532; MMR 2001, 696.
68 *A. Nordemann*, NJW 1997, 1891, 1893; vgl. auch *Kur*, CR 1996, 590, 591.

Marken- und Handelsregisteranmeldung, die nach ständiger Rechtsprechung eine Benutzungsabsicht indiziert (und daher eine vorbeugende Unterlassungsklage rechtfertigt), wird sonach die Registrierung einer Domain durch ein Unternehmen im Zweifel „im geschäftlichen Verkehr" erfolgen, da Gewerbetreibende regelmäßig schon aus Gründen der steuerlichen Absetzbarkeit entstehender Kosten nicht privat handeln[69].

52 Die Registrierung von geschützten Zeichen *durch Private* eröffnet dagegen in der Regel keine kennzeichenrechtlichen Ansprüche. Sie wird nicht ohne weiteres Hinzutreten subjektiver Momente wie Benutzungs- oder Verkaufsabsicht als unbefugter Namens- oder Kennzeichengebrauch angesehen werden können[70]. Hier fehlt es sowohl an einem Handeln im geschäftlichen Verkehr und einer sachlichen Verwechslungsgefahr als auch an einer Wettbewerbsbezogenheit des Registrierungsvorgangs und einem Wettbewerbsverhältnis zwischen Reservierendem und Namensträger.

53 Anders verhält es sich, wenn die Registrierung dazu dienen soll, vom Rechteinhaber eine Art „Lösegeld" für die Freigabe der Domain freizupressen. Hier wird der Bereich rein privater Nutzung zu Kommunikationszwecken verlassen und die zunächst nur faktische Position der Blockade kommerzialisiert. Ein solches Verhalten ist unlauter[71]. Es besteht Erstbegehungsgefahr, da die Registrierung der Domain die Absicht ihrer Benutzung indiziert[72].

54 a) **Unterfall: Weiterleitende Domains ohne eigene Inhalte.** Dies betrifft folgerichtig auch die **Umlenk- bzw. Weiterleitungsdomain**, die den Nutzer nach Aufruf der via Domain angefragten Website auf eine mit einer anderen Domain adressierte Website weiterleitet[73]. Auch dies stellt einen Namensgebrauch bzw. – im Rahmen der §§ 14, 15 MarkenG bei einem Handeln im geschäftlichen Verkehr – eine markenmäßige Benutzung dar, da es sich um eine Weiterleitung

69 Vgl. nur BGH, NJW 1993, 2873 – „Triangle"; GRUR 1970, 305 – „Löscafé".

70 So seit jeher die herrschende Meinung, vgl. nur *Kilian*, DZWir 1997, 381; *Ernst*, BB 1997, 1057; *Stratmann*, BB 1997, 689; u. v. m.; *Graefe*, MA 1996, 100; *Bettinger*, GRUR Int. 1997, 402; *A. Nordemann*, NJW 1997, 1891 sieht eine kennzeichenrechtlich relevante Benutzung im geschäftlichen Verkehr durch Private dann erfüllt, wenn die Domain dem Rechteinhaber zum Kauf angeboten wird. Ähnlich *Kur*, FS Beier, S. 273, Fn. 3 und CR 1996, 590: die Autorin sieht den privaten, ausschließlich der persönlichen Kommunikation des Anbieters dienenden Bereich der Domain-Nutzung jedenfalls dann verlassen, wenn bekannte Namen oder Marken registriert werden, um sie anschließend an den Betroffenen „zurückzuverkaufen". Einen anderen Ansatz wählt *Kilian*, a. a. O., 389: Wer aus der registrierten Domain eine bloße Ware mache, indem er sie anderen zum Freikauf anbiete, schaffe ein „Ad-hoc-Wettbewerbsverhältnis", da er sich eines Rechts zur wirtschaftlichen Verwertung der fremden Marke beziehungsweise des fremden Namensrechts berühme.

71 Siehe schon vorige Fn.; vgl. ferner BGH, K&R 2008, 735 – „afilias.de"; GRUR 2001, 242 – „Classe E"; WRP 2004, 766 – „S100"; *Hoeren*, Internetrecht, S. 57. Der Autor sieht in dem Angebot zum entgeltlichen Rückerwerb ein Indiz für die Absicht, im geschäftlichen Verkehr zu handeln; a. A. *Ubber*, WRP 1997, 497, der mit Blick auf die große Anzahl reservierter, später aber nie verwendeter Domains aus der bloßen Reservierung nicht auf eine Begehungsgefahr schließen möchte; über die Benutzungsabsicht könne im Einzelfall etwa die Reaktion auf ein Abmahnungsschreiben Aufschluss geben. Das private „Domain-Grabbing" führe allenfalls zum Namens- oder Deliktsrecht, indes noch nicht zum Markenrecht. Zwar möge der „Grabber" unter Umständen geschäftlich handeln, die bloße Veräußerung stelle jedoch noch keine markenmäßige Verwendung im Geschäftsverkehr dar.

72 Vgl. *Völker/Weidert*, WRP 1997, 652, die schon aus der Verwendung der TLD „.com" (kommerzielle Angebote) auf ein Handeln im geschäftlichen Verkehr schließen möchten.

73 OLG Köln, CR 2006, 549 – „ecolab.de/.org/.info" (Bejahung der markenmäßigen Benutzung); LG Coburg, Urt. v. 7.2.2001, 22 O 9/01 (Bejahung des namensmäßigen Gebrauchs).

handelt, bei der der Name der ersten, als „Durchgangsstation" verwendeten Domain auf dem Bildschirm sichtbar ist[74].

55 Das Oberlandesgericht Stuttgart sieht in der Verwendung eines kennzeichenrechtlich geschützten Begriffs als Weiterleitungsdomain eine bloße **„Adresshülse"**, in der eine sittenwidrige Behinderung des Kennzeichenrechtsinhabers liegen könne[75].

56 Ein Unternehmen, dem die Nutzung einer URL (im Streitfall „gmail.com") wegen markenrechtlicher Verwechslungsgefahr untersagt ist, handelt mit dem Hanseatischen Oberlandesgericht Hamburg[76] auch dann markenrechtswidrig, wenn es eine URL zur reinen Weiterleitung (**„Forwarding"**) gebraucht, die um einen Buchstaben erweitert ist und lediglich eine Sub-Level-Domain kennzeichnet (dort „m.gmail.com"). Die Verkehrskreise würden hier die kennzeichnende Zielrichtung der Bezeichnung erkennen. Es sei im Übrigen auch nichts Ungewöhnliches, wenn Unternehmen Interessenten von einer URL, die ihre Marke bzw. Geschäftsbezeichnung enthalte, auf eine andere URL weiterleiteten, unter der ihr Internetangebot technisch administriert wird, die jedoch für einen unmittelbaren Aufruf zu kompliziert bzw. schwer zu merken erscheine oder im Ausland registriert sei. Deshalb gebe die Tatsache einer Weiterleitung auf die URL „mail.google.com" den angesprochenen Verkehrskreisen keinen Anlass, an der kennzeichnenden Verwendung der URL „m.gmail.com" zu zweifeln.

57 Es ist in diesen Fällen dann freilich – unbeschadet des Bejahens einer kennzeichenrechtlichen Benutzungshandlung – als weitere markenrechtliche Anspruchsvoraussetzung das Vorliegen einer sachlichen Verwechslungsgefahr – Branchenidentität oder -nähe bzw. Identität oder Ähnlichkeit der beworbenen Waren oder Dienstleistungen – zu prüfen[77].

58 Aus dem Kriterium der Ausschlusswirkung ergibt sich im Umkehrschluss, dass die automatisch generierte Auskunft eines Providers zur Verfügbarkeit einer angefragten Domain (Bsp.: „*Diese Domain ist noch frei. Bestellung hier: ...*") mangels namensmäßiger Zuordnung zu einer bestimmten anderen Person noch keinen eigenen Namensgebrauch darstellen wird[78], möglicherweise aber unter dem Aspekt der Störerhaftung Unterlassungsansprüche auslöst.

59 Hiervon zu unterscheiden ist der Fall der rechtsbegründenden oder rechtserhaltenden Markennutzung mittels einer Domain oder **E-Mail-Adresse**[79].

60 **b) Unterfall: „Catch-all-Domains".** Kein Namensgebrauch dürfte in Ermangelung einer den Namensgebrauch durch den Berechtigten ausschließenden Eigenanmaßung – das Präzedenzfallbeispiel „suess.de" ist ein adjektivischer Begriff des allgemeinen Wortschatzes und berechtigt den Träger eines solchen Namens nicht zur Untersagung – auch bei den so genannten *„Catch-all-domains"* vorliegen, die dazu dienen, bei der Eingabe jedweder beliebigen

---

74 OLG Köln, a. a. O.: „In einem solchen Fall ist die Frage, ob die als ‚Durchgangsstation' verwendete Domain markenmäßig benutzt wird, nach den allgemeinen Regeln zu beurteilen" (unter Hinweis auf *Ingerl/Rohnke*, nach § 15 Rn. 82).

75 OLG Stuttgart, Urt. v. 23.3.2001, 2 U 149/00 – „medi-s.de" (Leitsatz: MMR 2002, 326).

76 Hans. OLG Hamburg, MMR 2007, 653 – „gmail/g-mail".

77 Dazu unten Rn. 440 ff. (K. V. 2.).

78 OLG Köln, CR 2002, 533 – „guenter-jauch.de" (II).

79 Eingehend unten Rn. 143 ff., 159 ff. (F. I. und II.).

Third Level Domain auf dieselben unter der Second Level Domain abgelegten Internetseiten weiterzuleiten. In jenem vom Oberlandesgericht Nürnberg[80] als Namensrechtsverletzung qualifizierten Fall geschah dies dadurch, dass bei Eingabe des Vornamens des Klägers als Third Level Domain („vorname.suess.de") eine Weiterleitung auf die unter „suess.de" abrufbaren Erotikseiten erfolgte. Der Träger eines auch als Adjektiv gebräuchlichen Familiennamens (hier: „Süß") könne, so das Oberlandesgericht, zwar mangels ausreichender Unterscheidungskraft des Namens vom Inhaber einer gleich lautenden Domain nicht die Unterlassung der Verwendung dieser Domain verlangen. Zu einer Namensanmaßung komme es jedoch dann, wenn aufgrund der catch-all-Funktion der Vorname und der Familienname des Klägers eingegeben würden. Der Kläger brauche es nicht zu dulden, dass er aufgrund einer catch-all Funktion eines Nichtberechtigten von der Nutzung seines eigenen Namens in der beschriebenen Weise ausgeschlossen werde.

61 Nach anderer Ansicht liegt in der bloßen spekulativen Registrierung einer Domain noch keine Benutzung im geschäftlichen Verkehr im Sinne des Markengesetzes (und demgemäß auch kein Namensgebrauch nach § 12 BGB), da dem Publikum ein Homepage-Angebot nicht zugänglich gemacht werde[81]. In diesem Fall sollen jedoch Untersagungsansprüche unter dem Aspekt der vorbeugenden Unterlassungsklage wegen drohender, unmittelbar bevorstehender Kennzeichenrechtsverletzung[82], wegen einer Analogie zur bösgläubigen Markenanmeldung[83] oder wegen sittenwidriger Behinderung[84] in Betracht kommen können. Vorschubsargumenten dergestalt, man beabsichtige, unter „dsf.de" nicht etwa in Branchenkonflikt zum „Deutschen Sport Fernsehen" zu geraten sondern plane ein Forum der „Deutsch-Slowenischen Freundschaft"[85], wird damit wirkungsvoll der Boden entzogen.

62 Die deliktischen Missbrauchstatbestände sind jedoch restriktiv anzuwenden. Jedenfalls in der Registrierung eines *Gattungsbegriffs* als Domainname[86] liegt nach Ansicht des Bundesgerichtshofs[87] in der Regel keine sittenwidrige Schädigung, auch wenn es nahe liege, dass ein Unternehmen diesen Domainnamen für seinen Internetauftritt verwenden könnte. Mit dem Bundesgerichtshof[88] ist es insbesondere nicht als wettbewerbswidrig anzusehen, wenn ein Anbieter einen Gattungsbegriff, an dessen Verwendung als Domainnamen auch Mitbewerber ein Interesse haben können, als Domainnamen registrieren lässt und sich damit einen Vorteil gegenüber seinen Mitbewerbern verschafft. Die Registrierung generischer Begriffe als Domainnamen sei vielmehr weitgehend dem Gerechtigkeitsprinzip der Priorität unterworfen: Der Vorteil, der demjenigen zukomme, der als erster die Registrierung eines beschreibenden Domainnamens erwirke, könne nicht als sittenwidrig angesehen werde.

63 Auch das bloße „Horten" auf Vorrat ohne Bereitstellung eigener Inhalte ist mit dem Bundesgerichtshof nicht zu beanstanden. Eine Domainreservierung ist

---

80 OLG Nürnberg, CR 2006, 485 – „suess.de" mit abl. Anm. *Schirmbacher*; vgl. auch OGH, Urt. v. 12.7.2005, 4 Ob 131/05a.
81 LG Düsseldorf, WM 1997, 1444 – „epson.de".
82 LG Düsseldorf, a. a. O.
83 OLG Stuttgart, CR 1998, 241 – „steiff.com".
84 OLG Frankfurt, MMR 2000, 424 – „weideglueck.de" (unter Berufung auf § 1 UWG a. F., § 826 BGB, §§ 823, 226, 1004 BGB).
85 So geschehen vor dem LG München I, Urt. v. 9.1.1997, 4 HKO 14792/96 – „dsf.de".
86 Zu dieser Problematik unten Rn. 126 ff., 306 ff., 312 ff. (E. VI. und H. I. und II.).
87 BGH, CR 2005, 593 – „weltonline.de."
88 BGH, CR 2001, 777 – „mitwohnzentrale.de".

hiernach auch ohne aktuellen Nutzungszweck nicht grundsätzlich missbilligt[89]. Denn selbst bei fehlender aktueller Nutzungsmöglichkeit kann sie z. B. der erste Schritt im Zug der Aufnahme einer entsprechenden Benutzung als Unternehmenskennzeichen sein[90]. Aus dieser rechtlich nicht zu beanstandenden Übung habe sich, so der Bundesgerichtshof, das Bedürfnis entwickelt, möglichst viele geeignete Begriffe registrieren zu lassen, die in näherer oder fernerer Zukunft entsprechend eingesetzt werden können. Dabei sei zu beachten, dass die Registrierung eines Domainnamens nicht nur dann sinnvoll ist, wenn unter dieser Adresse ein entsprechender eigener Internetauftritt entstehen soll. Vielmehr könne der Domainname auch in der Weise genutzt werden, dass Nutzer, die diesen Domainnamen eingeben, zu einer anderen Internetseite umgeleitet werden[91].

Anders stellt sich dies außerhalb des Bereichs der Gattungsdomains dar. Das Oberlandesgericht Stuttgart[92] sieht in der Verwendung eines kennzeichenrechtlich geschützten Begriffs als Weiterleitungsdomain eine bloße **„Adresshülse"**, die nicht nur keine eigenen Kennzeichenrechte zu begründen vermag[93], sondern eine sittenwidrige Behinderung des Kennzeichenrechtsinhabers implizieren könne. Jedoch bedarf die Feststellung der Sittenwidrigkeit regelmäßig einer sorgfältigen Prüfung des Einzelfalls. Hat der Domaininhaber lediglich einen wettbewerblichen Vorteil genutzt und einen Domainbegriff registriert, an dem Schutzrechte Dritter bestehen, liegt zwar eine Behinderung vor, doch kann nicht ohne Weiteres objektiv und subjektiv von sittenwidrigem Handeln ausgegangen werden, wenn die Instrumente des Kennzeichenrechts (insbesondere § 12 BGB, §§ 14, 15 MarkenG) mangels Vorliegen der Anspruchsvoraussetzungen nicht weiterhelfen. 64

Die Hürde der Sittenwidrigkeit ist hoch: Das Oberlandesgericht Karlsruhe[94] hatte über eine „weiße Website" zu befinden, bei der sich auch aus den Begleitumständen prospektiv kein Anhaltspunkt für eine konkrete, kennzeichenmäßige Verwendung im markenrechtlichen Schutzbereich der Klägerin herleiten ließ. In der Domain selbst, so der *Senat*, liege indes noch nicht das verwechslungsfähige Produkt[95], mit der Folge, dass es in diesen Fällen an einer markenrechtlich relevanten Produktkollision fehle. Der Ausweg über eine sittenwidrige Behinderung könne nur dann genommen werden, wenn die Reservierung ausschließlich in Absicht erfolge, die Domain für einen bestimmten Konkurrenten zu „sperren". Anders indes das Landgericht Bremen[96]: Danach soll allein die Existenz einer Domainadresse, ob diese zurzeit erreichbar ist oder nicht, eine Verletzung des Markenrechts bewirken können. 65

2. Insbesondere: „Domain-Grabbing"

Das Phänomen des zuvor beschriebenen „Domain-Grabbing" ist eng mit der Frage der – soeben am Beispiel der auf Vorrat gehorteten, keine eigenen Inhalte aufweisenden Domains erörterten – sittenwidrigen Behinderung bzw. Schadigung verwoben. Nach Auffassung des Oberlandesgerichts Frankfurt[97] ist die 66

---

89 BGH, a. a. O. – „weltonline.de".
90 BGH, CR 2005, 362 – „mho.de".
91 BGH, a. a. O. – „weltonline.de".
92 OLG Stuttgart, Urt. v. 23.3.2001, 2 U 149/00 – „medi-s.de" (Leitsatz: MMR 2002, 326).
93 Dazu noch unten Rn. 143 ff. (F. I.).
94 OLG Karlsruhe, CR 2002, 60.
95 A. A. LG Düsseldorf, WM 1997, 1444 – „epson.de".
96 LG Bremen, CR 2000, 543 – „photo-dose.de".
97 OLG Frankfurt/M., CR 2001, 620 – „praline-tv.de".

Registrierung einer großen Anzahl von Domains, die Kennzeichen fremder Unternehmen beinhalten, rechtswidrig, wenn der Domaininhaber mit der Absicht handelt, diese später an die Unternehmen zu verkaufen. Anders sieht es das Landgericht Düsseldorf[98] im Fall „alte.de“: Der Inhaber, Besitzer mehrerer tausend Domains, obsiegte gegen die klagende Firma Wilhelm Alte GmbH, die zugleich Inhaberin einer Wortbildmarke „Alte“ ist. Der Markenschutz, so das Gericht, beschränke sich auf die konkrete grafische Ausgestaltung, während der Wortbestandteil „alte“ beschreibend sei. Überdies fehle es an der Ähnlichkeit der Waren oder Dienstleistungen, die die erforderliche Verwechslungsgefahr begründen könnte. Die große Anzahl reservierter Domains lasse nicht generell auf wettbewerbsfeindliche Absichten schließen. Zum einen sei die Anzahl von Domainreservierungen weder gesetzlich noch nach den Bestimmungen der Vergabestelle DENIC begrenzt, zum anderen hielten sich viele Unternehmen eine erhebliche Anzahl von Marken „auf Vorrat“, gerade auch im Internet. Ob Rechte Dritter hierdurch unzulässig beeinträchtigt würden, bestimme sich nach dem jeweiligen Einzelfall.

67 In der Entscheidung „literaturen.de“ hatte das Landgericht Düsseldorf[99] freilich noch befunden, die Reservierung einer Vielzahl von generischen Domains ohne ernsthafte Nutzungsabsicht sei im Sinne von § 826 BGB (in Verbindung mit § 1004 BGB) sittenwidrig, wenn allein die formalrechtliche Stellung der Domaininhaberschaft dazu dienen solle, durch den Verkauf der Domainadressen als Handelsware an einen noch nicht bekannten Interessenten Gewinn zu erzielen, deren Höhe nicht mit irgendeiner Leistung des Rechtsinhabers in Zusammenhang stehe, sondern allein von der Bedeutung abhänge, die der „Vertragspartner“ der Sache beimesse. Dies gelte unabhängig davon, ob die Domain sodann tatsächlich mit einem Kennzeichenrecht in Konflikt gerate oder nicht. Der Registrierende handele überdies wettbewerbsmäßig im Sinne des UWG.

68 Unbeschadet dessen, welcher Ansicht zum Gebrauchsmerkmal man sich letztlich zuneigt: Fälle von evidentem **„Namensklau“** können – insbesondere auch außerhalb des geschäftlichen Verkehrs, bestehender Wettbewerbsverhältnisse[100] oder einer Verwechslungsgefahr im Waren-/Dienstleistungsbereich – über §§ 826, 226, 1004 BGB gelöst werden[101]. Denn wer sich ohne nachvollziehbares Eigeninteresse eine Internetdomain registrieren lässt, die mit dem eigenen Namen oder der eigenen Tätigkeit in keinerlei Zusammenhang steht, die aber gleich lautend mit dem Kennzeichen eines Dritten ist, kann wegen schikanöser, sittenwidriger Behinderung auf Unterlassung in Anspruch genommen werden[102] – dies jedenfalls dann, wenn sich das Unlauterkeits- bzw. Schädigungselement aus den Begleitumständen des Falles ergibt. Das erkennbare Fehlen eines eigenen, plausiblen Nutzungsinteresses und die Unwahrscheinlich-

---

98 LG Düsseldorf, MMR 2002, 324 – „alte.de“.

99 LG Düsseldorf, Urt. v. 6.7.2001, 38 O 18/01 – „literaturen.de“.

100 Verfehlt daher mangels eines – auch nicht *ad hoc* begründeten (vgl. *Kilian*, DZWir 1997, 381) – Wettbewerbsverhältnisses LG Köln, MMR 2000, 46, Leitsatz: „*Der Begriff ‚Hauptbahnhof‘ ist von der Deutschen Bahn und ihren Rechtsvorgängerinnen geprägt worden und wird zwangsläufig mit dem Angebot der Deutschen Bahn verbunden; die Einrichtung eines Internet-Forums mit der – irreführenden – Domain ‚hauptbahnhof.de‘ durch einen Dritten widerspricht den Grundsätzen eines fairen Leistungswettbewerbs und verstößt somit gegen § 1 UWG unter dem Gesichtspunkt der wettbewerbswidrigen Behinderung.*“

101 OLG Frankfurt/M., MMR 2000, 424 – „weideglueck.de“; OLG Nürnberg, CR 2001, 54; *Bücking*, Namens- und Kennzeichenrecht im Internet, Rn. 224, 228.

102 OLG Frankfurt/M., a. a. O.; ähnlich, wenngleich zudem Namensgebrauch bejahend, LG Düsseldorf, NJW-CoR [Leitsatz] 1999, 716 – „nazar.de“.

keit der zufälligen Wahl einer bereits kennzeichenrechtlich geschützten Bezeichnung bilden beispielsweise starke Indizien für ein unlauteres Motiv. Vor allem bei Kennzeichen, die dem Registrierenden – oder gar der Allgemeinheit – bekannt sind, die aber jedenfalls in dem betreffenden Wettbewerbsumfeld Verkehrsgeltung haben, wird daher in der Regel eine Behinderungs- oder Schädigungsabsicht nahe liegen[103].

a) Unterfall: „Domain-Backorder-Systeme“. Wurden in der „Pionierzeit“ des Domainhandels Fälle sittenwidriger, schikanöser oder sonst unlauterer Aneignung freier oder dem vormaligen Inhaber irrtümlich „abhanden gekommener“ Domains[104] in der Regel über § 826 BGB gelöst, scheinen die Instanzgerichte – nicht zuletzt wohl mit Blick auf die hohen Hürden der Norm, die der Bundesgerichtshof in der Entscheidung „weltonline.de“[105] nochmals ausdrücklich betont – inzwischen zunehmend auf das Wettbewerbsrecht umzuschwenken. Dies führt nicht selten zu einer allzu leichtfertigen, ja mitunter ohne jeden Anhaltspunkt konstruierten Bejahung eines Wettbewerbsverhältnisses: 69

Das Landgericht München I[106] erblickt eine als „Domain-Grabbing“ zu qualifizierende sittenwidrige Behinderung des Namensrechtinhabers etwa in einer planmäßigen Suche *nach* und Registrierung *von* kurzfristig freigewordenen – bereits bekannt gemachten und eingeführten – Domains, die nach ihrer Form darauf schließen lassen, materiell-rechtlich mit Namens- oder Kennzeichenrechten Dritter behaftet zu sein, und stützt den Untersagungs- und Freigabeanspruch auf §§ 826, 1004 BGB, §§ 3, 8, 12 UWG: Im Rahmen des „Domain-Grabbing“ liege jedenfalls dann eine sittenwidrige Behinderung vor, wenn die Domain-Registrierung mit dem Ziel erfolge, dem Zeicheninhaber die Nutzung dieser Bezeichnung (Domain) für eigene geschäftliche Zwecke unmöglich zu machen oder wenn ein Spekulant ohne eigenes Nutzungsinteresse durch die Registrierung den Zeicheninhaber behindern oder ihn dazu bringen wolle, die Domain anzukaufen oder Nutzungsentgelte zu zahlen. Eine sittenwidrige Behinderung könne auch dann vorliegen, wenn freie bzw. (kurzfristig) frei gewordene Domains durch einen Dritten registriert und unter der Domain Inhalte zur Verfügung gestellt werden, aus denen der Dritte Einnahmen erzielt[107]. Das Element der Sittenwidrigkeit sei insbesondere erfüllt, wenn der planmäßig suchende „Grabber“ keine Vorkehrungen dafür treffe, dass marken- oder namensrechtlich geschützte Domains nicht registriert werden, sondern vielmehr gezielt Domains registriere, die nach ihrer Form darauf schließen lassen, dass es sich um den vollen bürgerlichen Namen einer natürlichen Person, um einen Firmennamen oder um den Namen einer Vereinigung handele. 70

Zum Vorsatz gehört und genügt nach Ansicht des Landgerichts München I[108], dass der Schädiger die Art und Richtung des Schadens und die Schadensfolgen vorausgesehen und gewollt oder jedenfalls billigend in Kauf genommen habe. Bei der Registrierung von Domains im Zusammenhang mit „Domain-Grabbing“ kann sich dies daraus ergeben, dass die Domains *ohne* Prüfung entgegen- 71

---

103 LG Köln, Urt. v. 28.9.2007, 81 O 108/06 – „hebau.eu“; *Beier*, Recht der Domainnamen, S. 178.

104 Hierfür kann es unterschiedliche Gründe geben, beispielsweise unbezahlte Registrierungs- oder Verlängerungsgebühren oder aber technische Pannen beim Provider des Domain-Nameservers.

105 BGH, CR 2005, 593 – „weltonline.de“.

106 LG München I, CR 2006, 494 – „feuerwehr-fehrbellin.de“; MMR 2006, 484 – „fwt-köln.de“.

107 Hier ist insbesondere an die durch Bannerwerbung oder Domain-Parking erzielten Einnahmen zu denken.

108 LG München I, a. a. O. – „feuerwehr-fehrbellin.de“.

stehender Namens- oder Kennzeichenrechte registriert und auf den Domains nach dem Zufallsprinzip Inhalte bereitgestellt würden. Denn dabei müssten die Handelnden damit rechnen, dass Schäden bzw. Verletzungen eintreten.

72 Daneben – und nach Ansicht von Landgericht[109] und Oberlandesgericht München[110] durch das Markenrecht nicht verdrängt, wenn die Verwendung der Domain zur Schaltung von Werbung oder Verlinkung auf kommerzielle Seiten keine kennzeichenmäßige sondern lediglich eine adresstechnische Nutzung darstelle – könne in einem solchen planmäßigen Abfangen freigewordener Domains eine Verletzung des Wettbewerbsrechts in Gestalt des **Behinderungswettbewerbs** (§ 4 Nr. 10 UWG) liegen. Das erforderliche Wettbewerbsverhältnis (§ 2 Abs. 1 Nr. 3 UWG) werde dadurch begründet, dass beide Parteien ein- und dieselbe Domain nutzten bzw. genutzt hatten, um aus kommerziellen Motiven Internetnutzer zu erreichen. Dem stehe weder entgegen, dass der Kennzeicheninhaber zum fraglichen Zeitpunkt nicht mehr Inhaber der Domain war, noch dass er die Domain möglicherweise freiwillig oder infolge Nachlässigkeit aufgegeben habe. Behinderungswettbewerb liege hiernach bereits vor, wenn die Registrierung und Aufrechterhaltung einer Domain keinen sachlichen Bezug zu einem damit in Zusammenhang stehenden eigenen Waren- oder Dienstleistungsangebot erkennen lasse, sondern dies ausschließlich dem Zweck diene, unter Behinderung des Mitbewerbers den die Domain aufrufenden Interessenten auf scheinbar willkürlich ausgewählte kostenpflichtige Internetseiten weiterzuleiten. Auch ein Wettbewerbsverhältnis bestehe, da schützenswerte Interessen des Kennzeichenrechtsinhabers negativ betroffen und der Wettbewerb dadurch zum Nachteil des letzteren verfälscht bzw. beeinträchtigt werden könne.

73 Auch das Hanseatische Oberlandesgericht Hamburg (*5. Senat*)[111] neigt dazu, Fälle der vermeintlichen Behinderung eines Markeninhabers durch „Domain-Grabbing" über das – infolge Spezialität des MarkenG eigentlich verdrängte[112] – Wettbewerbsrecht (§§ 3, 4 Nr. 10 UWG) zu lösen. Man vermisst jedoch jeden Hinweis auf das Erfordernis des Wettbewerbsverhältnisses. Da die Behinderung bereits in der Aufrechterhaltung der Registrierung ohne erkennbares Eigeninteresse liegen soll, folgt hieraus letztlich ein **„Schlechthinverbot"**, also über § 8 Abs. 1 UWG (Beseitigung der Störung) neben der Unterlassung ein Löschungsanspruch ohne Ansehung der konkreten oder beabsichtigten Nutzung der Domain. Problematisch erscheint, dass der *Senat* hier über § 8 Abs. 1 UWG dieselbe Rechtsfolge wie bei § 826 BGB erreicht, ohne sich mit den dortigen – wie gesehen strengeren – Anspruchsvoraussetzungen auseinander setzen zu müssen. Ein Kennzeichenverwender könnte nach dieser Rechtsprechung mithin unter bestimmten Umständen als Folge einer gezielten Behinderung wettbewerbsrechtlich verpflichtet sein, in die vollständige Löschung eines Domainnamens einzuwilligen, selbst wenn man der Website, die im Streitfall ein „Baustellenschild" aufwies, die beabsichtigten Inhalte nicht ansieht und insoweit eine markenrechtliche Verwechslungsgefahr nicht (oder nur in Bezug auf einige Waren oder Dienstleistungen) besteht.

---

109 LG München I, MMR 2006, 484 – „fwt-köln.de".

110 OLG München, Urt. v. 5.10.2006, 29 U 3143/06 – „fwt-köln.de" (Berufungsinstanz).

111 Hans. OLG Hamburg, CR 2007, 47 – „ahd.de"; vgl. aber dazu die unter Bestandsschutzaspekten (siehe Rn. 165 ff., unten F. III.) wichtige Revisionsentscheidung BGH, Urt. v. 19.2.2009, I ZR 135/06 – „ahd.de".

112 BGH, CR 2002, 525 – „shell.de"; zur Frage des Vorrangverhältnisses noch unten Rn. 90 ff. (D I. und II.).

In derlei Fällen hätte nach der Rechtsprechung des 3. *Senats* des Hanseatischen Oberlandesgericht Hamburg im Fall „schuhmarkt.de“[113] freilich zu gelten, dass „*ohne Kenntnis dessen, wofür die Internetanschrift steht, sich weder Feststellungen zu einer Verwechslungsgefahr noch zur Unlauterkeit eines Verhaltens treffen lassen. Ein solches Verbot würde auch Handlungen erfassen, die möglicherweise nicht rechtswidrig sind oder für die keine Begehungsgefahr besteht*“. **74**

Nach der zuvor dargestellten Ansicht des 5. *Senats* gilt dies indessen nicht einschränkungslos, insbesondere nicht bei offensichtlichen Missbrauchsfällen, wenn sich nach Sachlage das Interesse des Inhabers an einer Nutzung der betreffenden Domain („ahd.de“) ausschließlich darauf beschränke, diese Adresse für berechtigte Nutzer entweder vollständig zu sperren oder sie ihnen gegen Entgelt vollständig bzw. zur Nutzung zu überlassen, und wenn ein eigenes Interesse, hierunter irgendwelche konkreten Inhalte zu veröffentlichen, ersichtlich nicht bestehe. **75**

b) Unterfall: „Umlautdomains“. Eine Domain kann (ungeachtet der Top Level Domain „.de“) nur bestehen aus Ziffern (0 bis 9), Bindestrichen, den Buchstaben A bis Z und – seit dem 1. März 2004 – einer Reihe weiterer so genannter „**Ligaturen**“ (Sonderbuchstaben, wie beispielsweise die deutschen Umlaute oder auch das aus dem Französischen bekannte „ë“). Sie muss wenigstens einen Buchstaben enthalten, darf mit einem Bindestrich weder beginnen noch enden und darf auch nicht an der dritten und vierten Stelle Bindestriche enthalten. Groß- und Kleinschreibung wird nicht unterschieden. Die Mindestlänge einer Domain beträgt grundsätzlich drei, die Höchstlänge 63 Zeichen. Unzulässig als Domain sind die Bezeichnungen anderer Top Level Domains (wie z. B. „.com“, „.net“, „.org“ und sämtliche länderbezogenen Top Level Domains), Buchstabenkombinationen, die in deutschen Kfz-Kennzeichen zur Benennung des Zulassungsbezirks verwendet werden, sowie Zeichenfolgen, die sich ergeben, wenn man in derartigen Buchstabenkombinationen „ä“ durch „ae“, „ö“ durch „oe“ und „ü“ durch „ue“ ersetzt[114]. **76**

Seit März 2004 können bei DENIC mithin auch Umlautdomains, d. h. Domainnamen, die ein „ä“, „ö“ oder „ü“ enthalten, registriert werden. Dies war bisher aufgrund technischer Inkompatibilitäten im weltweiten Namensraum Internet, in dem anglo-amerikanische Sprachkonventionen vorherrschen, nicht vorgesehen. DENIC folgt damit den Bedürfnissen des Marktes, aber auch seiner kartellrechtlichen Verpflichtung als Vergabemonopol[115], den Domainvertrieb nachfragekonform zu gestalten, solange keine technischen Hinderungsgründe bestehen. **77**

Sollten jetzt endlich diejenigen Namensträger zum Zuge kommen, die den „Run“ auf die DE-Domains verpasst hatten? Oder schien nicht eine Renaissance des „Domain-Grabbing“ viel wahrscheinlicher? Durfte Lieschen Müller sich fortan unter eigener Domain präsentieren, ohne Ungemach von der gleichnamigen Drogeriekette fürchten zu müssen – oder der Großmolkerei Alois Müller? Die Reform des Vergaberechts war jedoch kaum geeignet, nationale Engpässe im Domain-Namensraum zu beseitigen. Das bereits überwunden geglaubte Problem des „Domain-Grabbing“ wurde nicht gelöst, sondern im **78**

---

113 Hans. OLG Hamburg, CR 2003, 850 – „schuhmarkt.de“.
114 *http://www.denic.de/de/richtlinien.html.*
115 Dazu unten Rn. 481 ff. (L. I.).

Gegenteil wieder belebt – und vervielfacht. Eine Lockerung der Blockadewirkung vorbestehender Domainregistrierungen blieb schon deshalb aus, weil die meisten Inhaber ihre Namen und Marken auch gegen Annäherungen im Umlautbereich verteidigen wollten, um die Exklusivität ihres Kennzeichens zu wahren und jedwede Registrierung einer verwechslungsgefährdenden Domain zu verhindern.

79 Hinzu kam, dass nach herrschender Rechtsprechung die Verwendung geringfügiger grammatikalischer Abweichungen wie etwa dem Bindestrich – auch im Medium Internet, wo für das Erfordernis des kennzeichenrechtlichen Abstands mildere Maßstäbe gelten sollen – in der Regel nicht genügen sollte, um eine Verwechslungsgefahr auszuschließen[116]. Dies betrifft gleichermaßen die Verwendung von Umlauten, wie die hierzu sodann ergangene Judikatur bestätigte[117].

80 Eine Einschränkung ergibt sich freilich für Fälle geringfügigster Unterscheidungskraft, für die insbesondere im Werktitelschutzrecht[118] anerkannt ist, dass ein vorwiegend beschreibender Bedeutungsgehalt einer Schutzrechtsbegründung im Sinne von § 5 Abs. 3 MarkenG ausnahmsweise nicht entgegensteht. So eröffnet mit dem Oberlandesgericht München[119] der Werktitel „oesterreich.de" für Informationen über sowie rund um das Land Österreich in Zusammenhang mit entsprechenden Reiseangeboten angesichts des geringen Schutzumfangs keine Unterlassungsansprüche gegen die Nutzung der Domain „österreich.de", wenn mit dieser Nutzung der geringe Schutzumfang verlassen wird, dies im Streitfalle dadurch, dass außer auf die Webseiten der Republik Österreich und der österreichischen Botschaft per Hyperlink auf Angebote diverser Reiseveranstalter hingeführt wurde, die keinen – oder jedenfalls keinen speziellen – Bezug zu Österreich hatten. Der Inhalt der klägerischen Homepage[120] unterschied sich mithin vom Leistungsangebot des Beklagten solchermaßen, dass trotz erheblicher Zeichenähnlichkeit von einer Verwechslungsgefahr nicht mehr ausgegangen werden konnte.

81 Dass die Rechtsprechung zu den Umlautdomains für Überraschungen sorgen würde, konnte mithin von Anfang an nicht ernsthaft erwartet werden. Interessanter waren denn auch jene Fallgestaltungen, in denen sich der Inhaber einer lukrativen Gattungsdomain, die er bislang durch die technisch bedingten Grenzen des Domain-Namensraums in Alleinstellung nutzen konnte, nunmehr einem Hinzutreten weiterer Inhaber desselben Domainbegriffs ausgesetzt und sich hierdurch in wettbewerbswidriger Weise behindert sah: Mit den Oberlandesgerichten Köln[121] und Dresden[122] ist indes davon auszugehen, dass eine solche Annäherung – jedenfalls im Bereich der Gattungsdomains – keine wettbewerbswidrige Behinderung darstellt. (Die in Rede stehenden Begriffe „Schlüsselbänder" und „Kettenzüge" konnten weder als Unternehmenskennzeichen im Sinne des § 5 Abs. 2 MarkenG noch als Marke im Sinne der §§ 3 Abs. 1, 4 Nr. 2 MarkenG angesehen werden, da lediglich beschreibend und daher für ein Unternehmen weder kennzeichnend noch geeignet, von Waren

---

116 Vgl. unten Rn. 264 ff. (G. III.).
117 Statt vieler Hans. OLG Hamburg CR 2005, 663 – „günstiger.de" (*obiter dictum*); AG Köln, CR 2005, 682– „görg.de".
118 Siehe unten Rn. 159 ff. (F. II.).
119 OLG München, CR 2006, 414 – „österreich.de/oesterreich.de".
120 Zu diesem Kriterium im Rahmen der Feststellung einer markenrechtlichen Verwechslungsgefahr unten Rn. 290 ff., 299 ff. (G. IV. und V.).
121 OLG Köln, CR 2005, 880 – „schlüsselbänder.de".
122 OLG Dresden, K&R 2006, 472 – „kettenzüge.de".

und Dienstleistungen anderer Unternehmen zu unterscheiden, so dass markenrechtliche Ansprüche *a priori* ausscheiden mussten.) Denn Voraussetzung eines Behinderungswettbewerbs ist stets eine Beeinträchtigung der wettbewerblichen Entfaltungsmöglichkeiten der Mitbewerber. Registrierung und Nutzung einer Umlautdomain trotz vorbestehender Domain ohne Umlaut sind indessen in der Regel weder geeignet, den Inhaber der älteren Domain (ohne Umlaut) vom Markt zu verdrängen, noch ihn so zu beeinträchtigen, dass er seine Leistungen durch eigene Anstrengungen nicht mehr angemessen zur Geltung bringen kann.

Anders mag dies liegen, wenn der Begriff durch die Registrierung zahlreicher gleich lautender Domains unter verschiedenen Top Level Domains systematisch blockiert und dem Mitbewerber dadurch die eigene Nutzung zur Bewerbung seiner Leistungen abgeschnitten wird[123]. **82**

Aber selbst wenn es dem Inhaber der neuen Domain darauf ankommt, die Domain nur deshalb für sich registrieren zu lassen, um zu verhindern, dass der Inhaber der älteren Domain diese nutzen kann, soll dies für sich allein genommen mit dem Landgericht Leipzig[124] einen Wettbewerbsverstoß noch nicht rechtfertigen. Es sei dem Inhaber der älteren Domain weiterhin möglich, unter anderen generischen Domains aufzutreten, oder aber auch unter anderen Top Level Domains. Daher sei er auf die angegriffene Domain nicht angewiesen, um im Internet angemessen zur Geltung zu kommen. Dies gelte um so mehr, wenn dem unter der Umlautdomain neu Hinzutretenden – anders als jemandem, der eine Domain nur zum Verkauf erwerbe – ein legitimes Interesse nicht abgesprochen werden könne, weil die Domain seine hierunter entfalteten geschäftlichen Aktivitäten zutreffend beschreibe. Selbst wenn man von der Gefahr eines denkbaren Verkaufs an potentielle Mitbewerber ausginge, erscheine fraglich, inwieweit Absatzchancen maßgeblich beeinträchtigt werden könnten, wenn der Begriff noch in Verbindung mit anderen, unstreitig noch freien Top Level Domain, wie etwa dem bei Unternehmen weithin gebräuchlichen „.com“, benutzt werden könne. **83**

Hiergegen wird mit beachtlichen Argumenten vorgebracht, dass mitunter durch die jahrelange geschäftliche Nutzung bereits eine Verfestigung der Domain zu einem schutzwürdigen Besitzstand eingetreten sein könne, mit der Folge, dass Kunden den (im Streitfall unter „kettenzuege.de“) Werbenden mit Einführung der Umlautdomain fortan auch unter „kettenzüge.de“ erwarteten[125]. Dies bedarf freilich einer Betrachtung des jeweiligen Einzelfalls. **84**

c) Unterfall: „Tippfehlerdomains“. Die bewusste schriftbildliche Abwandlung eines Namens, Kennzeichens oder in sonstiger Weise gegen Anlehnung und Rufausbeutung geschützten Begriffs wird in der Regel im Rahmen markenrechtlicher Unterlassungsansprüche relevant, dies zunächst auf der Ebene der **Verwechslungs*fähigkeit*** aufgrund der Ähnlichkeit der Domain mit dem **85**

---

123 LG Leipzig (vorige Fn., Vorinstanz), MMR 2006, 113 – „kettenzüge.de“; zur möglichen Wettbewerbswidrigkeit einer systematischen Blockade vgl. BGH, CR 2001, 777 („mitwohnzentrale.de“): *„Darüber hinaus kann sich die Registrierung eines Gattungsbegriffs als Domain-Name dann als missbräuchlich erweisen, z. B. wenn der Anmelder die Verwendung des fraglichen Begriffs durch Dritte dadurch blockiert, dass er gleichzeitig andere Schreibweisen des registrierten Begriffs unter derselben Top Level Domain (hier ‚de‘) oder dieselbe Bezeichnung unter anderen Top Level Domains für sich registrieren lässt.“*

124 Siehe vorige Fn.

125 *Härting/Reinholz*, K&R 2006, 429.

geschützten Kennzeichen, da geringfügige schriftbildliche Abwandlungen hier regelmäßig nicht genügen, um von dem geschützten Kennzeichen einen hinreichenden Abstand zu halten. Hinzu treten muss jedoch grundsätzlich noch ein weiteres Kriterium, das der sachlichen **Verwechslungs*gefahr*** wegen Überschneidungen im geschäftlichen Betätigungsbereich. Hieran wird es bei Domains, die auf **Tippfehler** spekulieren und die Nutzer auf Webseiten lenken, die mit dem Schutzbereich der Marke kollidieren, an deren Ruf sich der Domaininhaber mit der gewählten Bezeichnung anlehnt, oft fehlen.

86 Überwunden wird dieses Kriterium freilich im Falle bekannter Marken (§§ 14 Abs. 2 Nr. 3, 15 Abs. 3 MarkenG)[126] oder Namen (§ 12 BGB)[127]. Für die von einem Sportjournalisten ohne Inhalte belegte Domain „bundesliag.de“ billigte das Landgericht Hamburg[128] der „Deutschen Fußball Liga GmbH“ (DFL) einen Unterlassungs- und Löschungsanspruch aus § 12 BGB wegen dem „besonderen Funktionsbereich der DFL“ zu (wobei u. E. § 826 BGB näher gelegen hätte).

87 Dem Unlauterkeitsmoment der Rufausbeutung eines bekannten Zeichens durch das „Einfangen“ potenzieller Kunden des Zeicheninhabers mittels der **Trichterfunktion** einer Tippfehlerdomain kann jedoch auch durch das Wettbewerbsrecht Rechnung getragen werden, dies namentlich in Fällen, in denen das Vertippen zu einer Domainadresse führt, die eben gerade nicht dem Kennzeichen ähnlich ist, an dessen Image der Inhaber unlauter partizipiert, z. B. „vmw“ statt „bmw“[129], oder wenn es sich um einen erfolgreich als Geschäftsbezeichnung genutzten Gattungsbegriff handelt. Das UWG wird in diesem Falle durch das MarkenG nicht verdrängt.

88 Die letztgenannte Konstellation lag dem sehr instruktiven Fall „deutsche-anwaltshotline“ des Oberlandesgerichts Jena[130] zugrunde, in dem die Nutzungsunterlassung der Domain begehrt wurde wegen der damit verbundenen gezielten Behinderung im Wettbewerb (§§ 8 Abs. 1, 4 Nr. 10 UWG) – zu Recht, wie der *Senat* feststellte: Trotz des hier fehlenden, grundsätzlich Anwendungsvorrang genießenden[131] kennzeichenrechtlichen Schutzes sei ein Rückgriff auf wettbewerbsrechtliche Abwehransprüche möglich, wenn sich die Wettbewerbswidrigkeit aus anderen Gründen als den von §§ 14, 15 MarkenG erfassten ergebe. Dies sei gerade bei einer gezielten Behinderung der Fall, da das Markenrecht diesbezüglich keinen Schutz zur Verfügung stelle[132]. Dem Domaininhaber gehe es im Streitfall gezielt um die Behinderung eines Wettbewerbers. Denn er lehne sich mit der von ihm genutzten Domain „deutsche-anwalthotline“ nicht an einen ganz allgemeinen Begriff an (etwa „rechtsanwaelte“), sondern gerade an die von seinem Wettbewerber im Geschäftsverkehr benutzte Bezeichnung. Es liege daher eine konkret auf den Mitbewerber bezogene Handlung vor[133].

---

126 Z. B. „mircosoft.com“ – „altawista.de“.

127 Trotz Zugrundelegung von Verkehrsgeltung des Begriffs „ringlokschuppen“, die im Streitfall zu einer Schutzbegründung nach § 12 BGB (Pseudonym; dazu unten Rn. 106 ff. E. III.) hätte führen müssen, lehnte das OLG Hamm den Untersagungsanspruch des Betreibers des nämlichen Veranstaltungszentrums gegen die Nutzung der Tippfehlerdomain „ringlockschuppen.com“ mangels eines schutzwürdigen geschäftlichen Interesses unverständlicherweise ab (MMR 2007, 391).

128 LG Hamburg, NJW-RR 2007, 338 – „bundesliag.de“.

129 Beispiel nach *Beier*, Recht der Domainnamen, S. 120.

130 OLG Jena, MMR 2005, 776 – „deutsche-anwalthotline.de“.

131 Dazu unten Rn. 90 ff. (D. I. und II.).

132 BGH, GRUR 1999, 161 – „MAC Dog“; OLG München, GRUR 2000, 518.

133 Insofern liegt der Fall anders als bei OLG Frankfurt, GRUR 2003, 18 – „drogerie.de“.

Dieser werde an seiner Entfaltung im Wettbewerb behindert, weil der Domaininhaber sich unlauter und ohne Grund besonders dicht an die Geschäftsbezeichnung anlehne und dadurch mit einem unlauteren Mittel Kunden abzufangen trachte. Wer einen Wettbewerber dergestalt behindere, beabsichtige letztlich auch, ihn vom Markt zu verdrängen. Für den Wettbewerber werde die eigene Darstellung am Markt erheblich erschwert, weil der Verkehr in den vom Domaininhaber bewusst ins Auge gefassten Fällen (Schreibfehler) von seinem Angebot weggelenkt werde. Ohne Bedeutung sei dabei, dass der Nutzer bei ausreichender Aufmerksamkeit möglicherweise feststellen könne, dass er auf eine andere Rechtsberatungsseite als die ursprünglich gesuchte (weiter-) geleitet wurde. Denn entscheidend abzustellen sei darauf, dass der Weiterleitungsvorgang selbst vom Nutzer nicht beeinflusst werden könne und die Gefahr bestehe, dass er, wenn er einmal bei einem anderen Anbieter angelangt sei, dann auch das dortige Angebot wahrnehme. Daher lenke der Domaininhaber gerade die Interessenten vom Angebot seines Konkurrenten ab, die zwar keine genaue Kenntnis von den am Markt vorhandenen Anbietern haben, jedoch eigentlich das Angebot der Wettbewerber wählen wollten, sich dabei aber lediglich verschrieben oder den falsch geschriebenen Hyperlink aus der Trefferliste einer Suchmaschine „angeklickt“ haben.

D. Verletzung von Namen und Kennzeichen durch die *Nutzung* einer Domain

Wie gesehen, handelt es sich bei Domainnamen um namensähnliche Kennzeichen, denen neben ihrer originären Adressierungsfunktion auch eine kennzeichnende Funktion zukommen kann, zumeist sogar zukommen wird. Die Registrierung einer Domain hat daher regelmäßig auch namens- und kennzeichenrechtliche Implikationen. Diese Auffassung entspricht inzwischen der ganz herrschenden Rechtsprechung in Deutschland. Umstritten ist jedoch, ob – und gegebenenfalls unter welchen besonderen Voraussetzungen – dem Inhaber eines Unternehmenskennzeichen der Rückgriff etwa auf § 12 BGB als Auffangnorm oder auf delikts- oder wettbewerbsrechtliche Vorschriften gestattet ist. 89

I. Marke schließt Anspruch aus § 12 BGB nicht aus

Zunächst einmal gilt, dass das Vorhandensein eines Markenrechts das Namensrecht eines Vereins nicht mit dem Merkmal der Geschäftsverkehrsbenutzung (vgl. §§ 14, 15 MarkenG) gleichsam „infiziert“. Eine Qualifikation des Vereinsnamens als Unternehmenskennzeichen im Sinne des MarkenG wird hierdurch nicht bewirkt[134]. Ein Unterlassungs- und gegebenenfalls Domainfreigabeanspruch kann also auf das Namensrecht gestützt werden, auch wenn der Anspruchsteller daneben über eine gleich lautende Marke verfügt[135]. Das Vorhandensein einer Marke schließt mithin einen Anspruch aus § 12 BGB nicht aus. 90

Etwas anderes ergibt sich auch nicht aus der Entscheidung des Bundesgerichtshofs zur Domain „shell.de“[136]. Sie enthält lediglich die Feststellung, dass *im Anwendungsbereich des Markengesetzes*, also wenn überhaupt zugleich auch 91

---

134 Z. B. OLG Frankfurt, Urt. v. 27.2.2003, 6 W 79/03 – „mormonen.de“.
135 LG Stuttgart, Urt. v. 3.4.2001, 17 O 663/00 – „pro-familia.de“.
136 BGH, CR 2002, 525 – „shell.de“.

markenrechtliche Anspruchsgrundlagen eröffnet sind, der Namensschutz zurücktritt, weil hier das Markengesetz eine spezialgesetzliche Regelung trifft. Der Vorrang des Markengesetzes würde mithin nur dann eingreifen, wenn der Namensträger – zumindest *auch* – im geschäftlichen Verkehr tätig wäre und sich dabei in kennzeichnender Weise seines Namens bediente. Das gleichzeitige Bestehen einer Marke infiziert also, wie am obigen Beispiel erläutert, nicht das Recht am Vereinsnamen eines Idealvereins als gewerblich und macht den Verein sonach nicht zum Träger eines Unternehmenskennzeichens.

92 Im Grunde genommen besagt „shell.de“ das *Gegenteil,* dass § 12 BGB nämlich dann eingreift, wenn der Klageanspruch nicht aus Markenrecht geltend gemacht werden kann:

II. Allgemeiner Anwendungsvorrang des Markenrechts?

93 Mit dem Inkrafttreten des Markengesetzes, so der Bundesgerichtshof im Fall „shell.de“, sei an die Stelle verschiedener kennzeichenrechtlicher Regelungen, die früher im Warenzeichengesetz oder im UWG enthalten waren oder den Generalklauseln der §§ 1 und 3 UWG oder des § 823 BGB entnommen wurden, eine umfassende, in sich geschlossene kennzeichenrechtliche Regelung getreten, die im Allgemeinen den aus den Generalklauseln hergeleiteten Schutz verdränge. Mit dem Bundesgerichtshof können § 1 UWG oder §§ 826, 226, 1004 BGB daher nur in den Fällen herangezogen werden, in denen der Schutz des Markengesetzes versagt. Dies bedeute aber nicht, dass immer dann, wenn kein Anspruch aus dem MarkenG gegeben sei, ein Rückgriff möglich sei, sondern nur dann, wenn Schutz nach dem Markengesetz *schon dem Grunde nach nicht zu erlangen sei, weil etwa keine kennzeichenmäßige Benutzung oder eine Verwendung* außerhalb des geschäftlichen Verkehrs vorliege[137].

94 Oft scheitern markenrechtliche Ansprüche mithin nicht an der fehlenden Einschlägigkeit des Markengesetzes, sondern daran, dass bei grundsätzlicher Anwendbarkeit des Markengesetzes einzelne Tatbestandsmerkmale der Anspruchsnorm nicht erfüllt sind. Andererseits gilt mit dem Bundesgerichtshof, dass in Fällen, in denen ein namensrechtlicher Schutz von Unternehmenskennzeichen aus § 12 BGB im geschäftlichen Bereich im Hinblick auf die speziellen Bestimmungen des Markengesetzes im Allgemeinen nicht in Betracht komme, *gegenüber einem Handeln im privaten Verkehr – also außerhalb des Anwendungsbereichs der §§ 5, 15 MarkenG – die Anwendbarkeit des § 12 BGB oder des § 823 Abs. 1 BGB nicht von vornherein ausgeschlossen werden kann.* Ein ergänzender Schutz nach § 12 BGB ist daher nur möglich, wenn der Schutz nach dem MarkenG versagt, d. h. ein markenrechtlicher Schutz von vornherein ausscheidet oder dem Grunde nach nicht in Betracht kommt, nicht dagegen schon dann, wenn ein markenrechtlicher Tatbestand nicht vollständig erfüllt ist[138].

95 Dem ist die obergerichtliche Rechtsprechung gefolgt. So geht etwa das Oberlandesgericht Köln[139] davon aus, dass bei Marken, für die ein Schutz nach Maßgabe des Markengesetzes gewährt wird, dieses insoweit abschließende

---

137 BGH, a. a. O. – „shell.de“ unter Hinweis auf BGH, WRP 1999, 1279 (1283) – „SZENE“ (zu § 15 Abs. 3 MarkenG) und OLG Frankfurt/M., CR 2000, 698 – „Fuchsmarken“.
138 Vgl. *Köhler*, in: Hefermehl/Köhler/Bornkamm, UWG, § 4 Rn. 76 ff. m. w. N.
139 OLG Köln, GRUR-RR 2002, 194.

Regelungen enthält, und das Oberlandesgericht Frankfurt („amex.de")[140] stellt fest, dass Ansprüche aus § 12 BGB gegenüber der Benutzung eines Domainnamens nur außerhalb des geschäftlichen Verkehrs in Betracht kommen.

§ 12 BGB greift mithin immer dann, wenn es an grundlegenden Voraussetzungen eines kennzeichenrechtlichen Anspruchs fehlt. Das ist etwa der Fall, wenn eine Domain nicht geschäftlich sondern zu rein privaten Zwecken genutzt wird oder wenn es an einer kennzeichenmäßigen Nutzung fehlt, beispielsweise in den Fällen, in denen Unternehmenskennzeichen in Domains als so genannte „Meckerseiten" oder für Schmähkritik herhalten müssen. Während das Hanseatische Oberlandesgericht Hamburg im Fall „awd-aussteiger.de"[141] im Jahre 2004 noch die Auffassung vertrat, die Rechte des Finanzdienstleisters „AWD" seien nicht im Sinne von § 12 BGB tangiert, erkannte der *Senat* nun zugunsten des Branchenkonkurrenten „MLP" hinsichtlich der Domain „mlpblog.de"[142], die von Kritikern für einen Internetblog genutzt wurde. Grund für diese differenzierte Betrachtungsweise gegenüber dem Ausgangsfall „AWD" war, dass der Verkehr unter der Domain – anders als im AWD-Fall – nach Ansicht des *Senats* nicht zwingend ein Meinungsforum von Kritikern des Unternehmens erwarte, sondern eine Art „offizielles Tagebuch" des Unternehmens selbst und damit vom Kennzeicheninhaber selbst betriebene oder verantwortete Webseiten. Hierin liege eine unlautere namensrechtliche Zuordnungsverwirrung. 96

E. Eingriff in das bürgerliche Namensrecht (§ 12 BGB) durch die *Registrierung* einer Domain

Bei § 12 BGB handelt es sich um die Zentralnorm des bürgerlich-rechtlichen Namensschutzes. 97

> Die Vorschrift lautet: „Wird das Recht zum Gebrauch eines Namens dem Berechtigten von einem anderen bestritten oder wird das Interesse des Berechtigten dadurch verletzt, dass ein anderer unbefugt den gleichen Namen gebraucht, so kann der Berechtigte von dem anderen Beseitigung der Beeinträchtigung verlangen. Sind weitere Beeinträchtigungen zu besorgen, so kann er auf Unterlassung klagen."

I. Schutzgegenstand

Das Rechtsleben unterscheidet zwei Arten von Namen, 98
- den *Zwangsnamen*, der dem Namensträger kraft Gesetzes anhaftet (der bürgerliche Name, der Name der Handelsfirma gemäß § 18 HGB; eine Namensführungspflicht besteht für den bürgerlichen Namen nach § 111 OWiG, § 11 Nr. 2 in Verbindung mit § 21 Nr. 5 PersonenstandsG, und für den Handelsnamen nach §§ 17, 29 HGB, § 15a und b GewO);
- den *Wahlnamen* (Pseudonym, Unternehmensbezeichnungen), der willkürlich gewählt ist und jederzeit abgelegt werden kann; Inhaber dieses Namensrechts ist derjenige, der sich den Namen *beigelegt* hat.

Somit kommen als Objekte des Namensschutzes nach § 12 BGB in Betracht: 99
- der Name der natürlichen Person (einschließlich nicht-persönlicher Adelsprädikate, siehe Art. 103 Abs. 3 Satz 2 WeimRV, der als einfaches Bundes-

---

140 OLG Frankfurt, Urt. v. 27.3.2003, 6 U 13/02 – „amex.de" (JurPC 2003, Web-Dok. 171/2003; *Krumpholz*, JurPC 2003, Web-Dok. 168/2003, Entscheidungsbesprechung).

141 Hans. OLG Hamburg, CR 2007, 47 – „awd-aussteiger.de".

142 Hans. OLG Hamburg, CR 2007, 661– „mlpblog.de".

recht weiter gilt) und unterscheidungskräftige, mit Verkehrsgeltung ausgestattete Berufs- und Künstlernamen (Pseudonyme)[143], nicht jedoch Berufsbezeichnungen;

- die Bezeichnung der juristischen Person, denn Namensschutz besteht auch für den Verein[144], für die juristische Person des öffentlichen Rechts[145] und des Handelsrechts[146] sowie für alle von der Rechtsordnung anerkannten und unter einem Gesamtnamen auftretenden Personenvereinigungen[147], so etwa Gewerkschaften[148], politische Parteien[149], Vorgesellschaften[150], offene Handelsgesellschaften und Kommanditgesellschaften[151], BGB-Gesellschaften[152] und die Handelsfirma[153];
- alle anderen namensartigen Kennzeichen, die unabhängig vom gesetzlichen Namen oder der gesetzlichen Firma geführt werden[154], insbesondere aus der Firma oder dem Namen abgeleitete Abkürzungen oder Schlagworte[155], Firmenbestandteile[156], Etablissementbezeichnungen[157], Haus- und Hotelnamen[158], Embleme[159], Wappen[160] und Wahrzeichen[161], Werktitel[162], Telegrammadressen[163] und – wie im weiteren noch zu zeigen sein wird – Internetadressen.

100 Namen haben traditionell wie auch nach heutigem Verständnis im Wesentlichen **Zuordnungs- und Individualisierungsfunktion.** Über die sprachliche Kennzeichnung des Individuums nach außen dienen sie der Unterscheidung des Namensträgers von anderen Personen[164]. Der Namensschutz des § 12 BGB setzt daher ein, wo die Gefahr einer Identitätstäuschung besteht, beziehungsweise wo das Recht zum Gebrauch des Namens von anderen bestritten wird. Im Wirtschaftsverkehr erstreckt er sich darüber hinaus auch auf die unberechtigte Nutzung eines fremden Namens zu Werbezwecken, etwa zur namensmä-

---

143 BGHZ 30, 9; LG Düsseldorf, NJW 1987, 1413 – „Heino“.

144 Für den eingetragenen Verein siehe RGZ 74, 115; BGH NJW 1979, 1270; für den nichtrechtsfähigen Verein vgl. RGZ 78, 102.

145 BGHZ 124, 178; BVerfG, NJW 1994, 2346.

146 RGZ 109, 214; RGZ 115, 406.

147 Hans. OLG Hamburg, NJW-RR 1986, 1305.

148 BGHZ 43, 252.

149 BGH, NJW 1981, 914; vgl. auch § 4 PartG.

150 BGHZ 120, 106.

151 RGZ 114, 93.

152 Kammergericht, WRP 1990, 38; OLG München, NJW-RR 1993, 621.

153 BGHZ 14, 155.

154 Allg. Meinung; Nachweise u. a. bei *Heinrichs*, in: Palandt, § 12 Rn. 10.

155 BGHZ 11, 215; BGHZ 24, 240; BGHZ 43, 252.

156 BGH, NJW-RR 1988, 554.

157 RGZ 171, 33; BGH, NJW 1970, 1365.

158 BGH, LM Nr. 43; Kammergericht, NJW 1988, 2893.

159 BGH, LM Nr. 44; Bayreuther, WRP 1997, 820 ff.

160 BGHZ 119, 237.

161 BGHZ 126, 291 – „Rotes Kreuz“.

162 Vgl. dazu unten Rn. 159 ff. (F. II.); auch Werktitel – wie etwa die inzwischen in ihrer Mehrzahl im Internet vertretenen Zeitungen und Zeitschriften – sind grundsätzlich (vgl. aber den Spezialvorrang des Markengesetzes, Rn. 90 ff. – D. I. und II.) über § 12 BGB geschützt, wenn sie nicht allein der Unterscheidung eines Werkes von anderen dienen, sondern sich darüber hinaus im Verkehr zum Kennzeichen eines bestimmten Unternehmens entwickelt haben und als Name des Inhabers oder seines Geschäftsbetriebes angesehen werden (vgl. *Völker/Weidert*, WRP 1997, 652), m. a. W. als Hinweis (auch) auf den dahinter stehenden Unternehmer Namensfunktion erlangt haben; eine solche „Doppelfunktion“ ist insbesondere bei Periodika mit hohem Bekanntheitsgrad anzutreffen (vgl. BGH, WRP 1994, 743 – „Wir im Südwesten“).

163 RGZ 102, 89; BGH, LM UWG 16 Nr. 14.

164 RGZ 91, 352; BGH, NJW 1959, 525.

ßigen Bezeichnung einer Einrichtung, eines Betriebs oder von Produkten[165]. Über § 12 BGB soll demnach auch eine Zuordnungsverwirrung vermieden werden.

Außerhalb des Wirtschaftsverkehrs ist § 12 BGB weit auszulegen. Geschützt werden hiernach Interessen aller Art, auch rein persönliche, ideelle oder bloße Affektionsinteressen[166]. Als ausreichend wird angesehen, **101**

- dass durch den Namensgebrauch der Eindruck von Beziehungen familiärer, geschäftlicher oder sonstiger Art erweckt wird[167],
- dass der Name mit politischen Zielen in Zusammenhang gebracht wird, die der Namensträger missbilligt[168] oder
- Verwechslungsgefahr entsteht[169].

Das Namensrecht schützt traditionell die Privatsphäre des Namensträgers. Es ist daher originär als Ausfluss des allgemeinen Persönlichkeitsrechts zu verstehen[170]. Als solches ist es grundsätzlich nicht übertragbar[171] und endet mit dem Tod seines Trägers[172]. **102**

Mit der kontinuierlichen Ausweitung des Namensschutzes auf Unternehmen, juristische Personen und die unter einem Gesamtnamen auftretenden Personenvereinigungen ist das Namensrecht im Bereich des Wirtschaftsverkehrs mit der neueren Lehre jedoch als **Immaterialgüterrecht** aufzufassen[173]. Dies erscheint konsequent angesichts der im Zuge der Rechtsentwicklung mittlerweile anerkannten Ausweitung des Schutzbereichs von § 12 BGB auf **alle Bezeichnungsformen von Unternehmen einschließlich ihrer Abkürzungen oder Schlagworte**. Maßgeblich ist also nicht allein der gesetzliche oder eingetragene Name eines Unternehmens, sondern kann auch dessen umgangssprachliche Verwendung sein. Schutzfähig sind solche Wortschöpfungen aber nur dann, wenn sie originäre Unterscheidungskraft besitzen und ihnen Namensfunktion zukommt oder sie diese Eigenschaften durch Anerkennung im Verkehr erworben haben[174]. **103**

Namensfunktion erfüllt eine Bezeichnung, die geeignet ist, das Unternehmen mit sprachlichen Mitteln unterscheidungskräftig zu bezeichnen. Dazu muss die Bezeichnung auf die beteiligten Verkehrskreise „wie ein Name" wirken[175]. Das Erfordernis der Namensfunktion kann hiernach durchaus auch durch Phantasiebezeichnungen erfüllt werden[176]. Allerdings ist die Subsidiarität des § 12 **104**

---

165 So die herrschende Meinung, vgl. nur *Heinrich*, in: Soergel, § 12 Rn. 174 m. w. N.; kritisch *Sack*, WRP 84, 521, 530.
166 BGHZ 124, 173 – Namensschutz für „röm.kath." m. w. N.
167 BGH, LM Nr. 21; WM 1985, 95.
168 BGHZ 8, 323.
169 BGHZ 29, 264.
170 RGZ 100, 185; BGHZ 17, 214; 32, 111.
171 Diese prinzipielle Unübertragbarkeit schließt nicht aus, dass der Namensträger anderen die Benutzung seines Namens einräumt und auf Unterlassungs- und Schadensersatzansprüche durch Gestattungsvertrag (sog. Lizenz) verzichtet (vgl. RGZ 87, 149; BGHZ 44, 375; Bay. ObLG 1986, 377).
172 Vgl. BGHZ 119, 240; 8, 324. Ehegatten und nahe Angehörige gleichen Namens können aber beispielsweise einem Verband die Führung des Namens des Verstorbenen verbieten, wenn bei unbefugtem Gebrauch dieses Namens zugleich auch ihr eigener Name mitgebraucht wird, vgl. BGHZ 8, 320; OLG München, WRP 1982, 660.
173 *Schwerdtner*, in: MünchKomm, § 12 Rn. 18.
174 *Heinrichs*, in: Palandt, § 12 Rn. 10 f.
175 BGHZ 11, 217; 79, 270.
176 RGZ 109, 213 – „Kwatta"; OLG Stuttgart, NJW-RR 1989, 1318 – „CAS".

BGB gegenüber dem spezielleren MarkenG im Bereich der Unternehmenskennzeichen und sonstigen Geschäftsbezeichnungen zu beachten. Die Norm bildet nicht etwa den Auffangtatbestand in Fällen, in denen die Anspruchsvoraussetzungen der Spezialvorrang genießenden markenrechtlichen Normen nicht erfüllt sind[177].

II. Namensfunktion von Domains

105 Die Verwendung des *eigenen geführten* Namens in einer Domain, auch zu wirtschaftlichen Zwecken, ist in aller Regel weder unlauter noch aus sonstigen Gründen zu beanstanden. Die domainrechtliche Kasuistik zum Schutzbereich dieser Norm folgt der zuvor beschriebenen klassischen extensiven Auslegung und erfasst sonach neben dem bürgerlichen Familiennamen[178] auch hier die Bezeichnung von Bauwerken[179] und von Etablissements[180], den (Gebiets-)Körperschaftsnamen[181] nebst Ortsteilen[182], den Namen von sonstigen Körperschaften des öffentlichen Rechts[183], den Firmen-/Unternehmensnamen, die Namen sonstiger privatrechtlicher Vereinigungen (einschließlich verwendeter Kurzformen und prägender Schlagworte)[184] und die Namen des Bundes und der Länder[185], dementsprechend der Bundes-[186] und Landesbehörden[187] sowie schließlich auch den Spitznamen bzw. das Pseudonym.

III. Insbesondere: Schutz des Pseudonyms

106 Umstritten war lange Zeit, ob der **Wahlname** (Künstlername, Spitzname, Pseudonym), den sich eine natürliche Person beilegt, quasi *ipso iure* mit der Ingebrauchnahme im Rechtsverkehr dem Schutz des § 12 BGB unterfallen, oder ob dieser Schutz von der Erlangung von Verkehrsgeltung abhängig sein soll.

107 Das Oberlandesgericht Köln[188] hatte in seinem Berufungsurteil zum Fall „maxem.de" noch ausgeführt: „*Namensschutz besteht auch für ein im Internet als Domain gebrauchtes Pseudonym; § 12 BGB verschafft dem Namensträger des (gleichen) bürgerlichen Namens keine namensrechtliche Exklusivität, sondern gewährt ihm allein das Recht, sich gegen persönlichkeitsrechtsverletzende Namensanmaßungen zur Wehr zu setzen. Er kann sich gegenüber dem Verwender des Pseudonyms daher nicht auf ein ‚besseres' Recht zur Namensführung berufen*".

---

177 Eingehend Rn. 90 ff.

178 Siehe aber LG Köln, MMR 2000, 625 – „wdr.org", wonach „die aus den aneinander gereihten Anfangsbuchstaben von Vor- und Nachnamen bestehende Abkürzung eines Familiennamens namensrechtlich nicht geschützt" ist.

179 LG München I, ZUM-RD 2002, 107 – „neuschwanstein.de/.com".

180 LG München I, K&R 2008, 633 – „schloss-eggersberg.de".

181 Vgl. nur OLG Rostock, K&R 2000, 303 – „mueritz-online.de".

182 AG Ludwigsburg, Urt. v. 24.5.2000, 9 C 612/00 – „muenchingen.de".

183 OLG München, WRP 2007, 560 – „Kloster Andechs/derandechser.de"; LG Köln, a. a. O. – „wdr.org".

184 Vgl. dazu LG Düsseldorf, NJW-RR 1999, 629 – „jpnw.de".

185 LG Berlin, MMR 2001, 57 – „deutschland.de".

186 LG Köln, NJW-RR 1999, 629 – „zivildienst (.de)" als prägender Bestandteil des Namens der betreffenden Bundesanstalt; LG Hannover, CR 2001, 860 – „verteidigungsministerium.de".

187 LG Stuttgart, Urt. v. 26.3.2002, 17 O 68/02 – „finanzministerium.de".

188 OLG Köln, CR 2000, 696 – „maxem.de".

Dieses Recht am Pseudonym soll indes mit dem Bundesgerichtshof[189] in seiner – zum Teil als systemwidrig kritisierten[190] – Revisionsentscheidung nicht uneingeschränkt gelten: Das Pseudonym soll hiernach dem namensrechtlichen Schutz nur dann zugänglich sein, wenn der Verwender unter diesem Namen im Verkehr bekannt ist, also mit diesem Namen **Verkehrsgeltung** besitzt. Stünde jedem Decknamen sofort mit Benutzungsaufnahme ein namensrechtlicher Schutz zu, würde dies nach Ansicht des Bundesgerichtshofs zu einer erheblichen Beeinträchtigung des Schutzes derjenigen Namensträger führen, die für ihren eigenen bürgerlichen Namen Schutz beanspruchen. Denn in diesem Fall könne der Träger des Alias-Namens gegenüber Trägern desselben bürgerlichen Namens bereits mit Aufnahme der Benutzung die Grundsätze des Rechts der Gleichnamigen für sich in Anspruch nehmen. Dadurch werde der Namensschutz erheblich beeinträchtigt, weil jeder Nichtberechtigte sich auf den Standpunkt stellen könne, er verwende nicht einen fremden Namen, sondern einen eigenen (Alias-) Namen. **108**

Das Bundesverfassungsgericht hat die hiergegen gerichtete Verfassungsbeschwerde nicht zur Entscheidung angenommen, da keine Grundrechte berührt würden[191]. Eine Maßnahme, die den Gebrauch des Zeichens einschränke, das einer Person als Name diene, berühre nur dann den Schutzbereich des allgemeinen Persönlichkeitsrechts, wenn das Zeichen gerade in seiner Identität und Individualität stiftenden Funktion als Name benutzt werden soll, wenn also der Namensträger daran gehindert werde, am kommunikativen Verkehr unter seinem Namen teilzunehmen, so dass für andere Kommunikationsteilnehmer die Zurechnung bestimmter persönlicher Verhältnisse wie Lebensgeschichte, Äußerungen oder Handlungen zu dem Namensträger beeinträchtigt oder sogar ausgeschlossen werde. Diene der Name jedoch lediglich als Zeichen zur technischen Adressierung bestimmter Inhalte, hier im Internet, so berühre das Verbot des Zeichengebrauchs die Identität und Individualität des Namensträgers grundsätzlich nicht. Er sei nicht daran gehindert, die Inhalte, die unter der von ihm genutzten Adresse verfügbar sind, als Äußerungen seiner durch seinen Namen benannten Person zu kennzeichnen. Es stehe ihm weiterhin frei, den Namen auch in anderen Zusammenhängen als Kennzeichnung seiner Person zu benutzen. Zu unterbleiben habe lediglich die Verwendung des Zeichens – hier: „Maxem" – als alleiniger Domainname unter der Top Level Domain „.de". Dem Beschwerdeführer sei dagegen der Gebrauch dieses Zeichens in Verbindung mit einem klarstellenden Zusatz als Domainname, etwa in der Form „maxem-.....de", nicht untersagt worden. Und auch der vom Bundesgerichtshof aus dem einfachen Recht abgeleitete Vorrang des bürgerlichen Namens sei angesichts dessen Bedeutung für die Bezeichnung der Person als Entscheidungsregel verfassungsrechtlich jedenfalls dann nicht zu beanstanden, wenn das Pseudonym noch keine allgemeine Verkehrsgeltung erlangt habe und dem Betroffenen nicht verwehrt werde, es zusammen mit einem weiteren Zusatz als Internetadresse zu nutzen. **109**

Aber auch als infolge Verkehrsgeltung geschütztes Zeichen besteht der Schutz des Pseudonyms nicht uneingeschränkt. Der *I. Zivilsenat* des Bundesgerichtshofs, der u. a. zuständig ist für Rechtsstreitigkeiten über ein allgemeines Per- **110**

---

189 BGH, NJW 2003, 2978 – „maxem.de". Schon zuvor hatte das LG Memmingen (Urt. v. 27.10.1999, 3 O 1024/99 – „paule.de") entschieden, dass kein schützenswertes positives Interesse daran bestehe, den eigenen Spitznamen als Domain verwenden zu dürfen.

190 Vgl. etwa *Hoeller*: „Maxem.de: Die Domainrechtsprechung des BGH auf Abwegen", JurPC Web-Dok. 260/2003, Abs. 1–35.

191 BVerfG, K&R 2006, 518 – „maxem.de".

sönlichkeitsrecht, das vom Berechtigten kommerziell verwertet wird, hatte über einen Schadensersatzanspruch zu entscheiden, dem ein Streit um den Domainnamen „kinski-klaus.de" zugrunde lag[192]. Für den 1991 verstorbenen Schauspieler Klaus Nakszynski, verkehrsbekannt unter seinem Pseudonym „Klaus Kinski", stellte der Bundesgerichtshof fest, dass das postmortale Persönlichkeitsrecht mit seinen vermögenswerten Bestandteilen, die den Erben zustünden, zwar auch vermögenswerte Interessen schütze, weshalb eine Rechtsverletzung Schadensersatzansprüche der Erben begründen könne. Eine Verletzung dürfe jedoch nur nach sorgfältiger Abwägung angenommen werden. Dies gelte insbesondere dann, wenn sich der in Anspruch Genommene für seine Handlungen auf Grundrechte wie die Freiheit der Meinungsäußerung (Art. 5 Abs. 1 GG) und die Freiheit der Kunst (Art. 5 Abs. 3 GG) berufen könne. Im Streitfall hatte der Bundesgerichtshof einen solchen Eingriff schon deshalb nicht für gegeben erachtet, weil dieser Schutz mit Ablauf von zehn Jahren nach dem Tode erloschen sei. Der Bundesgerichtshof hat damit die für den postmortalen Schutz des Rechts am eigenen Bild in § 22 KUG festgelegte Schutzdauer von zehn Jahren auf den Schutz der vermögenswerten Bestandteile des postmortalen Persönlichkeitsrechts übertragen.

IV. Insbesondere: Namensschutz hoheitlicher Einrichtungen

111 Nach der bisher herrschenden Rechtsprechung zu „öffentlich-rechtlichen Domains", insbesondere Städten, Behörden und sonstigen hoheitlichen Institutionen, haben Gebietskörperschaften nicht grundsätzlich bessere Rechte an einer Domain als andere Namensträger, zumindest dann nicht, wenn es sich um Gemeinden handelt, deren Name nicht von überragender Bedeutung ist, wie beispielsweise im Falle „Heidelberg" oder „Berlin", und die genutzte Domain dem Familiennamen des Domaininhabers entspricht. Es verbleibt dann bei der Geltung des Prioritätsgrundsatzes: entscheidend ist der erste Gebrauch der Domain.

112 Die Befugnis, den eigenen Namen auch im Wirtschaftsverkehr zu verwenden, gilt also sowohl gegenüber gleichnamigen Unternehmen als auch gegenüber den Namen öffentlich-rechtlicher Trägerschaften. Es besteht dabei kein Stufenverhältnis.

113 Dies darf mittlerweile als ganz vorherrschende Spruchpraxis gelten[193]. So gewährt der Name einer Kommune keine besseren Rechte als der Name einer staatlich anerkannten Kirche[194] oder eines – wenn auch nur regional bekannten (gleichnamigen) – Wirtschaftsunternehmens[195]. Es besteht kein Grundsatz, wonach etwa ein Firmenschlagwort als Wahlname gegenüber einem historischen Gemeindenamen, wenngleich länger in Gebrauch, zurücktreten müsste. Anders verhält es sich allenfalls bei Gemeinden mit überragender Bedeutung[196]. Eine Gemeinde von 50.000 Einwohnern kann eine solche Bedeutung jedoch mangels Hinzutreten besonderer Umstände, aus denen sie ihre überragende Bekanntheit herleitet, in der Regel nicht für sich in Anspruch nehmen[197].

---

192 BGH, WRP 2008, 1527 – „Kinski-Klaus.de".
193 Erstmals LG Bochum, Urt. v. 27.11.1997, 14 O 152/97 – „hellweg.de".
194 LG Düsseldorf, Urt. v. 22.8.2001, 2a O 75/01 – „selk.de".
195 LG Leipzig, 11 O 8573/00 – Gaststätte „Waldheim"/„waldheim.de".
196 OLG München, CR 2002, 56 – „boos.de"; vgl. dazu auch BGH, CR 2002, 525 – shell.de".
197 LG Osnabrück, MMR 2006, 248 – „melle.de".

Dasselbe gilt im Verhältnis zu Privatpersonen außerhalb jeden Wirtschaftsverkehrs und im Grundsatz auch unbeschadet des möglicherweise deutlich höheren Bekanntheitsgrades des Hoheitsträgers[198]. Dies verkennen Landgericht Osnabrück und Oberlandesgericht Oldenburg[199] im Fall „schulenberg.de", der noch an anderer Stelle[200] in kartellrechtlicher Hinsicht besondere Betrachtung verdient. *Schulenberg*, eine Gemeinde von 400 Einwohnern, sei – so das Landgericht Osnabrück – „deutlich älter und jedenfalls außerhalb des Internets deutlich bekannter" als der gleichnamige Domaininhaber *Kai Schulenberg*. Jedoch kann in diesen besonderen Fällen der Gleichnamigkeit, in denen das private Namensrecht mit dem Namen einer Gebietskörperschaft kollidiert, nicht nach dem – stets den traditionell gewachsenen Namen der Gebietskörperschaft bevorzugenden – Prioritätsgrundsatz vorgegangen werden. Es verbleibt vielmehr beim Vergabeprinzip „first come – first served". Denn mangels einer Verwechslungsgefahr steht nunmehr die andere, originäre Funktion der Domain im Vordergrund: die der **Adressierung** bestimmter Computer und darauf abgelegter Dateien im Internet[201]. 114

Da Orts- und Städtenamen stets zugleich geographische Angaben sind, die dazu dienen, ein bestimmtes räumliches Gebiet von anderen Regionen zu unterscheiden, soll allerdings für die Gemeinde Duisburg kein Untersagungsanspruch aus § 12 BGB bestehen, wenn ihr Name mit dem Wort „info" kombiniert werde und das Internet-Angebot sodann tatsächlich Informationen aus der Region präsentiere[202]. 115

Generell gilt jedoch, dass sich auch bei Allerweltsnamen das Recht des Namensträgers gegenüber jedem Domaininhaber durchsetzt, der sich nicht seinerseits auf Namens- oder Kennzeichenrechte an seiner verwechslungsfähigen Domain berufen kann. So befand das Landgericht Düsseldorf im Fall „friedrich.de"[203], dass derjenige, der eine Domain registriere, die einen Namen beinhalte („Friedrich"), der ähnlich und klanglich identisch zu seinem eigenen Namen („Fridrich") ist, gleichwohl das Namensrecht des tatsächlichen Namensinhabers bestreite. Die Begrenztheit des Namensraumes erfordere, nur demjenigen das Recht zuzubilligen, sich im Internet unter einer bestimmten Domain zu präsentieren, der Träger eben dieses in der Domain abgebildeten Namens ist. 116

---

198 OLG Koblenz, CR 2002, 280 – „vallendar.de" mit Anm. *Eckhardt* = ITRB 2002, 110 mit Anm. *Stopp* = K&R 2002, 201 = MMR 2002, 466 mit Anm. *Ernst* = WRP 2002, 340.

199 LG Oldenburg, ZUM-RD 2003, 363 – „schulenberg.de", die Berufung wurde vom OLG Oldenburg mit Beschuss vom 30.9.2003, 13 U 73/03, zurückgewiesen (CR 2004, 781); dazu merkt das LG Osnabrück im Fall „www.m...de" (CR 2006, 283) zutreffend an: „*Nach der Rechtsprechung des Bundesgerichtshofs sind bei Gleichnamigkeit die Interessen der berechtigten Namensträger gegeneinander abzuwägen, wobei in erster Linie – auch bei bekannteren Namensträgern – das Gerechtigkeitsprinzip der Priorität gilt (BGH MMR 02, 382 – shell.de; OLG Koblenz aaO.). Da die Beklagte die streitige Internetadresse vor der Klägerin für sich in Anspruch genommen hat, besteht der geltend gemachte Anspruch nicht. Soweit das OLG Oldenburg in einem Einzelfall (schulenberg.de) entscheidend darauf abgestellt hat, welcher der Gleichnamigen den höheren Bekanntheitsgrad genießt, folgt die Kammer dem nicht, da diese Auffassung mit der Rechtsprechung des Bundesgerichtshofs nicht vereinbar ist*".

200 Unten Rn. 506 ff. (L. II.).

201 So im Ergebnis auch OLG München, CR 2002, 56 – „boos.de".

202 LG Düsseldorf, Urt. v. 1.6.2001, 38 O 12/01 – „info-duisburg.de".

203 LG Düsseldorf, MMR 2001, 560 – „friedrich.de".

V. Gleichnamigkeit vs. Bekanntheitsschutz

117 Nur für Unternehmen mit überragendem Bekanntheitsgrad entschied das Oberlandesgericht Hamm im Fall „krupp.de“[204], dass solche Unternehmen die Nutzung ihrer prägenden Firmenschlagworte durch Dritte als Domain selbst dann untersagen können, wenn Identität mit dem Familiennamen des Dritten besteht. Im Streitfall hatte ein Herr *W. Erich Krupp* die Domain zur Bewerbung der einzigen gewerblichen Leistung benutzt, für die der Konzern *Hoesch-Krupp* keine Markenrechte besaß. Dennoch wurde er aus § 12 BGB verurteilt, da ihm nach Ansicht des *Senats* die Ausräumung der zurechenbar begründeten Verwechslungsgefahr durch geringfügige unterscheidungskräftige Zusätze zumutbar gewesen wäre. Dem „Krupp-Urteil“ schlossen sich kurz darauf das Oberlandesgericht München in der Entscheidung „shell.de“[205], das Hanseatische Oberlandesgericht Hamburg im Fall „Vorname Derrick“[206] und das Landgericht Hamburg[207] an.

118 „Shell.de“ wurde später vom Bundesgerichtshof höchstrichterlich bestätigt[208]: Da ein Domainname nur einmal vergeben werden könne, sei der Klägerin die Möglichkeit genommen, den interessierten Nutzer auf einfache Weise über ihr Unternehmen zu informieren. Ein erheblicher Teil des Publikums suche in der Weise Informationen im Internet, dass der Name des gesuchten Unternehmens als Internetadresse eingegeben werde. Allerdings könne es dem Beklagten als Träger des Namens *Andreas Shell* grundsätzlich nicht verwehrt werden, seinen eigenen Namen für einen Internetauftritt zu verwenden. Kämen mehrere Personen als berechtigte Namensträger für einen Domainnamen in Betracht, so seien deren Interessen gegeneinander abzuwägen. Dabei gelte in erster Linie das **Gerechtigkeitsprinzip der Priorität**. Dem müsse sich – bei einem Streit von zwei Gleichnamigen – grundsätzlich auch der bekanntere Namensträger unterwerfen. Ein Vorrang geschäftlicher vor privaten Interessen sei ebenfalls nicht anzuerkennen.

119 Der Bundesgerichtshof war allerdings der Ansicht, die Interessen seien im Streitfall von derart unterschiedlichem Gewicht, dass es ausnahmsweise nicht bei der Anwendung der Prioritätsregel bleiben könne. Die zwischen Gleichnamigen geschuldete Rücksichtnahme gebiete es, dass der Beklagte einen **Verwechslungen ausschließenden Zusatz** wähle. Denn auf der einen Seite stehe die mit einer überragenden Bekanntheit ausgestattete Marke „Shell“. Wer „www.shell.de“ eingebe, erwarte den Internetauftritt der Klägerin. Der heterogene Kreis der am Internet-Angebot der Klägerin interessierten Kunden könne auch nicht auf einfache Weise darüber informiert werden, dass ihr Internet-Auftritt unter einem anderen Domainnamen als „shell.de“ zu finden sei. Auf der anderen Seite erwarteten Freunde des Beklagten und seiner Familie kaum von sich aus, die private Homepage der Familie Shell unter „shell.de“ aufrufen zu können. Als ein homogener Benutzerkreis könnten sie auch leicht über eine Änderung des Domainnamens informiert werden.

120 *Auch die private Verwendung einer Internetadresse vermag mithin im begründeten Einzelfall zu einer Verletzung des Namensrechts eines gleichnamigen, mit überragender Bekanntheit ausgestatteten Unternehmens zu führen.*

---

204 OLG Hamm, CR 1998, 241 – „krupp.de“.
205 OLG München, CR 1999, 382 – „shell.de“.
206 Hanseatisches OLG Hamburg, AfP 2001, 219 – „derrick.de“.
207 LG Hamburg, MMR 2000, 620 – „joop.de“: schon bei „Bekanntheit“ von 30–40 %.
208 BGH, CR 2002, 525 – „shell.de“.

Das Oberlandesgericht Stuttgart[209] geht jüngst noch einen Schritt weiter und billigt einen auf § 12 BGB gestützten Freigabeanspruch auch unter Gleichnamigen zu, *ohne diesen am Begriff der Bekanntheit festzumachen*. Der Beklagte war, ohne Gewerbetreibender oder sonst unternehmerisch tätig zu sein, Inhaber der aus seinem Namen plus Zusatz „Unternehmensgruppe" gebildeten Domains „s.-unternehmensgruppe.de/.com/.eu". Die zugehörigen Homepages waren ohne Inhalt. Die Klägerin – eine Unternehmensgruppe, die unter anderem auch eine Gesellschaft in Deutschland und in anderen europäischen Ländern unterhält und die im Geschäftsverkehr unter ihrem Firmenschlagwort „S." bekannt ist, das dem Namen des Beklagten entspricht – verlangte die Freigabe dieser Domains. Ein Domaininhaber, so der *Senat*, könne keinen Namensschutz nach der Prioritätsregel in Anspruch nehmen, wenn er seinem Namen einen Zusatz – hier: „Unternehmensgruppe" – hinzufüge, der unter keinem Aspekt seinen berechtigten Interessen entsprechen kann. Die Grundsätze der Prioritätsregel müssten im Falle von Gleichnamigkeit nicht nur bei überragender Bekanntheit zurücktreten, sondern auch dann, wenn dem Domaininhaber keinerlei objektiv schützenwertes Interesse an der Verwendung des Domainnamens zuzubilligen sei. 121

Außerhalb dieser besonderen Konstellationen geschieht freilich die lautere, also nicht missbräuchliche Nutzung des eigenen Namens nicht unbefugt und setzt sich mithin gegenüber einem nur durchschnittlich bekannten Unternehmenszeichen durch[210]. 122

Anders liegt es natürlich, wenn der Domaininhaber nicht selbst unter dem berühmten Namen am Rechtsverkehr teilnehmen darf. In diesem Falle muss er, wenn es beispielsweise um die Verwendung einer berühmten Marke mit einem weiteren, beschreibenden Zusatz geht, sowohl lokalisierende als auch auf das Fehlen einer vertraglichen Dauerbindung hinweisende Zusätze verwenden, durch die eine Irreführung der angesprochenen Kreise ausgeschlossen wird. Ansonsten liegt ein Verstoß gegen § 12 BGB oder §§ 3, 5 UWG vor. In diesem Fall hilft dem Inhaber auch der Verweis auf §§ 23, 24 MarkenG nicht weiter[211]: Die Domain hat in diesen Fällen über die bloße Registrierungsfunktion hinaus auch Kennzeichnungsfunktion, da sich mit ihr der Domaininhaber von anderen Inhabern unterscheidet. Eine beschreibende Verwendung im Sinne von § 23 MarkenG ist daher nicht festzustellen[212]. 123

Gleichwohl gibt es auch außerhalb des Bekanntheitsschutzes – und gerade im Internet – häufig Konstellationen, in denen die kennzeichenrechtliche Konfliktlage nach Jahrzehnten friedlicher Koexistenz oder mangels regionaler Berührungspunkte erst durch die **Eindimensionalität des Namensraums und die Ubiquität des Mediums** heraufbeschworen wird. Für diese Fälle gilt das aus § 12 BGB bekannte Recht der Gleichnamigen: Es bedarf daher der zuvor beschriebenen Interessenabwägung, die zumeist dazu führen wird, dass derjenige, der durch sein Verhalten – etwa eine Umfirmierung oder eine wirtschaftliche Expansion – die Verwechslungsgefahr hervorgerufen hat, zu deren Minimie- 124

209 OLG Stuttgart, CR 2008, 120.
210 LG Paderborn, MMR 2000, 49.
211 Vgl. etwa LG München I, CR 2001, 416 – „bmw-ersatzteile.de"; ferner OLG München, MMR 2000, 104 – „rolls-royce-boerse" (BGH, Nichtannahmebeschluss vom 9.11.2000, I ZR 240/99).
212 Zum Einwand des § 23 MarkenG ausführlich unten Rn. 224 ff. (F. VI.).

rung, insbesondere durch **Aufnahme unterscheidungskräftiger Zusätze in seine Firmierung**, verpflichtet ist[213].

125 Dies bestätigt beispielsweise die „alltours.de"-Entscheidung des Landgerichts Düsseldorf[214]. Bei zwei gleichnamigen Unternehmen seien beide verpflichtet, Veränderungen der Gleichgewichtslage zu unterlassen, die geeignet sind, das unvermeidlich bestehende Maß an Verwechslungsgefahr zu erhöhen. Dabei sei im Regelfall der **Prioritätsjüngere gehalten, alles Erforderliche und Zumutbare zu tun**, um eine Verwechslungsgefahr wenn nicht auszuschließen, dann jedenfalls auf ein hinnehmbares Maß zu vermindern. Grundsätzlich seien demjenigen klarstellende Zusätze am ehesten zumutbar, der eine irgendwie geartete Änderung der bestehenden Kennzeichnung vornehme. Erst recht dürfe daher die Änderung nicht selbst die Kennzeichen aneinander annähern, indem bisherige Zusätze geändert oder weggelassen würden. Eben dies geschehe jedoch, wenn bei der Internetadresse der beklagten „All-Tours Y. Z. GmbH" gerade der die Firmenschlagworte der Parteien unterscheidende Bindestrich zwischen den Zeichenbestandteilen „All" und „Tours" weggelassen werde. Da kaum ein Interessent, dem die Klägerin bekannt ist, bei der Suche nach deren Homepage das Firmenschlagwort „Alltours" mit Bindestrich eingeben werde, würden (potentielle) Kunden der Klägerin auf die Homepage der Beklagten gelenkt und die Klägerin gehindert, ihr eigenes Firmenschlagwort zur Bildung ihrer Internetadresse zu verwenden. Dies sei mit dem im Gleichnamigenrecht geltenden Gebot der Rücksichtnahme und der Verpflichtung zur weitest gehenden Verminderung von Verwechslungsgefahren nicht vereinbar.

VI. Ausräumung namensrechtlicher Fehlvorstellungen (noch) auf der Homepage?

126 Ebenfalls um einen Fall der Gleichnamigkeit handelte es sich bei der Weiterführung des Namens eines ehemaligen Kanzlei-Sozius', der bei seinem Ausscheiden sein Einverständnis zur Weiterführung seines Namens im Briefkopf gegeben hatte. Hier sollte nach Ansicht des Oberlandesgerichts München[215] die Benutzung dieses Namens durch den Ausgeschiedenen als Domain einer anderen, später *von* oder zusammen *mit ihm* begründeten Kanzlei gegen das Namensrecht der früheren Sozietät verstoßen, wenn der Name als Domain für die neu gegründete Kanzlei ohne jeden unterscheidungskräftigen Zusatz benutzt werde.

127 Allerdings hat es der Bundesgerichtshof in der Revisionsentscheidung[216] ausreichen lassen, **dass eine etwaige Fehlvorstellung der angesprochenen Verkehrskreise über den Inhaber des Domainnamens nach dem Öffnen der ersten Internet-Seite durch einen dort angebrachten deutlich sichtbaren Hinweis beseitigt wird.** Dies betrifft insbesondere, jedoch nicht notwendig allein[217], Fälle der Gleichnamigkeit[218]: Auch bei *generischen* Second Level Domains ist es mit dem Bundesgerichtshof nicht ausgeschlossen, dass eine Fehlvorstellung des Verkehrs noch auf der ersten Internetseite mit Rechtswirkung ausgeräumt wird[219]. Denn

---

213 *Heinrichs*, in: Palandt, § 12 Rn. 30; BGH, DB 1985, 1934.
214 LG Düsseldorf, Urt. v. 15.1.1998, 4 O 353/97 – „alltours.de".
215 OLG München, MMR 2000, 102 – „vossius.de".
216 BGH, CR 2002, 674 – „vossius.de".
217 Vgl. BGH, CR 2004, 531 – „kurt-biedenkopf.de"
218 OLG Stuttgart, CR 2006, 269.
219 BGH, CR 2001, 777 – „mitwohnzentrale.de"; NJW 2003, 504 – „presserecht.de".

in den Fällen der Gleichnamigkeit ist der in Anspruch genommene Dritte selbst Namensträger und gebraucht den Namen grundsätzlich nicht unbefugt. Die in diesen Fällen vorzunehmende **Interessenabwägung** kann es gebieten, statt eines Verbots als milderes Mittel einen klarstellenden Hinweis auf der ersten sich öffnenden Internetseite genügen zu lassen; und bei den generischen Second Level Domains führt die Fehlvorstellung des Verkehrs nicht zur Verletzung eines Namens- oder Kennzeichenrechts.

Dagegen soll mit dem Bundesgerichtshof durch die Verwendung des Domainnamens „solingen.info“[220] eine Zuordnungsverwirrung eintreten, die schutzwürdige Interessen der Klägerin auch dann verletzt, wenn die Fehlvorstellung des Verkehrs durch die sich öffnende Startseite sofort wieder beseitigt wird[221]. Die Klägerin habe nicht nur ein schützenswertes Interesse an der Verwendung ihres Namens mit der Top Level Domain „.de“, sondern auch zusätzlich an dem mit der Top Level Domain „.info“ gebildeten Domainnamen. Dem berechtigten Interesse Dritter an der Verwendung eines beschreibenden Domainnamens unter Einbeziehung des Namens der Klägerin zur Bezeichnung eines Internet-Auftritts werde ausreichend dadurch Rechnung getragen, dass der Name „solingen“ mit Zusätzen als Second Level Domain verwendet werden könne. 128

Im Fall „oil-of-elf“ des klagenden Mineralölkonzerns „TotalFinaElf“ fehlte es nach Ansicht des Kammergerichts[222] bereits an einer hinreichenden Interessenverletzung. Juristischen Personen und Unternehmenskennzeichen, die keinen Namen einer natürlichen Person enthielten, komme Namensschutz nur im Rahmen ihres Funktionsbereichs zu, der Schutz sei mithin auf geschäftliche Interessen beschränkt. Nutzer, die Informationen des Konzerns suchten, würden indes allenfalls für den Bruchteil von Sekunden getäuscht. Denn in den Fundmeldungen der Suchmaschinen werde die Domain sogleich näher erläutert („Die oil-of-Elf Seiten von Greenpeace Deutschland geben Ihnen“ ...; „Briefwechsel mit Elf-Vorstand Vanicek http://www.greenpeace.de ...; Der Ölkonzert „TotalFinaElf“ ist mitverantwortlich für die Ölpest ....“). Schon bei einem kurzen Überfliegen der Suchergebnisse werde für den Nutzer deutlich, dass er unter der Domain Informationen *von* Greenpeace *über* den Mineralölkonzern erhalte. Die Verwechslungsgefahr aus der Namensführung könne insoweit nur zu einem kurzzeitigen „Blickfang“ führen, nicht aber zu einem irregeführten Aufruf der Webseite. Selbst wenn kleinere Suchmaschinen bei der Auflistung des Suchergebnisses keine weitergehenden Informationen geben sollten, so bleibe allein für diesen Fall eine weitergehende Zuordnungsverwirrung. Werde aber die Domain sodann aufgerufen, komme eine Irreführung über den Informationsgeber nach ihrem Inhalt noch weniger in Betracht. **Eine vorübergehende Unklarheit in der Zuordnung einer Domain bis zum Aufruf der Internetseite begründe grundsätzlich noch keine hinreichende Interessenbeeinträchtigung, soweit es sich nicht um ein Firmenschlagwort mit überragender Verkehrsgeltung handele.** Der verständige Internetnutzer sei sich der nur groben Vorauswahl der Suchmaschinen bewusst. Er werde deshalb in der Regel auch nicht sogleich entmutigt eine weitere Suche aufgeben, wenn er nach dem Suchergebnis zuerst die Greenpeace-Homepage aufgerufen habe. Der somit allein maßgebliche **kurzzeitige Blickfang** bei der Ausweitung des Ergebnisses der Suchmaschinen beeinträchtige nicht hinreichend geschäftliche Interessen des Konzerns. 129

220 BGH, CR 2007, 36 – „solingen.info“.
221 Vgl. auch BGH, NJW 2003, 2978 – „maxem.de“; OGH, MMR 2002, 301 – „bundesheer.at“.
222 Kammergericht, MMR 2002, 686 mit zust. Anm. *Graf*, CR 2002, 760 – „oil-of-elf.de“.

130 Mit der herrschenden Meinung jedoch bleibt im Rahmen von § 12 BGB die Ausräumung einer etwaigen Zuordnungsverwirrung (erst) nach Aufruf der Homepage auf die **Ausnahmefälle der Gleichnamigkeit und der generischen Domains** beschränkt. Eine (weitere) Einschränkung nimmt neben dem KG insoweit nur das Oberlandesgericht Köln[223] vor, wonach die (Zuordnungs-) Verwirrung über die Identität des Domaininhabers für sich genommen nicht besonders schwer wiege, wenn sie durch die sich öffnende Homepage rasch wieder beseitigt werde.

VII. Name vs. Gattungsbezeichnung; mehrdeutige Begriffe

131 Es mehren sich die instanzgerichtlichen Entscheidungen, bei denen sich die Konfliktlage aus der Übereinstimmung eines generischen Begriffs mit einem Namen im Sinne von § 12 BGB ergibt.

132 Namensfunktion und Unterscheidungskraft bejahend, hat das Landgericht Schwerin im Fall „braunkohle-nein.de“[224] dem gleichnamigen Verein gegenüber dem Domaininhaber, einem ausgeschiedenen Vereinsmitglied, einen Unterlassungsanspruch aus § 12 BGB zuerkannt. Fraglich ist hier jedoch – ähnlich wie etwa bei den Aufklebern „Atomkraft? Nein Danke!“ – bereits die Unterscheidungskraft und damit letztlich auch die Namensfunktion der Gesamtbezeichnung. Denn objektiv betrachtet handelt es sich um einen Slogan, der nicht wie ein Name wirkt und der vom Verkehr daher auch nicht als solcher verstanden werden dürfte[225].

133 Stellt eine Second Level Domain zugleich den Namen einer Gemeinde und die Bezeichnung eines Berufes als Gattungsbegriff dar, so soll mit dem Landgericht Deggendorf im Streitfall „winzer.de“[226] im Hinblick auf eine Namensverletzung der Gemeinde darauf abzustellen sein, was der überwiegende Teil der Nutzer aus dem gesamten Sprachraum der Top Level Domain unter dem Begriff der Second Level Domain verstehe. Assoziiere die Nutzergemeinde mit der Domain eher die Berufsbezeichnung, geschehe die Namensverwendung nicht unbefugt, da ein eigenes Benutzungsrecht vorliege und eine Identitäts- und Zuordnungsverwirrung – zumindest in dem insoweit maßgeblichen *gesamten* deutschen Sprachraum – nicht zu besorgen sei.

134 Ähnlich befand das Oberlandesgericht Nürnberg im Fall „suess.de“[227], dass der Träger eines auch als Adjektiv gebräuchlichen Familiennamens mangels ausreichender Unterscheidungskraft des Namens vom Inhaber einer gleich lautenden Domain nicht die Unterlassung der Verwendung dieser Domain verlangen könne. Das Landgericht München I stellt in Ansehung der Domain „saeugling.de“ fest[228]: Wer eine generische Domain für ein Angebot nutze, das die suggerierten Informationen sodann auch tatsächlich zum Abruf bereithalte, verletze damit nicht das Namensrecht des Trägers eines mit der Domain identischen Familiennamens. Denn die Gefahr einer Zuordnungsverwirrung bestehe in diesem Falle nicht. Sie wäre nur dann gegeben, wenn die Domain

223 OLG Köln, MMR 2007, 326 – „j-d.de“.
224 LG Schwerin, K&R 2008, 320 – „braunkohle-nein.de“.
225 Härting/Reinholz, K&R 2008, 573.
226 LG Deggendorf, CR 2001, 266 – „winzer.de“.
227 OLG Nürnberg, CR 2006, 485 – „suess.de“ mit abl. Anm. Schirmbacher.
228 LG München I, CR 2001, 555 – „saeugling.de“.

benutzt würde, um eine andere Person, deren Einrichtungen oder Produkte **namensmäßig** zu bezeichnen. Anders hätte es nur dann gelegen, wenn die Domain unlauter, also etwa nur in Behinderungs- und Veräußerungsabsicht erworben worden wäre.

Insbesondere bei – z. B. adjektivisch – beschreibenden oder gar generischen Begriffen muss also genau geprüft werden, ob es sich um die Benutzung eines anderen Namens oder nur um die *Bezeichnung des sachlichen Inhalts des Internetangebotes* unter diesem Namen handelt. Sehr instruktiv ist in diesem Zusammenhang der Fall „netz.de“: Das Oberlandesgericht Stuttgart[229] schloss hier eine Zuordnungsverwirrung mit dem Argument aus, dass „Netz“ nicht als Name verstanden und *in concreto* auch nicht als solcher im Rechtssinne „gebraucht“ werde. Für die Gefahr einer Zuordnungsverwirrung müsste, so der Senat, der Begriff „Netz“ die Firma der Beklagten schlagwortartig bezeichnen, was im Streitfall nicht gegeben war. Damit verbleibe es aber dabei, dass „Netz“ als Sachbegriff, nicht aber als Name oder Firma erscheine. Aber selbst wenn „Netz“ namensmäßig gebraucht würde, fehlte es an der für § 12 BGB zu fordernden Interessenverletzung. **Bei Allerweltsnamen (etwa Müller) entfalle diese regelmäßig schon deshalb, weil sich nicht feststellen lasse, dass der Name eines bestimmten anderen Namensträgers benutzt worden ist.** Ebenso kann es bei Namen mit normaler Kennzeichnungskraft (z. B. Frankenberg) liegen[230]. 135

Anders verhielt es sich nach Ansicht des Oberlandesgerichts München im Fall „duck.de“[231], einem Rechtsstreit zwischen dem Architekten *Duck* und dem Betreiber einer noch inhaltsleeren Internetseite unter dem Domainnamen „duck.de“. Zwar werde vom Namensrecht grundsätzlich Vor- und Familienname erfasst, jedoch sei der Familienname allein geschützt, wenn er ausreichende Zuordnungsfunktion habe und derjenige, der eine identische Bezeichnung verwende, keine besseren Rechte geltend machen könne als der Verwender des isolierten Familiennamens. Der isolierte Familienname „Duck“ habe eine erhebliche Individualisierungsfunktion, die allenfalls bei Streitigkeiten innerhalb der Familie nicht ausreichen könnte. Wer hingegen einen fremden Namen registrieren lasse, nehme den Namen zur Bezeichnung der eigenen Person in Anspruch. Dies schaffe eine dem § 12 BGB widersprechende Zuordnungsverwirrung. 136

Jüngstes Beispiel ist der Fall „naeher.de“, bei dem das Landgericht Berlin[232] dem Kläger mit dem Familiennamen „Näher“ keinen Unterlassungsanspruch zuerkannte, da es sich hierbei um einen geläufigen Begriff der deutschen Sprache handele. Einen unlauteren Namensgebrauch konnte das Gericht in der Registrierung einer Gattungsdomain nicht erkennen. Insoweit sei es auch nicht ausschlaggebend, dass der Kläger aufgrund der vormaligen langjährigen geschäftlichen Nutzung der nur durch einen Zufall zwischenzeitlich wieder frei gewordenen und durch den Beklagten sodann auf sich registrierten Domain ein nachvollziehbares Interesse an der Domain besitze, denn er könne sein Geschäft bei Nutzung einer anderen Domain weiterhin im vollen Umfange führen. 137

229 OLG Stuttgart, CR 2002, 529 – „netz.de“.
230 OLG Stuttgart, a. a. O.; OLG München, NJW-RR 1996, 1005.
231 OLG München, ZUM-RW 2002, 368 – „duck.de“.
232 LG Berlin, MMR 2008, 484 – „naeher.de“.

138 Bei geographischen Bezeichnungen, sofern nicht über §§ 126 ff. MarkenG geschützt[233], stellt sich dasselbe Problem. Das Landgericht Hamburg stellte in Ansehung der Domain „schaumburg-lippe.de“[234] hierzu klar, dass der Namensschutz seine Schranken dort finde, wo der **Namensteil seinen eigenen kennzeichnenden Inhalt habe und dieser Inhalt für die Allgemeinheit offen gehalten werden müsse.** § 12 BGB könne zwar anwendbar sein, wenn ein unterscheidungskräftiger Teil des fremden Namens so benutzt werde, dass die Interessen des Berechtigten verletzt würden. Habe der verkürzte Name jedoch eigene starke Kennzeichnungskraft wie „Schaumburg-Lippe“, so könne das Namensrecht – über den vollständigen Namen hinaus – nicht in kürzester Form solche Inhalte, die in Bezug zu „Schaumburg-Lippe“ stehen (z. B. „Evangelisch-Lutherische Landeskirche Schaumburg-Lippe“, „Stadtwerke SchaumburgLippe“, „Sparkasse Schaumburg-Lippe“ etc.), dominieren.

139 Die Frage, ob sich ein bürgerlich-rechtlicher Name gegenüber einem geografischen, beschreibenden oder Gattungsbegriff identischer Bezeichnung durchsetzt oder ob hier – richtigerweise – mangels Namensfunktion Ansprüche aus § 12 BGB ausscheiden, ist sonach zwar ungeklärt, in der Instanzrechtsprechung zeichnet sich jedoch eine Tendenz dahingehend ab, das Merkmal der **Namensfunktion bei Allerweltsbezeichnungen und Gattungsbegriffen zu verneinen.** Zu prüfen ist dann in den Fällen des unfreiwilligen Verlusts einer Domain freilich, wie zumeist übersehen wird, ob der Namensträger **aufgrund der langjährigen Vorbenutzung der Domain einen schutzwürdiger Besitzstand erworben** haben könnte an der unter der Domain abrufenden Website, der durch den Verlust der Domain verlustig zu gehen droht oder zumindest geschmälert wird[235].

140 Ebenso unsicher bleibt das Verhältnis der freien Nutzung beschreibender Namen und Gattungsbegriffe, wenn diese zugleich als markenrechtlich geschützte (§§ 126 ff. MarkenG) geografische Herkunftsangabe fungieren. Mit dem Bundesgerichtshof[236] ist die Verbreitung von Informationen *über* und die Werbung *für* Champagner unter der Domain „champagner.de“ nicht geeignet, den Ruf der geographischen Herkunftsangabe „Champagner“ oder deren Unterscheidungskraft in unlauterer Weise auszunutzen oder zu beeinträchtigen.

VIII. Die Führung des Namens als Identifikator

141 Schutzvoraussetzung des § 12 BGB ist ferner, dass sich der Namensträger den Namen als Mittel der Identifikation entweder selbst *beigelegt* hat oder diesen *führt*. Einen Namen gebraucht nämlich nur, wer ihn verwendet, um damit **seine eigene Identität zu kennzeichnen und von anderen zu unterscheiden**; denn nur unter dieser Voraussetzung besteht die Gefahr einer namensrechtlichen Zuordnungsverwirrung[237]. Beides erscheint entgegen der Auffassung des Oberlandesgerichts Frankfurt im Fall „mormonen.de“[238] zweifelhaft, wenn sich der Namensträger von einem Spitznamen, den er sich nicht selbst beigelegt hat,

---

233 Dazu sogleich unten Rn. 198 ff. (F. V. 1. c).
234 LG Hamburg, NJW-RR 2004, 1121 – „schaumburg-lippe.de“.
235 Vgl. dazu *Härting/Reinholz*, K&R 2006, 429; siehe auch Rn. 165 ff.
236 BGH, Nichtannahmebeschluss v. 13.6.2002, I ZR 292/01 – „champagner.de“; Vorinstanz OLG München, GRUR-RR 2002, 17 – „champagner.de“.
237 OLG Düsseldorf, NJW-RR 1999, 626.
238 Vorinstanz LG Frankfurt/M., MMR 2004, 113 – „mormonen.de“; hierauf ergangener Zurückweisungsbeschluss des OLG Frankfurt v. 7.8.2003, 6 U 53/03.

sondern den der Verkehr als Oberbegriff einer Vielzahl von Organisationen – im Streitfall mehr als hundert im Volksmund als Mormonenkirchen bezeichnete Gemeinschaften und Gruppen – zuordnet, ernsthaft distanziert, sich also mit diesem Pseudonym eben gerade nicht identifiziert sehen will, und dennoch § 12 BGB für sich reklamiert, um dem Betreiber einer kritischen Website die Domainnutzung zu untersagen.

F. Markenrechtliche Ansprüche

Domains können wie gesehen neben ihrer originären Adress- auch Kennzeichnungsfunktion haben. Auch im Internet genießen Marken und Unternehmenskennzeichen mithin den Schutz des Markenrechts gegen eine unbefugte identische oder ähnliche geschäftliche Verwendung durch Dritte *als* oder *in* einer Internetadresse (unten Rn. 182 ff., V.). Hiervon zu unterscheiden ist die hier zunächst (I.) zu erörternde Frage der Begründung eigenständigen Kennzeichenschutzes an der Internetadresse selbst: **142**

I. Domains und Mailadressen als schutzfähige Kennzeichen

Umstritten war lange Zeit, ob Kennzeichenrechte *an der Internetdomain selbst* möglich sind. Spätestens seit dem Beschluss des Bundesverfassungsgerichts in Sachen „ad-acta“[239] ist dies im Grundsatz zu bejahen. Hiernach kann dem Domaininhaber an der die Second Level Domain bildenden Zeichenfolge eine marken- oder kennzeichenrechtlich begründete Rechtsstellung zukommen, die dem Schutzbereich der Eigentumsgarantie des Art. 14 Abs. 1 Satz 1 GG zugänglich ist. Das Bundesverfassungsgericht stellte zugleich klar, dass Markenrechte die eigentumsgleiche Position der Domain beschränken können. Die Löschung der Domain stelle dabei als adäquates Mittel zur Beseitigung einer markenrechtlichen Störung an. **143**

Der Domaininhaber rief daraufhin den Europäischen Gerichtshof für Menschenrechte (EGMR) an und stützte seine Beschwerde neben „ad-acta.de“ auf die Domains „freundin-online.de“, „eltern-online.de“ und „duck.de“, hinsichtlich derer er jeweils wegen marken- und namensrechtswidriger Nutzung zur Freigabe verurteilt worden war. Jedoch stellte auch der EGMR[240] klar, dass die Entscheidungen mit der Europäischen Menschenrechtskonvention (EMRK) konform gingen. Demnach sei das vertraglich begründete Nutzungsverhältnis zwischen Domaininhaber und DENIC zwar eine den Domaininhaber schützende Eigentumsposition im Sinne des Art. 1 des Ersten Zusatzprotokolls zur EMRK. Diese Position müsse aber, soweit es geht, ausgeübt werden, ohne Dritte zu beeinträchtigen. Die Beeinträchtigung von fremden Markenrechten überschreite diese Grenze. **144**

Wenn ein Schutzrechtserwerb durch Nutzungsaufnahme sonach grundsätzlich möglich ist, stellt sich im Weiteren die Frage nach Art und Umfang einer solchen rechtsbegründenden Domainnutzung. Insoweit hat zu gelten, dass bei **originärer Unterscheidungskraft** der zulässig gewählten Domain und deren *kennzeichnender* Verwendung eigener Namensschutz (§ 12 BGB) schon mit **erstmaliger, ernsthafter und auf Dauer angelegter Inbenutzungnahme entstehen** **145**

239 BVerfG, NJW 2005, 589 – „ad-acta.de“.
240 EGMR, MMR 2008, 29.

kann[241]. Erfolgt diese Benutzung im geschäftlichen Verkehr, kann die Domainbezeichnung ferner über § 5 Abs. 2 MarkenG Schutz als Unternehmenskennzeichen bzw. als besondere Geschäftsbezeichnung beanspruchen[242]. Die Entstehung des Schutzes von Unternehmenskennzeichen nach § 5 Abs. 2 MarkenG setzt voraus, dass der Kennzeicheninhaber am geschäftlichen Verkehr teilnimmt, was indes auch bei einem gemeinnützigen Verein in Betracht kommt[243].

146 Nicht selten werden an sich nicht unterscheidungskräftige Gattungsbegriffe unter Hinzufügung einer Top Level Domain als Marke angemeldet, um markenrechtliche Eintragungs- und Schutzschranken zu umgehen. In diesen Fällen fehlt es am Merkmal der Unterscheidungs- bzw. Kennzeichnungskraft. Im Fall „suchen.de“ hat nun das Europäische Gericht erster Instanz (EUG)[244] hinsichtlich der EU-Marke „suchen.de“ die Entscheidung des Europäischen Markenamtes (HABM) bestätigt, die Eintragung der Marke für solche Dienstleistungen zu verweigern, die mittelbar oder unmittelbar mit dem Betrieb einer Internetsuchmaschine zusammenhängen. Ebenso zutreffend kam das EUG dabei zu dem Schluss, dass insoweit sowohl den einzelnen Bestandteilen der Domain „suchen“ und „.de“ als auch dem Gesamtbegriff die Unterscheidungskraft abzusprechen sei. Entsprechendes gilt für die herrschende Rechtsprechung in Deutschland, auch wenn in Einzelfällen die Top Level Domain durchaus in die Prüfung zur Verwechslungsfähigkeit miteinbezogen werden kann (vgl. etwa den BGH-Fall „solingen.info“[245]).

147 Ähnlich erging es Anmeldern deutscher generischer Marken. Das Bundespatentgericht beschied die Anmeldemarke „handyservice.de“[246] mit dem Bestehen eines Freihaltebedürfnisses und fehlender Unterscheidungskraft, soweit es die Anmeldewaren „Mobiltelefone“ und damit zusammenhängende Dienstleistungen betraf. Der Marke „theartofmicrophones.com“ wurde ebenfalls die Schutzfähigkeit für Mikrofone aberkannt[247]. Auch dem Bestandteil „.com“ sei keine schutzbegründende Eigenschaft zuzumessen. Solche nach der Art einer Internetadresse gestalteten Marken seien im Einzelfall nach den allgemeinen markenrechtlichen Kriterien zu beurteilen. Dabei stellten **Top Level Domains lediglich regionale oder organisatorische Zuordnungskriterien dar, die innerhalb einer Internetadresse keine eigenständig kennzeichnende Bedeutung** haben. Auch die Bezeichnung „u18.net“ sah das Bundespatentgericht als beschreibend für Waren und Dienstleistungen an, die typischerweise im Zusammenhang mit einem Netzwerk für Jugendliche unter 18 Jahren in Erscheinung treten[248].

---

241 LG Düsseldorf, NJW-RR 1999, 629 – „jpnw.de“.

242 BGH, CR 2006, 54 – „Seicom“; siehe ferner OLG München, CR 1999, 778 – „tnet.de“; der BGH hat die hiergegen gerichtete Revision durch Beschluss vom 24.5.2000 – I ZR 269/99 – nicht angenommen und bestätigt damit die Rechtsauffassung des OLG, dass eine Internetdomain selbst ein Kennzeichen sein bzw. werden und damit Kennzeichenrechte begründen kann, wenn sie sich den angesprochenen Verkehrskreisen als solches, im vorliegenden Fall als geschäftliche Bezeichnung, darstellt; siehe auch Hans. OLG Hamburg, CR 1999, 184 – „emergency.de“; LG Frankfurt/M., CR 1999, 190 – „warez.de“.

243 BGH, GRUR 1953, 446; GRUR 1976, 370 – „Lohnsteuerhilfevereine“; BGH, CR 2005, 510 – „literaturhaus.de“; LG Düsseldorf, NJW-RR 1999, 629 – „jpnw.de“; *Hacker*, in: *Ströbele/Hacker*, Markengesetz, § 5 Rn. 20.

244 EUG, K&R 2008, 169 – „suchen.de“.

245 BGH, CR 2007, 36 – „solingen.info“, Rn. 126 ff. und 243 ff. (E. VI. und G. I.).

246 BPatG, B. v. 9.4.2008, 26 W (pat) 37/07– „handyservice.de“.

247 BPatG, B. v. 29.1.2008, 27 W (pat) 134/07 – „theartofmicrophones.com“.

248 BPatG, B. v. 31.1.2008, 15 W (pat) 90/06.

Grundsätzlich kann jedoch auch durch die Benutzung eines Domainnamens ein entsprechendes Unternehmenskennzeichen erworben werden. Eine solche Annahme liegt mit dem Bundesgerichtshof („soco.de")[249] dann nahe, wenn der Verkehr in der als Domainnamen gewählten Bezeichnung einen **Herkunftshinweis** erkennt[250]. Nach Ansicht des Hanseatischen Oberlandesgerichts Hamburg[251] kommt einer URL, die den Bestandteil „gmail.com" enthält, eine solche kennzeichenrechtliche Herkunftsfunktion zu. **Denn die Angabe nach dem @-Zeichen in einer E-Mail-Adresse kennzeichne häufig (wenngleich nicht stets) den E-Mail-Provider und habe in diesem Fall auch markenrechtlich herkunftshinweisende Funktion.** Die angesprochenen Verkehrskreise seien sich dieser Funktion des Begriffs „gmail" in dem konkreten Verwendungszusammenhang auch bewusst; darauf, welche Inhalte unter dieser URL angeboten würden, komme es nicht entscheidend an. **148**

Wird der Domainname, der an sich geeignet ist, auf die betriebliche Herkunft und die Geschäftstätigkeit eines Unternehmens hinzuweisen, jedoch ausschließlich als **Adressbezeichnung** verwendet, wird der Verkehr annehmen, es handele sich dabei um eine Angabe, die ähnlich wie eine Telefonnummer den Zugang zu dem Adressaten eröffnen, ihn aber nicht in seiner geschäftlichen Tätigkeit namentlich bezeichnen soll[252]. Davon ist nach Maßgabe der „Seicom"-Entscheidung des Bundesgerichtshofs[253] jedenfalls dann auszugehen, wenn die Domain aufgrund ihrer konkreten Verwendung und ihres Inhalts (dort: „*Seicom ist jetzt N.*") lediglich in Form einer **Weiterleitungs- bzw. Nachsendeadresse verwendet wird. Auch in der Weiterverwendung der alten E-Mail-Adressen kann nur eine Anschrift, nicht aber ein Hinweis auf einen fortbestehenden Namen gesehen werden.** **149**

Problematisch erscheint daher der vom Landgericht Hamburg[254] gewählte Ansatz, wonach auch das – beliebig wählbare – Zeichen *vor dem* „@", also eben anders als der vom Verkehr oft als solcher verstandene Kennzeichnungsbestandteil der E-Mail-Adresse *nach* dem @-Zeichen, durch Benutzung Kennzeichenrechte zu begründen vermöge. Das Gericht ist der Auffassung, dass die jahrelange Nutzung eines Kennzeichens als Teil der E-Mail-Adresse (d. h. als Bestandteil *vor* dem „@-Zeichen") sowie als Internetdomain selbst dann zum Erwerb prioritätsbesseren kennzeichenrechtlichen Schutzes gegenüber der Markenanmeldung eines Mitbewerbers führen könne, wenn das Zeichen nicht als „Haupt"-Unternehmenskennzeichen fungiere und die entsprechende Domain nur als Weiterleitung auf eine andere Domain diene, auf der die Dienstleistung des Unternehmens ausführlicher dargestellt werde. Dies gelte jedenfalls dann, **wenn der Verkehr aus der konkreten Art der Verwendung das Zeichen als eigenen betrieblichen Herkunftshinweis verstehen müsse, und nicht etwa nur als bloße „technische Adresse"**. Das fragliche Zeichen sei vorliegend dem „@" in der E-Mail-Adresse vorangestellt und mithin dort zu finden, wo der Verkehr üblicherweise den Namen des Adressaten erwarte. Es **fungiere in der E-Mail-Adresse auf diese Weise als Statthalter für den Betrieb des Verwenders** und werde damit eben namensmäßig, d. h. als Herkunftshinweis, benutzt. Bei dem Zeichen handele es sich zwar nicht um das „Haupt"-Unternehmenskennzeichen. Die Entstehung von weiteren Unternehmenskennzeichen durch Verwendung von Zeichen in Internetdomains oder E-Mail-Adressen, etwa in

---

249 BGH, CR 2005, 284 – „soco.de".
250 Vgl. OLG München, CR 1999, 778 – „tnet.de"; Revision nicht angenommen: BGH, B. v. 25.5.2000 – I ZR 269/99.
251 Hans. OLG Hamburg, MMR 2007, 653 – „gmail/g-mail".
252 BGH, GRUR 2005, 262 – „soco.de".
253 BGH, CR 2006, 54 – „Seicom".
254 LG Hamburg, Urt. v. 18.9.2008, 315 O 988/07.

Form von Abkürzungen des „eigentlichen“ Unternehmensnamens, sei jedoch ein bekanntes Phänomen aus dem Bereich des elektronischen Wirtschaftsverkehrs. Schutzrechtsbegründend wirke darüber hinaus die Benutzung der gleichnamigen Domain. Auch hierin liege eine zeichenmäßige Verwendung als Herkunftshinweis. Dabei sei der Umstand der Weiterleitung auf eine weitere Domain unschädlich. Diese Verwendungsform führe nicht dazu, dass deswegen keine zeichenmäßige Verwendung anzunehmen wäre. Entscheidend sei, dass der Verkehr die Domain im Internet als (zusätzlichen) „Namen“ desjenigen Unternehmensträgers erkenne, auf dessen Homepage er – sei es auch im Wege der Weiterleitung – gelangen möchte.

150 Die Nutzung einer Domain begründet indes nach (wohl) herrschender Meinung – und im Unterschied zu der vorstehenden Ansicht des Landgerichts Hamburg – noch keine markenrechtliche Priorität, solange auf der Seite noch nicht bestimmte Waren oder Dienstleistungen angeboten bzw. geschäftliche Aktivitäten entwickelt werden, sondern lediglich ein „Baustellen“-Schild oder Ähnliches als Hinweis auf zukünftige Aktivitäten erscheint[255]. Voraussetzung für eine rechtsbegründende Domainnutzung ist mithin, dass bestimmte informative Inhalte, insbesondere solche der Selbstdarstellung und Werbung, zum Abruf vorgehalten werden. **Die bloße „Konnektierung“, etwa als reines adresstechnisches Vehikel zur Umleitung auf eine andere Netzadresse („Routing“ durch Verwendung der Domain als virtuelle Adresshülse) oder ohne hinreichende Hinweisfunktion auf den werbenden Anbieter („Under Construction“) oder das Modell des „Domain-Parking“ genügen dagegen noch nicht für die Erlangung eines Schutzrechts im Sinne von § 5 MarkenG oder § 12 BGB[256].**

151 In diesem Falle setzt sich das später erworbene Kennzeichen eines Dritten auch gegen die ursprünglich berechtigte Registrierung einer den Anforderungen einer Schutzrechtsbegründung nach § 5 MarkenG bzw. § 12 BGB nicht genügenden Domain durch, und zwar nach §§ 14, 15 MarkenG bei einer geschäftlichen Nutzung, außerhalb des Geschäftsverkehrs aus § 12 BGB. Anders wurde dies soweit ersichtlich bislang in einer – glücklicherweise Einzelfall gebliebenen – Entscheidung des Landgerichts München I bezüglich der lediglich registriert gehaltenen („Baustellenhinweis“) Domain „sexquisit.de“ gesehen: Eine ursprünglich berechtigte Registrierung werde nicht allein dadurch unberechtigt, dass ein anderer dieselbe Bezeichnung als Geschäftszeichen oder Firma nutzen wolle.

152 Es kann mit der herrschenden Meinung nicht verallgemeinernd davon ausgegangen werden, dass die Publikation von Internetseiten unter einer bestimmten Domain als solche bereits ein Recht an einer geschäftlichen Bezeichnung im Sinne das § 5 Abs. 1 MarkenG begründet. Für eine Schutzrechtsbegründung nach § 5 MarkenG wird vielmehr zu fordern sein, dass die Bezeichnung der Domain **aus objektiver Empfängersicht als individualisierende Kennzeichnung eines bestimmten, aktuellen Geschäftsbetriebs oder Unternehmens** (Unternehmenskennzeichen) im Sinne von § 5 Abs. 2 oder aber als **Werktitel** im Sinne von § 5 Abs. 3 MarkenG zu werten ist[257]. **Die bloße Adressierung einer Website mit einer Domain genügt mithin noch nicht zur Begründung von Kennzeichenrechten an einer geschäftlichen Bezeichnung.** Diese entsteht erst, wenn sich die

---

255 Hans. OLG Hamburg, CR 2007, 47 – „ahd.de“; vgl. aber dazu die unter Bestandsschutzaspekten (unten F. III.) wichtige Revisionsentscheidung BGH, Urt. v. 19.2.2009, I ZR 135/06 – „ahd.de“.

256 OLG Stuttgart, Urt. v. 23.3.2001, 2 U 149/00 – „medi-s.de“ (Leitsatz: MMR 2002, 326).

257 LG Düsseldorf, Urt. v. 10.2.2000, 4 0 582/99 – „euro-car-markt.de“.

Domain als Schlagwort oder Abkürzung des Unternehmenskennzeichens in seiner Gesamtheit darstellt. Der **Aufdruck des Domainnamens auf Werbegeschenken** beispielsweise erlaubt die Feststellung, dass nicht nur auf die Adressierung der Website, sondern auf das Unternehmen als Ganzes hingewiesen werden sollte[258].

Eine firmenmäßige Nutzung eines Domainnamens – und damit ein zur Entstehung des Schutzrechts aus § 5 MarkenG grundsätzlich geeigneter Gebrauch – liegt vor, wenn der Domainname die Firma enthält, die Domain registriert und konnektiert ist und darüber hinaus **über diese Domain eine informative Website abrufbar ist**; außerhalb des Online-Mediums genügt es, wenn etwa **Werbeprospekte mit dem Domainnamen** verteilt werden[259]. **153**

Da auch eine Benutzungsaufnahme im Ausland für den inländischen Markt prioritätsbegründend sein kann, ist oft nur schlecht einschätzbar, ob und welche verwechslungsfähigen Domainnamen im Ausland benutzt werden. Dieser Umstand birgt schwer überschaubare Risiken für die inländischen Betreiber verwechslungsfähiger Domains, wie der vor dem Hanseatischen Oberlandesgericht Hamburg[260] verhandelte Fall „abebooks.com" belegt: Die Klägerin, ein deutsches Unternehmen, hatte ihren Unterlassungsanspruch auf ihre Klagemarke „abibooks" sowie auf ihre Unternehmenskennzeichen „abi-books.de" und „abibooks.com" gestützt. Die Klagemarke wurde 1998 angemeldet, die Firma der Klägerin 1998 im Handelsregister eingetragen. Der kanadischen Muttergesellschaft der Beklagten, einer GmbH nach deutschem Recht, stand, wie der *Senat* feststellte, an der Geschäftsbezeichnung „abebooks.com" bei Inlandsbenutzung ein Kennzeichenrecht zu. Mit dessen inländischer Benutzungsaufnahme als Geschäftsbezeichnung waren mit dem Recht an dem Unternehmenskennzeichen (§ 5 Abs. 1 MarkenG) sonach auch die Verbietungsrechte aus § 15 MarkenG zur Entstehung gelangt. Denn für den inländischen Verkehr war unter der Domain „abebooks.com" das Unternehmen „abebooks" zu erreichen. Zwischen der Bezeichnung „abebooks" und der Unternehmensbezeichnung der Klägerin „abi-books.com" bestand daher Verwechslungsgefahr. Da aber die Domainadresse „abebooks.com" seit 1995 und die hierunter abrufbare Webpräsenz – es handelte sich um einen Internetmarktplatz für antiquarische, gebrauchte und vergriffene Bücher – bereits seit 1996 bestanden, war von einem Prioritätsvorrang der Beklagten auszugehen. Der Umstand, dass die Beklagte in Kanada ansässig ist, stand dem nicht entgegen. Voraussetzung für den Schutz des Unternehmenskennzeichens, so der *Senat*, sei eine **Ingebrauchnahme im Inland, die auf eine dauerhafte wirtschaftliche Tätigkeit im Inland schließen lasse**[261]. **154**

Aufgrund des globalen Charakters des Internets sei hierfür allerdings zusätzlich erforderlich, dass die betreffende **Homepage einen hinreichenden Inlandsbezug aufweise, wobei die bloße technisch bedingte Abrufbarkeit im Inland als solche verständigerweise nicht ausreiche**. Es komme insoweit auf die Umstände des Einzelfalls an, die insgesamt zu würdigen seien. Dafür reiche jedoch die **internationale Ausrichtung des Angebots** aus. Unschädlich sei dabei eine Abfassung der Webseiten in englischer Sprache. Die Inanspruchnahme einer Priorität durch Ingebrauchnahme erfordere auch nicht, dass die Geschäftstätigkeit schon zu Anfang von großem Umfang gewesen wäre. Vielmehr seien auch nach **155**

---

258 LG Düsseldorf, MMR 2004, 700 – „ratiosoft.de".

259 *Kleespies*, GRUR 2002, 764; *Beier*, Recht der Domainnamen, S. 85.

260 Hans. OLG Hamburg, CR 2006, 278 – „abebooks.com".

261 Vgl. BGH, GRUR 1997, 903 – „Garonor"; K&R 2008, 735 – „afilias.de".

außen in Erscheinung tretende Aktivitäten ausreichend, wenn sie aus der Rückschau den **Beginn einer stetigen Geschäftstätigkeit** aufzeigten. Für den Beginn der Inlandsbenutzungsaufnahme sei nicht nur auf die inländische Beteiligung gewerblicher Antiquariate als zahlende Mitglieder, sondern auch auf **Besucherkontakte** auf den Internetseiten abzustellen, die vom Inland aus bei dem Internetunternehmen nach antiquarischen Büchern suchen. Der erforderliche deutliche Inlandsbezug ergebe sich aus dem Geschäftsgegenstand eines typischen Internetmarktplatzes speziell für antiquarische Bücher, der von Haus aus nicht auf ein bestimmtes Land beschränkt sei und auch keine dem internationalen Angebot entgegenstehende Länderkennung enthalte.

156 Als Fazit bleibt festzuhalten, dass ein eigener Kennzeichenschutz (Name, Unternehmenskennzeichen, Werktitel), der sich z. B. auch gegen eine später eingetragene gleichlautende Marke durchsetzt, also schon durch die **erste ernsthafte und auf Dauer angelegte inländische Inbenutzungnahme einer kennzeichnungskräftigen Domain** erlangt werden kann.

157 Wird daher beispielsweise ein Unternehmenskennzeichenrecht durch eine Domain begründet, und stellt dieses gegenüber einer später registrierten Marke das ältere und deshalb bessere Recht an der Bezeichnung dar, so tritt das Recht des gleichnamigen Markeninhabers im Domainrechtsstreit gegenüber der Geschäftsbezeichnung zurück. Die Tatsache, dass die Domain zwischenzeitlich zum Verkauf angeboten wurde, lässt keine Rückschlüsse auf eine Benutzungsaufgabe (mit der Folge des Erlöschens des Unternehmenskennzeichenrechts) zu, solange im Kundenkontakt die Geschäftsbezeichnung weiterhin geführt wird. Denn es kann hierfür nicht allein darauf abgestellt werden, dass die Domain über die Jahre immer weniger oder gar nicht mehr benutzt wurde, sofern der Domaininhaber im geschäftlichen Verkehr, was insbesondere die Betreuung seiner Kunden aus der Vergangenheit betrifft, weiterhin seine Leistungen unter der Bezeichnung erbracht hat[262].

158 Eine in hinreichend unterscheidungskräftiger Form gewählte Domain, die von den angesprochenen Verkehrskreisen als kennzeichnender Hinweis auf online abrufbare Informationen einer Person, eines Unternehmens, als besondere Geschäftsbezeichnung oder als der Titel einer online verfügbaren Informationssammlung verstanden wird, ist mithin geeignet, Rechte im Sinne des § 5 MarkenG entstehen zu lassen, und zwar grundsätzlich **unabhängig vom quantitativen Umfang der Domainbenutzung**[263]. Unterscheidungskraft vorausgesetzt, kann die Domainadresse daher durchaus auch „Werktitelschutz" (§ 5 Abs. 3 MarkenG), etwa als Online-Magazin oder als sonstiger virtueller Mediendienst, erlangen[264]:

II. Insbesondere: Werktitelschutz an der Domain

159 Schutzobjekt des Werktitelschutzes ist das hinter dem Werktitel stehende Werk, also die Website mit ihrem gesamten Inhalt. Eine solche Website hat regelmäßig Werksqualität im Sinne eines überwiegend geistigen Charakters ihres Inhalts zum Zwecke der Kommunikation mit dem Internetnutzer, sofern ihr eine gewisse **Dynamik und redaktioneller Charakter** zuzumessen ist. Der Titel muss

262 LG Köln, Urt. v. 20.12.2007, 84 O 127/00 – „blattwerk.de".
263 OLG München, CR 1999, 778 – „tnet.de"; Revision nicht angenommen: BGH, B. v. 25.5.2000 – I ZR 269/99; Vorinstanz LG München I, CR 1999, 325.
264 OLG Dresden, MMR 1999, 51 – „dresden-online.de".

sich eignen, **verschiedene Werke voneinander zu unterscheiden.** Dies ist das Wesen des Werktitels, und hierdurch grenzt er sich auch von der Marke und dem Unternehmenskennzeichen ab, bei denen das fragliche Zeichen als Herkunftsnachweis dient[265]. Der Titel kennzeichnet den **Inhalt des Werkes**, nicht die Herkunft aus einem bestimmten Geschäftsbetrieb. Bei nahezu beschreibenden oder gattungsmäßigen Domainnamen ist, was ihre Eignung als inhaltsbeschreibenden Titel anbelangt, auf die Umstände des Einzelfalls abzustellen. Es ist deshalb bei Ansprüchen aufgrund wenig unterscheidungskräftiger Titel – ein Mindestmaß an Unterscheidungskraft ist jedoch stets, also auch bei Domainnamen zu fordern – besonders sorgfältig zu prüfen, ob der Verkehr in dem beanstandeten Domainnamen den Begriff wirklich als kennzeichnend im Sinne einer Betitelung eines abrufbaren geistigen Werkes versteht[266]. Gewisse Mindestanforderungen an die Kennzeichnungskraft sind mithin auch im Bereich des Titelschutzes zu erfüllen und wurden beispielsweise verneint für die Domain „digitale-bibliothek.de“[267] und für die Domain „Toolshop“[268].

Für ein bezeichnungsfähiges Werk im Sinne des § 5 Abs. 3 MarkenG wird **160** überdies zu verlangen sein, dass die Seiten mehr als die bloße Auflistung der einzelnen Waren- oder Dienstleistungsangebote des Anbieters enthalten[269], da ansonsten im Gewande des Titelschutzes Markenschutz ohne die gesetzlichen Voraussetzungen des § 4 MarkenG gewährt würde[270].

Als werktitelschutzfähig sind insbesondere diejenigen Domains anzusehen, **161** unter denen Internet-Zeitschriften, Newsletter, Branchendienste oder Datenbanken zum Abruf bereitgestellt werden. Wer daher mit einem unterscheidungskräftigen Domainnamen – im Streitfall mit „siehan.de“ – ein Internet-Magazin bzw. Internet-Portal bezeichnet, indem der Domainname eindeutig den Weg zu der entsprechenden Website weist, kennzeichnet nach Ansicht des Hanseatischen Oberlandesgericht Hamburg[271] dieses Magazin als das dahinter stehende Werk bzw. Internet-Portal mit der darüber angebotenen Dienstleistung des Domaininhabers.

Nicht ausreichend sind jedoch auch hier die bloßen **Weiterleitungsdomains**, die **162** so genannten **Baustellenhinweise** („under construction“) sowie das Modell des **„Domain-Parking“**, da es hier jeweils an der **Verknüpfung zwischen der Domain und einem bezeichnungsfähigen – und sonach dem Titelschutz zugänglichen – Werk, das „betitelt“ werden könnte, gerade fehlt**[272].

Umstritten ist ferner der **Zeitpunkt der Begründung des Werktitelschutzes im** **163** **Internet.** In der herkömmlichen kennzeichenrechtlichen Praxis wird hier regelmäßig eine **Vorverlagerung** durch Nachweis konkreter Vorbereitungshandlungen und Ankündigung des zur Erscheinung vorgesehenen Werkes angestrebt. Die Vorverlagerung des Schutzes geschieht außerhalb des Online-Bereichs zumeist durch die so genannte **Titelschutzanzeige.** Welche Handlungen in Bezug auf den vorverlagerten Schutz einer Domain durch entsprechende Vorbe-

---

265 *Ingerl/Rohnke*, Markengesetz, § 5 Rn. 71.
266 *Ingerl/Rohnke*, Markengesetz, nach § 15 Rn. 112.
267 LG Berlin, K&R 2000, 561 – „digitale-bibliothek.de“.
268 Kammergericht, NJWE-Wettbewerbsrecht 2000, 234 – „toolshop.de“.
269 Vgl. zu dieser Konstellation etwa OLG Dresden, MMR 1999, 51 – „dresden-online.de“.
270 *Fezer*, Markenrecht, § 3 Rn. 318 ff.; LG Düsseldorf, Urt. v. 10.2.2000, 4 0 582/99 – „euro-car-markt.de“.
271 Hans. OLG Hamburg, CR 2002, 833 – „siehan.de“.
272 *Fezer*, Markenrecht, § 3 Rn. 318 ff.

reitungshandlungen erforderlich sind, ist noch nicht höchstrichterlich geklärt, jedoch ist mit dem Oberlandesgericht München[273] davon auszugehen, dass die **bloße Ankündigung der beabsichtigten Nutzung eines Titels im Internet hierfür nicht ausreicht.** Ebenso wenig kann es mit dem Oberlandesgericht Dresden[274] genügen, wenn der angekündigte Titel (hier: „Dresden Online") zeitnah im Internet unter einer anders lautenden Domain (hier: „sz-online.de") als einer von mehreren Gliederungsbegriffen erscheint, unter dem nach der Eingabe einer Reihe von vorgeschalteten Befehlen Stadtinformationen abgerufen werden können. Überschriften, die wie in einem Inhaltsverzeichnis die darunter angebotenen Texte und Informationen ordnen und gliedern, versteht der Verkehr nur als **Orientierungshilfen**, nicht aber als das Werk kennzeichnende Untertitel.

164 Werktitelschutz setzt nach zutreffender Ansicht des Oberlandesgerichts München[275] mit Blick auf Erwägungen der Rechtssicherheit erst mit der **Erstellung des fertigen Produkts** ein, also nicht schon mit der Bewerbung auf der Grundlage beispielsweise von Werkteilen und Inhaltsverzeichnissen. Selbst die von Dritten verfolgbare, fließende Erstellung einer Erstausgabe rechtfertige keine Abweichung gegenüber der Erstellung von Print-Zeitschriften. Denn es sei ungewiss, ob das Produkt überhaupt auf den Markt komme oder wieder eingestellt werde. Solange nur Ideen und kleine Bausteine offenbart und abrufbar gemacht würden, liege daher noch keine Benutzungsaufnahme vor. Diese Phase entspreche nämlich nur den Vorbereitungsmaßnahmen des Printbereichs, wenn potentielle Werbeinteressenten, Grafiker und Autoren lediglich vorab kontaktiert würden.

III. Bestandsschutz der Domain gegenüber zeitlich späterem Zeichenrecht?

165 Wie an anderer Stelle bereits erörtert[276], kann durch jahrelange geschäftliche Nutzung eine Verfestigung der Domain zu einem **schutzwürdigen Besitzstand** erfolgen, gegen den später erworbene Zeichenrechte nicht mit Erfolg geltend gemacht werden können.

166 Dieser Ansatz findet sich nun mittelbar bestätigt durch die Entscheidung des Bundesgerichtshofs in Sachen „afilias.de"[277], wonach ein Nichtberechtigter, für den ein Zeichen als Domainname oder der in Deutschland üblichen Top Level Domain „.de" registriert ist, das Namens- oder Kennzeichenrecht (eine Beschränkung auf § 12 BGB nimmt der Bundesgerichtshof nicht vor) desjenigen, der an einem identischen Zeichen ein Namens- oder Kennzeichenrecht hat, grundsätzlich zwar verletze. Etwas anderes müsse jedoch regelmäßig dann gelten, wenn das Namens- oder Kennzeichenrecht des Berechtigten erst nach der Registrierung des Domainnamens durch den Nichtberechtigten entstanden sei. Zwar entstehe durch die Registrierung einer Domain kein absolutes Recht an dem Domainnamen, doch könne die Registrierung eines zu ihrem Zeitpunkt in keinerlei Rechte eingreifenden Domainnamens im Hinblick auf die eigentumsfähige, nach Art. 14 GG geschützte Position des Domaininhabers nicht ohne

---

273 OLG München, GRUR 2001, 522 – „kueche-online.de".
274 OLG Dresden, MMR 1999, 51 – „dresden-online.de.
275 OLG München, GRUR 2001, 522 – „kueche-online.de".
276 Oben Rn. 84 (C. II. 2. b).
277 BGH, K&R 2008, 735 – „afilias.de" mit Kommentar *Rössels*, a. a. O., 739; vgl. auch BGH, CR 2005, 362 – „mho.de".

Weiteres wegen später entstandener Kennzeichenrechte als unrechtmäßige Namensanmaßung qualifiziert werden.

Es wird zwar in der Literatur die Ansicht vertreten[278], der Inhaber eines Unternehmenskennzeichens könne gegenüber jedem, der einen mit seinem Unternehmenskennzeichen übereinstimmenden Domainnamen für private oder sonstige außergeschäftliche Zwecke benutze und sich nicht auf ein Kennzeichen- oder Namensrecht an dem Domainnamen berufen könne, nach § 12 BGB Unterlassungs- und Löschungsansprüche geltend machen, selbst wenn die Registrierung des Domainnamens *vor* der Entstehung des Unternehmenskennzeichens erfolgt sei, was damit begründet wird, dass allein durch die Registrierung kein absolutes Recht an dem Domainnamen entstehe. **167**

Doch auch wenn der Domaininhaber durch die Registrierung kein absolutes Recht an dem Domainnamen erwerbe, so der Bundesgerichtshof, begründe der Vertragsschluss mit der Registrierungsstelle doch ein **relativ wirkendes vertragliches Nutzungsrecht, das dem Inhaber des Domainnamens ebenso ausschließlich zugewiesen sei wie das Eigentum an einer Sache**[279]. Zwar begegne es keinen verfassungsrechtlichen Bedenken, dass derjenige, der durch die Registrierung eines Domainnamens bereits bestehende Kennzeichen- oder Namensrechte verletze, zur Beseitigung der Störung verpflichtet sei. Anders verhalte es sich aber, wenn das Namens- oder Kennzeichenrecht erst *nach* der Registrierung entstehe. In einem solchen Fall setze sich dieses nicht ohne Weiteres gegenüber dem Nutzungsrecht des Domaininhabers durch. Vielmehr sei eine **Abwägung** der betroffenen Interessen geboten. Der nichtberechtigte Inhaber eines Domainnamens könne in der Regel nicht auf schützenswerte Belange verweisen, die im Rahmen der bei § 12 BGB gebotenen Interessenabwägung zu seinen Gunsten zu berücksichtigen wären[280]. **168**

Von dieser Regel gebe es jedoch Ausnahmen. Eine erste Ausnahme müsse für den Fall gemacht werden, dass die Registrierung des Domainnamens durch den Nichtberechtigten nur der **erste Schritt im Zuge der – für sich genommen rechtlich unbedenklichen – Aufnahme einer entsprechenden Benutzung als Unternehmenskennzeichen** sei[281]. Da es vernünftiger kaufmännischer Praxis entspreche, sich bereits vor der Benutzungsaufnahme den entsprechenden Domainnamen zu sichern, führe die gebotene Interessenabwägung dazu, dass eine der Benutzugsaufnahme unmittelbar vorausgehende Registrierung nicht als Namensanmaßung und damit als unberechtigter Namensgebrauch anzusehen sei. **169**

In der Literatur wird bisweilen gefordert, dass in diesen Fällen der Registrierung des Domainnamens die Anmeldung und Eintragung einer entsprechenden Marke alsbald nachfolgen und der Domainname das Markenprodukt im Marktauftritt online begleiten solle[282]. Dem könnte jedoch entgegenstehen, dass das Recht aus der Marke keine Befugnis verleiht, einen in der Marke enthaltenen Namen als solchen zur Identitätsbezeichnung zu tragen[283]. **170**

---

278 *Bettinger*, Handbuch des Domainrechts, Teil 2, Rn. DE 403 und 370 sowie – zur Marke – DE 128 und 124; *Bröcher*, MMR 2005, 203.
279 Unter Hinweis auf BVerfG, GRUR 2005, 261 – „ad-acta.de".
280 Unter Hinweis auf BGH, CR 2005, 362 – „mho.de".
281 Dazu schon oben Rn. 42 ff. (C. I. 2.).
282 *Hackbarth*, WRP 2006, 519; *Bettinger*, Handbuch des Domainrechts, Rn. DE 382 f.
283 Vgl. BGH, GRUR 1996, 422 – „J. C. Winter".

171 Eine weitere Ausnahme kann mit dem Bundesgerichtshof, wie eingangs dargelegt, dann geboten sein, wenn das Namensrecht des Berechtigten erst *nach* der Registrierung des Domainnamens durch den Domaininhaber entstanden ist. Bei der gebotenen Abwägung werde sich der Dritte, der den Domainnamen als Unternehmenskennzeichen verwenden möchte, regelmäßig nicht auf ein schutzwürdiges Interesse berufen können. Er könne vor der Wahl einer Unternehmensbezeichnung, die er auch als Internetadresse verwenden möchte, unschwer prüfen, ob der entsprechende Domainname noch verfügbar ist. Sei er bereits vergeben, werde es ihm oft möglich und zumutbar sein, auf eine andere Unternehmensbezeichnung auszuweichen.

172 Auch eine solche Interessenabwägung geht freilich dann nicht mehr zu Gunsten des Domaininhabers aus, wenn es diesem wegen Rechtsmissbrauchs versagt ist, sich auf seine Rechte aus der Registrierung des Domainnamens zu berufen. So verhält es sich mit dem Bundesgerichtshof insbesondere dann, wenn der Domaininhaber den Domainnamen ohne ernsthaften Benutzungswillen in der Absicht registrieren ließ, sich diesen von dem Inhaber eines entsprechenden Kennzeichen- oder Namensrechts abkaufen zu lassen[284].

173 Die umstrittene Frage, ob ein – etwa durch die Inbenutzungsnahme einer unterscheidungskräftigen Unternehmensbezeichnung oder durch die Eintragung einer Marke – begründeter, zeitlich der Registrierung einer verwechslungsfähigen Domain indes nachgelagerter Erwerb eines Kennzeichenrechts dazu führen kann, dass der Kennzeicheninhaber in einen durch die Domain vermittelten, redlich erworbenen Besitzstand des älteren Domaininhabers eingreifen kann, ist damit zwar nicht endgültig geklärt, doch hat der Bundesgerichtshof mit „afilias.de“ Kriterien an die Hand gegeben, wie bei der Prüfung derartiger Kollisionsfälle regelmäßig zu verfahren sein wird.

174 Der Bundesgerichtshof hat die Grundsätze aus der „afilias.de“-Entscheidung jüngst auch für den Bereich des Unternehmenskennzeichenrechts erweitert: In dem Rechtsstreit um die Domain „ahd.de“ gewährte er – anders als die Vorinstanzen – dem Unternehmen gegen den Inhaber der Domain keinen Unterlassungs- und Freigabeanspruch. Das klagende Unternehmen, ein Anbieter von Hard- und Software, nutzte seit Oktober 2001 die Abkürzung „ahd“ für die eigene Firma. Die Beklagte hielt den Domainnamen „ahd.de“ seit Mai 1997 registriert, nutzte ihn zu Adressierung bestimmter Inhalte aber erst seit dem Sommer 2002, wobei im Februar 2004 unter der Domain auch Dienstleistungen wie E-Mail-Service und Erstellung von Homepages angeboten wurden. Die Klägerin verlangte die Unterlassung dieses Angebots und die Freigabe der Domain. Vor dem Landgericht Hamburg und dem Hanseatischen Oberlandesgericht Hamburg war die Klägerin damit erfolgreich[285].

175 Die Beklagte, die mehrere Tausend Domainnamen registriert hatte, legte Revision ein. Mit Urteil vom 19.2.2009[286] stellte der Bundesgerichtshof nun fest, dass die Beklagte die vom Schutzbereich des Unternehmenskennzeichens „ahd“ erfassten Dienstleistungen unter der Domain nicht anbieten dürfe, sie die Domain aber nicht löschen müsse. Das klagende Unternehmen habe nach

---

284 BGH, K&R 2008, 735 – „afilias.de“; GRUR 2001, 242 – „Classe E“; WRP 2004, 766 – „S100“.

285 Hans. OLG Hamburg, CR 2007, 47 – „ahd.de; Vorinstanz LG Hamburg, Urt. v. 26.5.2005, 315 O 136/04.

286 BGH, WRP 2009, 803 – „ahd.de“.

Registrierung der Domain ein Recht am Kennzeichen „ahd" erworben, aufgrund dessen es der Beklagten verbieten könne, die Buchstabenkombination „ahd" für die im Schutzbereich ihrer Geschäftsbezeichnung liegenden Waren und Dienstleistungen zu nutzen. Da das Kennzeichenrecht aber erst nach Registrierung des Domainnamens durch einen Dritten entstanden sei, bestehe kein Anspruch auf Löschung der Domain. Dabei verweist der BGH auf seine frühere Entscheidung zu „afilias.de". Dass die Klägerin die Domain „ahd.de" aufgrund des nicht zu beanstandenden Registrierthaltens der Beklagten nicht nutzen könne, stelle sich auch nicht als wettbewerbswidrige Mitbewerberbehinderung dar. Denn die Klägerin habe es grundsätzlich hinzunehmen, dass sie die Domain nicht registrieren könne, weil sie die Bezeichnung „ahd" erst nach Registrierung der Domain durch die Beklagte in Benutzung genommen habe.

IV. Rechtserhaltende Benutzung einer Marke (§§ 25, 26 MarkenG) durch Domaingebrauch

Gemäß § 25 MarkenG kann der Inhaber einer eingetragenen Marke gegen Dritte Ansprüche unter anderem aus § 14 MarkenG nicht geltend machen, wenn die Marke innerhalb der letzten fünf Jahre vor der Geltendmachung des Anspruchs für diejenigen Waren- oder Dienstleistungen, auf die er sich zur Begründung seines Anspruchs beruft, nicht im Sinne von § 26 MarkenG benutzt worden ist, sofern die Marke zu diesem Zeitpunkt seit mindestens fünf Jahren eingetragen ist. Aufgrund dieser **Nichtbenutzungseinrede** hat der Markeninhaber nachzuweisen, dass er die Marke innerhalb der letzten fünf Jahre vor Erhebung der Klage benutzt hat. Unter Benutzung im Sinne von § 26 MarkenG ist eine **ernsthafte inländische Benutzung für die Waren oder Dienstleistungen, für die die Marke eingetragen ist, zu verstehen**, und zwar einschließlich der Benutzung der Marke in einer Form, die von der Eintragung abweicht, soweit die Abweichungen den kennzeichnenden Charakter der Marke nicht verändern. Als Benutzung gilt auch das Anbringen der Marke auf Waren oder deren Aufmachung oder Verpackung im Inland. 176

In der Verknüpfung eines im Internet bereitgehaltenen Warenangebots mit einer dieses Warenangebot gleichsam „betitelnden" (Second Level) Domain dürfte eine rechtserhaltende Nutzung in diesem Sinne liegen. An einem solchen **konkreten Produktbezug** der Domain mangelt es jedoch im Regelfall. Als regelmäßig nicht ausreichend für § 26 MarkenG ist es nämlich anzusehen, wenn die Domain – wie in der weit überwiegenden Zahl der Fälle – lediglich **das Unternehmen bzw. den Anbieter** der vom Markenschutz umfassten Waren oder Dienstleistungen kennzeichnet. In dieser Regelkonstellation einer auf das Unternehmen bzw. dessen Werbeauftritt hinweisenden Domain wird – jedenfalls bei **Warenmarken** – keine rechtserhaltende Nutzung gesehen werden können, da hier nach dem objektiven Empfängerhorizont eine das Unternehmen und eben gerade nicht dessen Produkte kennzeichnende Verwendung stattfindet. Denn eine Verwendung des eingetragenen Markenzeichens, die ausschließlich im Sinne eines Unternehmenskennzeichens nach § 5 MarkenG verstanden wird, stellt keine berücksichtigungsfähige Verwendungsform dar[287]. Die sonach „firmenmäßige" Verwendung als Unternehmenskennzeichen rechtfertigt die Aufrechterhaltung eines Rechtes nach § 5 Abs. 2 MarkenG, nicht jedoch einer 177

287 *Ingerl/Rohnke*, Markengesetz, § 26 Rn. 31.

bezeichnungsmäßig zwar identischen, aber eben zur Kennzeichnung von Waren und Dienstleistungen bestimmten eingetragenen Marke. Der Verwender ist überdies durch das Recht an seinem Unternehmenskennzeichen hinreichend gegenüber jüngeren Marken Dritter geschützt (vgl. § 6 MarkenG).

178 Allerdings ist stets sorgfältig zu prüfen, ob der in vielen Bereichen an Firmenschlagwörter, Firmenabkürzungen und Firmenlogos als Produktkennzeichen gewöhnte Verkehr nicht Anlass hat, die **Verwendung des Unternehmenskennzeichens zugleich als Verwendung einer Marke anzusehen**[288]. Ist dies zu bejahen, kann ein und dieselbe Verwendungshandlung zugleich für eine eingetragene Marke und das Unternehmenskennzeichen rechtserhaltende Wirkung haben. Auch nach der Rechtsprechung des Bundesgerichtshofs zu § 15 MarkenG gilt, dass in der Praxis die **Grenze zwischen firmen- und markenmäßigem Gebrauch nicht immer eindeutig** gezogen werden kann[289], sodass in Zweifelsfällen von einer – jedenfalls *auch* – markenmäßigen Benutzung auszugehen ist[290]. Ob also die äußerliche Kennzeichnung eines – im Zeitalter des Internet auch virtuellen – Ladengeschäfts oder eines Unternehmens durch eine Domain als Kennzeichnung auch der Produkte zu verstehen ist, ist Frage des Verkehrsverständnisses im Einzelfall. **Bei Dienstleistungsunternehmen ist ein solches Verkehrsverständnis nahe liegend**; anders bei der Bewerbung von Waren, wo ein nur firmenmäßiges Verkehrsverständnis der Regelfall sein dürfte.

179 Daraus folgt, dass im Rahmen des Benutzungszwangs keine einheitlich zu beurteilende Kategorie des Gebrauchs als Domainname festgestellt werden kann. Es ist stets entscheidend, wie der konkrete Domainname insgesamt, also mit sämtlichen Präfixen, Suffixen und sonstigen Adressbestandteilen, von den maßgeblichen Verkehrskreisen verstanden wird. Bei einem Verständnis ausschließlich als Unternehmenskennzeichen, also als namens- oder firmenmäßiger Hinweis auf ein Unternehmen oder dessen Inhaber, kommt eine Berücksichtigung als rechtserhaltend aus den genannten Gründen nicht in Betracht (und ist angesichts des bei Unterscheidungskraft ohnehin bestehenden Kennzeichenschutzes eines solchen Domainnamens über §§ 5 Abs. 2, 15 MarkenG und § 12 BGB auch nicht geboten). Das Verständnis als Unternehmenskennzeichen ist bei nicht glatt beschreibenden Domainnamen zweifellos die nahe liegendste Interpretationsweise. Von ihr wird in der Regel auch auszugehen sein, wenn der Domainname als Bezeichnung für ein ganzes Sortiment von Produkten verstanden wird, z. B. bei Onlineshops und virtuellen Kaufhäusern. Wird der Domainname dagegen **ausnahmsweise als herkunftsunterscheidende Produktkennzeichnung** für bestimmte Waren oder Dienstleistungen verstanden, so steht seiner Eignung zur Rechtserhaltung grundsätzlich nichts entgegen.

180 Eine andere Beurteilung wird oft bei Dienstleistungsmarken gerechtfertigt sein, bei denen die Verwendung in Werbematerialien, Geschäftsbriefen, Rechnungen – nach hier vertretener Ansicht jedoch auch als Bezeichnung eines Homepage-Informationsangebotes, insbesondere über eine dieses Angebot kennzeichnende Domain – in der Regel zur Rechtserhaltung geeignet ist[291].

---

288 BPatG, Mitteilungen 1983, 14 – „ROVINEX/ROVINA“.
289 BGH, GRUR 2001, 344 – „DB-Immobilienfonds“.
290 *Ingerl/Rohnke*, Markengesetz, § 26 Rn. 33.
291 Vgl. BGH, GRUR 1985, 41 – „REHAB“; BPatGE 40,192 – „AIG“; *Ingerl/Rohnke*, § 26 Rn. 58.

Höchstrichterliche Rechtsprechung zu den Anforderungen an eine markenrechtliche Benutzung durch Domains fehlt bislang, im Sinne der vorgenannten Ausführungen ist jedoch das „Schutzengel"-Urteil des Oberlandesgerichts Köln[292] zu sehen, wonach für die mit der Marke „Schutzengel" beanspruchten Dienstleistungen „Übernahme der Werbung für Produkte" und „Telekommunikation" von einer Verwendung der Marke als Bestandteil des Domainnamens, unter dem ein Forum für die Präsentation von Einrichtungen, Warenproduzenten und Dienstleistern zu finden war, auszugehen sei. Dagegen liege in der **Verwendung einer Bezeichnung auf Rechnungen innerhalb der vollständigen Unternehmensbezeichnung und in Verbindung mit der Angabe der Gesellschaftsform allein eine firmenmäßige und keine produktidentifizierende Benutzung**, sodass § 26 MarkenG diesbezüglich nicht in Betracht komme. **181**

V. Negatorische Ansprüche aus dem MarkenG

Die von der zuvor skizzierten Problemstellung des Kennzeichenschutzes an der Internetdomain selbst und der rechtserhaltenden Benutzung einer Marke durch eine Domain zu unterscheidende Frage, ob deren unbefugte Verwendung im geschäftlichen Verkehr Kennzeichenrechte verletzen kann, ist – natürlich – zu bejahen[293]. Domains können neben ihrer originären Adress- auch Kennzeichnungsfunktion aufweisen. Auch im Internet genießen Marken und Unternehmenskennzeichen mithin den Schutz des Markenrechts gegen eine identische oder ähnliche Verwendung durch Dritte *als* oder *in* einer Internetadresse. **182**

Im Falle solcher Marken, die im Inland keine Bekanntheit genießen, verlangt das MarkenG, dass aufgrund der Identität oder Ähnlichkeit der Domain mit der Marke und der Identität oder Ähnlichkeit der durch die Marke oder die Domain erfassten Waren oder Dienstleistungen für das Publikum die Gefahr von Verwechslungen besteht, einschließlich der Gefahr, dass die Domain mit der Marke gedanklich in Verbindung gebracht wird (vgl. §§ 4, 14 MarkenG). Benutzt jemand unbefugt eine Domain oder eine E-Mail-Adresse, die das Kennzeichen eines anderen Unternehmens oder ein ähnliches Zeichen enthält, und schafft er dadurch eine Verwechslungsgefahr, so kann er grundsätzlich auf Unterlassung in Anspruch genommen werden. Entsprechend setzt § 15 Abs. 2 MarkenG im Falle von Unternehmenskennzeichen im Sinne von § 5 MarkenG voraus, dass die Domain in einer Weise benutzt wird, die geeignet ist, Verwechslungen mit der Bezeichnung hervorzurufen. **183**

Es erscheint allerdings fraglich, ob die herkömmlichen Grundsätze zur Beurteilung der Verwechslungsgefahr auch in Fällen nur ähnlicher Marken oder geschäftlicher Bezeichnungen auf den Bereich des Internet übertragen werden können. Mit Recht wird daher von der (wohl) herrschenden Meinung vertreten, **deutlich geringfügigere Abweichungen** – bis hin zu nur einem Buchstaben oder Satzzeichen – bei Domains genügen zu lassen, um eine Verwechslungsgefahr zu beseitigen[294]. **184**

---

292 OLG Köln, MarkenR 2008, 214.

293 LG Köln, BB 1997, 1121 mit abl. Anm. *Zahrnt* (Urt. v. 17.12.1996, 3 O 478/96 – „huerth.de"); gleichlautend: WM 1997, 1452 (B. v. 17.12.1996, 3 O 507/96 – „pulheim.de"; Urt. v. 17.12.1996, 3 O 477/96 – „kerpen.de"); ähnlich LG Hamburg, Urt. v. 13.8.1997, 315 O 120/07.

294 Ausführlich unten Rn. 264 ff. (G. III.).

185 Auch ohne eine solche Verwechslungsgefahr im engeren Sinne ist es Dritten untersagt, **bekannte** fremde Zeichen zu benutzen, sofern dadurch deren **Unterscheidungskraft oder Wertschätzung** ohne rechtfertigenden Grund in unlauterer Weise ausgenutzt oder beeinträchtigt wird. Auch **nicht-konkurrierenden** Unternehmen ist also die Benutzung fremder bekannter Kennzeichen als Bestandteil ihrer Internetadresse verboten, soweit dies zu einer Herabsetzung von deren Unterscheidungskraft oder Wertschätzung (**Verwässerung**) führt.

186 Wie bekannt eine Marke oder eine geschäftliche Bezeichnung sein muss, um den kennzeichenrechtlichen Bekanntheitsschutz der §§ 14 Abs. 2 Nr. 3, 15 Abs. 3 MarkenG, also einen Kennzeichenschutz **außerhalb des Produkt- beziehungsweise Branchenähnlichkeitsbereichs** für sich in Anspruch nehmen zu können, ist stets Frage des Einzelfalls. Der teilweise vorgeschlagene Prozentsatz von 30 %, bezogen auf die beteiligten Verkehrskreise, vermag hier einen Richtwert zu liefern[295]. Die bekannte Marke bzw. Bezeichnung im Sinne dieser Vorschriften bedarf nicht mehr so hoher Anforderungen wie ehemals die „berühmte Marke" im Sinne des Warenzeichenrechts, um Schutz zu genießen. Von festen Quoten kann nicht ausgegangen werden; die Umstände eines jeden Einzelfalls sind zu berücksichtigen[296]. In Zweifelsfällen wird der Bekanntheitsgrad durch ein – stets kostspieliges – **demoskopisches Gutachten** ermittelt werden müssen[297]. Spricht dieses für das Vorhandensein einer bekannten Marke, so kommt es auf das Vorliegen von Verwechslungsgefahr nicht mehr an.

187 Neben diesen quantitativen Überlegungen ist aber auch ein **qualitativer Aspekt** zu berücksichtigen, wonach eine Marktgeltung zu fordern ist, die – im Interesse einer kommerziellen Verwertbarkeit des bekannten Zeichens als Folge unternehmerischer Leistung – die Ausdehnung des Markenschutzes auf den Produktbereich außerhalb der ähnlichen Waren und Dienstleistungen rechtfertigt[298]. Im Einzelnen:

1. Die Abwehransprüche der §§ 14, 15, 127 MarkenG

188 a) **§§ 4, 14 MarkenG – Schutz der Marke.** Gemäß § 14 Abs. 2 MarkenG (beim Deutschen Patentamt eingetragene und nicht eingetragene, aber mit Verkehrsgeltung ausgestattete oder notorisch bekannte Marken gemäß § 4 MarkenG) ist es Dritten untersagt,

- ohne Zustimmung des Inhabers der Marke im geschäftlichen Verkehr ein mit der Marke identisches Zeichen für Waren oder Dienstleistungen zu benutzen, die mit denjenigen identisch sind, für die die Marke Schutz genießt (**Identitätsschutz**), oder
- ein identisches oder ein ähnliches Zeichen für identische oder ähnliche Waren oder Dienstleistungen zu benutzen, wenn dadurch eine Verwechslungsgefahr begründet wird (**Verwechslungsschutz**), oder
- ein mit der Marke identisches Zeichen oder ein ähnliches Zeichen für Waren oder Dienstleistungen zu benutzen, die nicht denen ähnlich sind, für die die Marke Schutz genießt, wenn es sich bei der Marke um eine im Inland bekannte Marke handelt und die Benutzung des Zeichens die Unterscheidungskraft oder die Wertschätzung der bekannten Marke ohne rechtfertigenden Grund in unlauterer Weise ausnutzt oder beeinträchtigt (**Bekanntheitsschutz**).

---

295 Vgl. BGH, GRUR 1985, 550 – „Dimple".
296 OLG München, CR 1998, 556 – „freundin.de".
297 A. A. aber offenbar OLG München, vorige Fn.
298 *Fezer*, Markenrecht, § 14 Rn. 420; a. A. *Piper*, GRUR 1996, 429.

Wird die eingetragene Marke eines anderen somit kennzeichenmäßig, also zur Unterscheidung der mit ihr gekennzeichneten Waren oder Dienstleistungen von gleichen oder gleichartigen anderer Herkunft als (oder in einer) Internetadresse verwendet, kann der Inhaber der Internetadresse auf Unterlassung, bei Verschulden auch auf Schadensersatz in Anspruch genommen werden. 189

aa) **Verkehrsgeltungsmarke.** Die Nutzungsmarke mit Verkehrsgeltung (§ 4 Nr. 2 MarkenG) nimmt neben der eingetragenen und der notorisch bekannten Marke eine eigene Markenkategorie ein. Markenschutz entsteht hiernach, wenn das Zeichen durch die Benutzung als Marke im geschäftlichen Verkehr, also als geeignetes Unterscheidungszeichen zur Identifikation von Unternehmensprodukten (Waren und Dienstleistungen) im Marktwettbewerb, Verkehrsgeltung erworben hat[299]. Dies verlangt einen Grad der Bekanntheit bei einem „nicht unerheblichen Teil" innerhalb beteiligter Verkehrskreise[300], der eine **Identifikation der gekennzeichneten Unternehmensprodukte allein und unmittelbar durch die Marke** erlaubt[301]. Eine geringe Unterscheidungskraft führt noch nicht zum Erfordernis der besonders starken Verkehrsgeltung, wohl aber ein Freihaltebedürfnis bei Beschaffenheits- und Bestimmungsangaben. Im Übrigen kann ein Bekanntheitsgrad von 20–25 % ausreichen. 190

bb) **Notorietät.** Markenschutz entsteht auch für Marken mit notorischer (offenkundiger) beziehungsweise (All-) Bekanntheit (§ 4 Nr. 3 MarkenG). Darunter sind zunächst berühmte Marken und solche mit überragender Verkehrsgeltung zu verstehen. Umstritten ist jedoch auch hier der zu fordernde Bekanntheitsgrad. Mit dem Bundesgerichtshof[302] wird wohl von einem solchen Markenschutz erst dann ausgegangen werden können, wenn der Bekanntheitsgrad **das für die Erlangung der Verkehrsgeltung geforderte Maß deutlich übersteigt.** 191

cc) **Unlautere Ausnutzung oder Beeinträchtigung der Unterscheidungskraft beziehungsweise Wertschätzung (Bekanntheitsschutz, § 14 Abs. 3 MarkenG).** Unter der **Ausbeutung** einer Marke ist die kommerzielle Verwertung des guten Rufs einer bekannten Marke, die im Verkehr eine wirtschaftlicher Verwertung zugängliche Wertschätzung erlangt hat, zu eigenem Nutzen – insbesondere durch **Imagetransfer** – zu verstehen[303]. Die **Markenverwässerung** setzt demgegenüber eine Beeinträchtigung der Unterscheidungskraft einer solchen bekannten Marke voraus, und zwar nicht über den Transfer des Renommees, das diese Marke genießt, auf eigene Produkte, sondern durch eine **Verwertung ihrer Anziehungskraft als solcher, insbesondere als Aufmerksamkeitswerbung.** Der Grad der Bekanntheit und die den Werbewert begründende Alleinstellung müssen jedoch auch in dem Geschäftsbereich bestehen beziehungsweise in diesen ausstrahlen, für den der Bekanntheitsschutz geltend gemacht wird[304]. 192

b) **§§ 5, 15 MarkenG, §§ 17, 37 Abs. 2 HGB – Schutz der geschäftlichen Bezeichnung und der Firma.** Ähnliches gilt nach § 15 Abs. 2 und 3 MarkenG bei der unbefugten Benutzung einer identischen oder ähnlichen prioritätsälteren geschäftlichen Bezeichnung, also eines Unternehmenskennzeichens oder eines Werktitels im Sinne von § 5 MarkenG. 193

---

299 *Fezer*, Markenrecht, § 4 Rn. 26 f.
300 Vgl. schon oben Rn. 117 ff. (E. V.) zum namensrechtlichen Schutz berühmter Kennzeichen.
301 *Althammer/Klaka*, MarkenG, § 4 Rn. 16; vgl. auch *Fezer*, Markenrecht, § 4 Rn. 111.
302 BGH, GRUR Int. 1969, 257 – „Recrin".
303 BGH, GRUR 1985, 550 – „Dimple"; *Fezer*, Markenrecht, § 14 Rn. 425.
304 BGH, GRUR 1990, 711 – „4711"; Z 28, 320 – „Quick".

194 Bei einer Rechtsverletzung durch den unbefugten Gebrauch der Firma (§ 17 HGB) eines anderen gewährt § 37 Abs. 2 HGB einen Unterlassungsanspruch.

195 Auch hier kommt es jeweils auf das Vorliegen von Verwechslungsgefahr an, es sei denn, die verletzte geschäftliche Bezeichnung wäre bekannt und deren Unterscheidungskraft und Wertschätzung würden in unlauterer Weise beeinträchtigt:

196 Bekanntheitsschutz setzt voraus, dass das Zeichen einem bedeutenden Teil des Publikums bekannt ist, das von den erfassten Waren und Dienstleistungen betroffen ist. Dabei sind alle relevanten Umstände des Falles zu berücksichtigen, insbesondere der Marktanteil der Marke, die Intensität, die geographische Ausdehnung und die Dauer ihrer Benutzung sowie der Umfang der Investitionen, die das Unternehmen zu ihrer Förderung getätigt hat[305].

197 **Nicht abzustellen ist jedoch auf die per Ticker ermittelten Besucherzahlen auf der Website** des Anspruchstellers **oder dessen Ranking in Suchmaschinen** wie Google und Yahoo. Mag dies auch ein Indiz unter vielen anderen sein, die die Darlegung der Bekanntheit zu substantiieren vermögen, so doch keinesfalls das einzige. Erst recht gilt dies, wenn es sich – wie etwa im Fall „International Connection" – um einen Allgemeinbegriff handelt und schon deshalb zahlreiche Nutzer auf die fragliche Website gelangen, ohne deren Betreiber – vor oder nach dem Besuch – zu kennen[306].

198 c) **§§ 126 ff. MarkenG – Schutz der geographischen Herkunftsangabe.** Bei geographischen Herkunftsangaben handelt es sich um die Namen von Orten, Regionen oder Ländern sowie sonstige Angaben oder Zeichen, die im geschäftlichen Verkehr zur Kennzeichnung der geographischen Herkunft von Waren oder Dienstleistungen benutzt werden. Dem besonderen Kennzeichenschutz der §§ 126 ff. MarkenG sind diese Zeichen jedoch nicht zugänglich, wenn es sich um **Gattungsbezeichnungen** handelt. Geographische Herkunftsangaben dürfen im geschäftlichen Verkehr nicht für Waren oder Dienstleistungen benutzt werden, die nicht aus dem Ort, der Region oder dem Land stammen, das durch die geographische Herkunftsangabe bezeichnet wird, wenn bei der Benutzung solcher Namen, Angaben oder Zeichen für Waren oder Dienstleistungen anderer Herkunft eine **Gefahr der Irreführung über die geographische Herkunft** besteht. Haben die durch eine geographische Herkunftsangabe gekennzeichneten Waren oder Dienstleistungen besondere Eigenschaften oder eine besondere Qualität, so darf die geographische Herkunftsangabe im geschäftlichen Verkehr für die entsprechenden Waren oder Dienstleistungen dieser Herkunft nur benutzt werden, wenn die Waren oder Dienstleistungen diese Eigenschaften oder diese Qualität aufweisen. Genießt eine geographische Herkunftsangabe einen besonderen Ruf, so darf sie im geschäftlichen Verkehr für Waren oder Dienstleistungen anderer Herkunft auch dann nicht benutzt werden, wenn eine Gefahr der Irreführung über die geographische Herkunft nicht besteht, sofern die Benutzung für Waren oder Dienstleistungen anderer Herkunft geeignet ist, **den Ruf der geographischen Herkunftsangabe oder ihre Unterscheidungskraft ohne rechtfertigenden Grund in unlauterer Weise auszunutzen oder zu beeinträchtigen.** Der Betrieb eines Portals zur Verbreitung von Informationen *über* und Werbung *für* Champagner unter der Domain „champagner.de" soll jedoch

305 EuGH, WRP 1999, 1130 – „Chevy".
306 OLG Köln, MMR 2007, 326 – „international-connection.de".

mit dem Bundesgerichtshof[307] nicht geeignet sein, den Ruf der geographischen Herkunftsangabe „Champagner“ oder deren Unterscheidungskraft in unlauterer Weise auszunutzen oder zu beeinträchtigen. Denn diese Angaben dürften innerhalb der Grenzen der §§ 1, 3 UWG (a. F.) und §§ 127, 135 MarkenG von jedermann benutzt werden. Im erstinstanzlichen Urteil des Landgerichts[308] München I hatte es noch geheißen, „champagner.de“ stehe allein dem französischen Verband der Champagnerwirtschaft zu und die Benutzung der gleichnamigen Domain verstoße gegen §§ 127 Abs. 3, 14 MarkenG sowie §§ 826, 226 BGB. Denn der besondere Ruf der französischen Hersteller von Champagner werde beeinträchtigt. Zugleich liege in der Registrierung einer solchen Domain mangels nachvollziehbaren Eigeninteresses eine sittenwidrige Behinderung.

2. Benutzung im geschäftlichen Verkehr; Reservierungsproblematik; Domain-Parking

Die Abwehransprüche der §§ 14 und 15 MarkenG setzen eine unbefugte Benutzung des Konfliktzeichens „im geschäftlichen Verkehr“ der Bundesrepublik Deutschland voraus. Benutzt im Sinne des MarkenG wird eine Domain, wenn sie im geschäftlichen Verkehr mittels einer wörtlichen Bezeichnung zur Kennzeichnung einer Ware oder Dienstleistung beziehungsweise eines Geschäftsbetriebes oder in Beziehung darauf gebraucht wird, so dass der unbefangene oder flüchtige Durchschnittsbetrachter annimmt, das Zeichen diene zur Unterscheidung der so gekennzeichneten Waren oder Dienstleistungen von gleichen oder gleichartigen beziehungsweise zur Unterscheidung des Geschäftsbetriebes von anderen. 199

Erforderlich ist eine wirtschaftliche Tätigkeit, die der **Förderung eines eigenen oder eines fremden Geschäftszwecks dient**[309]. Hierfür reicht es in der Regel aus, wenn sich auf der unter einer bestimmten Domain abrufbaren Website Werbung befindet. Geschäftsmäßigkeit soll bereits vorliegen, wenn **Werbebanner** auf einer ansonsten privaten Homepage geschaltet werden, es sei denn es handele sich um Providerwerbung, die **allein zur Kostenminimierung** vom Betreiber der Website in sein Angebot eingebettet wurde[310]. 200

Nach Auffassung des Landgerichts München I[311] konnte sich der Inhaber der Marke „Studi“ daher nicht gegen den Inhaber der gleichnamigen DE-Domain durchsetzen, dies mit dem Argument, dass eine geschäftliche Nutzung einer Domain nicht schon deswegen vorliege, weil sich auf den darunter abrufbaren, kostenfrei nutzbaren Internetseiten ein **Button zu einer Sponsorenseite** befinde. Selbst wenn hierdurch Sponsorengelder zur Deckung der Kosten des Internetdienstes generiert würden, lasse dies nicht ohne Weiteres auf ein geschäftliches Handeln des Anbieters schließen. Nichts anderes soll bei Hinweisen auf kommerzielle Veranstaltungen gelten. Diese genügen nach Auffassung des Gerichts nicht für ein geschäftliches Handeln, wenn ersichtlich der **Informations- und Hinweischarakter im Vordergrund stehe**[312]. 201

---

307 BGH, Nichtannahmebeschluss v. 13.6.2002, I ZR 292/01 – „champagner.de“; Vorinstanz OLG München, GRUR-RR 2002, 17 – „champagner.de“.
308 LG München I, CR 2001, 191 – „champagner.de“.
309 *Ingerl/Rohnke*, Markengesetz, § 15 Rn. 87.
310 LG München I, CR 2001, 555 – „saeugling.de“.
311 LG München I, CR 2008, 668 – „studi.de (II)“.
312 LG München I, CR 2008, 465 – „studi.de (I)“.

202 **Hyperlinks von einer privaten Homepage zu kommerziellen Seiten** machen die Privathomepage jedoch dann zu einer geschäftlichen Seite, wenn sich der Domainbetreiber die Inhalte der verlinkten Seite **objektiv zueigen macht**. Ist dies nicht der Fall, so ermöglicht er zumindest die Werbung Dritter und kommt sonach als Störer in Betracht[313]. Kritische Forenbeiträge können unter Umständen – jedoch mit Blick auf Art. 5 GG sehr zurückhaltend[314] – als Förderung fremden Wettbewerbs verstanden werden[315].

203 Von einem Handeln im geschäftlichen Verkehr wird bei der Registrierung von Domains durch einen Gewerbetreibenden oder eine Handelsfirma in der Regel auszugehen sein, weil die Reservierung wegen der damit verbundenen Kosten nur Sinn macht, wenn die Domain anschließend auch tatsächlich in Benutzung genommen wird. Hier besteht eine **Parallele zur Marken- und Handelsregisteranmeldung**, die nach ständiger Rechtsprechung eine **Benutzungsabsicht indizieren** und daher eine vorbeugende Unterlassungsklage rechtfertigen[316]. Wird die Registrierung daher von einem Unternehmen vorgenommen, so erfolgt die Benutzung auch im geschäftlichen Verkehr, da Gewerbetreibende regelmäßig schon aus Gründen der steuerlichen Absetzbarkeit entstehender Kosten nicht privat handeln.

204 Auch wenn die Registrierung nur dazu dienen soll, vom Rechteinhaber eine Art „Lösegeld“ für die Freigabe der Domain freizupressen, wird der Bereich rein privater Nutzung zu Kommunikationszwecken verlassen und die zunächst nur faktische **Position der Blockade kommerzialisiert**. Ein solches Verhalten ist unlauter[317]. Es besteht Erstbegehungsgefahr, da die Registrierung der Domain die Absicht ihrer Benutzung indiziert[318]. Hinzu tritt allerdings das – gesondert festzustellende – Erfordernis der sachlichen Verwechslungsgefahr als weiteres Tatbestandsmerkmal des markenrechtlichen Unterlassungsanspruchs.

205 Die Reservierung von geschützten Zeichen durch *Private* eröffnet dagegen nicht zwangsläufig kennzeichenrechtliche Ansprüche. Maßgeblich ist der jeweilige Einzelfall. An der Geschäftsmäßigkeit fehlt es etwa, wenn über eine private Domain prinzipiell auch gewerbliche Kontaktaufnahme erfolgen kann. Denn für das Handeln im geschäftlichen Verkehr kommt es auf die erkennbar nach außen tretende Zielrichtung des Handelnden an. Dient das Verhalten nicht der Förderung der eigenen oder einer fremden erwerbswirtschaftlichen oder sonstigen beruflichen Tätigkeit, scheidet ein Handeln im geschäftlichen Verkehr aus[319].

206 Auch bei einem Domainnamen genügt nicht die bloße Vermutung; vielmehr bedarf es einer positiven Feststellung, dass er im geschäftlichen Verkehr benutzt wird, wobei im Zweifel von einer rein privaten Nutzung auszugehen ist[320].

---

313 Vgl. *Beier*, Recht der Domainnamen, S. 99.

314 Dazu noch ausführlich unten Rn. 344 ff. (I.).

315 LG Düsseldorf, Urt. v. 30.1.2002, 2a O 245/01 – „scheiss-t-online.de“ (*JurPC* Web-Dok. 267/2002).

316 Vgl. nur BGH, NJW 1993, 2873 = GRUR 1993, 556 – „Triangle“; GRUR 1970, 305 – „Löscafé“; GRUR 1966, 623 – „Kupferberg“.

317 BGH, K&R 2008, 735 – „afilias.de“; GRUR 2001, 242 – „Classe E“; WRP 2004, 766 – „S100“; siehe ferner etwa *Hoeren*, Internetrecht, Rn. 57.

318 Vgl. *Völker/Weidert*, WRP 1997, 652, die schon aus der Verwendung der TLD „.com“ (kommerzielle Angebote) auf ein Handeln im geschäftlichen Verkehr schließen möchten.

319 BGH, CR 2002, 525 – „shell.de“.

320 BGH, K&R 2008, 735 – „afilias.de; *Ingerl/Rohnke*, Markengesetz, nach § 15 Rn. 87; a. A. *Fezer, Markenrecht*, § 3 Rn. 328.

207 Die Frage der Benutzung ist problematisch, wenn eine Domain lediglich registriert worden ist, aber noch nicht in Benutzung genommen wurde, also noch nicht tatsächlich für eine Homepage verwendet wird[321]. Zwar ist mit dem Hanseatischen Oberlandesgericht Hamburg („schuhmarkt.de") die **Homepage lediglich ein Mittel, die dahinter stehenden Waren bzw. Dienstleistungen anzubieten, nicht aber selbst Ware oder Dienstleistung.** Ohne Kenntnis dessen, wofür die Internetanschrift steht, ließen sich daher weder Feststellungen zu einer Verwechslungsgefahr noch zur Unlauterkeit eines Verhaltens treffen. Ein solches Verbot würde auch Handlungen erfassen, die möglicherweise nicht rechtswidrig seien oder für die keine Begehungsgefahr bestehe. Der *Senat* betont, dass der Name der Domain allein nicht maßgeblich sein könne. **Für die Beurteilung der Verwechslungsgefahr seien auch die Inhalte der Homepage maßgeblich.**

208 Kriterien wie Handelsregisterauszug oder Webseiteninhalte versagen jedoch wie gesehen, wenn es sich bei dem Unternehmen um einen Newcomer handelt oder Informationen unter der betreffenden Domain (noch) nicht zum Abruf bereitgestellt wurden. So wies das Landgericht Braunschweig die gegen die Nutzung der – nur registrierten – Domain „irrlicht.com" gerichtete Klage des Inhabers des Unternehmenskennzeichens „irrlicht.de" ab, da mangels abrufbarer Inhalte keine Anhaltspunkte für eine – künftige Verwechslungen indizierende – Erstbegehungsgefahr vorlagen[322].

209 Wer eine Domain lediglich registriert, mit ihr aber noch kein Internetangebot adressiert, handelt auch nach Ansicht des Landgerichts München I[323] nicht im geschäftlichen Verkehr. Er maße sich auch keinen fremden Namen an. Ansprüche aus §§ 14, 15 MarkenG, 12 BGB, 1, 3 UWG schieden daher aus. Das gelte auch dann, wenn die Domain neben anderen lediglich vorrätig gehalten werde.

210 In der Rechtspraxis herrscht gerade im Hinblick auf die – im Rahmen einer vorbeugenden Unterlassungsklage regelmäßig zu prüfende – Absicht einer konkreten künftigen Nutzung der beanstandeten Internetadresse Verunsicherung. Dies gilt umso mehr, als wie gesehen Fallgestaltungen denkbar (und auch häufig anzutreffen) sind, in denen einer bereits konnektierten Domain gleichwohl ihre konkrete Nutzungsbestimmung (noch) nicht zweifelsfrei angesehen werden kann, was insbesondere bei der **„weißen Website"** oder für **„Baustellen"-Hinweise („under construction")** gilt, bei der die Anmelder eine bestimmte Internetadresse konnektieren, ohne darunter Inhalte bereitzuhalten[324]. Die Art und Weise der konkret bevorstehenden Nutzung lässt sich hier zur Begründung eines Anspruchs aus §§ 14, 15 MarkenG nicht ohne Weiteres ermitteln, weshalb eine auf kennzeichenrechtliche Unterlassung gerichtete Klage regelmäßig mit einem nicht unerheblichen Risiko behaftet sein wird[325]. Dies gilt umso mehr, als man mit der neueren Rechtsprechung des Bundesgerichtshofs[326] nicht mehr losgelöst vom Merkmal der Benutzung im geschäftlichen Verkehr auf

---

321 Dazu schon oben Rn. 39 ff., 45 ff. (C. I. und II.).
322 LG Braunschweig, MMR 2007, 195 – „irrlicht.com".
323 LG München I, MMR 2004, 771 – „afilias.de" (erstinstanzliches Urteil; siehe dazu auch das Revisionsurteil BGH, K&R 2008, 735).
324 Dazu vgl. auch oben Rn. 46 ff., 69 ff., 142 ff., 159 ff., 448 ff. (C. II. 1., 2 a; F. I. und II. sowie unten K. V. 3.).
325 *Kur*, in: Loewenheim/Koch, Praxis des Online-Rechts, S. 345.
326 BGH, CR 2002, 525 – „shell.de".

§ 12 BGB, gegebenenfalls in Verbindung mit § 823 BGB, wird zurückgreifen können, der einen wesentlich weitergehenden Schutz gewährt[327].

211 Kann der Unterlassungsanspruch des Kennzeicheninhabers mithin nur auf das Markenrecht gestützt werden, bedarf es hinreichender Indizien, die auf das Bestehen der Tatbestandsvoraussetzung der Verwechslungsgefahr hindeuten. Denn es ist mit dem Bundesgerichtshof davon auszugehen, dass die **Anmeldung und die Eintragung eines Zeichens als Marke als solche noch keine kennzeichenmäßige Benutzung des Zeichens für die in Anspruch genommenen Waren oder Dienstleistungen darstellt**, so dass darin noch keine Verletzung eines prioritätsälteren Kennzeichens im Sinne von §§ 14 Abs. 2, 15 Abs. 2 und 3 MarkenG liegt. (Sie kann jedoch unter dem Gesichtspunkt der Erstbegehungsgefahr einen vorbeugenden Unterlassungsanspruch des Inhabers des älteren Zeichenrechts begründen.) Denn nach § 14 Abs. 2 Nr. 1 und 2 MarkenG (Art. 5 Abs. 1 und 2 MarkenRL) ist die Benutzung eines Zeichens für Waren oder Dienstleistungen erforderlich, mithin eine Benutzung zur Unterscheidung der Herkunft dieser Waren oder Dienstleistungen. Das Zeichen muss in der Weise benutzt werden, dass eine Verbindung zwischen ihm und den vom Zeichenbenutzer vertriebenen Waren oder den von ihm erbrachten Dienstleistungen hergestellt wird[328]. Durch die bloße Benennung der Waren oder Dienstleistungen in dem mit der Anmeldung einzureichenden Waren- oder Dienstleistungsverzeichnis, das gewöhnlich weit gefasst ist und häufig nur Oberbegriffe von Waren und Dienstleistungen enthält, wird eine solche für eine Benutzungshandlung erforderliche kennzeichnende Verbindung zwischen der Marke und bestimmten Waren oder Dienstleistungen dahingehend, dass der angesprochene Verkehr die angemeldete und eingetragene Marke bereits mit ihrer Anmeldung und Eintragung als Bezeichnung des Ursprungs bestimmter Waren oder Dienstleistungen des Markenanmelders auffasst, noch nicht hergestellt. In der Markenanmeldung und -eintragung als solcher liegt auch keine Benutzung des angemeldeten Zeichens als Unternehmenskennzeichen im Sinne des § 15 Abs. 2 MarkenG. Das bloße Begehren markenrechtlichen Schutzes für eine Bezeichnung hinsichtlich bestimmter Waren oder Dienstleistungen stellt keine Inanspruchnahme dieser Bezeichnung als Unternehmenskennzeichen dar[329]. Insofern unterscheidet sich die Anmeldung eines Zeichens als Marke von der Anmeldung und Eintragung einer Bezeichnung als Firma in das Handelsregister. Denn aus der Anmeldung zum Handelsregister ergibt sich nicht nur der Wille des Handelnden, die Bezeichnung in Zukunft als Unternehmenskennzeichen zu benutzen; der Anmelder tut vielmehr bereits damit kund, dass sein Unternehmen diese Bezeichnung **führt.** Anmeldung und Eintragung im Handelsregister sind deshalb bereits als Gebrauch der Firma anzusehen, wenn der Rechtsträger des Unternehmens im Zeitpunkt der Anmeldung oder Eintragung besteht[330].

212 Auch in der Registrierung eines Domainnamens liegt folgerichtig noch keine Benutzung dieser Bezeichnung im geschäftlichen Verkehr – und damit auch

327 So etwa noch Kammergericht, NJW 1997, 3321 – „concert.concept“; OLG Düsseldorf, NJW-RR 1999, 662 – „ufa.de“; LG Braunschweig, CR 1998, 364 – „deta.com“; LG Frankfurt/M., BB 1997, 1120 – „das.de“; siehe insbesondere auch LG Lüneburg, WM 1997, 1452 – „celle.com/celle.de“, wonach Namensgebrauch vorliege bei Reservierung und anschließendem Angebot zum Weiterverkauf.

328 Vgl. EuGH, GRUR 2007, 971 Tz. 20 ff. = WRP 2007, 95 – „Céline“.

329 BGH, GRUR 1994, 530 – „Beta“ (Aufnahme und Benutzung einer Firmenbezeichnung durch Registrierung dieser Bezeichnung als internationale Marke nach Art. 3 MMA).

330 BGH, GRUR 1957, 426 – „Getränke Industrie“.

keine Verletzung eines mit dieser Bezeichnung identischen oder ähnlichen Kennzeichenrechts[331].

Erwähnung verdient in diesem Kontext das „Metrosex"-Urteil des Hanseatischen Oberlandesgerichts Hamburg[332]. Obwohl die Beklagte die beanstandeten Metro-Domains aktuell nicht nutzte, stellte der *Senat* die Gefahr der künftigen Nutzung fest. Zwar stelle die Registrierung einer Domain allein grundsätzlich noch keine markenrechtliche Benutzungshandlung dar, dies jedenfalls dann, wenn eine Homepage noch nicht vorhanden bzw. inhaltsleer sei („Baustelle"), da in diesem Fall nicht gesagt werden könne, zu welchen Zwecken die Registrierung erfolgt sei. Solche inhaltsleeren Homepages stellten demgemäß grundsätzlich keine rechtsverletzende Benutzung dar, denn der Domainname sei noch keinen konkreten Waren oder Dienstleistungen zugeordnet. Auch sei die Nutzung der Domain zu Zwecken außerhalb einer geschäftlichen Nutzung denkbar. Daher bestehe in der Regel auch keine Erstbegehungsgefahr, da es an konkreten Hinweisen mangele, für welche Waren oder Dienstleistungen die Domain in Zukunft benutzt werden könnte. Im Streitfall drohten indes aufgrund der **konkreten Domainbezeichnungen** fragwürdige Angebote aus dem Erotikbereich. Dies reiche aus, denn **hieraus werde erkennbar, für welche Waren und Dienstleistungen die angemeldete Domain verwendet werden solle.** Das Vorliegen einer Verwechslungsgefahr leitete der *Senat* sodann aus einer entsprechenden Markenanmeldung der Domaininhaberin sowie aus dem Umstand ab, dass die Domaininhaberin in erheblichem Umfang Domainadressen registriere, um diese an Dritte zu verkaufen, zu vermieten oder selbst zu nutzen. Insbesondere die Vermietung der Domains erfolge „zu Werbe- und PR-Zwecken". Diese Aktivitäten wiesen hinreichend konkret darauf hin, dass auch die streitgegenständlichen Domains für eine Vielzahl von Waren und Dienstleistungen kennzeichenmäßig genutzt werden sollten. 213

Dieser Argumentation erteilte der Bundesgerichtshof[333] in seiner Revisionsentscheidung nach Maßgabe der Grundsätze zum kennzeichenmäßigen Gebrauch[334] eine Absage: Ein auf Erstbegehungsgefahr gestützter vorbeugender Unterlassungsanspruch bestehe nur, soweit ernsthafte und greifbare tatsächliche Anhaltspunkte dafür vorhanden seien, der Anspruchsgegner werde sich in naher Zukunft rechtswidrig verhalten. Dabei müsse sich die Erstbegehungsgefahr auf eine konkrete Verletzungshandlung beziehen. **Die die Erstbegehungsgefahr begründenden Umstände müssten dabei die drohende Verletzungshandlung so konkret abzeichnen, dass sich für alle Tatbestandsmerkmale zuverlässig beurteilen lasse, ob sie verwirklicht sind.** Solche Umstände seien im Streitfall nicht gegeben. Aus der Tatsache, dass die Domainnamen von einem kaufmännischen Unternehmen angemeldet worden seien, könne nicht hergeleitet werden, dass bei einer Verwendung der Domainnamen neben dem Handeln im geschäftlichen Verkehr notwendig auch die weiteren Voraussetzungen der §§ 14 Abs. 2, 15 Abs. 2 MarkenG erfüllt seien. Der Schutz des Zeichens „Metro" setze voraus, dass die verwechslungsfähige Bezeichnung „Metrosex" kennzeichenmäßig verwendet werde. Daran fehle es, wenn sie vom Verkehr als beschreibende Angabe und nicht als Hinweis auf ein Unternehmen oder auf eine bestimmte betriebliche Herkunft der im Zusammenhang mit der Bezeichnung angebotenen Produkte verstanden werde. Eine solche nur beschreibende Verwendung der beanstandeten Bezeichnungen komme hier in Betracht, weil 214

331 BGH, CR 2005, 593 – „weltonline.de".
332 Hans. OLG Hamburg, MMR 2006, 476 – „„metrosex.de; metro-sex.de; metro-sexuality.de".
333 BGH, CR 2008, 730 – „Metrosex".
334 Dazu sogleich eingehend unten Rn. 217 ff. (F. V. 3.).

der Begriff „metrosexuell“ oder „Metrosexualität“ mit der Bedeutung benutzt werden könne, dass damit ein neuer Männertyp – heterosexuell veranlagt, modisch gekleidet, in Düfte gehüllt und vornehmlich in Metropolen lebend – beschrieben wird. Der Umstand, dass nur ein (bislang noch geringer) Teil des Verkehrs den Begriff „Metrosex“ mit einem bestimmten Männertyp verbinde, schließe nicht aus, dass der Begriff bereits jetzt in einer Art und Weise verwendet werden könne, bei der diese Bedeutung auch von den Teilen des angesprochenen Verkehrs verstanden werde, denen sie bislang noch unbekannt sei. Das reiche für die Verneinung der Erstbegehungsgefahr aus. Es komme insoweit nicht darauf an, dass schon jetzt ein erheblicher Teil des Verkehrs den von der Beklagten dargelegten beschreibenden Gehalt des Begriffes „metrosex“ kenne. Könne den beanstandeten Bezeichnungen aber in bestimmten Zusammenhängen eine beschreibende Bedeutung zukommen, dann ließen sich die Fragen des kennzeichenmäßigen Gebrauchs und auch der Verwechslungsgefahr nur an Hand konkreter Sachverhalte ausreichend beurteilen. Solche seien nicht hinreichend dargetan. Auch der vom Berufungsgericht in diesem Zusammenhang weiter angeführte Umstand, dass die Beklagte über verschiedene Unternehmensbereiche verfüge, besage nichts darüber, ob eine Verwendung der beanstandeten Bezeichnungen in einem dieser Unternehmensbereiche kennzeichenmäßig oder beschreibend erfolge.

215 In Fällen allerdings, in denen eine Domain zunächst auf eine unlautere Art und Weise dem eigentlichen Berechtigten vorenthalten und sodann zu Kommerzialisierungszwecken im Wege des **Domain-Parkings**[335] verwendet wird, wird der Bereich der Privatnutzung freilich in jedem Fall verlassen und eine kommerzielle Nutzung, mithin ein Handeln im geschäftlichen Verkehr im Sinne des Markengesetzes und des UWG, begründet. Beim Domain-Parking stellt der Inhaber keine eigenen Inhalte zur Verfügung sondern **verlinkt lediglich auf Seiten Dritter**, leitet die Nutzer mithin nur auf diese Seiten weiter. Hier ergibt sich eine Analogie zu den **„Umlenk- bzw. Weiterleitungsdomains“**[336], die den Nutzer nach Aufruf der via Domain angefragten Website auf eine mit einer anderen Domain adressierte Website umleiten[337]. Auch dies stellt einen Namensgebrauch bzw. – im Rahmen der §§ 14, 15 MarkenG bei einem Handeln im geschäftlichen Verkehr – eine kennzeichenmäßige Benutzung dar, da es sich um eine Weiterleitung handelt, bei der der Name der ersten, als „Durchgangsstation“ verwendeten Domain auf dem Bildschirm sichtbar ist[338]:

216 Das Oberlandesgericht Stuttgart sieht in der Verwendung eines kennzeichenrechtlich geschützten Begriffs als Weiterleitungsdomain eine bloße **„Adresshülse“**, die nicht nur keine eigenen Kennzeichenrechte zu begründen vermag sondern eine sittenwidrige Behinderung des Kennzeichenrechtsinhabers implizieren könne[339]. Ein Unternehmen, dem die Nutzung einer URL (im Streitfall „gmail.com“) wegen markenrechtlicher Verwechslungsgefahr untersagt ist, handelt mit dem Hanseatischen Oberlandesgericht Hamburg[340] auch dann markenrechtswidrig, wenn es eine reine **Weiterleitungs-URL („Forwarding“)**

335 Siehe dazu schon oben Rn. 142 ff., 159 ff. (F. I. und II).

336 Dazu oben Rn. 46 ff., 69 ff., 142 ff., 159 ff., 448 ff. (C. II. 1., F. I. und II. sowie unten K. V. 3.).

337 Vgl. OLG Köln, CR 2006, 549 – „ecolab.de/.org/.info“ (Bejahung der markenmäßigen Benutzung); LG Coburg, Urt. v. 7.2.2001, 22 O 9/01 (Bejahung des namensmäßigen Gebrauchs).

338 OLG Köln, a. a. O.: In einem solchen Fall ist die Frage, ob die als „Durchgangsstation“ verwendete Domain markenmäßig benutzt wird, nach den allgemeinen Regeln zu beurteilen (*Ingerl/Rohnke*, Markengesetz, nach § 15 Rn. 82).

339 OLG Stuttgart, Urt. v. 23.3.2001, 2 U 149/00 – „medi-s.de“ (Leitsatz: MMR 2002, 326).

340 Hans. OLG Hamburg, MMR 2007, 653 – „gmail/g-mail“.

gebraucht, die um einen Buchstaben erweitert ist und lediglich eine Sub-Level-Domain kennzeichnet (dort „m.gmail.com"). Die Verkehrskreise würden hier die kennzeichnende Zielrichtung der Bezeichnung erkennen. Es sei im Übrigen auch nichts Ungewöhnliches, wenn Unternehmen Interessenten von einer URL, die ihre Marke bzw. Geschäftsbezeichnung enthalte, auf eine andere URL weiterleiteten, unter der ihr Internetangebot technisch administriert werde, die jedoch für einen unmittelbaren Aufruf zu kompliziert bzw. schwer zu merken erscheine oder im Ausland registriert sei. Deshalb gebe die Tatsache einer Weiterleitung auf die URL „mail.google.com" den angesprochenen Verkehrskreisen keinen Anlass, an der kennzeichnenden Verwendung der URL „m.gmail.com" zu zweifeln.

3. Kennzeichenmäßiger Gebrauch

Nach inzwischen gesicherter Rechtsprechung des Europäischen Gerichtshofs **217**
und des Bundesgerichtshofs ist, wie zuvor bereits angesprochen, Voraussetzung der Verbotstatbestände aus §§ 14, 15 (sowie auch aus §§ 127, 128) MarkenG, dass das in Rede stehende markenrechtlich geschützte Kennzeichen in der als verletzend beanstandeten Form **zeichenmäßig, d. h. herkunftshinweisend verwendet wird**[341]**, die Verwendung also im Rahmen des Produktabsatzes jedenfalls auch der Unterscheidung der Produkte eines Unternehmens von denen anderer dient**[342]. Mithin hängt also die im Domainrecht häufig aufgeworfene Frage, ob beispielsweise § 14 Abs. 2 MarkenG anwendbar ist, davon ab, ob die Domainbezeichnung zur Unterscheidung von Waren oder Dienstleistungen eines bestimmten Unternehmens, also als Marke, benutzt wird oder ob die Benutzung zu anderen Zwecken erfolgt.

Eine Benutzung zu anderen Zwecken liegt nach den Ausführungen des EuGH in der *Hölterhoff*-Entscheidung (oben Fn. 340) insbesondere dann vor, wenn der Dritte im Rahmen eines Verkaufsgesprächs mit einem potentiellen Kunden, der in dem einschlägigen Sachgebiet fachkundig ist, auf die Marke Bezug nimmt, diese Bezugnahme ausschließlich zu dem Zweck erfolgt, den potentiellen Kunden, der die Merkmale der Waren der betreffenden Marke kennt, über die Merkmale der angebotenen Ware zu informieren und die Bezugnahme von dem potentiellen Kunden nicht als Hinweis auf die Herkunft der Ware verstanden werden kann.

Zwar wird die Verwendung einer Marke als Domain – wenn unter dem **218**
Domainnamen Waren oder Dienstleistungen vertrieben werden – zumeist eine kennzeichenmäßige Benutzung darstellen[343]. Dem liegt die Überlegung zugrunde, dass der Verkehr vielfach aufgrund des Domainnamens die Domain dem Inhaber der Marke (oder des Namens) zuordnet[344]. Anders liegt es aber in Fällen, in denen der Verkehr in dem Domainnamen keine Marke (oder ein sonstiges Kennzeichen oder einen Namen) sieht, sondern sogleich einen **Gattungsbegriff** erkennt. In einer derartigen Fallkonstellation besteht kein Anlass, die Domain einer Person zuzuordnen, die unter diesem Kennzeichen oder Namen tätig ist, sondern der Verkehr wird sie als – in ebenfalls üblicher Weise – aus einem generischen Begriff gebildete Domain ansehen[345]. Mangels einer Zuordnung der Domain zu einer gleichnamigen Marke (oder Unternehmens-

---

341 EuGH, WRP 1999, 407 – „BMW/Deenik"; WRP 2002, 664 – „Hölterhoff"; WRP 2002, 1415 – „Arsenal Football Club plc".

342 BGH, WRP 2001, 41 – „Drei-Streifen-Kennzeichnung"; WRP 2001, 1315 – „Marlboro Dach"; WRP 2002, 547 – „GERRI/KERRY SPRING"; WRP 2002, 987 – „Festspielhaus"; WRP 2003, 521 – „Abschlussstück"; WRP 2003, 1353 – „AntiVir/AntiVirus".

343 *Ströbele/Hacker*, Markengesetz, § 14 Rn. 118.

344 Vgl. BGH, NJW 2003, 2978 – „maxem.de"; CR 2002, 674 – „vossius.de".

345 OLG Düsseldorf, MMR 2007, 187 – „professional-nails.de" unter Hinweis auf BGH, CR 2001, 777 – „mitwohnzentrale.de"; BGH, CR 2005, 593 – „weltonline.de".

kennzeichen oder Namen) kann es von vornherein nicht zu einer (kennzeichenrechtlichen) Verwechslungsgefahr oder (namensrechtlichen) Zuordnungsverwirrung kommen. Der Bundesgerichtshof hat daher eine Ausnahme in den Fällen angenommen, in denen es um die Verwendung eines „sogleich als Gattungsbegriff verstandenen Zeichens als Internetadresse geht"[346]. Allein aus der Benutzung als Domainname kann daher die Markenmäßigkeit der Benutzung eines Zeichens nicht abgeleitet werden[347].

219 Die Frage, ob Domains in der Regel eine herkunftshinweisende bzw. unternehmenskennzeichnende Funktion haben und deshalb in ihrer Verwendung ein Namensgebrauch liegt, ist mithin nach **Art und Inhalt des konkreten Domainnamens und der dazu bestehenden Verkehrsauffassung** zu beurteilen. Die Nutzung der Domain „schufafreierkredit.de" beispielsweise ist nach zutreffender Ansicht des Hanseatischen Oberlandesgerichts Hamburg[348] im Ergebnis produktbeschreibend und dient der Bezeichnung einer bestimmten Art von Krediten im Sinne einer „Negativabgrenzung" zu den Darlehensgeschäften, bei denen – wie dies die Regel ist – die Dienstleistungen der SCHUFA in Anspruch genommen werden. Entsprechend verstehe der Verkehr die Wendung „schufafrei" oder „ohne Schufa" als Kreditgewährung ohne die „üblichen Hindernisse", die sich für Kreditinteressenten mit zweifelhafter Bonität bei seriösen Kreditinstituten auftun.

220 Keinesfalls nämlich existiert ein Erfahrungssatz dergestalt, dass die Verwendung von Domainnamen – von Ausnahmen abgesehen – in der Regel eine herkunftshinweisende bzw. unternehmenskennzeichnende Funktion hat und deshalb einen Namensgebrauch darstellt. Diese Frage kann vielmehr (nur) nach Art und Inhalt des konkreten Domainnamens und die dadurch hervorgerufene Verkehrsauffassung beurteilt werden[349]. Zwar kommt Domainnamen im heutigen Wirtschaftsleben in der überwiegenden Zahl der Fälle eine kennzeichnende Funktion zu, was sich unter anderem darin ausdrückt, dass Wirtschaftsunternehmen in der Regel unter ihrer Firmenbezeichnung auch im Internet zu erreichen sind. **Vor allem bei generischen Domains fehlt es indes an einer solchen Namensfunktion.** Hier will der Domaininhaber gerade über einen allgemeinen – in der Regel kennzeichenrechtlich nicht schutzfähigen – Gattungsbegriff gefunden werden.

221 Im Fall „schufafreierkredit.de" konnte für das Hanseatische Oberlandesgericht Hamburg[350] dahin stehen, ob dem Verkehr der Eindruck einer Gattungsbezeichnung vermittelt wird. Aus Sicht der angesprochenen Verkehrskreise spreche zumindest keine überwiegende Wahrscheinlichkeit dafür, dass hinter solchen Bezeichnungen stets nur ein bestimmtes Unternehmen stehe, so dass bereits der Domainname seine **Funktion als Herkunftshinweis** nicht erfülle. Vielmehr liege für den Verkehr die Annahme nahe, die Domain bezeichne z. B. ein Internet-Portal bzw. ein Suchangebot, über das sich der Zugang zu bestimmten Kategorien von Leistungen eröffne. Denn die verwendete Bezeichnung stehe – ebenso wie etwa der Begriff „Hausfrauenkredit" – für eine bestimmte Art bzw. Gattung von Krediten, die von verschiedenen Dienstleistern angeboten werde. Deshalb verstehe der Verkehr derartige Domains in der Regel auch nicht als Kennzeichnung des Leistungsangebots eines konkreten

---

346 BGH, NJW 2003, 2978 – „maxem.de" für einen Namen; vgl. auch CR 2005, 510 – „literaturhaus.de" und a. a. O. (vorige Fn. 345) – „weltonline.de".
347 OLG Düsseldorf, oben Fn. 345.
348 Hans. OLG Hamburg, CR 2004, 846– „schufafreierkredit.de".
349 *Ingerl/Rohnke*, Markengesetz, § 14 Rn. 65.
350 Hans. OLG Hamburg, a. a. O.

Unternehmens. Damit war der Weg für die Erlaubnisschranke des § 23 Nr. 2 und Nr. 3 MarkenG (Nutzung der Domainbezeichnung als Angabe über Merkmale oder Eigenschaften von Waren oder Dienstleistungen) eröffnet:

VI. §§ 23, 24 MarkenG als domainrechtliche Schutzschranken?

Gemäß § 23 MarkenG kann der Inhaber eines geschützten Kennzeichens Dritten nicht untersagen, **222**
- ihren eigenen Namen oder ihre Anschrift,
- eine mit dem geschützten Zeichen identische oder diesem ähnliche beschreibende Angabe
- oder das Kennzeichen selbst als Hinweis auf die Bestimmung einer Ware

zu benutzen, soweit diese Benutzung „im Einklang mit den guten Sitten", also in lauterer Weise erfolgt.

1. Grundsätzliches Abgrenzungsgebot; Domainzusätze

Die domainrechtliche Judikatur wendet die Erlaubnisschranke des § 23 MarkenG freilich äußerst zurückhaltend an. Oft handelt es sich um bekannte oder gar berühmte Zeichen, denen der Inhaber einen vermeintlich beschreibenden Zusatz anfügt. Jedoch darf der Domaininhaber in diesen Fällen natürlich nicht selbst unter dem betreffenden Zeichen am Rechtsverkehr teilnehmen. Er müsste, wenn es beispielsweise um die Verwendung einer berühmten Marke mit einem weiteren, zur Abgrenzung geeigneten beschreibenden Zusatz geht, **sowohl lokalisierende als auch auf das Fehlen einer vertraglichen Dauerbindung hinweisende Annexe in seinem Domainnamen verwenden, durch die eine Irreführung der angesprochenen Kreise ausgeschlossen wird**. Ansonsten dürfte regelmäßig von einem Verstoß gegen § 12 BGB oder §§ 3 bis 5 UWG auszugehen sein. Da ein Sittenverstoß vorliegt, hilft dem Inhaber in diesen Fällen auch der Verweis auf §§ 23, 24 MarkenG nicht weiter. Denn die Domain hat über die bloße Registrierungsfunktion hinaus auch Kennzeichnungsfunktion, da sich mit ihr der Domaininhaber von anderen Inhabern unterscheide. Eine beschreibende Verwendung im Sinne von § 23 MarkenG ist daher zumeist nicht festzustellen[351]. **223**

2. *Notwendigkeit* der Domain zur Leistungsbeschreibung

Am Merkmal der „beschreibenden Angabe" wird es in den genannten Fällen zumeist fehlen, da es die vorherrschende Rechtsprechung als unlauter im Sinne des § 23 letzter Halbsatz MarkenG ansieht, wenn ein geschütztes Zeichen in unternehmens- oder produktidentifizierender Weise bereits im Domainnamen selbst verwendet wird, ohne dass dies zur Beschreibung des hierunter abrufbaren Angebots **notwendig** wäre. **224**

Dies steht im Einklang mit der Rechtsprechung des Europäischen Gerichtshofs[352], der zu Art. 6 Abs. 1c der MRRL ausführt: *„Der Inhaber der Marke [kann] (...) einem Dritten nicht verbieten, die Marke im geschäftlichen Verkehr zu benutzen, falls dies notwendig ist, um auf die Bestimmung einer Ware, insbesondere als Zubehör oder Ersatzteil, oder einer Dienstleistung hinzuweisen. (...) Diese Vorschrift legt keine Kriterien fest, nach denen ermittelt werden soll, ob eine gegebene Bestimmung einer Ware in den Anwendungsbereich dieser Vorschrift fällt, sondern verlangt lediglich, dass die Benutzung der Marke notwendig ist, um auf eine solche Bestimmung hinzuweisen."*

---

351 Vgl. hierzu etwa LG München I, CR 2001, 416 – „bmw-ersatzteile.de"; OLG München, MMR 2000, 104 – „rolls-royce-boerse"; dazu BGH, Nichtannahmebeschluss vom 9.11.2000, I ZR 240/99.

352 EuGH, GRUR 2005, 509.

225 In dieselbe Richtung weist der Bundesgerichtshof[353], der darüber zu entscheiden hatte, ob ein Dritter einen fremden Markennamen benutzen darf, um seine eigene Ware zu beschreiben: Die Klägerin vertrieb seit langen Jahrzehnten unter einem bekannten Markennamen Staubsauger in Deutschland. Die Beklagte veräußerte dazu passende Staubsaugerfiltertüten. Sie verwendete dabei den Markennamen der Klägerin im geschäftlichen Verkehr. Auf ihrem Produkt stand in großen Buchstaben: „[Name der Beklagten], Filtertüte passend für [Markenname der Klägerin]". Darunter befand sich noch der Hinweis „Mit Staubverschluss und Entnahmehandgriff". Der Bundesgerichtshof hat den Aufdruck „Filtertüte passend für [Markenname]" als *notwendigen Hinweis auf die Bestimmung* der Ware im Sinne des § 23 Nr. 3 MarkenG angesehen, da durch diesen Aufdruck der Kaufinteressent erfahre, für welchen Staubsaugertyp er die Ware verwenden könne. Eine Ausnahme von § 23 Nr. 3 MarkenG, nämlich ein Verstoß gegen die guten Sitten, liege nicht vor: Der Sache nach entspreche dieses Tatbestandsmerkmal der Pflicht des durch § 23 MarkenG privilegierten Benutzers, den berechtigten Interessen des Markeninhabers nicht in unlauterer Weise zuwiderzuhandeln. Hierzu zähle insbesondere die Verpflichtung, eine Irreführung zu vermeiden, die beispielsweise dann entstehe, wenn der Verkehr die vertriebenen Filtertüten aufgrund des angegriffenen Aufdrucks dem Hersteller des erwähnten Staubsaugertyps zurechne. Da die Benutzung einer fremden Marke für einen notwendigen Hinweis auf die Bestimmung der eigenen Ware und die mit einer derartigen Benutzung zu Informationszwecken verbundene Verwechslungsgefahr als solche noch nicht für die Annahme genüge, dass die Benutzung der (verwechslungsfähigen) Angabe den anständigen Gepflogenheiten in Gewerbe oder Handel widerspreche oder gegen die guten Sitten verstoße, müssten erhöhte Anforderungen an den Nachweis eines Verstoßes gegen die guten Sitten gestellt werden.

226 Mit dem Europäischen Gerichtshof und – in dessen Gefolge – dem Bundesgerichtshof muss für das Eingreifen der Erlaubnisschranke der beschreibenden Verwendung bzw. des Bestimmungshinweises also noch ein weiteres Kriterium hinzukommen. Die Benutzung der Domain muss im Rahmen dieser Zweckbindung *notwendig* sein. Ist dies der Fall, mag dies zwar einen kennzeichenmäßigen Gebrauch nicht *per se* ausschließen, dieser ist jedoch von der Erlaubnisschranke des § 23 MarkenG gedeckt. Bei der Feststellung der Notwendigkeit verbieten sich naturgemäß Verallgemeinerungen. Maßgeblich ist der konkrete Domainname und die hierunter abzurufenden Inhalte; hierzu einige weitere Beispiele aus der Judikatur:

227 Das Landgericht Braunschweig[354] etwa ließ den Einwand des § 23 Nr. 2 MarkenG für die Netzadresse „k-k-internet.de/radolfzell-online/stadtinfo" gegenüber dem Anspruch aus der Marke „Stadtinfo" zu, und das Oberlandesgericht Düsseldorf[355] bejahte die Benutzung als beschreibende Angabe für die Website „versicherungsrecht.de", die sich mit versicherungsrechtlichen Fragen befasste.

228 Die Domainname „fordboerse.de" wurde vom Landgericht München I[356] aus Sicht des Verkehrs dagegen nicht als rein beschreibend für ein Angebot für Gebrauchtwagen der Firma Ford angesehen. Auch die Anwendbarkeit des § 23 Nr. 3 MarkenG – Hinweis auf die Ware – wurde abgelehnt, da keine Gründe

353 BGH, GRUR 2005, 423 – „Staubsaugerfiltertüten".
354 LG Braunschweig, MMR 2000, 570 – „k-k-internet.de/radolfzell-online/stadtinfo".
355 OLG Düsseldorf, MMR 2003, 177 – „versicherungsrecht.de".
356 LG München I, ZUM-RD 2002, 105 – „fordboerse.de".

ersichtlich seien, warum für einen Gebrauchtwagenhandel die Nennung des Firmennamens der Firma Ford bereits in dem Domainnamen erfolgen müsse. Dieses „Notwendigkeitsargument" im Gefolge der o. g. Rechtsprechung von Europäischem Gerichtshof und Bundesgerichtshof ist die Linie, die inzwischen von den meisten Instanzgerichten vertreten wird. Das Landgericht Braunschweig[357] befand, die Verwendung der Domain „spacecannon.de" stelle auch dann eine Markenverletzung dar, wenn der Inhaber und Nutzer der Domain Produkte der Firma „Spacecannon" vermiete. Auch bei Vertrieb oder Vermietung von markenrechtlich geschützten Produkten oder Herstellernamen bestehe keine Notwendigkeit, die Marke selbst als Domain zu verwenden. Aufgrund der Adressfunktion einer Domain stehe dieses Recht allein dem Markeninhaber zu. Das Landgericht Düsseldorf[358] hat in Ansehung der Domain „cat-ersatzteile.de" die Anwendbarkeit des § 23 Nr. 3 MarkenG ebenfalls verneint. **Die Verwendung der Marke in dem Domainnamen selbst sei als Hinweis auf die angebotenen Waren nicht notwendig, hierfür genüge die Verwendung auf der Website.** Eine Notwendigkeit in der angegriffenen Form – Verwendung in der Domain selbst – wäre nur dann zu bejahen, **wenn die Benutzung praktisch das einzige Mittel dafür darstelle, der Öffentlichkeit eine verständliche und vollständige Information über diese Bestimmung zu liefern**, und so das System eines unverfälschten Wettbewerbs auf dem Markt für diese Ware zu erhalten[359]. Die Verwendung der Marke sei zwar auf dem Ersatzteilmarkt die branchenübliche Art und Weise zur Identifizierung des Hauptproduktes, so dass die Nutzung des Kennzeichens „CAT" innerhalb des Internetauftritts grundsätzlich gestattet sei. Die Notwendigkeit hinsichtlich der gewählten Bestimmungsangabe müsse allerdings nach ihrem konkreten Umfang und der Form der Darstellung zu bejahen sein. Die Verwendung des Kennzeichens in der Domain zeichne sich hier durch einen von § 23 Nr. 3 MarkenG nicht mehr gedeckten Überschuss aus. Eine zulässige Verwendung einer Marke in einer Domain, die von einem Dritten benutzt wird, liegt nach Ansicht des Landgerichts München I[360] aus denselben Gründen allenfalls vor, wenn sowohl durch **lokalisierende als auch auf das Fehlen einer Dauerverbindung hinweisende Zusätze** eine Irreführung der angesprochenen Verkehrskreise – und zwar im Domainnamen selber – vermieden werde.

Auch die durch das Inverkehrbringen der Ersatzteile eingetretene Erschöpfung nach § 24 Abs. 1 MarkenG greift, so das Landgericht Düsseldorf bei „cat-ersatzteile.de", wegen § 24 Abs. 2 MarkenG nicht ein, da durch die Verwendung der Marke in der Domain der unzutreffende Eindruck einer vertraglichen Beziehung zwischen Markeninhaber und Drittanbieter hervorgerufen werde. Der Erschöpfungsgrundsatz finde keine Anwendung, wenn sich der Inhaber der Marke der Benutzung im Zusammenhang mit dem weiteren Vertrieb der Waren aus berechtigten Gründen widersetze. Das aber sei auch dann der Fall, wenn das verwechslungsfähige Zeichen in der Werbung in einer Weise benutzt werde, die z. B. den Eindruck erwecken könne, dass es sich um die Internetseiten der Markeninhaberin selbst oder aber um die eines autorisierten Vertriebshändlers handele, also eine Handelsbeziehung zwischen dem Markeninhaber und dem Verwender des Zeichens in der Form bestehe, dass der Zeichenverwender dem Vertriebsnetz angehöre[361]. **229**

357 LG Braunschweig, Urt. v. 14.6.2000, 9 O 1152/99 – „spacecannon.de".
358 LG Düsseldorf, CR 2007, 118 – „cat-ersatzteile.de".
359 EuGH, GRUR 2005, 509.
360 LG München I, CR 2001, 416 – „bmw-werkstatt.net".
361 Unter Hinweis auf OLG Karlsruhe, GRUR-RR 2002, 221.

230 Das Oberlandesgericht Düsseldorf sah – anders als die Vorinstanz Landgericht Düsseldorf, das die Domain noch als „rein beschreibend“ für zulässig erachtet hatte – die Verwendung der Domain „peugeot-tuning.de“, unter der eine Kfz-Werkstatt ihre Tuning-Dienstleistungen anbot, als von § 23 Nr. 3 MarkenG nicht mehr gedeckt an. Es bestehe keine Notwendigkeit, so der *Senat*, unmittelbar im Domainnamen das fremde Kennzeichen zur Beschreibung der eigenen Dienstleistungen zu verwenden. Durch die Domainbezeichnung „peugeot-tuning.de“ ohne klarstellende Zusätze werde der unzutreffende Eindruck erweckt, der „Tuning-Dienstleister“ stehe in einer vertraglichen Beziehung mit dem Kennzeicheninhaber, sodass für Dritte die Gefahr bestehe, die Dienstleistungen des Kennzeicheninhabers mit den Dienstleistungen des Tuning-Unternehmens zu verwechseln[362]. Ob die Verwendung des geschützten Zeichens gerade in der Domain erforderlich sei, um auf die Art und die Bestimmung der angebotenen Dienstleistungen hinzuweisen, könne offen bleiben. Jedenfalls bestehe keine Notwendigkeit für die Benutzung des Kennzeichens in der konkreten Art und Weise. Es wäre dem Beklagten ohne Weiteres möglich, durch **Aufnahme seines Namens und eines weiteren Zusatzes** (z. B. Tuning „von“ Peugeot Fahrzeugen) deutlich zu machen, dass er, nicht die Klägerin oder ein von ihr hierzu ermächtigtes Unternehmen, Anbieter der fraglichen Dienstleistungen ist, und die angesprochenen Verkehrskreise dennoch verständlich über die Bestimmung der von ihm angebotenen Dienstleistung zu informieren.

231 Die Nennung der Marken im Domainnamen durch einen Weiterverkäufer einer unteren Handelsstufe oder einen Händler von entsprechenden Markenersatzteilen oder aber auch dem Angebot von entsprechenden (Reparatur- oder Veredelungs-) Dienstleistungen wird mithin in der Regel nicht notwendig sein, um sein Geschäft betreiben zu können[363]. Ist eine Markennutzung jedoch notwendig zur Beschreibung der angebotenen Waren oder Dienstleistungen, kommt der Aspekt der Unlauterkeit *qua definitionem* nicht mehr in Betracht. Es steht daher außer Frage, dass in Katalogen oder auf Internetseiten die Herstellerbezeichnung verwendet werden darf („Handytasche, passend für [MARKE]“. Die Frage ist jedoch regelmäßig, ob berechtigtes Interesse besteht, dies schon eingebunden in den Domainnamen zu tun. Ein kleines „Schlupfloch“ deuten hier Oberlandesgericht und Landgericht Düsseldorf in den „Peugeot“-Urteilen an: Werden im Domainnamen **weitere Zusätze** verwendet, durch die eine Verwechslungsgefahr ausgeschlossen wird, könnte die Kennzeichennutzung im Domainnamen in Ausnahmefällen doch wieder zulässig sein. Ob derartige Domains wegen ihrer Länge und fehlenden Griffigkeit den gewünschten Erfolg mit sich bringen, erscheint freilich zweifelhaft. Sie ließen sich gegebenenfalls zum Zwecke der „Suchmaschinenoptimierung“ nutzen, was indes nun in wettbewerbsrechtlicher Hinsicht (§ 4 Nr. 9, Nr. 10 UWG) neue Probleme aufwerfen könnte.

3. Keine Notwendigkeit bei kennzeichenmäßigem Gebrauch

232 Teilweise gelangt die Judikatur freilich gar nicht erst zum Kriterium der Notwendigkeit sondern lässt die Lauterkeit der Nutzung bereits an der positiven Feststellung eines kennzeichenmäßigen Gebrauchs[364] scheitern: Nach Ansicht beispielsweise des Hanseatischen Oberlandesgerichts Hamburg[365] und des

362 OLG Düsseldorf, K&R 2007, 101 – „peugeot-tuning.de“.
363 *Beier*, Recht der Domainnamen, S. 144.
364 Dazu schon oben Rn. 217 ff. (F. V. 3.).
365 Hans. OLG Hamburg, GRUR-RR 2002, 256 – „translation-24.de“; vgl. auch LG Braunschweig, MMR 2000, 570 – „k-k-internet.de/radolfzell-online/stadtinfo“.

Oberlandesgerichts Köln[366] ist die **Schrankenbestimmung des § 23 MarkenG bereits dann nicht mehr anwendbar, wenn die in Rede stehende Domain in kennzeichnender Weise gebraucht werde.** Steht also der Hinweis auf ein Unternehmen und nicht etwa die Beschreibung des Produkts oder der Dienstleistung im Vordergrund, scheidet hiernach § 23 MarkenG von vornherein aus. Maßgeblich kann aber auch hier jedenfalls nur der konkrete Einzelfall sein, wie bereits im Fall „schufafreier-kredit.de" des Hanseatischen Oberlandesgerichts Hamburg[367] aufgezeigt. Während diese Domain als das Dienstleistungsangebot zutreffend beschreibend (im Sinne von § 23 Nr. 2 MarkenG) qualifiziert wurde, sah dasselbe Gericht[368] die Benutzung des Domainbegriffs „translation-24.de" demgegenüber als nicht mehr rein beschreibend für einen 24-stündigen Übersetzungsdienst sondern als kennzeichenmäßig für das dahinter stehende Unternehmen an.

Dieses für die Benutzung von produkt- bzw. unternehmensidentifizierenden Bezeichnungen zutreffende Abgrenzungskriterium der kennzeichenmäßigen Nutzung gilt jedoch nicht für Namen im Sinne von § 23 Nr. 1 MarkenG, da diese zwangsläufig kennzeichnend, nämlich als Hinweis auf den Namensträger benutzt werden. § 23 Nr. 1 MarkenG betrifft nach überwiegender Meinung nur den Familiennamen, nicht die Firma, auch wenn sich diese von einem bürgerlichen Namen ableitet. § 23 Nr. 1 MarkenG gestattet die lautere Nutzung des eigenen Namens und schließt ihn insoweit selbst gegen einen ansonsten gerechtfertigten Anspruch aus dem Unternehmenskennzeichenschutz des § 15 MarkenG aus[369]. Der Domainname selbst fällt jedoch nicht unter § 23 Nr. 1 MarkenG als „eigene Anschrift". Diese Auffassung wurde mit Blick auf die Doppelfunktion der Domains – Name und Netzadresse – soweit ersichtlich nur von *Kur*[370] vertreten. Die weit überwiegende Meinung lehnt dies unter Verweis auf die – auch im Verkehrsverständnis wohl einhellig verankerte – starke Kennzeichnungsfunktion von Domainnamen ab[371]. 233

Geht es im Rahmen von § 23 Nr. 1 MarkenG um den bürgerlichen Namen, so kann die Vorschrift nur für den **Prioritätsjüngeren** von Bedeutung sein. Das Landgericht Hamburg etwa verneinte die Anwendung des § 23 Nr. 1 MarkenG im Fall „joop.de"[372], in dem die JOOP! GmbH gegen Verwandte des ursprünglichen Namensgebers vorging. Im Rahmen des § 15 Abs. 2 MarkenG stellte das Gericht eine Interessenabwägung nach Maßgabe des Rechts der Gleichnamigen an und kam zu dem Ergebnis, dass es den im Klaviergeschäft tätigen Beklagten zumutbar sei, sich z. B. mittels die Verwechslungsgefahr ausschließenden Zusätzen wie „joop-pianohaus.de" abzugrenzen. 234

4. Lauterkeit der beschreibenden Domainbenutzung

Als weitere Voraussetzung stellt § 23 MarkenG das Erfordernis der Lauterkeit der Benutzung auf. Das Oberlandesgericht Düsseldorf verneinte im Fall „versicherungsrecht.de"[373] eine unlautere Benutzung trotz der Aussage des dortigen Beklagten, dass bei Bekanntheit des Domainnamens dieser für eine sechsstellige Summe verkauft werden könne, da unter dem Domainnamen ein breites Spek- 235

366 OLG Köln, MMR 2003, 114 – „lottoteam.de"; WRP 2002, 249 – „freelotto.de".
367 Hans. OLG Hamburg, CR 2004, 846 – „schufafreierkredit.de".
368 Unten Fn. 372.
369 LG Bonn, MMR 1998, 110 – „detag.de".
370 *Kur*, FS Beier, S. 265, 276; dieselbe, CR 1996, 325.
371 Vgl. etwa *Ingerl/Rohnke*, Markengesetz, § 23 Rn. 16 m. w. N.
372 LG Hamburg, MMR 2000, 620 – „joop.de".
373 OLG Düsseldorf, MMR 2003, 177 – „versicherungsrecht.de".

trum an Informationen zu den verschiedensten Teilbereichen des Versicherungsrechts angeboten werde. Das Landgericht München I hat dagegen in seiner Entscheidung „bmw-werkstatt.net“[374] einen Verstoß gegen das Lauterkeitsgebot des § 23 MarkenG schon deswegen angenommen, weil durch die Anmeldung von 39 Domainnamen mit dem Bestandteil „bmw“ der unzutreffende Eindruck entstehe, es bestünden vertragliche Beziehungen zum Autohersteller BMW. Denn lokalisierende bzw. auf das Fehlen einer vertraglichen Dauerbindung zu BMW hinweisende Zusätze, die die Irreführung ausschließen könnten, fehlten.

236 Das Hanseatische Oberlandesgericht Hamburg sah in dem bereits an anderer Stelle unter dem Aspekt der kennzeichenmäßigen Domainbenutzung erörterten Fall „schufafreier-kredit.de“[375] einen Anwendungsfall des § 23 Nr. 2 MarkenG. Die Domain werde als Angabe über Merkmale oder Eigenschaften von Waren- oder Dienstleistungen, wie insbesondere ihre Art, ihre Beschaffenheit, ihre Bestimmung, ihren Wert, ihre geografische Herkunft oder die Zeit ihrer Herstellung oder ihrer Erbringung berechtigter Weise verwendet, ohne dass die Markeninhaberin befugt sei, diese Verwendung zu untersagen. Der Begriff „Schufa“ werde im Ergebnis produktbeschreibend, nämlich zur Bezeichnung einer bestimmten Art von Krediten im Sinne einer „Negativabgrenzung“ zu den Darlehensgeschäften, bei denen – wie dies die Regel ist – die Dienstleistungen der Schufa in Anspruch genommen würden, benutzt. Damit bediene sich der Domaininhaber lediglich eines Sprachgebrauchs, der sich in Deutschland bei der Verwendung der Marke „Schufa“ eingebürgert habe. Die „Schufa-Auskunft“ sei in Deutschland zu einem quasi-offiziellen „Testat“ bei der Einholung von Bonitätsinformationen geworden. Entsprechend verstehe der Verkehr die Wendung „schufa-frei“ als Kreditgewährung ohne die üblichen Hindernisse. Eine Bezugnahme auf die Markeninhaberin als Unternehmen bzw. auf ihre Marke „Schufa“ sei damit zwar reflexhaft verbunden, aber jedenfalls nicht in ihrer kennzeichnenden Funktion, sondern als **Schlagwort zur Beschreibung einer bestimmten Gattung von Dienstleistungen** beabsichtigt. In der vorliegenden Sachverhaltskonstellation war der Domaininhaber auf die Verwendung im Übrigen auch angewiesen, sodass schon aus diesem Grund die Nutzung nicht gegen die guten Sitten im Sinne von § 23 MarkenG verstoßen konnte. Ein Ausweichen auf Begriffe wie „ohne Bonitätsauskunft“ oder „ohne Kreditauskunft“ kam nicht in Betracht, da solche Auskünfte auch von anderen Institutionen als der Schufa eingeholt werden, nur folgen diese nicht dem strikten Schufa-Kurs. Und eben hiermit wolle – und dürfe – sich der Domaininhaber nach Ansicht des *Senats* von der Markeninhaberin abheben.

237 In dieselbe Richtung weist übrigens die *Hölterhoff*-Entscheidung des Europäischen Gerichtshofs[376]. Dort wurde gleichermaßen die Bezugnahme nicht als Hinweis auf die Marke verstanden, vielmehr ging es gerade um das Gegenteil, nämlich um eine Bezugnahme ausschließlich zu dem Zweck, **über die Merkmale der Ware zu informieren**, die dem potenziellen Kunden, der die Merkmale der betreffenden Marke kennt, zum Kauf angeboten wird. Dieses Ergebnis entspricht dem in der Rechtsprechung des Bundesgerichtshofs[377] seit langem anerkannten Erfahrungssatz, dass auch eine nach Art einer Marke verwendete Bezeichnung, die entweder eine **reine Gattungsbezeichnung** darstellt oder

---

374 LG München I, CR 2001, 416 – „bmw-werkstatt.net“.
375 Hans. OLG Hamburg, CR 2004, 846 – „schufafreierkredit.de“.
376 EuGH, WPR 2002, 664.
377 BGHZ 139, 59, 65 – „Fläminger“ m. w. N.; WRP 2003, 1353 – „Antivir/Antivirus“.

jedenfalls **nach allgemeinem Sprachverständnis beschreibenden Charakter** hat, vom Verkehr in der Regel **nur als Sachhinweis zur Unterrichtung des Publikums und nicht als Herstellerhinweis verstanden** wird.

Auch in der *BMW/Deenik*-Entscheidung des Europäischen Gerichtshofs[378] war ein Kfz-Händler auf die Verwendung des Begriffs „BMW" zur Kennzeichnung seines Dienstleistungsangebots angewiesen, obwohl er gerade keine BMW-Fachwerkstatt betrieb. Mit dieser Entscheidung hat der Europäische Gerichtshof letztlich anerkannt, **dass es in bestimmten Fällen praktisch unmöglich ist, seine Kunden auf eine Spezialisierung hinzuweisen, ohne eine bestimmte Marke zu benutzen.** Ebenso verhielt es sich auch im zuvor erörterten im „Schufa-Fall", wenngleich es dort nicht um eine bezugnehmende sondern um eine abgrenzende Erwähnung geht, was im Ergebnis jedoch ohne Belang bleibt, denn zumindest bei **Quasi-Gattungsbegriffen** können bei der Negativabgrenzung keine anderen Maßstäbe als bei der positiven Inbezugnahme gelten, will man nicht Wertungswidersprüche hinnehmen. 238

Eine zur Bezeichnungsnotwendigkeit (für die Beschreibung der eigenen Leistungen) analoge Konstellation hatte (abermals) das Hanseatische Oberlandesgericht Hamburg im Fall der Domain „awd-aussteiger.de"[379] zu beurteilen – und lehnte dort ebenfalls einen Unterlassungsanspruch ab. 239

Zuletzt erfuhr § 23 Nr. 2 MarkenG eine weitere Nuance durch das „City Post"-Urteil des Bundesgerichtshofs[380]: Geklagt hatte die Deutsche Post AG aus ihrer Verkehrsdurchsetzungs-Wortmarke „Post". Die Beklagte benutzte den Bestandteil „POST" zur Bezeichnung von Merkmalen sachverwandter Dienstleistungen. Der Begriff „Post", so der Bundesgerichtshof, bezeichne einerseits die Einrichtung, die Briefe, Pakete, Päckchen und andere Waren befördere und zustelle und andererseits die beförderten und zugestellten Güter selbst, z. B. Briefe, Karten, Pakete und Päckchen. Im letzteren Sinn beschreibe der Bestandteil „POST" der angegriffenen Zeichen den Gegenstand, auf den sich die Dienstleistungen der Beklagten beziehen. Es handele sich daher um eine Angabe über ein Merkmal der Dienstleistungen der Beklagten im Sinne von § 23 Nr. 2 MarkenG. Die Benutzung verstoße nicht gegen die guten Sitten im Sinne von § 23 MarkenG. Danach sei von einer Unlauterkeit der Verwendung der angegriffenen Bezeichnungen auszugehen, wenn die Benutzung den anständigen Gepflogenheiten im Gewerbe oder Handel nicht entspreche. Der Sache nach verpflichte dies den Dritten, den berechtigten Interessen des Markeninhabers nicht in unlauterer Weise zuwiderzuhandeln. Diese gebotene umfassende Beurteilung aller Umstände ergebe, dass die Benutzung der angegriffenen Zeichen durch die Beklagte nicht unlauter sei: 240

Vom Vorliegen einer Verwechslungsgefahr sei zwar auszugehen. Ein erheblicher Teil des Publikums werde eine Verbindung zwischen den Dienstleistungen der Parteien herstellen, was der Beklagten hätte bewusst sein müssen. Dies führe jedoch nicht zwangsläufig zur Annahme eines Verstoßes gegen die anständigen Gepflogenheiten in Gewerbe oder Handel, weil die Schutzschranke des § 23 MarkenG ansonsten leer liefe. Der Annahme eines Verstoßes stehe im Streitfall der Umstand entgegen, dass die Rechtsvorgängerin „Deutsche Bundespost" als früheres Monopolunternehmen ausschließlich mit der 241

378 EUGH, GRUR Int. 1999, 438 – „BMW/Deenik".
379 Hans. OLG Hamburg, CR 2007, 47 – „awd-aussteiger.de".
380 BGH, WRP 2008, 1206 – „City Post".

Postbeförderung in Deutschland betraut war und seit der teilweisen Öffnung des Marktes für Postdienstleistungen auch für private Anbieter in den 90er-Jahren ein besonderes Interesse an der Verwendung des die in Rede stehenden Dienstleistungen beschreibenden Wortes „POST“ zur Kennzeichnung ihrer Dienstleistungen bestehe. Ohne eine entsprechende Beschränkung des Schutzumfangs der Klagemarke würden die erst später auf den Markt eintretenden privaten Wettbewerber von vornherein von der Benutzung des Wortes „POST“ ausgeschlossen und ausschließlich auf andere (Fantasie-) Bezeichnungen verwiesen. Da Art. 6 MarkenRL und § 23 MarkenG dazu dienten, die Interessen des Markenschutzes und des freien Warenverkehrs sowie der Dienstleistungsfreiheit in der Weise in Einklang zu bringen, dass das Markenrecht seine Rolle als wesentlicher Teil eines Systems unverfälschten Wettbewerbs spielen kann, sei Wettbewerbern, die neu auf einem bisher durch Monopolstrukturen gekennzeichneten Markt auftreten, die Benutzung eines beschreibenden Begriffs wie „POST“ auch dann zu gestatten, wenn eine Verwechslungsgefahr mit der gleich lautenden, für die Rechtsnachfolgerin des bisherigen Monopolunternehmens eingetragenen bekannten Wortmarke bestehe. Dadurch trete zwar eine Beschränkung des Schutzumfangs der Klagemarke ein. Diese Beschränkung sei wegen der Schutzschranke des § 23 Nr. 2 MarkenG aber im Kern bereits dadurch angelegt, dass eine beschreibende Angabe als Marke verwendet werde. Es komme auch nicht entscheidend darauf an, dass die Beklagte zur Kennzeichnung ihrer Dienstleistungen und ihres Unternehmens nicht zwingend auf den Begriff „POST“ angewiesen sei. Die Beschränkung des Schutzumfangs sei allerdings auf ein angemessenes Maß dadurch zu verringern, dass die neu hinzutretenden Wettbewerber sich **durch Zusätze von dem in Alleinstellung benutzten Markenwort abgrenzen müssten und nicht** durch eine Anlehnung an weitere Kennzeichen der Markeninhaberin (Posthorn, Farbe Gelb) die Verwechslungsgefahr erhöhen dürften. Nach diesen Maßstäben habe die Beklagte mit den angegriffenen Zeichen, die den Zusatz „City“ und „CITY CP“ enthalten, einen **ausreichenden Abstand** zu der Klagemarke gewahrt, um nicht gegen die anständigen Gepflogenheiten in Gewerbe oder Handel zu verstoßen.

G. Verwechslungs*fähigkeit* und Unterscheidungskraft

242 Wie gesehen verlangt das MarkenG, dass aufgrund der (insbesondere grammatikalischen oder phonetischen) Identität oder Ähnlichkeit der beanstandeten Domains mit den durch das MarkenG geschützten Marken, Unternehmenskennzeichen, Werktiteln oder geographischen Herkunftsangaben (Verwechslungs*fähigkeit*) *und* der Identität oder Ähnlichkeit der durch die genannten Kennzeichen oder die Domain erfassten Waren, Dienstleistungen oder Geschäftsbereiche (Verwechslungs*gefahr*) für das Publikum die Gefahr von Verwechslungen besteht. Und auch im Bereich des Namensschutzes setzt § 12 BGB voraus, dass die Gefahr einer **Identitätstäuschung** besteht. Über § 12 BGB soll demnach auch eine **Zuordnungsverwirrung** vermieden werden, wozu auch das Entstehen einer Verwechslungsgefahr zählt. Es stellt sich daher die Frage, auf welche Bestandteile der vollständigen Domainadresse (z. B. „http://www.xyz-gmbh.mobi“) bei der im Rahmen der Verwechslungsprüfung vorzunehmenden Gegenüberstellung von geschütztem Zeichen und beanstandeter Domain abzustellen ist:

I. Bedeutung der Top Level Domain

Die Gerichte hatten hierbei insbesondere zu klären, ob die Unterschiedlichkeit insbesondere der Top Level Domains „.de“ und „.com“ eine Verwechslungsgefahr zwischen unterschiedlichen Namensträgern ausschließt. Dies wurde bislang ganz überwiegend verneint mit dem Argument, der Top Level Domain komme keine eigenständige Unterscheidungskraft zu[381]. Die zeichenrechtliche Verwechslungsgefahr gehe in der Regel von der Second Level Domain, also dem eigentlichen Domainnamen aus. Insoweit soll mit dem Oberlandesgericht Düsseldorf[382] wesentlich sein, **dass der Verkehr die weiteren Bestandteile einer Domain nicht als herkunftskennzeichnend erkenne**; dies gelte insbesondere für die Top Level Domain (hier: „.com“). **243**

Dasselbe gilt im Regelfall für nach der Art einer Internetadresse gestaltete Marken. Diese sind mit dem Bundespatentgericht im Einzelfall nach den allgemeinen markenrechtlichen Kriterien zu beurteilen. Dabei stellten Top Level Domains lediglich regionale oder organisatorische Zuordnungskriterien dar, die innerhalb einer Internetadresse keine eigenständig kennzeichnende Bedeutung haben.[383] Auch das Europäische Gericht erster Instanz (EUG) sprach sowohl den einzelnen Bestandteilen der Anmeldemarke „suchen.de“ („suchen“ und „.de“) als auch dem Gesamtbegriff die Unterscheidungskraft ab[384]. **244**

Die Top Level Domain kann freilich bei der Feststellung einer kennzeichen- und wettbewerbsrechtlichen Interessenkollision Bedeutung erlangen[385]. So befand das Oberlandesgericht Düsseldorf in derselben Entscheidung, ein ausländischer Vertriebspartner eines deutschen Unternehmens, der auf einen lokal umgrenzten Zielmarkt beschränkt ist (hier die Golfregion), sei nicht berechtigt, eine „.com“-Domain zu registrieren und zu nutzen, die mit dem heimischen Unternehmenskennzeichen identisch ist. Dies gelte insbesondere dann, wenn dem Vertriebspartner seitens des Markeninhabers der Vertrieb unter der Markenbezeichnung nur in einem regional begrenzten Gebiet vertraglich gestattet sei, die Nutzung einer – nicht (mehr) national gebundenen – „.com“-Domain im internationalen Geschäftsverkehr aber den Eindruck erwecke, dass der Vertrieb weltweit – und somit auch in Deutschland – erfolge. **245**

Weniger einheitlich in Bezug auf die (fehlende) Unterscheidungskraft und Kennzeichnungsfunktion der Top Level Domain ist die Rechtsprechung bei Gebietskörperschaften, insbesondere Städtenamen. Neue Ausweichdomains zu „.com“, wie etwa die Top Level Domains „.info“, „.biz“, „.name“, „.coop“, „.aero“, „.museum“, „.pro“ oder „.mobi“, offenbaren vor dem Hintergrund der Frage, ob auch den im Rahmen der Top Level Domains verwendeten Suffixen Unterscheidungskraft zukommt, deutliche Zweifel an dem Vorliegen einer Verwechslungsgefahr: „http://www.heidelberg.biz“ etwa könnte aus heutiger Nutzersicht nicht zu den Internetseiten einer Gemeinde führen. Auch eine Domain „heidelberg.sex“, denkbar wenn wie ursprünglich geplant auch eine neue Top Level Domain „.sex“ eingeführt worden wäre, hätte kaum Nutzerassoziationen mit der Kommune Heidelberg geweckt. **246**

---

381 Statt vieler BPatG, B. v. 29.1.2000, 29 w (pat) 160/99; Kammergericht, NJW 1997, 3321 – „concertconcept.com“.
382 OLG Düsseldorf, K&R 2008, 539 – „pc.com/p-c.com“ (Deutsche Marke vs. „.com“-Domain).
383 BPatG, B. v. 29.1.2008, 27 W (pat) 134/07.
384 EUG, K&R 2008, 169 – „suchen.de“.
385 Vgl. unten Rn. 421 ff. (K. III.).

247 Zutreffend bemerkte daher schon sehr früh das Oberlandesgericht Celle[386], es sei wegen des Suffixes „.com“ eher zweifelhaft, dass mit dem Gebrauch der Domain „celle.com“ Namensrechte der Kommune Celle verletzt würden. Dagegen wendete sich indes das Oberlandesgericht Karlsruhe in Ansehung der Domain „badwildbad.com“[387]. Der Bestandteil „.com“ verfüge nicht über namensmäßige Kennzeichnungskraft und trete gegenüber dem Bestandteil „badwildbad“ in seiner Bedeutung für den Gesamteindruck völlig zurück[388]. Das Oberlandesgericht Düsseldorf ist der Ansicht, dass „bei in sich widersprüchlichen Domains [Beispiel: „karlsruhe.at“] der Verkehr eine Zuordnung der Domain zur betreffenden Gebietskörperschaft nicht vornehmen und Ähnliches auch für die Top Level Domain „com“ gelten könne[389]. Dem trat das Landgericht Berlin zumindest für die Konstellation länderspezifischer Top Level Domains – im Streitfall „tschechische-republik.at/ch/com“ – entgegen und hielt derlei Top Level Domains bei der Prüfung der Namens- und Zuordnungsfunktion zumindest dann für unbeachtlich, wenn die Second Level Domain identisch mit dem Namen eines Staates ist, da der Staatsname als solcher einmalig sei, mit der Folge, dass der Verkehr unter den betreffenden Domains auch allein die Präsentation des jeweiligen Staates erwarte, zu dem die Länderdomain gehöre[390].

248 In der Entscheidung „solingen.info“ bestätigt der Bundesgerichtshof[391] *obiter dictum* zwar die **grundsätzliche Eignung der Top Level Domain als Unterscheidungsmittel**, verneint dies jedoch für die konkret in Rede stehende Informationsdiensteanbieter-Top Level Domain „.info“. Die allgemeine Top Level Domain „.info“ ist hiernach nicht geeignet, an der Zuordnung der Bezeichnung „solingen“ zu der gleichnamigen deutschen Stadt als Namensträger etwas zu ändern. Mit dem Bundesgerichtshof ist sonach nicht auszuschließen, dass allgemeine, nicht länderspezifische Top Level Domains einer Zuordenbarkeit zu bestimmten Namensträgern entgegenstehen, wenn diese nicht den typischen Anbietern unter derartigen Top Level Domains zuzurechnen sind, so etwa bei „.biz“ (für: business) oder „.pro“ (für: professions). Zu derartigen Domains rechnet die Top Level Domain „.info“ jedoch nicht, da sie weder branchen- noch länderbezogen ist und auch anhand anderer Kriterien den Kreis der Namensträger nicht eingrenzt. Insbesondere suggeriert „.info“ dem Nutzer nicht, dass es sich um das Informationsangebot eines Dritten (und nicht des Namensträgers) handelt.

249 Tatsächlich erscheint gerade in der Konstellation „www.gemeindename.biz“ die Namensfunktion fraglich, da der Verkehr eine solche Domainbezeichnung in der Regel nicht als Hinweis auf die Gemeinde (und auf von der Gemeinde verantwortete Inhalte) verstehen wird. Aus denselben Gründen liegt die Annahme einer Zuordnungsverwirrung eher fern. Folgerichtig ist die Stadt Heidelberg im Rechtsstreit um die Domain „heidelberg.net“[392] – anders als noch im Pionierfall „heidelberg.de“[393] – unterlegen, ebenso die Stadt Zürich im Rechtsstreit um die Domain „zurich.biz“[394].

---

386 OLG Celle, B. v. 21.3.1997, 13 U 202/96 – „celle.com“.
387 OLG Karlsruhe, MMR 1999, 604 – „badwildbad.com“.
388 Vgl. auch LG Köln, MMR 2000, 625 – „wdr.org“, wonach der Zusatz „.org“ nicht unterscheidungskräftig und daher nicht geeignet sei, eine Verwechslungsgefahr zu beseitigen.
389 OLG Düsseldorf, CR 2002, 447 – „duisburg-info.de“.
390 LG Berlin, MMR 2007, 60 – „tschechische-republik.at/ch/com“.
391 BGH, CR 2007, 36 – „solingen.info“.
392 Entscheidung der WIPO 6.3.2002, Case No. 2001-1500.
393 LG Mannheim, CR 1996, 353 – „heidelberg.de“.
394 Entscheidung der WIPO, 25.7.2002, Case No. DBIZ 2002-0224.

Ähnliches muss für die meisten anderen „neuen“ generischen Top Level Domains gelten (z. B. „.aero“, „.museum“, „.coop“, „.pro“, „.mobi“), die eben zu diesem Zweck – Ausschluss von Verwechslungen durch Ausweichen auf eine das Geschäftsfeld indizierende Top Level Domain – eingeführt wurden[395]. Erklärtes Ziel der Einführung neuer Top Level Domains war es nämlich, mehr Möglichkeiten zur Adressierung im Internet zu schaffen, was nur gelingen kann, wenn den einzelnen Top Level Domains die Unterscheidungskraft nicht *a priori* aberkannt wird. **250**

Auch mit dem Landgericht Hamburg[396] muss von dem Grundsatz, dass die Verwendung der Top Level Domain für die Verwechslungsgefahr regelmäßig keine Bedeutung hat, jedenfalls dann eine Ausnahme gemacht werden, wenn die **Top Level Domain in kennzeichnender Weise eingesetzt wird**. Dies kann insbesondere der Fall sein, wenn erst aus der grammatikalischen Verknüpfung der Second Level Domain – und der Top Level Domain-Ebene die Gefahr von Verwechslungen – hier: mit dem Inhaber des Kennzeichens „Xtranet“ durch die Domain „x-tra.net“ – heraufbeschworen wird. Ähnlich entschied das Hanseatische Oberlandesgericht Hamburg[397], das in der Domain „*verona.tv*“ eine Namensrechtsverletzung gegenüber der bekannten Fernsehmoderatorin *Verona Feldbusch* erblickte, da diese den deutschen Verbrauchern unter ihrem Namen „Verona“ in Verbindung mit dem Fernsehen (TV) weitgehend bekannt sei und die Internetnutzer bei Verwendung der Domain „verona.tv“ sonach weder primär an die italienische Stadt in Verbindung mit dem Inselstaat Tuvalu („.tv“) denken werden, noch sollen. **251**

Heftige Kritik erfuhr in diesem Zusammenhang die Entscheidung der Hamburger Gerichte zur Domain „*tipp.ag*“: Landgericht und Oberlandesgericht[398] gaben der Tipp 24 AG darin Recht, dass die Verwendung der Bezeichnung „tipp.AG“ oder „tipp.ag“ wegen Irreführung über die Rechtsform des Unternehmens wettbewerbswidrig wäre[399]. Ein erheblicher Teil des Verkehrs werde annehmen, jene Bezeichnung sei mit dem Firmennamen identisch und die Beklagte sei eine Aktiengesellschaft. Dem Verkehr sei in der Regel schon nicht bekannt, dass die Endung „.ag“ im Rahmen einer Internetadresse eine Länderkennung für Antigua & Barbuda sei. Soweit sie in Erscheinung getreten sei, werde sie vielfach von Unternehmen genutzt, die zugleich auf ihre Gesellschaftsform hinwiesen. Somit werde der Verkehr auch vorliegend annehmen, dass die Beklagte die Domain gewählt habe, um auf ihre Gesellschaftsform hinzuweisen. Ein anderer Grund, jene Domain zu wählen, sei kaum ersichtlich. Die Bezeichnung „Aktiengesellschaft“ sei jedoch bei erheblichen Teilen des Verkehrs geeignet, Vertrauen zu schaffen und die Entscheidung, die Dienstleistungen in Anspruch zu nehmen, zu beeinflussen. **252**

Diese Argumentation begegnet freilich erheblichen Bedenken. Richtig ist zwar, dass die Top Level Domain „.ag“ für Antigua und Barbuda steht, jedoch zunehmend von als Aktiengesellschaft verfassten Unternehmen als Hinweis auf den Rechtsformzusatz genutzt wird. Nicht ohne Weiteres wird man jedoch davon **253**

---

395 Siehe dazu die Übersicht oben Rn. 4 ff., 13 ff. (A. II. und III.).

396 LG Hamburg, Urt. v. 30.9.1998, 315 O 278/98 – „x-tra.net“, JurPC Web-Dok 43/2000.

397 Hans. OLG Hamburg, CR 2002, 910 – „verona.tv“.

398 LG Hamburg, CR 2004, 143 – „tipp.ag“ mit Anm. *Stögmüller* = ITRB 2004, 28 mit Anm. *Elteste* = K&R 2003, 616 mit Anm. *Weiler*, K&R 2003, 601; kritisch auch *Himmelsbach*, Entscheidungsanmerkung, JurPC Web-Dok 263/2003; Berufungsurteil: Hans. OLG Hamburg, CR 2004, 769.

399 Zum Problemkreis der irreführenden Domains eingehend unten Rn. 312–340 (H. II. bis VI.).

ausgehen dürfen, dass diese Nutzung, zumal keineswegs durchgängig oder auch nur stark verbreitet, auch der Marktgegenseite der Nutzer geläufig ist, mit der Folge, dass der durchschnittliche, informierte und verständige Nutzer die Top Level Domain „.ag“ als Abkürzung für Aktiengesellschaft verstehen müsste. Zumindest derzeit kann von einer Verkehrsüblichkeit, den Firmenkern oder Rechtsformzusatz in die Top Level Domain aufzunehmen, nicht ausgegangen werden[400]. Ist aber die Angabe der vollständigen Firmen-Domainnamen unüblich, so kann auch keine entsprechende Erwartung der angesprochenen Verkehrskreise bestehen, die dann allenfalls enttäuscht würde oder zu Irreführung Anlass böte[401]. Überdies ist davon auszugehen, dass etwaige Irrtümer über die Rechtsform auch noch auf der Homepage selbst, beispielsweise im dortigen Impressum, ausgeräumt werden können[402]. Rein technisch gesehen ist derzeit die Angabe der Gesellschaftsform in Domains unüblich und hat sich, auch weil als passende ccTop Level Domains nur „.ag“ (für Antigua) und „.kg“ (für Kirgisien) zur Verfügung stehen, trotz des Umstandes, dass einige Aktiengesellschaften aus dem deutschsprachigen Raum „.ag“ nutzen, noch nicht durchgesetzt[403].

254 Bildet eine Gesamt-Domainbezeichnung – also insbesondere inklusive der Top Level Domain – zugleich Marke, Firma oder Unternehmenskennzeichen ab, so kann dieser vom Kennzeicheninhaber bewusst zu Unterscheidungszwecken gewählte Bezeichnungszusatz durchaus zu einer hinreichenden Abgrenzung verhelfen, wie das Hanseatische Oberlandesgericht Hamburg im Fall „handy.com“[404] nachweist: Die klagende *Handy.de Vertriebs-GmbH*, Inhaberin der Marke und Domain „handy.de“, vertrieb unter der Domain neben Mobilfunkgeräten und Handyverträgen auch Logos und Klingeltöne. Der Beklagte als Inhaber der Domains „handy.com“, „handy.info“ und „handy.biz“ sowie der Marken „handy.com“, „handy.info“ und „handy.biz“ vertrieb auf seinem Internetportal ebenfalls Logos und Klingeltöne. Im einstweiligen Verfügungsverfahren obsiegte die Klägerin über zwei Instanzen. Die Bezeichnung „handy.de“ sei nur für Mobiltelefone beschreibend, nicht aber für andere Dienstleistungen im Zusammenhang mit Mobiltelekommunikation und Internet. Bei vorliegender Branchenidentität wären daher Verwechslungen mit der Marke „handy.biz“ zu befürchten. Daran ändere auch die Tatsache nichts, dass statt des Zusatzes „.de“ die Zusätze „.com“ oder „.info“ verwendet würden, da diese Unterschiede nicht genügten, um die Verwechslungsgefahr auszuschließen.

255 Das Blatt wendete sich jedoch im Hauptsacheverfahren: Hier verneinte das Landgericht Hamburg[405] eine Verwechslungsgefahr zwischen den Bezeichnungen „handy.de“ bzw. „handy.biz“ und den weiteren Handy-Domains des Beklagten. Die Bezeichnung „Handy“ sei im Geschäftskreis der Klägerin nicht unterscheidungskräftig, und die Verkehrskreise erwarteten auch nicht, die Klägerin unter sämtlichen anderen Handy-Top Level Domains aufzufinden. Die Gefahr von Verwechslungen wäre auch dann ausgeschlossen, wenn man von einer Bekanntheit der Bezeichnung „handy.de“ ausginge, da insoweit auf die

---

400 Vgl. *Linke*, CR 2002, 271; *Ullrich*, WM 2001, 1129; *Weiler*, K&R 2003, 601.

401 Zutreffend OLG Koblenz, CR 2002, 280 – „vallendar.de“ mit Anm. *Eckhardt* = ITRB 2002, 110 mit Anm. *Stopp* = K&R 2002, 201 = MMR 2002, 466 mit Anm. *Ernst* = WRP 2002, 340; OLG München, MMR 2001, 692 – „boos.de“.

402 Vgl. BGH, CR 2001, 777 – „mitwohnzentrale.de“; NJW 2003, 504 – „presserecht.de“.

403 *Thiele, www.laga.at/rechtsprobleme/doks/kennzeichen_egal-thiele.pdf.*

404 Hans. OLG Hamburg, CR 2002, 446 – „handy.com“ mit Anm. *Beckmann.*

405 LG Hamburg, MMR 2003, 599 – „handy.com“.

Gesamtbezeichnung „Handy.de“ einschließlich der Top Level Domain „.de“ abzustellen sei. Das Landgericht Hamburg hat hier mithin – ausnahmsweise, wie es betont – die Top Level Domain mit in die Verwechslungsprüfung einbezogen und somit das geschützte Kennzeichen „handy.de“ den Kennzeichnungen „handy.biz“ und „handy.com“ gegenübergestellt.

II. Kennzeichnungsfunktion von Subdomains, Mailadressen und Verzeichnisnamen

In der Literatur wird angenommen, dass auch eine Subdomain, d. h. eine Rechneradresse unterhalb des zweiten Levels der eigentlichen Domain (im Beispiel „www.*stuttgart*.ihk.de“ wäre „Stuttgart“ die Third Level Domain für die IHK Region Stuttgart; im Beispiel „www.ihk.de/stuttgart“ wäre „stuttgart.html“ der über die Homepage der IHK ansteuerbare Verzeichnisname, z. B. für die Daten über die IHK in der Region Stuttgart), je nach Lage des Einzelfalles, Kennzeichnungsfunktion besitzen kann. In der Regel soll diese **Funktion allerdings umso mehr abnehmen, je weiter diese Domain vom Bezeichnungskern, der aus Top Level Domain und Second Level Domain besteht, entfernt ist.** Demnach kann die Kennzeichnungsfunktion von Second Level Domain und Top Level Domain für verschiedene Rechtspersonen nebeneinander bestehen (fiktive Beispielskette: die Domain „www.baden-württemberg.de“ prägt der Name des Bundeslandes; „www.stuttgart.baden-württemberg.de“ wird von Land und Kommune geprägt; bei „www.muenchingen.stuttgart.baden-württemberg.de“ schließlich stünden drei „Namen“ im Rechtssinne nebeneinander: Land, Hauptstadt, Stadtteil). Nötig ist sonach immer eine Gesamtschau sämtlicher Elemente. Soll der Ort beispielsweise ersichtlich nur erläuternd in Bezug auf eine Filiale oder Regionaldirektion sein („www.stuttgart.ihk.de“), dürfte bei objektiver Bewertung keine Verwechslungsgefahr vorliegen. **256**

Unterscheidungskraft der Second Level Domain für den Gebrauch der Third Level Domain wird dabei allerdings teilweise mit dem Argument abgelehnt, dass sonst bei Verneinung von Verwechslungsgefahr Anbieter gezwungen wären, zu benutzerunfreundlichen längeren Domainnamen überzugehen[406]. Jeder Domain-Level wäre hiernach isoliert auf Unterscheidungskraft, Verwechslungsfähigkeit und konkrete Verwechslungsgefahr zu bewerten. **257**

Die Rechtsprechung ist bislang rar: Das Landgericht Duisburg hat in seiner Entscheidung „kamp-lintfort.cty.de“ eine Namensverletzung durch den Gebrauch des Städtenamens auf dritter Ebene erblickt[407]. Denn auch eine Domain auf diesem Level sei geeignet, ihren Inhaber von anderen abzugrenzen, sodass ein namensmäßiger Gebrauch vorliege. Vertraute Benutzer des Internets leiteten aus der Struktur der Domainnamen und insbesondere der Funktion der Third Level Domain, einen anderen Computer zu identifizieren als die Second Level Domain, ab, dass keine bloße inhaltliche Unterteilung des unterhalb der Second Level Domain aufrufbaren Angebots vorliege, sondern auf einem weiteren Rechner eine eigene Website vorgehalten werde. **258**

Diese Überlegung kann freilich nicht auf alle Formen von Netzadressen übertragen werden. Ausgangspunkt muss stets die Frage sein, ob die Adresse zugleich Namensfunktion hat, also einen Bezeichnungskern aufweist, der der **259**

406 Dazu nochmals *Thiele*, oben Fn. 403.
407 LG Duisburg, MMR 2000, 168 – „kamp-lintfort.cty.de“.

Identifizierung eines Rechtssubjekts dient, und ob durch den Gebrauch der Adresse durch einen Dritten bei den Nutzern des Internets die Gefahr einer Zuordnungsverwirrung zwischen dem tatsächlichen Rechtsträger und dem vermeintlichen Kennzeicheninhaber entsteht. Nach der Rechtsprechung des Bundesgerichtshofs[408] reicht zwar für die Annahme einer Verwechslungsgefahr aus, dass eine Verwechslung bei der Postzustellung möglich ist. Dies ist bei der E-Mail freilich in tatsächlicher Hinsicht nicht zu besorgen. **Denn E-Mails, die nicht als „Spam" zu qualifizieren sind, werden in aller Regel nicht ohne Kenntnis der exakten Adresse verschickt.** Ansonsten wäre es nahezu ausgeschlossen, dass sie den gewünschten Empfänger erreichen. Denn E-Mails bestehen aus mehreren Bestandteilen: Benutzerkennung, @-Zeichen, Name des Mailservers und Top Level- oder geographische/Nationalitätskennung. Da die Benutzerkennung jedoch nicht unbedingt dem Namen entsprechen muss, darüber hinaus Namenszusätze (wie beispielsweise „RAe" für Rechtsanwälte) möglich sind und es eine Vielzahl von Mailserver-Diensten gibt, wäre es höchst unwahrscheinlich, mit einer lediglich vermuteten Adresse eine bestimmte Person zu erreichen. E-Mails werden daher nicht auf Verdacht verschickt. Die rechtlich erhebliche, dem Adressinhaber zurechenbare Gefahr, dass eine E-Mail an einer anderen als der gewünschten Adresse ankommt, besteht also eigentlich nicht[409].

260 Andererseits soll es zur Begründung einer Verwechslungsgefahr bereits genügen, dass eine **mündlich mitgeteilte Domainadresse phonetisch einem Kennzeichen besserer Priorität so sehr ähnelt,** dass deren Eingabe zum irrtümlichen Abruf der Website des Schutzrechtsinhabers führt, wodurch der Verkehr organisatorische Zusammenhänge vermuten könnte[410]. Dann müsste dasselbe Argument freilich auch – und entgegen der Auffassung des Landgerichts Köln – für die mündlich verbreitete E-Mail-Adresse gelten.

261 Der Bundesgerichtshof scheint diesem Ansatz dem Grunde nach zu folgen und führt im Fall „vossius.de"[411] aus, **dass die Benutzung einer von dem Domainnamen „vossius.de" abgeleiteten E-Mail-Adresse von einem Verbot der Domainnutzung ebenfalls erfasst würde.** Im Streitfall wäre indes eine Untersagung nur in Betracht gekommen, wenn sich bei Verwendung der beanstandeten E-Mail-Adresse eine **selbständige Verwechslungsgefahr** ergeben hätte. Dies ist nach Ansicht des Bundesgerichtshofs nicht der Fall, da der Inhaber einer E-Mail-Adresse auf sie im Allgemeinen nicht isoliert hinweise, sondern – wie auf dem Briefkopf oder auf einer Visitenkarte – im Zusammenhang mit weiteren Namens- und Adressenangaben. Für eine theoretisch denkbare isolierte Verwendung – beispielsweise in einer Werbeanzeige, in der der Werbende selbst nicht genannt, sondern allein seine E-Mail-Adresse zur Kontaktaufnahme angegeben ist – bestanden keinerlei Anhaltspunkte. Zwar sei es nach der allgemeinen Lebenserfahrung auch nicht auszuschließen, dass ohne genaue Kenntnis der E-Mail-Adresse gestellte Anfragen versehentlich beim falschen Adressaten eingingen. Eine möglicherweise verbleibende Gefahr von Irrläufern sei jedoch nicht größer als bei der auf herkömmlichem Wege versandten Korrespondenz. Sie ist Folge der von den Klägern im Streitfall hinzunehmenden Ähnlichkeit der beiden (dort: Kanzlei-) Bezeichnungen.

---

408 BGH, GRUR 1957, 427.

409 Vgl. LG Köln, Urt. v. 23.2.2000, 14 0 322/99 – erstinstanzliches Urteil zu „maxem.de" und „maxem@t-online.de"; Revisionsurteil BGH, NJW 2003, 2978 – „maxem.de".

410 Hans. OLG Hamburg, MMR 2006, 226 – „kompit.de/combit.de".

411 BGH, CR 2002, 674 – „vossius.de".

Weitgehend ungeklärt ist die Frage der Verzeichnisnamen. Das Landgericht Mannheim[412] hat in seiner Entscheidung betreffend der URL „www.buchhandel.de/nautilus“ eine Kennzeichenverletzung angenommen, da es keinen Unterschied mache, ob der Namensbestandteil der URL wie eine Second Level Domain durch ein Registrierungsverfahren vergeben werde oder der Domaininhaber die Verzeichnisse selbstständig einrichte. „Nautilus“ sei prägender Bestandteil der Gesamt-URL. Anders sah dies das Landgericht Braunschweig in der Entscheidung „Stadtinfo“[413]. Das Gericht verneinte eine Markenrechtsverletzung, da nachträglich an der Marke „Stadtinfo“ ein Freihaltebedürfnis entstanden sei und die Benutzung unter § 23 MarkenG[414] falle. Überdies liege keine kennzeichnende Benutzung vor. Die Verwendung gerade als Verzeichnisname schließe auch eine unredliche Umleitung der Internetnutzer aus. **262**

Es bleibt festzuhalten, dass wesentliche Maßgabe für den Einzelfall nur sein kann, welche identifizierende Wirkung die Second Level Domain *in concreto* hat bzw. **welches Rechtsverhältnis in Verzeichnissen suggeriert wird**, insbesondere, ob diese Verzeichnisse objektiv als anderen Rechtspersonen zugeordnet erscheinen. Für Domains höheren Levels (Beispiel: „http://www.gewerbeinfo.ihk.stuttgart.de“) ist dabei jeweils auch die **Kennzeichnungswirkung der vorherigen Ebene zu berücksichtigen**, da diese zu einem Abnehmen der Kennzeichnungskraft aller weiteren Bezeichnungen auf den niedereren Levels führen kann[415]. **263**

III. Domains und kennzeichenrechtliches Abstandsgebot

Die Frage gehört zu den umstrittensten des Mediums Internet: **Sind an das kennzeichenrechtliche Abstandsgebot** – d. h. wie weit sich ein Zeichen von einem anderen, mit besseren Rechten ausgestatteten Zeichen abgrenzen muss, um eine Verwechslungsgefahr auszuschließen – **im Internet bei der Kollision zwischen Marke (oder Unternehmenskennzeichen, Werktitel) und Domain andere Maßstäbe zu stellen als außerhalb des Internets?** Hintergrund ist der Umstand, dass dem durchschnittlichen Internetnutzer die Doppelfunktion von Domains – Name und Adresse – bekannt ist und er daher in der Regel einen erhöhten Grad an Aufmerksamkeit walten lässt, wenn ihm eine Domain mitgeteilt wird oder wenn er eine Domainadresse liest. Der Umstand, dass **bereits ein Vertippen oder eine irrtümliche Abweichung in einem einzigen Buchstaben oder Satzzeichen den Nutzer erkennbar zu einer ganz anderen Website führen wird**, kann nach (wohl) vorherrschender Ansicht in der Judikatur der Obergerichte dazu führen, dass an den Beurteilungsmaßstab faktisch geringe Anforderungen zu stellen sein werden[416]. Der Bundesgerichtshof neigte dieser Auffassung im Fall „defacto“[417] gleichfalls zu, konnte die Frage indes letztlich offen lassen. Im Einzelnen: **264**

Die in den Händen privater Institutionen liegende Verwaltung des Namensraumes im Internet orientiert sich – wie bereits ausgeführt – vornehmlich an technischen Belangen. Anders als bei der hoheitlich organisierten Registrierung von Marken oder der Handelsfirma, bei der die Unterscheidungskraft im Vorder- **265**

---

412 LG Mannheim, MMR 2000, 47 – „nautilus“.
413 LG Braunschweig, MMR 2000, 570 – „stadtinfo“.
414 Dazu bereits oben Rn. 222 ff. (F. VI.).
415 Zur Problematik allgemein *Wendlandt*, CR 2001, 612.
416 Bejahend für das Wettbewerbsrecht *Bornkamm*, CR 2005, 747.
417 BGH, WRP 2002, 1066 – „defacto.de“.

grund steht, wird für die Zuweisung einer Internetadresse keine inhaltliche Prüfung dergestalt vorgenommen, die Eignung der Domain zur Unterscheidung einer Ware oder Dienstleistung beziehungsweise eines Geschäftsbetriebes von anderen festzustellen. Damit ist eine **neue Dimension der Verwechslungsfähigkeit und Bezeichnungsnähe eröffnet.** Die eindeutige Zuweisung und Identifizierung von Rechneradressen im Internet – und damit letztlich auch die Registrierung einer verwechslungsfähigen Domain – ist bereits bei Abweichung in einem einzigen Buchstaben oder Satzzeichen von einem gleichfalls als Domain registrierten Konfliktzeichen gewährleistet. Unter Zugrundelegung der herkömmlichen Grundsätze des Kennzeichenrechts, wonach der Gesamteindruck der kollidierenden Bezeichnungen nach Schriftbild, Klang und Sinngehalt für die Beurteilung der Verwechslungsfähigkeit entscheidend ist, liefe der gutgläubige Nutzer stets Gefahr, sich durch seine Registrierung einer unabsehbaren Vielzahl geschützter Kennzeichen rechtsverletzend anzunähern.

266 Auf der anderen Seite handelt es sich bei Second Level Domains um begrenzte Ressourcen. Die exponentiellen Zuwachsraten der an das Internet angeschlossenen Anbieter und die ebenso rasch ansteigende Zahl der weltweiten Nutzer des Mediums führen Überlegungen zu einer traditionellen Behandlung der Freihaltebedürftigkeit und der Verwechslungsfähigkeit von Domainbezeichnungen schon kraft tatsächlicher Gegebenheiten *ad absurdum*, will man nicht eine empfindliche Einschränkung der Funktionsfähigkeit des Mediums in Kauf nehmen[418].

267 An der Knappheit brauchbarer Geschäftsadressen im Internet wird sich auf absehbare Zeit auch durch die Einführung weiterer Top Level Domains nichts ändern. Vielmehr nimmt hierdurch die Gefahr, durch eine entsprechende Katalogisierung nach den neuen „Top Level Domain-Branchen“ wie „.pro“, „.coop“ oder „.mobi“[419] mit branchenverwandten Anbietern verwechselt zu werden, regelmäßig noch zu. Die Chancen zu einer Gestaltung attraktiver, einprägsamer und sinnvoller Domainbezeichnungen steigen dadurch zwar vorübergehend wieder an; dies bedeutet jedoch gleichzeitig eine Zunahme des Störungspotentials dieser Domains, die nun in Rechte Dritter eingreifen können, welche sich bisher durch die begrenzte Anzahl der zur Verfügung stehenden Top Level Domains an einem Web-Auftritt unter der eigenen originären Unternehmensbezeichnung gehindert sahen[420].

268 Ob das althergebrachte Abstandsgebot auch im Internet ohne Einschränkung durchgehalten werden kann, erscheint daher fraglich. Nach Ansicht *Bettingers*[421] werden dem Kennzeicheninhaber im Internet Überschneidungen, jedenfalls aber **Annäherungen in weit stärkerem Maße zuzumuten** sein, als er dies im klassischen Kennzeichenrecht hinzunehmen hätte. Es sei in Nutzerkreisen bekannt, dass die Eingabe einer falschen Schreibweise in den Web-Browser wie eine falsch gewählte Telefonnummer zwangsläufig zu Fehl- oder Irrleitungen

---

418 *Kur*, CR 1996, 590.

419 Dazu oben Rn. 4 ff., 13 ff. (A. II. und III.).

420 Kritisch daher *Kur*, in: *Loewenheim/Koch*, Praxis des Online-Rechts, S. 336; *Bettinger*, GRUR Int. 1997, 402.

421 *Bettinger*, Handbuch des Domainrechts, Rn. DE 382 f. unter Hinweis auf die Entscheidung BGH, GRUR 1996, 475 – „Fernsprechkennung“, in der unter anderem auf die begrenzten Gestaltungsmöglichkeiten im Bereich von Fernsprechkennungen hingewiesen wurde; *Ernst*, BB 1997, 1057 sieht gleichfalls keine Bedenken gegen die Registrierung von Domains mit lediglich geringfügigen Abweichungen zu geschützten Kennzeichen, da eine Verwechslungsgefahr nur beim „Vertippen“ entstehen könne.

führe[422]. Verwechslungen seien daher in erster Linie bei einer irrtümlichen Falschangabe („Vertippen") oder bei Unkenntnis der korrekten Schreibweise des Anbieters zu erwarten, wobei allenfalls letztere Alternative Parallelen zur klassischen Verwechslungsgefahr aufweise.

In der Literatur wird daher teilweise vertreten, die bloße Ähnlichkeit zweier prinzipiell verwechslungsfähiger Domains für die Entstehung kennzeichenrechtlicher Schutzansprüche noch nicht ausreichen zu lassen. Ansprüche aus Namens- oder Kennzeichenrecht sollen dem Inhaber des älteren Rechts nur bei der identischen Verwendung des aussagekräftigen Bestandteils der Unternehmensbezeichnung durch einen Konkurrenten *als* – also nicht allein *im Rahmen einer* – Domain zustehen[423]. **269**

Die Frage, wie groß der Zeichenabstand von Domains sein muss, um Verwechslungen mit geschützten Zeichen auszuschließen, lag nach Revisionsannahme dem Bundesgerichtshof im „defacto"-Fall[424] zur Entscheidung vor. In seinem Urteil „DB Immobilienfonds" hatte der Bundesgerichtshof[425] bereits ausgeführt, dass der kennzeichenrechtliche Schutzbereich von unaussprechbaren Zwei-Buchstaben-Kombinationen aufgrund des nicht von der Hand zu weisenden Interesses der Allgemeinheit und der Mitbewerber an der Verwendung von Abkürzungen durch strenge Anforderungen an die Verwechslungsgefahr – einschließlich der Branchennähe – auf das erforderliche Maß eingeschränkt werden müsse. **270**

Vor diesem Hintergrund hatte das Oberlandesgericht Braunschweig im *Defacto*-Fall befunden: Da angesichts gerade der nur geringfügigen Branchennähe nicht die Gefahr bestehe, die Parteien könnten unmittelbar miteinander verwechselt werden (Verwechslungsgefahr im engeren Sinne), sei im Ergebnis allein die Frage entscheidungserheblich, ob sich aus der Gesamtbetrachtung der vorgenannten Umstände eine Verwechslungsgefahr im weiteren Sinne ableiten lasse. Dies gelte auch im Hinblick auf die reservierte Domain, weil dafür höhere Anforderungen an die Zeichenähnlichkeit zu stellen seien als für die Unternehmenskennzeichen als solche. Denn die Vergaberegeln sowie die branchenüber- **271**

---

422 Vgl. *Ubber*, WRP 1997, 497.

423 Vgl. *Kur*, CR 1996, 590 und *Ubber*, a. a. O., 505, der Autor hält im Gegensatz zur herkömmlichen Spruchpraxis (vgl. BGH GRUR 1966, 32 – „Konservenzeichen I"; GRUR 1996, 404 – „Blendax Pep") eine Ausräumung der Verwechslungsgefahr durch Hinzufügen des Firmennamens oder Firmensitzes auf einer weiteren Domainebene für möglich. A. A. – für eine Anwendbarkeit der herkömmlichen Grundsätze – dagegen *Hoeren*, Internetrecht, Stand: Sept. 2008, S. 52; *Völker/Weidert*, WRP 1997, 652, die allerdings die Entwicklung von Sonderregeln im Rahmen einer eigenen Internet-Kasuistik für möglich halten; a. A. auch *A. Nordemann*, NJW 1997, 1891, der sich gegen das Knappheitsargument mit der Begründung wendet, dass sich unterhalb der verschiedenen TLDs jeweils identische Domains benutzen ließen. International betrachtet sei der Fundus von Domains daher auch nicht größer als der von Wortmarken. Dem kann jedoch schon deshalb nicht gefolgt werden, weil ein Ausweichen auf eine andere TLD nach derzeit vorherrschender Rechtsprechung die Verwechslungsgefahr nicht ausräumen könnte. Der Autor vertritt selbst die Auffassung, den TLDs komme aufgrund ihres rein beschreibenden Charakters keine Unterscheidungskraft zu (a. a. O., 1895). Es besteht mithin keine echte Auswahlmöglichkeit; der Inhaber des besseren Kennzeichenrechts hat auch im Internet die ausschließliche Befugnis, sich unter einer beliebigen für ihn verfügbaren TLD zu präsentieren (vgl. dazu nur OLG Hamm, CR 1998, 241 – „krupp.de" mit. Anm. *Ernst*, 177 = MMR 1998, 214 mit. Anm. *Berlit*, NJW-RR 1998, 909 = CR 1998, 241 mit. Anm. *Bettinger*). BGH, WRP 2002, 1066 – „defacto.de"; Ausgangspunkt war die Berufungsentscheidung des OLG Braunschweig v. 15.7.1999, 2 U 188/99.

424 BGH, WRP 2002, 1066 – „defacto.de"; Ausgangspunkt war die Berufungsentscheidung des OLG Braunschweig v. 15.7.1999, 2 U 188/99.

425 BGHZ 145, 279 – „DB Immobilienfonds".

greifende Ausschlusswirkung der Domains schränkten die Gestaltungsmöglichkeiten ein und die Nutzer hätten sich bereits daran gewöhnt, auch geringfügige Unterschiede zu beachten.

272 Ähnlich befand das Kammergericht[426], dass dem Internetnutzer Gattungsbegriffe als Domainnamen geläufig seien und er daher sorgfältiger auf Unterschiede in der Schreibweise der Domain achte als bei herkömmlichen Zeichen. Denn er wisse um die beschränkte Zahl der möglichen Domainbezeichnungen, die sich bei weiterer Ausbreitung des Internets immer stärker annäherten. Auch die „tastenmäßige“ Eingabe und die häufigen Fehlermeldungen schon bei geringen Abweichungen zwängen zu erhöhter Aufmerksamkeit.

273 Auch das Oberlandesgericht Frankfurt/M.[427] stellte in der Entscheidung *obiter dictum* fest, dass die Domains „cityfloh.de“ und „city-floh.de“ aufgrund mangelnder Branchennähe kollisionsfrei koexistieren könnten. Denn fehle es an den Voraussetzungen markenrechtlicher Ansprüche gegen einen derart gebildeten Titel für ein Magazin, so hätten die Antragsgegner ein eigenes und anerkennenswertes Interesse, in gleicher Weise wie die Antragstellerin und unter den für die technische Verarbeitung der Domain erforderlichen nur geringfügigen Abweichungen unter dem ihrem Titel oder einem sonstigen Kennzeichenrecht entsprechenden Schlagwort nicht nur im Bereich der Printmedien, sondern auch im Internet aufzutreten.

274 Zu einer grundlegenden höchstrichterlichen Entscheidung in diesem Punkt wird es bedauerlicherweise vorerst nicht kommen. Zwar äußerte sich der Vorsitzende des I. Zivilsenats in der mündlichen Verhandlung über die Revision im „defaco-Fall“ dahingehend, die Anforderungen an eine Verwechslungsgefahr, wenn ein Zeichenrecht mit einem Domainnamen kollidiere, seien gegebenenfalls vorliegend grundsätzlich zu beurteilen. Ein Teil der instanzgerichtlichen Rechtsprechung sei aufgrund der Neigung des Verkehrs, bei Internetadressen auf geringste Abweichungen zu achten, von höheren Anforderungen an die Verwechslungsgefahr ausgegangen. Eine solche Rechtsprechung läge auch nach Auffassung des *Senats* nahe. Mit seiner am Ende der Sitzung verkündeten Entscheidung verwies der *Senat* die Sache indessen zurück an das Berufungsgericht. Die Bundesrichter bemängelten die Feststellung des Berufungsgerichts, dass nur minimale Branchennähe vorliege.

Wenngleich ebenfalls nur *obiter dictum*, so legt auch die Revisionsentscheidung zur Domain „mitwohnzentrale.de“[428] eine Neudefinition des Abstandgebotes nahe, wenn der *Senat* ausführt: „Der Senat geht in seiner neueren Rechtsprechung zu den §§ 1 und 3 UWG von dem Leitbild eines durchschnittlich informierten und verständigen Verbrauchers aus, der das fragliche Werbeverhalten mit einer der Situation angemessenen Aufmerksamkeit verfolgt (...). Erscheint einem solchen Internet-Nutzer die Verwendung einer Suchmaschine lästig und gibt er stattdessen direkt einen Begriff als Internet-Adresse ein, ist er sich im Allgemeinen über die Nachteile dieser Suchmethode im klaren. Er ist sich bewusst, dass es auf Zufälle ankommen kann (etwa auf die Schreibweise mit oder ohne Binde- oder Unterstreichungsstrich), ob er auf diese Weise das gesuchte Angebot findet.“

275 In der Tat wird es bei Anlegung eines objektivierten, auf den verständigen, informierten Nutzer abstellenden Maßstabs durchaus auf den Aspekt der **Eindimensionalität des „flachen“ Namensraumes und die Adressfunktion des**

426 Kammergericht, GRUR-RR 2001, 180 – „checkin.com“.
427 OLG Frankfurt/M., Urt. v. 8.6.2000, 6 U 47/00.
428 BGH, CR 2001, 777 – „mitwohnzentrale.de“.

Domainnamen ankommen müssen, mit der Folge, dass der Verkehr besonders aufmerksam auf Abweichungen in der Schreibweise achten und sich der Gefahr einer Fehlleitung bei Eingabe eines falschen Zeichens bewusst sein dürfte. Da es allein auf das objektive Verkehrsverständnis ankommt, das durchaus bei unterschiedlichen Medien divergieren kann, bedarf es nicht der mitunter befürchteten Etablierung eines „Sonderrechts" im Bereich der Domainnamen (dazu sogleich unten).

Zusammenfassend ist festzuhalten, dass im Medium Internet die Nutzer mittlerweile daran gewohnt sein dürften, auf kleinste Abweichungen bei der Domainbezeichnung zu achten und wissen, dass sie aus technischen Gründen bereits bei geringfügigstem Abweichen oder bei einem Vertippen bei der Eingabe der Domain in auch nur einem Satzzeichen zum Online-Angebot eines unterschiedlichen Anbieters gelangen werden[429]. Sie werden aufgrund der Informationsfülle im Internet ohne Vorliegen besonderer Umstände sonach nicht von einer Verknüpfung sämtlicher Anbieter ausgehen, die ihre Informationen unter ähnlichen Domainnamen ins Netz stellen[430]. **276**

Dennoch zeichnen sich die bis dato vorliegenden instanzgerichtlichen Entscheidungen noch nicht durch eine einheitliche Linie aus: So gehen Oberlandesgericht Köln („bit-bau.de")[431] und Oberlandesgericht Hamm („Pizza Direkt")[432] sinngemäß davon aus, dass **bei Kennzeichen mit schwacher Unterscheidungskraft bereits minimale Abweichungen in nur einem Buchstaben genügen müssen**, um die Verwechslungsgefahr mit einer Internetdomain auszuschließen, und im Verfahren um die Marke „Müritz-Online" gegen die Domain „mueritz-online.de" stellte das Oberlandesgericht Rostock[433] fest, dass angesichts der Knappheit von Domainnamen und der Relevanz kleinster Abweichungen für Zuordnungen im Internet **das Abstandsgebot bei der Beurteilung der Zeichenähnlichkeit weniger streng sein müsse.** Trotz dieses Vorstoßes hatte das Gericht sodann jedoch von einer Verwechslungsgefahr bei den streitgegenständlichen Zeichen auszugehen, da diese sich lediglich in der Groß- und Kleinschreibung sowie in der Verwendung eines Umlautes unterschieden. Dieser geringe Unterschied genügte auch dem Oberlandesgericht Rostock nicht für eine Ablehnung der Zeichenähnlichkeit, was schon angesichts der technischen Vorgaben des Domainnamesystems, das damals noch keine Umlaute[434] zuließ (und Groß- und Kleinschreibung nach wie vor ignoriert), selbstverständlich sein sollte. **277**

Gleiches muss – hinreichende Unterscheidungskraft des Schutz reklamierenden Zeichens vorausgesetzt – auch für die Hereinnahme von Bindestrichen gelten[435]. Dennoch ließ das Landgericht Koblenz[436] dies im Streit um die Domain „alles-ueber-wein.de" genügen. Dem Internetbenutzer sei klar, dass im Rahmen **278**

---

429 OLG Köln, GRUR-RR 2005, 82 – „bit-bau.de"; keine Verwechslungsgefahr besteht daher auch zwischen der Marke „T-Online" und dem Domainnamen „donline.de" (LG Düsseldorf, Urt. v. 21.7.1999, 34 O 56/99 – „donline.de"). Der Bindestrich in der Marke habe, so das LG Düsseldorf, zur Folge, dass bei der Aussprache des Wortes „T-Online" nach dem vorangestellten Buchstaben „T" eine kurze Pause eingelegt werde, wohingegen bei der Aussprache der Domain „donline" die Silbe „don" ohne Pause ausgesprochen werde. Anders aber wiederum LG Frankfurt/M., B. v. 15. 7.1997, 2-06 O 409/97 im Fall „t-offline.de".

430 OGH, MR 2000, 322; OLG Wien, MR 2001, 410.

431 OLG Köln, oben Fn. 429.

432 OLG Hamm, NJW-RR 1999, 631 – „pizza-direkt.de".

433 OLG Rostock, K&R 2000, 303 – „mueritz-online.de".

434 Dazu oben Rn. 76 ff. (C. II. 2. b).

435 Siehe Fn. 429.

436 LG Koblenz, MMR 2000, 571 – „alles-ueber-wein.de".

der Vergabe von Domainnamen Punkte, Bindestriche und Schrägstriche von entscheidender Bedeutung seien. Durch das Weglassen oder Hinzufügen von Bindestrichen in einen Domainnamen werde daher hinreichend klargestellt, dass hinter den jeweiligen Domainnamen unterschiedliche Personen oder Unternehmen stünden.

279 Dem gegenüber hat das Hanseatische Oberlandesgericht Hamburg im Fall „combit vs. kompit.de“[437] die Entscheidung des Landgerichts Hamburg in erster Instanz, in der bei der Frage des hinreichenden Zeichenabstands ebenfalls auf den Aspekt der Verkehrsanschauung der Internetnutzer abgestellt worden war, aufgehoben. Zwischen beiden Zeichen bestehe sowohl klanglich als auch schriftbildlich hochgradige Zeichenähnlichkeit. Die markenrechtliche Verwechslungsgefahr werde regelmäßig nicht durch den Inhalt der Internetseite beseitigt, deren Domainname mit der Klagemarke zeichenähnlich ist. Die Behauptung, wonach der durchschnittlich informierte Internetnutzer bei Eingabe von Domains ein hohes Maß an Sorgfalt aufwendete und daher auch schon bei der Wahrnehmung von Domains auf kleinste Unterschiede in der Schreibweise achte, sei nicht näher belegt, spiele aber auch keine Rolle, da dies in erster Linie für die **schriftbildliche Wahrnehmung** zu gelten habe. Dies sei aber nicht die einzige Wahrnehmungsmöglichkeit. **Vielmehr würden Domains auch mündlich weitergegeben**[438].

280 Angesichts der ebenso kontrovers diskutierten wie ausgeurteilten Fälle, in denen dem Abstand einer Domain von einem geschützten Zeichen eine entscheidende Bedeutung zukommt, hätte der *Senat* freilich die Revision zulassen müssen. Er tat dies bedauerlicherweise nicht und bemerkte lapidar, der Rechtsstreit beschränke sich auf die Anwendung feststehender Rechtsgrundsätze auf den konkreten Einzelfall und habe keine grundsätzliche Bedeutung. Einer Entscheidung des Revisionsgerichts bedürfe es auch nicht zur Fortbildung des Rechts oder zur Sicherung einer einheitlichen Rechtsprechung.

281 **Auf eine klangliche Zeichenähnlichkeit kann es im Bereich der Domains indes von vornherein nicht ankommen**[439]. Maßgeblich ist ausschließlich der Vergleich der *Wort*bestandteile. Das Hanseatische Oberlandesgericht Hamburg verkennt im Fall „combit vs. kompit.de“ die Anforderungen, die insoweit an einen durchschnittlichen, informierten Benutzer des Internets zu stellen sind. Das maßgebliche Verbraucherleitbild hat sich in der Rechtsprechung des Europäischen Gerichtshofs (und in deren Gefolge des Bundesgerichtshofs) in den letzten Jahren stark verändert[440]. Auszugehen ist wie gesehen von einem durchschnittlich verständigen, informierten und aufmerksamen Verbraucher, der das fragliche Verhalten mit angemessener Aufmerksamkeit verfolgt. Einem solchen ist jedoch der Umstand geläufig, dass er bei der Verwendung von Domainadressen sehr genau auf die exakte Schreibweise zu achten hat. **Der durchschnittlich informierte Nutzer verbindet mit der Domain nämlich in erster Linie die Adressierungsfunktion, erst in zweiter Linie die mögliche Namens- und Identifizierungsfunktion.** Denn neben Marken, Namen und sonstigen Zeichen finden sich im Internet zahllose Websites, die mit generischen oder Gattungsdomains, ganzen Sätzen oder Phantasiewörtern adressiert sind. Die **Doppelnatur** von

---

437 Hans. OLG Hamburg, MMR 2006, 226 – „kompit.de/combit.de“.
438 Vgl. auch Hans. OLG Hamburg, CR 2001, 552 – „*1001buecher*.de vs. 2001“.
439 *Hufnagel*, WAP 2000, 112; *Reinhardt*, WAP 2001, 13; *Schmidt-Borgatzky*, GRUR 2002, 941.
440 EuGH, WRP 1999, 307 – „Sektkellerei Kessler“; BGH, CR 2001, 777 – „mitwohnzentrale.de“.

Domains ist jedermann bekannt. Der Nutzer weiß daher, dass er auf kleinste Abweichungen, beispielsweise in einem Satzzeichen oder in einem einzigen Buchstaben, zu achten hat, anderenfalls er mit einem Eingabeversuch in seinem Browser zu einem völlig anderen Internet-Rechner gelangen würde, oder eben im technischen Nirwana. Der Nutzer nimmt dies entweder bei seinem ersten Suchvorgang in Kauf, oder er wendet sich gleich an eine Suchmaschine wie „Google", wo er den gesuchten Namen in vermuteter Schreibweise eingibt. Vor diesem Hintergrund wird sich der Nutzer, konfrontiert man ihn verbal mit einer für ihn grundsätzlich interessanten Domainadresse, in aller Regel durch Rückfrage vergewissern und sich in dennoch verbleibenden Zweifelsfällen den Domainnamen buchstabieren lassen oder ihn sich gleich aufschreiben, um eben gerade nicht technisch bedingt zunächst versehentlich eine andere Internetadresse aufzurufen und dann neu suchen zu müssen. Er wird daher nicht nur besonders genau hinhören, wenn es um die Mitteilung einer Domainadresse geht, sondern er wird geradezu sicherstellen, dass er alles, von der etwaigen Third Level Domain (z. B. www.*news*.kanzlei.de) über die Second Level Domain (z. B. www.news.*kanzlei*.de) bis zur Top Level Domain („.de") richtig und vollständig notiert hat.

282 Von diesem Regelablauf kann es nur *zwei Ausnahmen* geben:
- Den **Gattungsbegriff**, dessen Schreibeweise – wie im Beispiel „Mitwohnzentrale" – jedem hinreichend Schriftkundigen geläufig sein wird und die
- **berühmte Marke**, die dem Nutzer im täglichen Leben regelmäßig und multimedial entgegen tritt, wie beispielsweise „Bayer" oder „Krupp".

283 Das Beispiel „Krupp" eignet sich besonders zu veranschaulichen, worum es geht: *Krupp* beginnt mit einem „K" und endet mit einem doppelten „P". Je nach Region und Dialekt, oder auch der jeweiligen Raumakustik unterworfen, kann das Wortende „PP" auch als „B" missverstanden werden, so wie es im Streitfall „kompit.de vs. combit" auch nicht mit letzter Gewissheit ausgeschlossen werden kann, dass der Buchstabe „P" in „kompit" mit dem Buchstaben „B" in „Combit" einmal von einem flüchtigen Zuhörer verwechselt werden kann. Dies ist das allgemeine Lebensrisiko. Ebenso ist es das allgemeine Lebensrisiko des flüchtigen Zuhörers, dass er den Anfangsbuchstaben „K" als „C" missversteht. Insbesondere in Sachsen und teilweise im Süden der Republik neigt die Bevölkerung ferner dazu, das im Hochdeutschen schärfer gesprochene „K" weicher einzufärben, also das „K" wie ein „G" zu betonen. So wird sehr leicht aus der Firma Krupp und deren Domain „krupp.de" eine Firma „Grub" mit der Domain „grub.de". Wäre da nicht die Berühmtheit der Firma „Krupp", so ließe sich aus der reinen Phonetik eine hierauf begründete Verwechslungsfähigkeit zweier Zeichen – wie hier „kompit" und „Combit" – nicht herleiten. Im Gegenteil, eine gesprochene Wortendung „P" kann genauso gut in korrekter Schreibweise auf „ph" enden, das „K" kann dem „C" entsprechen oder eben auch dem „G" wie zuvor nachgewiesen, und der Buchstabe „P" kann dem Buchstaben „B" nahe kommen. Gleiches gilt z. B. für „F" mit „V" und für „AE" mit „E" etc.

284 **Es mag also sein, dass die Verwechslungsfähigkeit bei Internetdomains grundsätzlich auch in phonetischer Hinsicht bestehen kann. Dies setzt jedoch eine eindeutige, unmissverständliche Schreibweise voraus,** wie insbesondere bei **Gattungsbegriffen**, oder eben die **Berühmtheit** des Kennzeichens. Daher kann dem Landgericht Hamburg im Fall „PubliKom vs. public-com.de" uneingeschränkt dahin beigetreten werden, dass die am Internetkommunikationsverkehr Beteiligten sehr genau zu differenzieren wissen zwischen den Schreibweisen der einzelnen Adressaten, dies auch im Rahmen der Frage, ob es sich um eine Schreibweise mit „K" oder „C", also in deutscher oder angelsächsischer

Manier handelt oder ob Punkte oder Bindestriche zu setzen sind oder die Bezeichnung in einem Wort geschrieben wird[441].

285 Was das kennzeichenrechtliche Abstandsgebot anbelangt, wird daher in der wohl vorherrschenden Judikatur unseres Erachtens zu Recht dafür plädiert, im Bereich der Domainnamen einen großzügigeren Maßstab als üblich anzulegen, da angesichts des begrenzten Domainnamensraums der Verkehr sich daran gewöhnt hat, sorgfältiger auf die Unterschiede zu achten. Dies gilt jedenfalls für den Regelfall, bei dem es maßgeblich auf die Eingabe von Domainnamen in die URL-Zeile des Browsers ankommt. Lediglich *außerhalb* der Verwendung im Medium Internet, also außerhalb der primären Adressierungsfunktion der Domain, mag etwas anderes gelten[442].

286 Das Hanseatische Oberlandesgericht Hamburg begründet seine Ansicht im Fall „kompit.de vs. combit“ unter anderem damit, dass im Bereich der Domainadressen **kein Sonderrecht** geschaffen werden dürfe, was aus den zuvor genannten Gründen jedoch nicht zu gewärtigen ist. In diese Richtung – Vermeidung eines Sonderrechts – deuten indes auch einige andere Entscheidungen. Das Oberlandesgericht München[443] geht von einer Verwechslungsfähigkeit der eingetragenen Marke „Intershop“ mit der Internetdomain „Intershopping“ aus. Das Landgericht Köln[444] hält die bloße Verwendung eines zusätzlichen Bindestrichs – richtigerweise – für unzureichend, die Verwechslungsfähigkeit zweier Zeichen auszuräumen, zumal es sich anbiete, eine Leerzeile innerhalb einer Firmenbezeichnung bei Verwendung als Domain, die keine Leerzeile aufweisen dürfe, durch einen Bindestrich zu füllen. Ähnlich entschied das Landgericht Düsseldorf[445] für die Konfliktlage mit „interplusshop.de“: Insbesondere bei Branchenidentität führe diese Ähnlichkeit zur Bejahung von Verwechslungsgefahr. Der Verkehr neige dazu, Bezeichnungen in einer die Aussprechbarkeit und Merkbarkeit erleichternden Weise zu verkürzen. Daran vermöge auch die Gewohnheit des Verkehrs, auf Unterschiede zu achten, auch und gerade im Medium Internet, nichts zu ändern, da es der Gesetzgeber abgelehnt habe, ein Sonderrecht für Domains zu schaffen. Daher gelte, dass auch bei Domains das Einschieben von unbetonten Zwischensilben oder unauffälligen Abweichungen im Wortinneren nicht geeignet ist, Verwechslungsgefahr auszuräumen.

287 Im Grundsatz gilt nach alldem mit der herrschenden Meinung: *Je geringer die Unterscheidungskraft des die Domain „angreifenden“ Zeichens (also der Marke oder des Unternehmenskennzeichens des Anspruchstellers), desto ähnlicher darf die Domain diesem Zeichen sein.* Bei Zeichen geringer Originalität wie z. B. „Pizza Direct“ dürfte eine Domain mit charakteristischen Abweichungen wie „pizza-direkt.de“ oder „pizzadirect24.de“ daher nicht zu beanstanden sein.

288 Nicht jeder in die Domain aufgenommene Zeichenabstand, und sei er schriftbildlich auch signifikant, ist freilich geeignet, Verwechslungen mit einem geschützten Zeichen auszuräumen. Dies betrifft insbesondere Zusätze, die das wirtschaftliche Betätigungsfeld des Kennzeicheninhabers beschreiben oder auf dieses hinweisen. So nahm der Bundesgerichtshof[446] eine Verwechslungsgefahr

---

441 LG Hamburg, MMR 2003, 127 – „PubliKom vs. public-com.de“.
442 Vgl. auch Kammergericht, GRUR-RR 2001, 180 – „checkin.com“; *Beier,* Recht der Domainnamen, S. 116.
443 OLG München, MMR 2000, 104 – „rolls-royce.de“.
444 LG Köln, MMR 2000, 120.
445 LG Düsseldorf, MMR 2001, 560 – „interplusshop.de“.
446 BGH, GRUR 2004, 790 – „pc69 vs. pc69-diskothek“.

zwischen den Bezeichnungen „PC 69" und „pc69.com" sowie „pc69-diskothek.de" an. Der Bestandteil „-diskothek.de" stelle lediglich einen **beschreibenden Zusatz** dar. Daher sei von einer Verwechselbarkeit auszugehen.

Irrig wäre es allerdings, aus der Begründung des Bundesgerichtshofs abzuleiten, dass beschreibende Domainzusätze – in diesem Fall „-diskothek.de" – *generell* unbeachtlich seien. Im Gegenteil können derlei Zusätze als Identifikator sehr wohl geeignet sein, die Gefahr von Verwechslungen auszuschließen. Im Streitfall wurde die zwischen den kollidierenden Kennzeichen „PC69" und „pc69.com", „pc69.de" und „pc69-diskothek.de" bestehende Zeichenähnlichkeit durch den Zusatz „*-diskothek*" freilich noch verstärkt, da es sich bei der klagenden Kennzeicheninhaberin um die Betreiberin einer weithin bekannten Diskothek handelte. 289

IV. Verwechslungs*gefahr* und kennzeichenrechtliche Relevanz der Webseiteninhalte

Markenrechtliche Untersagungsansprüche knüpfen – neben der zuvor erörterten (grammatikalischen oder phonetischen) Verwechslungs*fähigkeit* – an das Bestehen einer sachlichen Verwechslungs*gefahr* (Waren-/Dienstleistungs- oder Branchenidentität) zwischen den in Konflikt geratenen Kennzeichen an. Für deren Beurteilung ist – anders als bei der Feststellung der Gefahr einer Zuordnungsverwirrung im Rahmen von § 12 BGB (und sofern dort nicht ausnahmsweise das Recht der Gleichnamigen[447] Anwendung findet) – **neben der Branchennähe der Parteien regelmäßig auch der aktuelle oder geplante Inhalt der Website** zu berücksichtigen. Es kommt also im Ausgangspunkt auf folgende Frage an: 290
Sind die unter der Domain beworbenen Waren oder Dienstleistungen den durch den Markenschutz des Anspruchstellers erfassten ähnlich, beziehungsweise sind Domaininhaber und der Anspruchsteller in verwandten Branchen tätig?

Die Relevanz der Seiteninhalte entspricht inzwischen der ganz herrschenden Rechtsprechung: In einem der ersten diese Spruchpraxis prägenden Fälle konnte das Oberlandesgericht Frankfurt[448] beispielsweise im Fall „cityfloh.de" zwischen dem Transportwesen, für das die Klagemarke eingetragen war, und der Unterhaltung eines Internetmagazins, für dessen Erstellung die Domain registriert wurde, keinerlei Waren- oder Dienstleistungsähnlichkeit feststellen. Allein der Umstand, dass die angegriffene Bezeichnung im Internet benutzt werde, könne die für das Bestehen markenrechtlicher Ansprüche erforderliche Verwechslungsgefahr nicht herbeiführen, wenn es an jeder Produkt- und Branchenähnlichkeit zwischen den kollidierend bezeichneten Gegenständen fehle. 291

447 Dazu oben Rn. 117 ff. (E. V.).

448 OLG Frankfurt, Urt. v. 8.6.2000, 6 U 47/00 – „cityfloh.de"; vgl. ferner Hans. OLG Hamburg, AfP 2001, 219 – „derrick.de"; OLG Frankfurt, BB 2000, 1213 – „alcon.de"; OLG Karlsruhe, CR 2002, 60; OLG Düsseldorf, ZUM-RD 2001, 446 – „claro.de"; Hans. OLG Hamburg, CR 2002, 833 – „siehan.de"; für Österreich OGH, Urt. v. 2.10.2007 (17 Ob 13/07x): In Abkehr zur bisherigen eigenen Rechtsprechung geht der OGH davon aus, dass, soweit die Nutzung einer Domain nach materiellem Recht nicht gänzlich untersagt werden könne, in der Regel auch kein Anspruch auf Einwilligung in deren Löschung bestehe. Ein Löschungsanspruch ergebe sich nicht zwingend aus § 52 ÖMSchG; es komme letztlich auf den Inhalt unter der Domain an. Denn die Rechtsverletzung könne durch Änderung des Inhalts beseitigt sein; § 52 Abs. 1 ÖMSchG verlange lediglich die Beseitigung der Beeinträchtigung. Mit deren Beseitigung sei die Nutzung der Domain mit legalen Inhalten erlaubt.

292 Einzig nach Ansicht des Landgerichts Düsseldorf[449] soll das Inhaltskriterium nicht maßgebend sein: Vergleichbar zwei unter identischem Titel angebotenen Zeitschriften, für die ebenfalls eine Ähnlichkeit anhand ihres Inhalts nicht konstatiert werden müsse, gelte für die Homepage, dass **nicht der Inhalt, sondern das Produkt „Homepage" als solches (also schon das virtuelle Titelblatt) die Ware oder Dienstleistung im Sinne des Markengesetzes sei**, mit der Verwechslungsgefahr bestehen müsse. Auf den konkreten Informationsgehalt der jeweiligen Website käme es dann nicht mehr an. Mit der im „epson.de"-Fall vertretenen Ansicht, die in letzter Konsequenz zu einer allumfassenden Verwechslungsgefahr („jeder gegen jeden") hätte führen können, ist das Landgericht Düsseldorf freilich allein geblieben und hat diese Linie in der Folge auch nicht durchgängig weiterverfolgt[450].

293 Der *3. Zivilsenat* des Hanseatischen Oberlandesgerichts hat in „schuhmarkt.de"[451] wichtige Entscheidungskriterien zur Beurteilung der markenrechtlichen Verwechslungsgefahr zusammengefasst. Das Landgericht Hamburg hatte die Beklagte verurteilt, die Nutzung der Domain „schuhmarkt.de" zu unterlassen. Das Oberlandesgericht hob die Entscheidung der Vorinstanz auf. Bei der Prüfung des Anspruches aus §§ 5 Abs. 3, 15 Abs. 2 MarkenG (Werktitelschutz) untersuchte es die Frage der Verwechslungsgefahr und die heranzuziehenden Kriterien.

> Dazu führte der *Senat* aus: „Die Leitseite ist lediglich ein Mittel, die dahinter stehenden Waren bzw. Dienstleistungen anzubieten, nicht aber selbst Ware oder Dienstleistung. Ohne Kenntnis dessen, wofür die Internetanschrift steht, lassen sich weder Feststellungen zu einer Verwechslungsgefahr noch zur Unlauterkeit eines Verhaltens treffen. Ein solches Verbot würde auch Handlungen erfassen, die möglicherweise nicht rechtswidrig sind oder für die keine Begehungsgefahr besteht."

294 Der *Senat* macht mithin deutlich, dass es im Bereich des Markenrechts auf den Namen der Domain alleine nicht ankommen kann. **Für die Beurteilung der Verwechslungsgefahr sind auch die Inhalte der Homepage maßgeblich. Auf dieser Ebene ist mithin die Ausräumung einer etwaigen Verwechslungsgefahr noch möglich.** Denn der durchschnittlich verständige, informierte und aufmerksame Verbraucher werde es bestenfalls für möglich halten und versuchsweise, um sich den Umweg über eine Suchmaschine zu ersparen, diese Anschrift eingeben, aber weder überrascht noch enttäuscht sein, wenn sich statt der erhofften Leitseite der Klägerin eine Präsentationsplattform für den Schuhwarenhandel öffne. Zu Verwechslungen könne es bei dieser Sachlage nicht kommen.

295 Der *5. Zivilsenat* des Hanseatischen Oberlandesgericht Hamburg stellt demgegenüber wie gesehen auf die **abstrakte Verwechslungsgefahr** ab und hob im Fall „combit vs. kompit.de"[452] die Entscheidung des Landgerichts Hamburg[453], in der auf den für den Bereich der Internetdomains hinreichenden Zeichenabstand

---

449 LG Düsseldorf, WM 1997, 1444 – „epson.de"; ZUM-RD 2000, 192 – „t-box.de" (Berufungsurteil OLG Düsseldorf, MMR 2001, 706).

450 Vgl. etwa Urt. v. 3.8.2001, 38 O 38/01 – „exes.de" = JurPC Web-Dok. 3/2002: „Eine Verwechslungsfähigkeit zwischen der in einer Domain verwendeten Bezeichnung ‚exes' und der geschützten Marke EXES ist trotz Identität des kennzeichnungskräftigen Bezeichnungsteils nicht anzunehmen, wenn die unter dem Zeichen angebotenen Dienstleistungen – hier: Unternehmensberatung einerseits sowie Design und Programmierung andererseits – nicht ähnlich sind" [LS JurPC]; Berufungsurteil OLG Düsseldorf, MMR 2002, 827.

451 Hans. OLG Hamburg, CR 2003, 850 – „schuhmarkt.de".

452 Hans. OLG Hamburg, MMR 2006, 226 – „kompit.de/combit.de".

453 Landgericht Hamburg, Urt. v. 25.1.2005, 312 O 681/04.

und die Maßgeblichkeit der Homepage im Rahmen der Verwechslungsgefahr abgestellt worden war, auf. Zwischen beiden Zeichen bestehe sowohl klanglich als auch schriftbildlich hochgradige Zeichenähnlichkeit. Die Behauptung, wonach der durchschnittlich informierte Internetnutzer bei Eingabe von Domains ein hohes Maß an Sorgfalt aufwende und daher auch schon bei der Wahrnehmung von Domains auf kleinste Unterschiede in der Schreibweise achte, sei nicht näher belegt, spiele aber auch keine Rolle, da dies in erster Linie für die schriftbildliche Wahrnehmung zu gelten habe. Dies sei aber nicht die einzige Wahrnehmungsmöglichkeit. Vielmehr würden Domains auch mündlich weitergegeben. **Damit ist die phonetische Verwechslungsgefahr angesprochen, die aufgrund der Möglichkeit, Domainadressen auch mündlich weiterzugeben, bereits ausreichen soll**[454]. Die kontrovers diskutierte Frage, ob bei der Prüfung der Verwechslungsgefahr auch auf den konkreten Inhalt der Homepage abzustellen sei – so die wohl herrschende Meinung – verneinte der *Senat* ebenfalls. **Die markenrechtliche Verwechslungsgefahr werde regelmäßig nicht durch den Inhalt der Internetseite beseitigt,** deren Domainname mit der Klagemarke zeichenähnlich ist. **Denn die Verwechslungsgefahr habe sich bereits bei Eingabe der Domain konkretisiert.** Selbst wenn die Startseite durch ihren Inhalt dem Nutzer ermögliche, seine Fehlvorstellung zu erkennen, sei die Verwechslungsgefahr in jedem Fall bereits relevant geworden.

296 Hiergegen lässt sich freilich einwenden: Indem der Nutzer die missverstandene Domain eingibt, ist er bereits einer Fehlvorstellung unterlegen, die maßgeblich mit seiner individuellen Wahrnehmung zusammenhängt. Faktoren wie Aufmerksamkeit, Fachkunde und die Art und Weise, wie er zu seiner – fehlerhaften – Kenntnis von der Domainschreibweise gelangt ist, sind notwendige Vorbedingungen für die Eingabe des Domainbegriffs, mit dem sich nach Ansicht des *Senats* die Verwechslungsgefahr konkretisiert. Jedoch schreibt *Bornkamm*[455] zutreffend, dass der **Grad der Aufmerksamkeit im Medium Internet ein höherer** sein kann. Anders gewendet verhält es sich so, dass es also durchaus auf den Grad der Aufmerksamkeit beim Kenntniserhalt von dem Kennzeichen, welches vor Verwechslungen geschützt werden soll, ankommt. Dieser Grad der Aufmerksamkeit variiert und ist im Internet gesteigert, dies eben gerade darum, **weil sich der Verkehr an die Doppelfunktion von Domains gewöhnt hat.** Er wird eine Domain nicht einfach „aufschnappen“, ohne nach ihrer Schreibweise zu fragen, es sei denn bei bekannten Namen bzw. Kennzeichen oder Gattungsbegriffen. Es bedarf daher nicht des Rückgriffs auf ein Sonderrecht[456]. Bedauerlicherweise hat der *Senat* die Revision trotz der Uneinheitlichkeit der Rechtsprechung nicht zugelassen.

297 Dass es auf die konkrete Ausgestaltung der Inhalte, die unter der angegriffenen Domain abrufbar sind, ankommen muss, ergibt sich überdies schon aus der Europäischen Markenrichtlinie und dem hierauf beruhenden MarkenG von 1995.

Dazu führt der Oberste Gerichtshof Österreichs aus[457]: „Für die Maßgeblichkeit des Inhalts der Homepage spricht, dass durch die bloße Registrierung einer Internet Domain nur dann in Markenrechte eingegriffen werden könnte, wenn das Zeichen mit der Registrierung im Sinne des § 10a MSchG benutzt würde. Nach dieser Bestimmung liegt eine dem Markeninhaber vorbehaltene Benutzung eines Zeichens zur Kennzeichnung einer Ware oder Dienstleistung (unter anderem) dann vor, wenn unter dem Zeichen Waren

454 Vgl. oben Rn. 264 ff. (G. III.).
455 Bornkamm, CR 2005, 747.
456 Siehe nochmals oben Rn. 264 ff. (G. III.).
457 OGH, Urt. v. 30.1.2001, 4 Ob 327/00t, unter Hinweis auf *Ingerl/Rohnke, Markengesetz*, § 14 Rn. 241.

oder Dienstleistungen angeboten werden oder wenn das Zeichen in den Geschäftspapieren, in Ankündigungen oder in der Werbung benutzt wird (§ 10a Z 2 und 4 MSchG). Die bloße Registrierung einer Domain ist regelmäßig keine Benutzung eines Zeichens in diesem Sinne."

Auch das Oberste Bundesgericht der Schweiz teilt diese Ansicht; im zweiten redaktionellen Leitsatz zum Fall „riesen.ch"[458] heißt es: „Bei der Bestimmung der Markenrechtsverletzung sind die Tatbestandsmerkmale der Verwechselbarkeit zweier Domainnamen und der Gleichheit oder Gleichartigkeit zweier Marken zu unterscheiden. Bei der Bestimmung der Gleichheit oder Gleichartigkeit ist (auch) auf den Inhalt der jeweiligen Webseiten und die darauf angebotenen Dienstleistungen abzustellen."

298 Unterlassungs- und Freigabeprozesse, in denen ein nicht im Rechtssinne „bekanntes" Unternehmenskennzeichen gegen die verwechslungsfähige Domain einer Privatperson, die sich für das darunter abrufbare Angebot auf ideelle oder ausschließlich private Informationen beschränkt, durchgesetzt werden soll und dem Inhaber auch nicht etwa eine Behinderung des Unternehmens, die Veräußerung der Domain gegen eine „Ablösesumme", ein spekulatives „Horten" einer Vielzahl von Domains oder eine sonst sittenwidrige Verwendung zum Vorwurf gemacht werden kann, sind daher mit einem hohen Risiko behaftet. Das Landgericht München I[459] etwa ist der Ansicht, dass die für eine Namensrechtsverletzung erforderliche **Verwechslungsgefahr nicht vorliege, wenn der Namensinhaber ausschließlich kommerziell und der Domaininhaber rein ideell tätig sind** und sich die Kennzeichen (hier: „versum" vs. „infoversum") – wenn auch nur geringfügig – unterscheiden. Ähnlich das Landgericht Frankfurt/M. im Fall „digamma-portal.de"[460], wonach eine Namensleugnung nach § 12 BGB bei rein privat genutzten Websites ausscheide, da keine branchennahen Inhalte adressiert würden. Das gleiche gelte, wenn nicht bekannt ist, in welcher Branche der Domaininhaber später tätig sein werde. Nutze der Markeninhaber bereits eine mit der Marke identische Domain („digamma.de"), so stelle die Registrierung einer ähnlichen Domain („digamma-portal.de") auch keine sittenwidrige Schädigung oder Behinderung dar. Und auch das Oberlandesgericht Karlsruhe[461] lehnt Ansprüche aus §§ 226, 826 BGB ab, wenn sich keine Anhaltspunkt für ein „Domain-Grabbing" oder eine kennzeichenmäßige künftige Verwendung innerhalb des markenrechtlichen Schutzbereichs ergeben.

V. Relevanz der Webseiteninhalte *außerhalb* des Kennzeichenrechts

299 Die Homepagerelevanz entspricht im Übrigen auch im Bereich wettbewerbsrechtlicher Ansprüche, etwa im Rahmen der **Irreführungsprüfung anhand der konkreten Webseiteninhalte** sowie in den Fällen von **Namensgleichheit**, herrschender Rechtsprechung.

Der Bundesgerichtshof führt im Fall „presserecht.de"[462] hierzu aus: „Im Übrigen darf bei der rechtlichen Bewertung nicht außer acht gelassen werden, dass die mögliche Fehlvorstellung eines Internet-Nutzers über die Person des Anbieters spätestens durch „Aufschlagen" der ersten Seite der Homepage des Antragstellers ausgeräumt würde. Dem Umstand, dass eine etwaige ursprüngliche Fehlvorstellung auf diese Weise umgehend korrigiert wird, kommt aber eine erhebliche Bedeutung bei der Beantwortung der Frage zu, ob eine relevante Irreführung des Verkehrs vorliegt".

---

458 BGer, MMR 2005, 229 – „riesen.ch".
459 LG München I, Urt. v. 5.9.2001, 77 HK O 10964/01.
460 LG Frankfurt/M., Urt. v. 10.10.2001, 3/8 O 86/01 – „digamma-portal.de".
461 OLG Karlsruhe, CR 2002, 60.
462 BGH, NJW 2003, 504 – „presserecht.de".

Schon in der „vossius.de"-Entscheidung hatte der Bundesgerichtshof klargestellt, dass „in Fällen der Gleichnamigkeit [...] das Gebot der Rücksichtnahme auch auf andere Weise unter Beibehaltung des Domain-Namens" erfüllt werden könne, indem nämlich „auf der ersten Internetseite, die sich für den Besucher öffnet, deutlich" gemacht werde, dass es sich nicht um das Angebot der Kläger handele, und zweckmäßigerweise – wenn die Kläger an einem solchen Hinweis interessiert sind – zusätzlich angegeben werde, wo dieses Angebot im Internet zu finden sei.

Zur Vermeidung einer Irreführung hatte es der Bundesgerichtshof im Fall „mitwohnzentrale.de"[463] in Fällen, in denen der fragliche Begriff nicht zur Annahme einer Alleinstellung des auf diese Weise gefundenen Anbieters einlade, ausreichen lassen, wenn der Nutzer erkenne, dass er **mit der Suchmethode der Direkteingabe der Domain kein vollständiges Bild des Internetangebotes erhalte.** Ähnliches ist freilich auch einem älteren Urteil des – später umschwenkenden[464] – 5. *Senats* des Hanseatischen Oberlandesgerichts Hamburg zu entnehmen, wo *obiter dictum* noch zu lesen ist, dass der Inhalt einer Homepage für die Beurteilung der Verwechslungsgefahr einer Domainbezeichnung mit einem anderen Kennzeichen heranzuziehen ist[465]. Ferner hat ebenfalls derselbe *Senat* in seinem Urteil „Mitwohnzentrale II" den Rückgriff auf den Inhalt der Homepage als zulässig und notwendig erachtet[466]. 300

1. Überlagerung durch missbräuchliche Registrierung

Auf die Verwechslungsgefahr kommt es indessen nicht an bei evidenten Missbrauchsfällen[467]. Statt vieler sei hier das Oberlandesgericht Nürnberg[468] erwähnt, das schon in einer sehr frühen Entscheidung klargestellt hat, dass in der Registrierung eines Domainnamens unter der Länderkennung „.de" und deren Aufrechterhaltung jedenfalls dann eine sittenwidrige Absatzbehinderung eines – wenngleich branchenfremden – Unternehmens liege, wenn die Domain mit dessen unterscheidungskräftigen Firmenschlagwort übereinstimme, der Registrierenden davon Kenntnis habe und ein eigenes – rechtliches oder wirtschaftliches – Interesse an dem Domainnamen nicht besitze. 301

2. Überlagerung durch Bekanntheitsschutz

Der Aspekt der Verwechslungsgefahr, also der Ähnlichkeit der unter einer Marke beworbenen Waren oder Dienstleistungen bzw. der Branchennähe zweier Unternehmen, wird überwunden durch die „Bekanntheit" (nicht mehr gefordert wird die zum alten § 16 UWG entwickelte „Berühmtheit" mit Verbreitungsgraden von zumindest 80 %) des Kennzeichens[469]. So hielt etwa das Oberlandesgericht Hamm[470] die Marke „Veltins" für hinreichend bekannt. Sie setzte sich daher gegenüber der für ein unter identischem Beinamen auftretendes Textilunternehmen registrierten Domain „veltins.com" durch. Ähnlich das Oberlandesgericht Karlsruhe[471], wonach derjenige, der eine Domain nutze, die aus einer bekannten Marke abgeleitet sei und so die mit der Marke verbunde- 302

463 BGH, CR 2001, 777 – „mitwohnzentrale.de".
464 Vgl. Hans. OLG Hamburg, MMR 2006, 226 – „kompit.de/combit.de", eingehend erörtert oben Rn. 264 ff., 290 ff. (G. III. und IV.).
465 Hans. OLG Hamburg, CR 2004, 769 – „tipp.ag".
466 Hans. OLG Hamburg, CR 2003, 605 – „Mitwohnzentrale II".
467 Dazu ausführlich oben Rn. 45 ff. (C. II.).
468 OLG Nürnberg, CR 2001, 54.
469 Vgl. dazu schon oben Rn. 117 ff., 188 ff. (E. V. und F. V. 1. a).
470 OLG Hamm, CR 2002, 217 – „veltins.com"; vgl. 2001, 4 U 32/01 – „veltins.com"; vgl. auch Hans. OLG Hamburg, ZUM-RD 2001, 131 – „derrick.de".
471 OLG Karlsruhe, MMR 1999, 171 – „zwilling.de".

nen Gütevorstellungen ausnutze, um die Aufmerksamkeit der Nutzer auf sich zu lenken, unlauter handele und zudem die Wertschätzung der Marke beeinträchtige.

303 Der Unterlassungsanspruch folgt in diesen Fällen § 14 Abs. 2 Nr. 3 (bekannte Marke) oder § 15 Abs. 3 und 4 MarkenG, §§ 12, 823 Abs. 1 BGB (bekannte geschäftliche Bezeichnung), da eine Verwechslungsgefahr im Rechtssinne zwischen den sich gegenüberstehenden Bezeichnungen (einschließlich der Gefahr eines Imagetransfers) aufgrund gänzlich fehlender Waren- oder Dienstleistungsähnlichkeit bzw. in Ermangelung von Branchennähe nicht besteht[472].

304 Die Unterscheidungskraft und Wertschätzung einer solchen im Inland bekannten Marke kann insbesondere dadurch ohne rechtfertigenden Grund in unlauterer Weise ausgenutzt werden, dass eine mit dem Klagezeichen hochgradig ähnliche Domain benutzt wird. So verhielt es sich etwa in den Fällen „derrick.de" und „zwilling.de": Die Verwendung der bekannten Marke als Internetdomain verstoße schon dann gegen § 14 Abs. 2 Nr. 3 MarkenG, wenn ihre Bekanntheit als solche ausgenutzt werde, **indem ihre Unterscheidungs- und Anziehungskraft gleichsam als Aufmerksamkeitswerbung diene**. Dadurch würden Attraktionskraft und Werbewert unabhängig von besonderen Eigenschaften oder einer besonderen Qualität des Produkts kommerzialisiert und die Unterscheidungskraft der Marke beeinträchtigt bzw. verwässert.

H. Wettbewerbsrechtliche Ansprüche

305 Das UWG verbietet sittenwidrige Handlungen beziehungsweise irreführende Angaben im geschäftlichen Verkehr zu Zwecken des Wettbewerbs und postuliert als Sanktion Unterlassungs-, bei Hinzutreten von Verschulden auch Schadensersatzansprüche. Die im Zuge richterlicher Rechtsfortbildung entwickelten Grundsätze zum Schutz bekannter oder berühmter Kennzeichen vor Rufausbeutung, Rufbeeinträchtigung oder Verwässerung sind mit Inkrafttreten des Markengesetzes zum 1. Januar 1995 weitgehend obsolet geworden[473]. Mit *Völker/Weidert*[474] ist jedoch davon auszugehen, dass einige dieser Grundsätze in Bezug auf Domainbezeichnungen, die keinem spezialgesetzlichen, insbesondere namens- oder kennzeichenrechtlichen Schutz unterfallen, denen aufgrund ihrer Eigenart gleichwohl eine gewisse Bedeutung im Wettbewerb zukommen kann, durchaus nach wie vor Platz greifen können. Zu denken ist hier an **bekannte, eingängige Slogans** oder die Verwendung von **Gattungsbegriffen in** Domains. Von herausragender Bedeutung sind jedoch vor allem die Fälle **unlauterer Behinderung durch eine sittenwidrige Blockade** bestimmter Internetadressen und die Gefahr der **Irreführung** oder der **Kanalisierung** von Kundenströmen durch Verwendung **generischer Domains**. Hier kann ein Rückgriff auf die Vorschriften des UWG geboten sein. (Gleiches gilt für die subsidiäre Anwendung der Vorschriften §§ 823 Abs. 1, 1004, 826 BGB[475].) Die Benutzung von Domains kann daher durchaus über die durch die kennzeichenrechtlichen Sondervorschriften geschützten Tatbestände hinausgreifen:

---

472 Vgl. oben Rn. 290 ff., 440 ff. (G. IV. und unten K. V. 2.).
473 Vgl. BGH, CR 2002, 525 – shell.de".
474 *Völker/Weidert*, WRP 1997, 652.
475 Vgl. oben Rn. 66 ff., 93 ff. (C. II. 2. und D. II.).

I. Monopolisierung und Kanalisierung: (Un-) Zulässigkeit von beschreibenden und Gattungs-Begriffen?

Aufgrund einer Entscheidung des Oberlandesgerichts Frankfurt/M. aus dem Jahre 1997[476] durfte lange Zeit davon ausgegangen werden, dass durch die Registrierung von Gattungs- oder Branchendomains („Monopoldomains") keine Wettbewerbsverstöße durch Irreführung, Herkunftstäuschung oder Kanalisierungseffekte begangen werden konnten, vielmehr allein auf die *inhaltliche* Richtigkeit des suggerierten Angebots und seiner Herkunft abzuheben war. Die Frankfurter Entscheidung ist in der Folge auf Kritik gestoßen und wurde durch ein Urteil des Hanseatischen Oberlandesgericht Hamburg vom 13.7.1999 zur Domain „mitwohnzentrale.de"[477] schließlich gänzlich in Frage gestellt: Die Registrierung von Monopoldomains, so der *Senat*, könne dem fairen Leistungswettbewerb widersprechen. Die Gefahr, dass generische Netzadressen von der Mehrheit der Internetnutzer wegen ihrer leichten Einprägsamkeit und ihrer regelmäßig hohen Listung (Trefferhäufigkeit) bei der Eingabe in Suchmaschinen bevorzugt würden, sei nicht zu unterschätzen. Angesichts des vielfältigen Angebotes in den Datennetzen neige nach Ansicht des *Senats* ein beachtlicher Kreis von Nutzern dazu, sich unter mehreren zur Auswahl stehenden thematisch vergleichbaren Angeboten der Einfachheit halber für dasjenige mit der umfassendsten Etikettierung zu entscheiden. Dieser **Lenkungseffekt** könne bereits genügen, um die Chancengleichheit im Wettbewerb zu stören, ohne dass die Nutzer von einer echten Vorrangstellung des Anbieters ausgehen müssten. Das Gericht belegte freilich das Phänomen der beschreibenden bzw. Gattungsdomains nicht pauschal mit dem Verdikt der Unlauterkeit. Maßgeblich sei stets der konkrete Domainbegriff und der darunter angebotene Inhalt. 306

In diesem konkret inhalts- und begriffsbezogenen Kontext argumentierte sodann auch das Oberlandesgericht Hamm bei „sauna.de"[478] und kam gegenüber „mitwohnzentrale.de" zu einem gegensätzlichen Ergebnis: Dem verständigen Saunainteressenten sei sehr wohl bewusst, dass es mehrere Anbieter auf dem Markt gebe. Er werde mithin auch bei tatsächlichem Vorliegen eines „Kanalisierungseffekts" nicht allein deswegen bei hochwertigeren Gütern wie Saunen seine Kaufentscheidung vom ersten, unter einer Gattungsdomain angezeigten Anbieter abhängig machen, sondern selbstverständlich weitere Angebote einholen. Eine etwaige Kanalisierung beruhe überdies letztlich auf einer wettbewerbskonformen Vorgehensweise. **Denn im Leistungswettbewerb sei der Vorteil des ersten Zugriffs nicht nur zulässig, sondern – als erste Nutzung einer Marktchance – eine normale Erscheinung.** Ähnlich befand das Landgericht Darmstadt[479], dass die Registrierung und Nutzung einer Gattungsbezeichnung wie „kueche.de" nicht wettbewerbswidrig sei, wenn ein „umsichtiger, kritisch prüfender und verständiger Verbraucher" beim Aufruf der mit der Domain adressierten Website ohne Weiteres erkennen könne, dass es sich nicht um ein unabhängiges und überparteiliches, sondern um ein kommerzielles Angebot handele. Ebenso wenig vermochte das Oberlandesgericht Braunschweig („stahlgussteile.de")[480] die Registrierung solcher Gattungsdomains, auch wenn 307

---

476 OLG Frankfurt/M., BB 1997, 545 – „wirtschaft-online.de".

477 Hans. OLG Hamburg, MMR 2000, 40 – „mitwohnzentrale.de"; bejahend sodann mit gleicher Begründung LG Köln, CR 2001, 193 – „zwangsversteigerungen.de" und LG München I, NJW 2001, 2100 – „rechtsanwaelte.com"; verneinend OLG München, CR 2001, 463 und LG München I, CR 2001, 194 – „autovermietung.com"; LG Hamburg, CR 1999, 617 – „lastminute.com".

478 OLG Hamm, MMR 2001, 237 – „sauna.de".

479 LG Darmstadt, ZUM-RD 2002, 90 – „kueche.de".

480 OLG Braunschweig, MMR 2000, 610 – „stahlgussteile.de".

sie das Ziel verfolge, entsprechende Suchgewohnheiten aufzugreifen, als *per se* wettbewerbswidrig zu beurteilen, es sei denn, der Anbieter wolle bewusst die unter dem Suchwort nachgefragten Informationen **unter Ausschluss der Mitbewerber auf sich zentrieren.**

308 Das Schlusswort sprach der Bundesgerichtshof in seiner Revisionsentscheidung zu „mitwohnzentrale.de“[481]: Der durchschnittlich informierte und verständige Nutzer werde durch Gattungsnamen nicht in unsachlicher Weise beeinflusst. In der Regel erkenne er, dass er **mit dieser Suchmethode kein vollständiges Bild des Angebotes** erhalte. Auch würden Mitbewerber nicht in unzulässiger Weise behindert oder vom Markt verdrängt. **Ein unlauteres Abfangen von Kunden scheide schon deshalb aus, weil sich der Werbende hier nicht gewissermaßen zwischen den Mitbewerber und dessen Kunden stelle, um diesen eine Änderung des Kaufentschlusses aufzudrängen.** Die Verwendung einer Gattungsbezeichnung sei demgegenüber allein auf den eigenen Vorteil gerichtet, ohne dass auf bereits dem Wettbewerber zuzurechnende Kunden in unlauterer Weise eingewirkt werde. **Es gehe daher nicht um ein Ablenken, sondern um ein Hinlenken von Kunden**[482]**.**

> Der BGH führt in dieser für die domainrechtliche Entwicklung richtungsweisenden Entscheidung aus: „Führt die Verwendung (...) zu einer gewissen Kanalisierung, kann dies (...) zweierlei Gründe haben: Einerseits ist es denkbar (...), dass sich ein Teil der Nutzer aus Bequemlichkeit mit dem gefundenen Angebot zufrieden gibt und keine Veranlassung hat, seine Suche nach weiteren Anbietern fortzusetzen. Andererseits mögen sich aber Nutzer auch deshalb von einer weiteren Suche abhalten lassen, weil sie meinen, die gefundene Website verschaffe ihnen Zugang zum gesamten Angebot. (...) [Einer solchen] Gefahr der Irreführung können die Beklagten [jedoch] auch auf andere Weise als durch die beantragte Unterlassung entgegenwirken – etwa dadurch, dass sie auf ihrer Homepage einen Hinweis darauf anbringen, dass es außer dem Beklagten (...) den Kläger als weiteren Verband von Mitwohnzentralen gibt (...) Der Internet-Nutzer bedarf [...] – von der Gefahr einer Irreführung abgesehen – nicht des Schutzes gegen die Verwendung beschreibender Begriffe.
>
> Der Senat geht [...] von dem Leitbild eines durchschnittlich informierten und verständigen Verbrauchers aus, der das fragliche Werbeverhalten mit einer der Situation angemessenen Aufmerksamkeit verfolgt (...) Erscheint einem solchen Internet-Nutzer (...) die Verwendung einer Suchmaschine lästig und gibt er statt dessen direkt einen Gattungsbegriff als Internet-Adresse ein, ist er sich im Allgemeinen über die Nachteile dieser Suchmethode im klaren. Er ist sich bewusst, dass es auf Zufälle ankommen kann (etwa auf die Schreibweise mit oder ohne Binde- oder Unterstreichungsstrich), ob er auf diese Weise das gesuchte Angebot findet. Lädt der fragliche Gattungsbegriff (wie in den oben angeführten Beispielsfällen ‚www.rechtsanwaelte.de‘, ‚www.autovermietung.com‘ oder ‚www.sauna.de‘) ferner nicht zur Annahme einer Alleinstellung des auf diese Weise gefundenen Anbieters ein, erkennt der Internet-Nutzer auch, dass er mit dieser Suchmethode kein vollständiges Bild des Internet-Angebots erhält. Verzichtet er aus Bequemlichkeit auf eine weitere Suche, liegt darin keine unsachliche Beeinflussung (...)
>
> Die (...) Parallele zur Fallgruppe des unlauteren Abfangens (potentieller) Kunden (...) besteht im Streitfall nicht (...) Denn es kann einem Anbieter nicht zum Vorwurf gemacht werden, dass er sich auch um die potentiellen Kunden seines Mitbewerbers bemüht. Nach der Rechtsprechung liegt ein unlauteres Abfangen von Kunden daher nur dann vor, wenn sich der Werbende gewissermaßen zwischen den Mitbewerber und dessen Kunden stellt, um diesem eine Änderung des Kaufentschlusses aufzudrängen (...) Bei der Verwendung einer Gattungsbezeichnung (...) kann nicht von einer entsprechenden Situation ausgegangen werden. Denn das beanstandete Verhalten ist allein auf den eigenen Vorteil gerichtet, ohne dass auf bereits dem Wettbewerber zuzurechnende Kunden in unlauterer Weise eingewirkt würde (...) Es geht (...) nicht um ein Ablenken, sondern um ein Hinlenken von Kunden (...)

---

481 BGH, CR 2001, 777 – „mitwohnzentrale.de“.

482 Siehe vorige Fn.

> [Es] lässt sich die Unlauterkeit [...] auch nicht mit einem Freihaltebedürfnis (...) begründen. Der (...) Grundsatz, wonach beschreibende Angaben freizuhalten sind (...), dient dazu, die Entstehung von Ausschließlichkeitsrechten an produktbezogenen Angaben zu vermeiden (...) Im Streitfall besteht indessen keine Gefahr, dass die Möglichkeiten des Klägers, die (...) angebotenen Dienstleistungen mit dem Begriff ‚Mitwohnzentrale' zu beschreiben, dadurch beschnitten werden, dass die Beklagten diesen Begriff als Domain-Name verwenden. Denn mit der Registrierung eines beschreibenden Begriffs als Domain-Bezeichnung werden keinerlei Rechte gegenüber Dritten begründet. Die Monopolisierung einer Gattungsbezeichnung (...), kann den Beklagten ebenso wenig zum Vorwurf gemacht werden wie eine unlautere Aneignung von Gemeingut (...). Auch dem Kläger geht es nicht darum, dass der Begriff ‚Mitwohnzentrale' in dem Sinne freigehalten wird, dass er von anderen als Domain-Name verwendet werden kann. Es liegt vielmehr in der Logik des geltend gemachten Anspruchs, dass der fragliche Begriff von niemandem als Domain-Bezeichnung verwendet werden soll. Würde diesem Begehren entsprochen, wäre die Suchfunktion zerstört, die der Gattungsbezeichnung (...) zukommen kann: Die Internet-Nutzer, die einen Gattungsbegriff direkt als Internet-Adresse eingeben in der Hoffnung, auf diese Weise ein sie interessierendes Angebot zu finden, würden enttäuscht und auf den vom Berufungsgericht als beschwerlich geschilderten Weg der Suchmaschinen verwiesen (...)
> Es sind [...] keine rechtlichen Gesichtspunkte zu erkennen, weswegen der (...) durch die Registrierung von ‚Mitwohnzentrale' zuteil gewordene Vorteil unlauter oder generell zu missbilligen wäre. Die Wettbewerber [sind] hinsichtlich der Registrierung von Gattungsbegriffen allein dem Gerechtigkeitsprinzip der Priorität unterworfen, wenn sich eine Unlauterkeit nicht aus anderen Gesichtspunkten herleiten lässt. Der Vorteil, der demjenigen gegenüber seinen Wettbewerbern zukommt, der als erster um die Registrierung eines beschreibenden Domain-Namens nachsucht, kann nicht als unlauter angesehen werden (...)"

Eine Behinderung oder Irreführung sei jedoch im Einzelfall denkbar, wenn der Begriff **gleich unter mehreren Top Level Domains oder in verschiedenen Abwandlungen** registriert werde[483]. 309

Damit schlägt der Bundesgerichtshof den Bogen zu den Fallkonstellationen, die an anderer Stelle[484] bereits als Unterfall des „Domain-Grabbing" diskutiert wurden. Wettbewerbsrechtlich bedenklich sind also die reinen „Sperrdomains", die nur das Ziel verfolgen, **in allen Schreibweisen und auf allen Adressebenen einen bestimmten Begriff zu monopolisieren.** Auch eine Irreführung der Nutzer über die Person und das Unternehmen des Anbieters oder den konkreten Inhalt des Web-Angebots durch Gattungsdomains hält der Bundesgerichtshof im Einzelfall für möglich, z. B. wenn **objektiv der Eindruck entstehen muss, es handele sich um den einzigen oder zumindest den führenden Anbieter der durch die Gattungsdomain beschriebenen Branche**[485]. 310

Der mit der Registrierung einer Gattungsdomain einhergehende Monopolisierungseffekt ist jedoch grundsätzlich hinzunehmen und die Auswahl eines beschreibenden Begriffs nicht *per se* wettbewerbswidrig. Vielmehr sind die Wettbewerber hinsichtlich der Registrierung von Gattungsbegriffen *„allein dem Gerechtigkeitsprinzip der Priorität unterworfen, wenn sich eine Unlauter-* 311

483 BGH, a. a. O.: „Dabei ist unumstritten, dass sich die Verwendung eines Gattungsbegriffs im Einzelfall – nicht zuletzt unter dem Gesichtspunkt einer unzutreffenden Alleinstellungsbehauptung – als irreführend darstellen kann (...) Darüber hinaus kann sich die Registrierung eines Gattungsbegriffs als Domain-Name dann als missbräuchlich erweisen, z. B. wenn der Anmelder die Verwendung des fraglichen Begriffs durch Dritte dadurch blockiert, dass er gleichzeitig andere Schreibweisen des registrierten Begriffs unter derselben Top Level Domain (hier „.de") oder dieselbe Bezeichnung unter anderen Top Level Domains für sich registrieren lässt."

484 Oben Rn. 45 ff. (C. II.).

485 Unten Rn. 332 ff. (H. VI.).

keit nicht aus anderen Gesichtspunkten“, die im Folgenden erörtert werden sollen, „*herleiten lässt*“[486].

II. Gezielte Irreführung durch die Wahl eines Domainnamens

312 Im Fall „mitwohnzentrale.de“ stellt der Bundesgerichtshof auch für die Interpretationsmöglichkeiten eines Domainbegriffs auf das Leitbild des verständigen, aufgeklärten Verbrauchers ab. Dem ist die Instanzrechtsprechung gefolgt. Das Oberlandesgericht München[487] etwa sieht die Erwartung der Nutzer bei der Eingabe eines generischen Begriffes in eine Suchmaschine eben gerade nicht dahin gehend, einen spezifischen Treffer, der sozusagen das gesamte angefragte Waren- oder Dienstleistungspaket repräsentiert, zu erzielen. Der Nutzer, so der *Senat*, dürfte wohl eher davon ausgehen, eine **Vielzahl von Treffern oder ein branchenspezifisches Portal** bei seiner Suche zu erhalten. Nur letzteres zu erwarten, widerspreche dagegen der Lebenserfahrung.

313 Mitunter wurden in der Rechtsprechung auch Unterlassungsansprüche wegen der einem – insbesondere generischen – Domainnamen immanenten Irreführungsgefahr zuerkannt. Der durch eine Domain suggerierte Informationsgehalt der hierdurch adressierten Website kann geeignet sein, beim Publikum bestimmte Vorstellungen über den Informationsgehalt einer Website oder die Qualifikation bzw. sonstige Eigenschaften über den Betreiber der Website oder den Inhaber der Domain hervorzurufen[488]. Die konkrete Irreführung kann sich insbesondere aus dem Zusammenspiel zwischen der durch die Domain suggerierten Information und den sodann tatsächlich abrufbaren Inhalten ergeben. Losgelöst von einer Prüfung der konkreten durch die Domain adressierten Website lässt sich sonach eine Irreführung nicht ohne Weiteres bejahen, es sei denn es handele sich nach objektivem Begriffsverständnis um eine **Alleinstellungs- oder Spitzenstellungsdomain**[489].

314 Erforderlich ist jedoch stets eine konkrete Tatsachenbehauptung, die der Domain objektiv zu entnehmen ist. Daran fehlt es nach Ansicht des Landgerichts Berlin beispielsweise bei dem Domainnamen „gigarecht.de“[490] für einen rechtsanwaltlichen Beratungsdienst. Andererseits sah das Landgericht Köln – mit einer unseres Erachtens unhaltbaren Argumentation – den Begriff „Hauptbahnhof“ als irreführende Sachangabe hinsichtlich der Person des Domaininhabers an[491]. Ohne solchen konkreten Bedeutungsgehalt sind jedoch Wortspiele wie „recht-freundlich.de“ für eine Rechtsanwaltskanzlei – eine Domain, gegen die das Landgericht Hannover weder standesrechtliche noch wettbewerbsrechtliche Bedenken hatte[492] – nicht *per se* geeignet, zu einer relevanten Irreführung des Verkehrs zu führen.

315 Bei **mehrdeutigen Angaben** bzw. solchen, die nach objektivem Begriffsverständnis einen unterschiedlichen Bedeutungsgehalt aufweisen können, darf grundsätzlich **keine der durch die Domainbezeichnung eröffneten Interpretationsmöglichkeiten irreführend** sein. Die Beurteilung der Irreführungsgefahr hängt

---

486 BGH, CR 2001, 777; vgl. auch OLG Stuttgart, WRP 2001, 971 – „dtp.de“; OLG München, CR 2001, 463 – „autovermietung.com“.
487 OLG München, a. a. O.
488 OLG Nürnberg, WRP 2002, 343 – „steuererklaerung.de“.
489 Unten Rn. 332 ff. (H. VI.).
490 LG Berlin, NJW-RR 2001, 1719 – „gigarecht.de“.
491 LG Köln, MMR 2000, 46 – „hauptbahnhof.de“; zur Kritik oben Rn. 66 ff. (C. II. 2.), Fn. 100.
492 LG Hannover, CR 2001, 467 – „recht-freundlich.de“; bestätigend OLG Celle, CR 2002, 857.

dabei stets von der objektiven Verkehrsauffassung, also von dem Verständnis der beteiligten Verkehrskreise ab. Mit dem EuGH ist hier – wie schon verschiedentlich aufgezeigt – das **Leitbild des durchschnittlich informierten, aufmerksamen und verständigen Durchschnittsverbrauchers zugrunde zu legen, der das fragliche Werbeverhalten mit einer der Situation angemessenen Aufmerksamkeit verfolgt**[493]. Auch der Bundesgerichtshof (und in seinem Gefolge die deutsche Instanzrechtsprechung) stellt inzwischen auf diesen Verbraucherbegriff ab, der insbesondere auch auf dem Gebiet der Internetdomains Bedeutung erlangt[494]. Bezogen auf den Online-Bereich spricht der Bundesgerichtshof insofern von der Auffassung des „durchschnittlich informierten und verständigen Internetnutzers“[495].

Vor dem Hintergrund dieser Prämisse gelangte etwa das Landgericht Düsseldorf im Fall „stadtkultur.net“[496] zu dem Ergebnis, die betreffende Domain sei nicht irreführend für ein Unternehmen, das sich mit der Anmietung und Vermarktung von Plakatierflächen beschäftige, da hier keine Täuschung des Verkehrs vorliege. Wenngleich der Verkehr der Annahme zuneigen könne, dass die Domain etwas mit kulturellen Dienstleistungen zu tun habe, sei der Begriff „Stadtkultur“ dennoch zu weit, um hier von einem hinreichend bestimmten Verkehrsverständnis ausgehen zu können, zumal Plakatwände auch von Kulturanbietern benutzt würden. 316

Die Gefahr einer durch eine bestimmte Internetdomain hervorgerufenen Irreführung kann jedoch mit dem Bundesgerichtshof wie gesehen[497] noch durch einen **aufklärenden Hinweis auf der ersten aufgerufenen Internetseite ausgeräumt** werden. Im Fall „presserecht.de“ führt der Bundesgerichtshof[498] aus, dass der Nutzer spätestens durch „Aufschlagen der ersten Seite der Homepage“ erkennen könne, wer diese Seite anbiete. Dem Umstand, dass eine etwaige ursprüngliche Fehlvorstellung auf diese Weise umgehend korrigiert werde, komme eine erhebliche Bedeutung bei der Beantwortung der Frage zu, ob eine relevante Irreführung des Verkehrs vorliege. 317

Maßgeblich nach der Rechtsprechung des Bundesgerichtshofs ist daher, ob der betreffende aufklärende Hinweis sofort und für jedermann klar erkennbar auf der Internetseite angezeigt wird. Versteckte Kleingedrucktes am Ende der Startseite oder gar nach Betätigung eines Hyperlinks dürfte demgegenüber nicht ausreichen. Auch die Verwendung des Domainnamens „rechtsanwaelte-notar.de“ verstößt mit dem Bundesgerichtshof[499] nicht gegen anwaltliches Berufsrecht (namentlich die §§ 43b BRAO, 6 Abs. 1 BORA). 318

Gemäß § 43b BRAO ist dem Rechtsanwalt Werbung erlaubt, soweit sie über die berufliche Tätigkeit in Form und Inhalt sachlich unterrichtet und nicht auf die Erteilung eines Auftrags im Einzelfall gerichtet ist. Diese Bestimmung hat in den §§ 6 ff. BORA teilweise eine nähere Ausgestaltung erfahren. Nach § 6 Abs. 1 BORA darf der Rechtsanwalt über seine Dienstleistung und seine Person informieren, soweit die Angaben sachlich unterrichten und berufsbezogen sind.

---

493 Vgl. nur EuGH, Slg. 2000, I-117, 147, Rn. 27 m. w. N.

494 BGH, WRP 2008, 1206 – „City Post“; CR 2001, 777 – „mitwohnzentrale.de“; OLG München, CR 2001, 463 – „autovermietung.com“.

495 BGH, MMR 2003, 256 – „rechtsanwaelte-notar.de“.

496 LG Düsseldorf, Urt. v. 11.1.2000, 4 O 438/98 – „stadtkultur.de“.

497 Oben Rn. 290 ff. (G. IV. und V.).

498 BGH, NJW 2003, 504 – „presserecht.de“.

499 BGH, MMR 2003, 256 – „rechtsanwaelte-notar.de“; vgl. auch OLG Hamm, MMR 2001, 237 – „sauna.de“ ; Hans. OLG Hamburg, MMR 2000, 40 – „mitwohnzentrale.de“; Kammergericht, MMR 2002, 686 m. zust. Anm. *Graf*, CR 2002, 760 – „*oil-of-elf*.de“.

319 Eine Diskrepanz zwischen dem Erscheinungsbild und dem Inhalt der Werbung bestand vorliegend nicht. Sie werde, so der Bundesgerichtshof, insbesondere auch nicht dadurch hervorgerufen, dass sich der Domaininhaber durch die Auswahl des seine beruflichen Tätigkeiten kennzeichnenden Domainnamens gegenüber anderen Rechtsanwälten und Notaren insoweit einen Vorteil verschafft hat, dass diese daran gehindert seien, denselben Domainnamen zu verwenden und die Möglichkeiten, einen Domainnamen unter Verwendung von Begriffen auszusuchen, die alternativ den Beruf des Rechtsanwalts oder Notars bezeichnen oder dessen Tätigkeit beschreiben, naturgemäß begrenzt sind. Die in der Verwendung des beanstandeten Domainnamens liegende Werbung sei auch nicht als irreführend unter dem Aspekt einer unzutreffenden Alleinstellungsbehauptung anzusehen. Denn der durchschnittlich informierte und verständige Nutzer wisse von vornherein, dass die unter Verwendung der Gattungsbegriffe Rechtsanwalt und Notar gefundene Homepage eines Anbieters nicht das gesamte Angebot anwaltlicher und notarieller Dienstleistungen repräsentiere. Auch erscheine es nach der Lebenserfahrung nicht als wahrscheinlich, dass der Nutzer die Vorstellung habe, bei Eingabe werde er einen Überblick über das gesamte Angebot anwaltlicher und notarieller Dienstleistungen oder auch nur ein sach- und fachkundig aufbereitetes Informationsangebot erhalten. Im Übrigen werde eine **etwaige Fehlvorstellung bei „Aufschlagen" der Homepage sofort korrigiert.** Jedenfalls werde dadurch der Gefahr einer Irreführung hinreichend begegnet[500].

320 **Anders mag es im Bereich des Namensrechts liegen,** wo der Bundesgerichtshof[501] – anders als Teile der Instanzrechtsprechung[502] – davon auszugehen scheint, dass eine **namensrechtliche Zuordnungsverwirrung** auch dann vorliege, wenn der Internetnutzer beim Betrachten der Internetseite alsbald feststelle, dass er nicht auf der Internetseite des gesuchten Namensträgers gelandet sei[503].

III. Eingriff in besondere Leistungsschutzrechte

321 Denkbar ist des Weiteren, dass mit einer Domain ein unter dem Aspekt des Urheberrechts oder des ergänzenden wettbewerbsrechtlichen Leistungsschutzes geschützter **Slogan** verletzt wird. Soweit hier das Markenrecht schon tatbestandlich nicht eingreift, ist an eine ergänzende Anwendung des Urheberrechts und gegebenenfalls auch des Wettbewerbsrechts zu denken[504]. Soweit ersichtlich, liegt freilich bis dato nur eine einzige Entscheidung vor, in der einer Domain ein entsprechender Leistungsschutz aus dem UWG zugebilligt wurde: Das Landgericht Düsseldorf[505] hielt es für möglich, dass die identische Übernahme des Werbeslogans „versteckte Toskana" einen Anspruch aus ergänzendem Leistungsschutz begründe.

322 Grundsätzlich gilt jedoch, dass nicht sondergesetzlich geschützte Leistungen, wie etwa die Formulierung eines Werbeslogans, nur unter besonderen Umständen über die Instrumente des Wettbewerbsrechts unterbunden werden können,

500 Unter Hinweis auf BGH, CR 2001, 777 – „mitwohnzentrale.de".
501 BGH, CR 2002, 525 – „shell.de".
502 OLG Stuttgart, CR 2006, 269.
503 Eingehend dazu oben Rn. 42 ff. (C. I. 2.).
504 Vgl. *Beier,* Recht der Domainnamen, S. 196 ff.
505 LG Düsseldorf, Urt. v. 4.5.2001, 38 O 22/01 – „verstecktetoskana.de".

da insoweit der **Grundsatz der Nachahmungsfreiheit**[506] gilt. Nur wenn dem Slogan **wettbewerbliche Eigenart** zuzumessen ist und besondere Umstände hinzutreten, die eine Benutzung oder Plagiierung des Slogans als unlauter erscheinen lassen, kann ein Untersagungsanspruch ausnahmsweise in Betracht kommen. Wettbewerbliche Eigenart liegt vor, wenn die konkrete Ausgestaltung oder bestimmte Merkmale des Slogans geeignet sind, die interessierten Verkehrskreise auf die **betriebliche Herkunft oder die Besonderheiten des beworbenen Erzeugnisses hinzuweisen**[507]. Die besondere Hinweisfunktion fehlt jedoch in der Regel bei alltäglichen Wortspielen. Hinzutreten müssen noch besondere Unlauterkeitsmomente, die die grundsätzlich erlaubte zu einer unerlaubten, unlauteren Nachahmung machen. Wird ein Werbeslogan identisch übernommen, kann es sich – insbesondere bei Waren- bzw. Branchennähe – um eine vermeidbare (und somit unlautere) **Herkunftstäuschung** handeln, wenn eine Verwechslungsgefahr zu befürchten ist, oder um einen Fall der **Rufausbeutung**, die typischer Weise einen hohen Bekanntheitsgrad des Werbeslogans voraussetzt, um eine Ausstrahlungswirkung auf die vom Nachahmer vertriebenen Waren zu begründen[508].

IV. Verpflichtung zu „Domain-Wahrheit“?

Auch mit der Bundesgerichtshof-Entscheidung „mitwohnzentrale.de“[509] noch nicht vollständig geklärt ist freilich die Frage, **ob beschreibende, bestimmte Informationen suggerierende Domains wie „drogerie.de“ tatsächlich zu thematisch korrespondierenden Inhalten führen müssen**, da die recherchierenden Nutzer sonst über Anbieter und Angebot in die Irre geführt würden. Insbesondere in sensiblen Bereichen wie Gesundheit und Vermögenssorge dürfte dies mit Blick auf die vom Nutzer in die Fachkompetenz etwa eines Apothekers, Drogisten oder Rechtsbeistands gesetzte Erwartung der Fall sein. **Staatlich geschützte Berufsbezeichnungen** stünden sonach nur den entsprechenden Berufsträgern oder ihren Interessenverbänden zur Verwendung als Domainname in Alleinstellung offen. 323

Nach Ansicht des Landgerichts Frankfurt/M. („drogerie.de“)[510] soll eine solche Verpflichtung zu „Domain-Wahrheit“ jedenfalls dann in Betracht kommen können, wenn die Nutzerkreise – wie etwa bei „Drogerie“ oder „Apotheke“ der Fall – keine beliebigen, sondern fachkundige, redaktionell geprüfte und verwertbare Informationen **von oder über Berufsträger(n)** erwarten müssten. Diese berechtigte Erwartung werde enttäuscht, wenn das durch die Domain thematisch suggerierte Angebot sodann zu einem inhaltlich weitgehend beliebigen Portal für alle in irgendeiner Weise an dem fraglichen Thema Interessierten führe. Die Erwartung einer bestimmten beruflichen Qualifikation wurde jedoch bei „drogerie.de“ in der Berufungsinstanz vom Oberlandesgericht Frankfurt[511] verneint. Zwar sei im wettbewerbsrechtlichen Sinne irreführend insbesondere die Verwendung geschützter Berufsbezeichnungen, jedoch werde man bei diffusen Begriffen wie „drogerie“ ein **klar definiertes und als solches auch in der Verkehrsvorstellung hinreichend umrissenes Berufsbild** zugrunde legen müssen. 324

---

506 *Köhler*, in: Hefermehl/Köhler/Bornkamm, UWG, § 4 Rn. 9.3 ff.
507 *Köhler*, in: Hefermehl/Köhler/Bornkamm, UWG, § 4 Rn. 9.24 ff.
508 Vgl. *Beier*, Recht der Domainnamen, S. 197.
509 BGH, CR 2001, 777 – „mitwohnzentrale.de“.
510 LG Frankfurt/M., MMR 2001, 542 mit zust. Anm. *Bücking* – „drogerie.de“.
511 OLG Frankfurt, GRUR-RR 2003, 18 – „drogerie.de“.

325 Eine strenge thematische Übereinstimmung des via Domain suggerierten Inhalts mit dem tatsächlich abrufbaren Inhalt kann also dann geboten sein, wenn die durch einen geeigneten Branchenbegriffe gelenkten Nutzerkreise fachkundige, geprüfte damit nützliche Informationen **zu oder aus** der relevanten Branche erwarten dürfen. Dem folgt auch das Oberlandesgericht Nürnberg[512], wonach die Verwendung der Domain „steuererklaerung.de" für einen Lohnsteuerhilfeverein im Sinne von § 4 Nr. 11 StBerG gegen das wettbewerbsrechtliche Irreführungsverbot verstoße. Die sich aus der Domain ergebende Unternehmungskennzeichnung bzw. die „grobe Beschreibung" müsse zutreffend sein. Dies ist mit dem Landgericht Köln[513] in Ansehung der Domain „bahnhoefe.de" der Fall, wenn diese Domain zur Weiterleitung auf ein Reiseportal genutzt wird. Da der Begriff vom Verkehr als neutrale Beschreibung und nicht etwa als Anbieterhinweis auf die Deutsche Bahn AG oder ein verbundenes Unternehmen verstanden werde, liege keine wettbewerbswidrige Irreführung vor. Eine Monopolisierung von Gattungsbegriffen mit Hilfe der Instrumente des Wettbewerbsrechts komme nicht in Betracht.

326 Als irreführend im Sinne des § 5 UWG beurteilte das Hanseatische Oberlandesgericht Hamburg[514] hingegen die vom Zentralverband des Deutschen Handwerks angegriffene Domain „deutsches-handwerk.de" für ein von einem Einzelunternehmen betriebenes Portal, in dem Nutzer nach Handwerksbetrieben suchen konnten. Es entstehe, so der *Senat*, der unzutreffende Eindruck, die Website werde von einer **offiziellen oder berufsständischen, bundesweit vertretenen Organisation betrieben, mit der der Verkehr – anders als bei einem Einzelunternehmen – eine besondere Seriosität und Zuverlässigkeit verbinde**, die sich die Domaininhaberin auf diese Weise selbst zuschreibe. Verurteilt wurde sie jedoch – nach Maßgabe der Bundesgerichtshof-Rechtsprechung im Fall „mitwohnzentrale.de" folgerichtig – nicht zur Unterlassung und Freigabe der Domain, sondern lediglich zur Hereinnahme eines **deutlichen, klarstellenden Hinweises** auf ihrer Eingangsseite, dass es sich eben nicht um die Website einer berufsständischen Organisation sondern um das Portal eines privaten Anbieters handele.

V. Geschützte Berufsbezeichnungen

327 Einer der Hauptfälle der domainrechtlichen Spruchpraxis zum Irreführungsverbot ist die Veranlassung einer **Fehlvorstellung über eine berufliche Qualifikation, die die Domain suggeriert.** Der Umstand, dass viele Berufs- und Standesvertretungen – wie unter anderem die Bundesärztekammer, die verschiedenen Landesärztekammern und die Patentanwaltskammer – Domainnamen benutzen, die geschützte Berufsbezeichnungen enthalten, wie beispielsweise „arzt.de", „zahnarzt.de" und „patentanwalt.de", veranlasste das Hanseatische Oberlandesgericht Hamburg[515], den Domainnamen „rechtsanwalt.com" für eine kommerzielle Firma wegen Verstoßes gegen das Irreführungsverbot zu untersagen. Unter „rechtsanwalt.com" waren Namen und Adressen von Rechtsanwälten ohne Tätigkeitsschwerpunkte kostenlos aufgeführt, wobei sich jedoch Kanzleien oder Rechtsanwälte gegen Entrichtung einer Gebühr unter Nennung ihre Spezialgebiete und mit redaktionellen Beiträgen eintragen und auflisten lassen konnten. Der Verkehr, so der *Senat*, erwarte,

512 OLG Nürnberg, WRP 2002, 343 – „steuererklaerung.de"; siehe dazu noch ausführlich unten Rn. 327 ff. (H. V.).
513 LG Köln, MMR 2006, 244 – „bahnhoefe.de".
514 Hans. OLG Hamburg, K&R 2007, 99 – „deutsches-handwerk.de".
515 Hans. OLG Hamburg, K&R 2002, 610 – „rechtsanwalt.com".

dass unter einem solchen Domainnamen Informationen maßgeblich von **Angehörigen des Berufsstandes oder entsprechenden Berufsgruppenverbänden** erstellt und verantwortet werden, was nicht der Fall war.

328 Jahre zuvor war bereits der Domainname „aerztekammer.de" vom Landgericht Heidelberg[516] als wettbewerbswidrig angesehen worden. Die Domain war mit einer anderen Domain verlinkt. Erst dort konnten die Nutzer feststellen, dass sie zu einem gewerblichen Branchenverzeichnis geführt worden waren. Dem Einwand, dass die Nutzer auf der Internetseite selbst erkennen könnten, nicht die Website der Ärztekammer aufgerufen zu haben, wurde eine Absage erteilt, da das Publikum dennoch der falschen Vorstellung unterliegen könne, dass diese Seite zumindest in Verbindung mit der (Bundes- oder einer Landes-) Ärztekammer stehe.

329 Die Erwartung einer bestimmten beruflichen Qualifikation wurde jedoch wie gesehen vom Oberlandesgericht Frankfurt verneint für „drogerie.de"[517] und später auch bei „schuelerhilfe.de" durch das Landgericht Düsseldorf[518]. Eine Täuschungsgefahr wurde letzteren Falls hier mit dem Argument verneint, dass zwar weder Nachhilfe noch ähnliches erbracht werde, dass dies jedoch eine **internettypische Erfahrung darstelle, wonach die unterschiedlichsten Inhalte ohne Anspruch auf Vollständigkeit oder Richtigkeit** zur Kenntnis gebracht würden.

330 Das Oberlandesgericht Nürnberg[519] sieht dies freilich – unseres Erachtens mit zutreffenden Argumenten – anders: Die Verwendung der Domain „steuererklaerung.de" für einen Lohnsteuerhilfeverein im Sinne von § 4 Nr. 11 StBerG verstoße gegen das wettbewerbsrechtliche Irreführungsverbot. Die Irreführung werde hier nicht darin gesehen, dass die Beklagte unter Alleinstellungsbehauptung den Eindruck erwecken könne, dass es sich bei ihr um den einzigen oder doch den maßgeblichen Leistungsanbieter für Steuererklärungen handele. Vielmehr müsse die sich aus dem Domainnamen ergebende Unternehmungskennzeichnung bzw. die „grobe Beschreibung" zutreffend sein. Dies sei für die Beklagte im Hinblick auf die ihr gem. § 4 Nr. 11 StBerG nur eingeschränkt zustehende Beratungsbefugnis gerade nicht der Fall. Der durchschnittlich informierte und verständige Verbraucher nehme bei der Bezeichnung „Steuererklärung" an, dass der diese Leistung Anbietende Steuererklärungen umfassend anfertigen dürfe. Unter diesen Oberbegriff fielen jedoch auch Erklärungen für Einkunftsarten, für die die Beklagte keine Beratungsbefugnis besitze. Die in der Judikatur bisweilen betonte Möglichkeit der Ausräumung etwaiger Fehlvorstellungen durch klarstellende Hinweise auf der Homepage[520] ließ der *Senat* nicht gelten. Die nachfolgenden Webseiten könnten allenfalls die Funktion erfüllen, die durch den Domainnamen ausgelöste Fehlvorstellung zu korrigieren. Damit werde aber die Irreführungsgefahr nicht beseitigt. Dieser Schluss jedoch scheint mit Blick auf die eher diffuse Begriffsvorstellung der Domain in den Augen der interessierten Kreise bedenklich.

331 In eine andere Richtung weist die – vor dem Hintergrund der zwischenzeitlich ergangenen BGH-Entscheidung „presserecht.de"[521] zu lesende – Entscheidung des Oberlandesgerichts Frankfurt, das im Fall „rechtsberatung-online.de" den

516 LG Heidelberg, WRP 1997, 1230 – „aerztekammer.de".
517 OLG Frankfurt, GRUR-RR 2003, 18 – „drogerie.de".
518 LG Düsseldorf, MMR 2003, 342 – „schuelerhilfe.de".
519 OLG Nürnberg, WRP 2002, 343 – „steuererklärung.de".
520 Dazu vgl. oben Rn. 290 ff., 299 ff. (G. IV. und V.).
521 BGH, NJW 2003, 504 – „presserecht.de".

möglichen Irrtum über die Anzahl der an dem Dienst beteiligten Anwälte durch das Aufsuchen der eigentlichen Kontaktseite der gelisteten Anwälte als ausgeräumt ansah[522]. Allgemein stellt sich die Frage, ob die in der Zeit vor „presserecht.de" ergangenen domainrechtlichen Urteile, die ihren Untersagungstenor auf den Aspekt der der betreffenden Domain immanenten Irreführung gestützt hatten, nach dem BGH-Urteil noch mit dieser Begründung hätten ergehen können.

VI. Suggestion einer Allein- oder Spitzenstellung

332 Neben den Domainnamen unterschiedlichen Bedeutungsgehalts, denen die Gefahr einer Irreführung zwar immanent ist, bei denen jedoch die Möglichkeit einer **Ausräumung dieser Gefahr durch eindeutige, sofort erkennbare Hinweise nach Aufruf der Seite** möglich sein soll, gibt es jedoch auch Domains, die *per se* irreführend sind, bei denen also keine Aufklärung sondern allenfalls eine nachträgliche „Berichtigung" der bereits eingetretenen Fehlvorstellung möglich ist. Es sind dies die Fälle der Alleinstellungs- oder Spitzenstellungsdomains oder solcher Domains, die eine bestimmte berufliche Qualifikation suggerieren. Derlei Streitfälle entzündeten sich insbesondere um Domainnamen, die eine Berufsbezeichnung mit einer geographischen Angabe verbanden. Für die Domain „rechtsanwaelte.de" stellte sich beispielsweise die Frage, ob eine Irreführung durch die Verwendung einer geschützten Berufsbezeichnung in der Pluralform vorliegt, wenn die entsprechende Website von nur einem einzigen Anbieter bzw. einer Anbietersozietät verwendet wird. Auch diesbezüglich begründete das richtungsweisende BGH-Urteil „mitwohnzentrale.de"[523] eine Zäsur in der Rechtsprechung. War die Benutzung des Domainnamens „rechtsanwaelte.de" durch eine Rechtsanwaltskanzlei **vor** jenem Urteil, in dem der Bundesgerichtshof *obiter dictum* ausführt, der Internetnutzer könne von vornherein erkennen, dass ein Angebot unter „rechtsanwaelte.de" nicht das gesamte Angebot der Anwaltschaft repräsentiere, noch unter Hinweis auf wettbewerbsrechtliche und berufsrechtliche Gründe untersagt worden[524], so konnte an dieser Rechtsprechung fortan nicht mehr festgehalten werden.

333 Dies ist jedoch bei Alleinstellung suggerierenden Domainnamen wie „deutsches-anwaltsverzeichnis.de" anders zu beurteilen[525]: Im Gefolge der Rechtsprechung des Bundesgerichtshofs befand das Landgericht Duisburg bei „anwalt-mühlheim.de"[526], dass kein berufsrechtlicher Verstoß und auch keine wettbewerbsrelevante Irreführung vorliege, da die Kanzlei, die unter dieser Domain auftrete, auf ihrer Homepage gleich zu Anfang klarstelle, dass es sich um **kein Portal** aller Mühlheimer Anwälte handele, sondern um die Darstellung einer einzelnen Anwaltskanzlei. Zudem ergebe sich aus der Singularform bereits, dass es sich nur um eine einzelne Kanzleiadresse handele. Ähnlich das Oberlandesgericht München, das einem Einzelanwalt die Benutzung des Domainnamens in der Form „ra-(ortsname).de" gestattete[527]: Mit dem Schlagwort „ra-[Ortsname]" werde nicht entgegen § 43b BRAO eine Vorrangstellung suggeriert und der Verkehr auf diese Weise irregeführt. Der situationsadäquat aufmerksame Durchschnittsverbraucher verstehe die Angabe „www.ra-[Ortsname].de" in der beanstandeten Anzeige vielmehr als bloße (Internet-) Adresse,

522 OLG Frankfurt, ZUM-RD 2003, 303 – „rechtsberatung-online.de".
523 BGH, CR 2001, 777 – „mitwohnzentrale.de".
524 LG München I, CR 2001, 128 – „rechtsanwaelte.de".
525 LG Berlin, MMR 2003, 490 – „deutsches-anwaltsverzeichnis.de".
526 LG Duisburg, NJW 2002, 2114 – „anwalt-muelheim.de".
527 OLG München, MMR 2003, 404.

unter der der Beklagte für Online-Beratungen erreichbar ist, nicht dagegen als Behauptung einer anwaltlichen Vorrang- oder Alleinstellung.

Dieser Auffassung trat das Oberlandesgericht Celle im Fall „anwalt-hannover.de“[528] jedoch entgegen und verbot einer Rechtsanwaltskanzlei aus Hannover die Verwendung dieser Domain für ihre eigene Kanzlei, da der Verbraucher vor dem Hintergrund seiner Erfahrungen mit Suchmaschinen im Internet zu Unrecht zu der Auffassung gelangen könne, dass diese Internetseite eine **zentrale Anlaufstelle mit Angeboten einer größeren Anzahl von Anwaltskanzleien aus dem Raum Hannover sei**. Die Irreführung sei auch geeignet, die Entscheidung der potentiellen Mandanten in wettbewerbsrechtlich relevanter Weise zu beeinflussen, da sie durch diese Angabe angehalten würden, sich mit der Website der Kanzlei zu beschäftigen und sie ohne die betreffende Domain möglicherweise nicht auf diese Website gestoßen wären. Auch das Oberlandesgericht München[529] hat die Domain „rechtsanwaelte-dachau.de“ für eine Sozietät von Berufsträgern als unzulässig erachtet, da dem Pluralbegriff „Rechtsanwälte“ eine konkretisierende Ortsbezeichnung angefügt wurde. Die Domainbezeichnung sei irreführend, weil sie bei einem nicht unbeachtlichen Teil der situationsadäquat durchschnittlich aufmerksamen, informierten und verständigen Internetnutzer die unrichtige Vorstellung hervorrufen könne, unter dieser Domainbezeichnung sei ein **örtliches Anwaltsverzeichnis**, etwa die Homepage des örtlichen Anwaltsvereins, mit der Auflistung sämtlicher oder jedenfalls der meisten Rechtsanwaltskanzleien im Raum Dachau zu finden und nicht nur die Kanzlei des Domaininhabers (wobei der *Senat* offen lässt, ob die Verwendung der Singularform „Rechtsanwalt“ zu einer anderen Bewertung geführt hätte). Für die notwendige Irreführungsgefahr reiche es dabei aus, dass sich der Verkehr aufgrund der irreführenden Domain überhaupt erst oder näher mit dem Angebot befasse[530]. 334

Ähnlich das Oberlandesgericht Stuttgart in Ansehung der Domain „bodenseekanzlei.de“[531]. Die von einer Sozietät, die in einer Stadt am Bodensee niedergelassen ist, auf Briefbögen verwendete Bezeichnung „Bodenseekanzlei“ könne als ein auf den Wirtschaftsraum bezogenes Spitzenstellungsprädikat verstanden werden und sei als solches zur Irreführung im Sinne der §§ 3, 5 Abs. 1, 2 UWG geeignet. Der danach begründete Unterlassungsausspruch erstrecke sich auch auf die Verwendung der Bezeichnung als Internetadresse. Die Wortschöpfung nehme die gesamte Region und den ganzen Wirtschaftsraum Bodensee auf und setze die eigene Sozietät mit ihm in Beziehung, indem sie – als allgemeinen Bezug – sich als Unternehmen für diesen Wirtschaftsraum anbiete, was aber auch die Deutung eröffne, als Unternehmen zu diesem Wirtschaftsraum in ganz besonderer Beziehung zu stehen. Damit transportiere die werbliche Botschaft dieser Begriffsbildung, jedenfalls für einen Teil des angesprochenen Verkehrs, dass die Sozietät sich dem Rechtsuchenden in diesem Wirtschaftsraum in gegenüber anderen Kanzleien hervorgehobener Weise in diesem Dienstleistungsbereich anbieten zu können vorgäben. Dies könne sich nur beziehen auf Qualität oder Quantität. 335

528 OLG Celle, NJW 2001, 2100 – „anwalt-hannover.de“.

529 OLG München, NJW 2002, 2113 – „rechtsanwaelte-dachau.de“.

530 Ähnlich OLG Nürnberg, WRP 2002, 343 – „steuererklärung.de“.

531 OLG Stuttgart, NJW 2006, 2273 – „bodenseekanzlei.de“, unter Hinweis auf OLG Hamm, GRUR-RR 2003, 289 – „tauchschule-dortmund.de“ und den Zurückweisungsbeschluss des BGH gegen die dagegen eingelegte Nichtzulassungsbeschwerde (B. v. 23.11.2003, I ZR 117/03).

336 Jedoch dürfte in den Fällen, in denen der Berufbezeichnung eine regionale Zuordnung beigefügt wird, nach Maßgabe einer tatsächlichen Irreführungsgefahr zu differenzieren sein, wobei es auch auf den jeweiligen Homepage-Inhalt ankommt: Bei größeren Städten, in denen der Verbraucher berechtigterweise mehrere Angehörige eines bestimmten Berufsstandes oder mehrere Institutionen des betreffenden Domainnamens erwarten kann, mag die Auffassung insbesondere der Oberlandesgerichte Celle und München zutreffend sein, da hier aus der Verbraucherperspektive ein anerkennenswertes Interesse für eine Übersicht über einen bestimmten Markt von Anbietern besteht. Auch die Benutzung der Singularform schließt hier die Irreführung nicht *a priori* aus, da der Verbraucher – mit oder ohne die Verwendung von Suchmaschinen – „einen" Tierarzt oder „einen" Internisten suchen wird und, soweit ersichtlich, die Singularform für derartige Übersichten durchaus gebräuchlich ist und sonach auch der Verbrauchererwartung entspricht. Bei kleinen Gemeinden kann darüber hinaus die Wahl der Singularform sogar eine irreführende Alleinstellungsbehauptung bewirken, wenn das Publikum nicht ohne Weiteres davon ausgehen kann, dass es in der betreffenden Gemeinde eine Mehrzahl der betreffenden Einrichtungen oder Berufsträger gibt[532].

337 Fast sämtliche Entscheidungen, in denen wegen der immanenten Gefahr der Irreführung die Wahl eines Domainnamens mit einer Berufsbezeichnung nebst dazugehöriger geographischer Angabe als wettbewerbswidrig angesehen wurde, sind indes noch vor der Entscheidung des Bundesgerichtshofs zum Fall „presserecht.de" ergangen. Dies wirft die Frage auf, ob diese instanzgerichtlichen Entscheidungen vor dem Hintergrund des dort verfolgten Ansatzes, wonach es zur Ausräumung einer – möglicherweise zunächst einmal eingetretenen – Irreführung genüge, einen deutlich sichtbaren Aufklärungshinweis in die Homepage einzubinden, auch aus heutiger Sicht Bestand haben könnten. Dies erscheint fraglich, da auch der Begriff „Presserecht" eine Alleinstellung suggeriert, dies sogar bundesweit, und es gleichwohl mit dem Bundesgerichtshof genügen soll, die hierdurch möglicherweise veranlasste Fehlvorstellung beim Publikum durch einen Aufklärungshinweis auszuräumen.

338 Geht es um Domains, deren Bedeutung mehrerlei Interpretationen zulässt, ist bei der Anwendung des Irreführungsverbots ohnedies Zurückhaltung geboten. So konnte beispielsweise das Landgericht Berlin[533] bei der berufsrechtlichen Überprüfung der Domain „gigarecht.de" für einen Online-Rechtsberatungsdienst weder eine standesrechtlich noch wettbewerbsrechtlich unzulässige Werbung erkennen. Die Domain „pruefungsrecht.de" wurde vom Oberlandesgericht Braunschweig[534] für zulässig erklärt, da diese Website zwar von einem Rechtsanwalt betrieben wurde, der auf dem Gebiet des Prüfungsrechts tätig war, der aber für seine Kanzlei dort keine Angaben vorhielt, aus denen seine Anwaltszulassung und die Spezialisierung hervorging. Der Verkehr folgere aus dem allgemeinen Hinweis „Prüfungsrecht" jedoch nicht notwendigerweise, dass sich unter dieser Domain ein Rechtsanwalt befinde. Das Oberlandesgericht Braunschweig sah auch bei einem Rechtsanwalt, der unter „anwaltsberatung-online.de"[535] zunächst alleine Rechtsberatung angeboten hatte, kein beanstandungswürdiges Verhalten. Denn die Website sei von Anfang an erkennbar als Portal für mehrere Rechtsanwälte vorgesehen gewesen. Eine unzulässige direkte Mandatswerbung liege nicht vor, wenn sich der Internetauftritt des

532 So auch *Beier*, Recht der Domainnamen, S. 192.
533 LG Berlin, NJW-RR 2001, 1719 – „gigarecht.de".
534 OLG Braunschweig, MMR 2002, 754 – „pruefungsrecht.de".
535 OLG Braunschweig, CR 2003, 611 – „anwaltsberatung-online.de".

Rechtsanwalts nicht an Ratsuchende mit einem speziellen Rechtsproblem oder in einer bestimmten Beratungssituation wende, sondern an eine unbestimmte Vielzahl von Interessenten an juristischem Rat ganz allgemein, und damit allenfalls auf die genannten allgemein gehaltenen Rechtsgebiete – den Tätigkeits- und Interessenschwerpunkten vergleichbar – kanalisiere. Denn eine solche Werbung sei nicht anders zu bewerten als die Werbung durch ein Praxisschild, die Eintragung in Branchenverzeichnisse oder die Teilnahme an Anwaltssuchdiensten. Entscheidend für die Frage, ob irreführende Angaben vorliegen, sei grundsätzlich der Gesamteindruck, den eine Angabe nach der Auffassung der umworbenen Verkehrskreise mache.

Auch außerhalb des Bereichs der geschützten Berufsbezeichnungen gibt es frei- **339**
lich Konstellationen, in denen eine Domain schon *per se* unlauter da irreführend ist. Dies ist jedoch wie gesehen nicht der Fall bei Gattungsbegriffen wie „autovermietung.com", da die Vorstellung, dass allein der Inhaber der betreffenden Domain entsprechende Leistungen anbiete, abwegig erscheint und vom Verkehr sonach nicht in dieser alleinstellenden Weise verstanden würde[536]. Das Verbot der Alleinstellungsbehauptungen knüpft daran an, dass eine solche Allein- oder Spitzenstellung nur dann dem Publikum suggeriert werden darf, wenn diese Behauptung wahr ist und ein **deutlicher Vorsprung vor den Mitbewerbern** besteht[537]. Demzufolge hat das Landgericht Köln[538] einem Unternehmen, das Prozesse finanziert, auf dem deutschen Markt aber dem zum Zeitpunkt der Entscheidung einzigen Konkurrenten nicht deutlich überlegen war, untersagt, den Domainnamen „derprozessfinanzierer.de" zu benutzen, da hierin eine irreführende Alleinstellungsbehauptung liege.

Bis zu einer höchstrichterlichen Entscheidung, unter welchen Umständen die **340**
Nutzung einer Domain unter dem Aspekt der unzulässigen Alleinstellungswerbung als unlauter und damit wettbewerbswidrig zu gelten hat, wird man sich zwar noch gedulden müssen. Jedoch lässt sich der zurückgewiesenen Nichtzulassungsbeschwerde des Bundesgerichtshofs im Fall „tauchschule-dortmund.de"[539] zumindest eine Tendenz ablesen: Das Landgericht Dortmund hatte einer von drei ortsansässigen Dortmunder Tauchschulen untersagt, den fraglichen Domainnamen zu benutzen und wurde mit dieser Ansicht vom Oberlandesgericht Hamm in der Berufungsinstanz bestätigt[540]. Das Oberlandesgericht sah hierin eine unzulässige Spitzenstellungswerbung, da der Verkehr zwar erkennen könne, dass es in einer Stadt der Größe Dortmunds möglicherweise noch andere Tauchschulen geben möge, aber gleichwohl zu der Ansicht gelangen werde, dass unter „tauchschule-dortmund.de" eine Tauchschule zu finden sei, mit der sich in Dortmund keine weitere vergleichen lasse.

VII. Resumée der lauterkeitsrechtlichen Judikatur

Als „Extrakt" aus der bisherigen Rechtsprechung ist festzuhalten, dass Wettbe- **341**
werbswidrigkeit nur dann gegeben sein kann, wenn die betreffende Domain begrifflich eindeutig ist und sich dazu eignet, ein geschütztes Berufsbild bzw.

536 OLG München, CR 2001, 463 – „autovermietung.com"; vgl. auch *obiter dictum* BGH, CR 2001, 777 – „mitwohnzentrale.de".
537 *Köhler*, in: Hefermehl/Köhler/Bornkamm, UWG, § 5 Rn. 2.137 ff.
538 LG Köln, GRUR-RR 2001, 41 – „derprozessfinanzierer.de".
539 BGH, B. v. 20.11.2003, I ZR 117/03 – „tauchschule-dortmund.de".
540 OLG Hamm, GRUR-RR 2003, 289 – „tauchschule-dortmund.de"; Vorinstanz LG Dortmund, Urt. v. 24.10.2002, 18 O 70/02.

dessen Berufsgruppenvertretung oder eine gesamte Branche von Anbietern eines hinreichend konkret gefassten Leistungsbildes (Waren/Dienstleistungen), dessen Bezeichnung sich für eine direkte Eingabe als Domainadresse (unter Verzicht auf die Inanspruchnahme einer Suchmaschine) geradezu aufdrängt, in den Händen des Domaininhabers im Medium Internet zu monopolisieren. Gerade dadurch, dass eine Internetpräsenz unter dieser Adresse nicht allen Wettbewerbern in dem relevanten Segment offen steht, muss in Folge dessen eine **Kanalisierung von Nutzerströmen** bewirkt werden.

342 Mit dem Bundesgerichtshof wird nun noch die Gefahr einer Irreführung der Nutzerkreise in Bezug auf **Anbieter und Angebotsinhalt** hinzukommen müssen. Ob diese Gefahr besteht, hängt mit von der **Gestaltung der Homepage** ab.

343 Wer also eine solche „Branchendomain" besitzt, sollte sicherheitshalber *klarstellen, dass er nicht der einzige Anbieter der Branche ist und er auch kein zentrales Anbieterportal* betreibt. Auch *deutliche Hinweise – etwa Linklisten – auf Konkurrenzanbieter* des betreffenden Marktsegments können hier für Entlastung sorgen.

I. Äußerungsrecht: (un-)befugter Gebrauch und Art. 5 GG

344 Außer im Falle des § 23 MarkenG, den die Rechtsprechung im Zusammenhang mit Domainnamen bislang freilich – wie gesehen[541] – überwiegend abgelehnt hat, kann eine lautere Verwendung eines geschützten Zeichens nur in engen Grenzen, namentlich aufgrund einer **Interessenabwägung** im Rahmen von Art. 5 GG in Betracht kommen. Das soll nach einem Urteil des Kammergerichts zur Domain „oil-of-elf.de"[542] der Fall sein, **wenn an dem Gebrauch des Namens einerseits ein schützenswertes Meinungsbildungs- bzw. Aufklärungsinteresse bestehe und andererseits der Inhaber in der geschäftlichen Nutzung des Zeichens nicht in rechtserheblicher Weise beeinträchtigt werde, insbesondere weil eine Zuordnungsverwirrung angesichts der eindeutigen Angaben auf der Website selbst oder in den Seitenbeschreibungen der Suchmaschinen ausgeschlossen scheine.** Geklagt hatte der Mineralölkonzern „Total Fina Elf". Gegenstand war die mit kritischen Inhalten über die Klägerin hinterlegte Website „oil-of-elf.de" der Umweltorganisation Greenpeace. Der *Senat* war der Auffassung, Greenpeace gebrauche den Namen nicht „unbefugt". Denn die Namensverwendung könne auch durch die Meinungs- und Pressefreiheit gerechtfertigt sein, und zwar je nach den Umständen auch in blickfangartiger Wiedergabe. Greenpeace habe glaubhaft gemacht, dass der Verein mit seiner Domainangabe in erheblichem Umfang bei der Suche durch Suchmaschinen gegenüber bloßen Suchangaben auf den Seiten begünstigt werde, also eine weit größere Öffentlichkeit erreichen könne. Denn die Angaben in einer Domain würden von den Suchmaschinen überwiegend gegenüber bloßen Angaben auf den Seiten bevorzugt, also eher und in der Auflistung früher genannt. **Eine besondere inhaltliche Gestaltung einer Verlautbarung zur Erzielung einer größeren Öffentlichkeit stehe aber unter dem Schutz des Art. 5 GG.** Dieses Interesse des Antragsgegners überwiege – jedenfalls zurzeit – die allenfalls marginal berührten geschäftlichen Interessen der Antragstellerin aus Art. 14 GG deutlich.

541 Vgl. oben Rn. 222 ff. (F. VI.).

542 Kammergericht, MMR 2002, 686 m. zust. Anm. *Graf*, CR 2002, 760 – „*oil-of-elf*.de".

Andererseits kann in der Domainbezeichnung selbst bereits eine Persönlichkeitsrechtsverletzung bzw. – im gewerblichen Bereich – ein Eingriff in den eingerichteten und ausgeübten Gewerbebetrieb[543], beispielsweise in Gestalt der – **von Art. 5 Abs. 1 GG nicht mehr gedeckten – Schmähkritik oder der Markenverunglimpfung liegen.** Wer etwa im Internet ein Diskussionsforum anbietet, in dem unzufriedene Nutzer sich über die Leistungen der Deutschen Telekom AG beklagen können, fördert damit zumindest die geschäftlichen Interessen der **Mitbewerber** und handelt damit im geschäftlichen Verkehr. Die Verwendung der Domain „scheiss-t-online.de" ist daher nach Auffassung des Landgerichts Düsseldorf[544] geeignet, die Wertschätzung einer bekannten Marke in unlauterer Weise zu beeinträchtigen. **345**

Anders wurde der Fall „lotto-betrug.de" entschieden: Landgericht und Oberlandesgericht Frankfurt/M. waren unisono der Ansicht, dass eine **reine Domainbezeichnung an sich weder eine wahre noch unwahre Tatsachenbehauptung darstelle**[545]. Denn der durchschnittlich informierte Internetnutzer entnehme einem Domainnamen nicht die Information, dass die dort Genannten strafbare Handlungen begangen hätten, die unter den Straftatbestand des Betrugs fallen, und/oder wegen Betrugs verurteilt worden seien. Daher sei **zur Beurteilung der Rechtmäßigkeit der Domainbezeichnung auf den hierunter abrufbaren Inhalt abzustellen.** Eine Tatsachenbehauptung liege indes nur vor, wenn der Gehalt der Äußerung dem Beweis offen stehe. Zwar werde durch die angegriffenen Äußerungen in Verbindung mit der Domain „lotto-betrug.de" den angesprochenen Internetnutzern sinngemäß mitgeteilt, dass der Beklagte den Verdacht hege, die Klägerin gehe mit den Geldern ihrer Kunden in unlauterer, möglicherweise betrügerischer Weise um. Irgendwelche Tatsachen, die einen Nachweis der Richtigkeit oder Unrichtigkeit dieses Vorwurfs gestatten könnten, würden aber jedenfalls in den angegriffenen Passagen der Website des Beklagten nicht mitgeteilt. Die dort publizierten Äußerungen enthielten lediglich die Aufforderung an die Nutzer, sich die übrigen Seiten anzusehen und ihm eigene Erfahrungen mit der Klägerin mitzuteilen. **346**

Da die angegriffenen Ausführungen des Beklagten mithin als Meinungsäußerung zu werten waren, die den Schutz von Art. 5 Abs. 1 GG genießen, wäre ein Unterlassungsanspruch nur in Betracht gekommen, wenn sie als **Schmähkritik** anzusehen gewesen wären. Auch dies wurde verneint: Hiervon sei erst auszugehen, so das Oberlandesgericht, wenn bei der Äußerung **nicht mehr die Auseinandersetzung in der Sache, sondern die Diffamierung des Kritisierten im Vordergrund stehe, der jenseits polemischer und überspitzter Kritik gleichsam an den Pranger gestellt werden solle**[546]. Ein Gewerbetreibender müsse sich zudem kritische Einschätzungen seiner Tätigkeit in der Regel gefallen lassen[547]. Die Klägerin wurde im Streitfall jedoch nicht als „Betrügerin" bezeichnet, sondern nur unter der Domain „lotto-betrug.de" über sie berichtet, und es wurden zugleich weitere Recherchen, möglicherweise auch zu anderen Anbietern, angekündigt. Zudem waren die auf der angegriffenen Website enthaltenen Äußerungen moderat gehalten und in keiner Weise geeignet, den mit der Domain inzident geäußerten Vorwurf zu belegen oder zu vertiefen. Vor allem aber **347**

543 A. A. OLG Dresden, K&R 2006, 472 – „kettenzüge.de".
544 LG Düsseldorf, Urt. v. 30.1.2002, 2a O 245/01 – „scheiss-t-online.de" (*JurPC* Web-Dok. 267/2002).
545 OLG Frankfurt/M., K&R 2007, 209 – „lottobetrug.de"; Vorinstanz LG Frankfurt/M., B. v. 30.3.2006, 2/03 0 112/05.
546 Unter Hinweis auf BGH, NJW 2002, 1192.
547 Unter Hinweis auf BGHZ 138, 311.

ließen diese Äußerungen erkennen, dass es nicht um eine Diffamierung der Klägerin sondern darum ginge herauszufinden, ob und inwiefern auch andere Lottospieler negative Erfahrungen mit der Klägerin gemacht hatten. Dies aber sei ein legitimes, von Art. 5 Abs. 1 GG gedecktes Anliegen.

348 Jüngst hat das Landgericht München I[548] dem Eigentümer eines Grundstücks das Namensrecht an dem darauf befindlichen Gebäude „Schloss Eggersberg" zugesprochen und dieses Recht im Streitfall als vorrangig gegenüber der von der Domaininhaberin für sich reklamierten Pressefreiheit angesehen. Das Namensrecht folge dem Gastronomie- und Hotelbetrieb unter dem Namen „Hotel Schloss Eggersberg". Bei der Domaininhaberin handelte es sich um eine Dokumentarfilmerin, die beabsichtigte, eine kritische Dokumentation über das Schloss zu drehen. Das Landgericht war jedoch der Meinung, dass es für einen lauteren Namensgebrauch nicht ausreiche, ein solches journalistisches Dokumentationsinteresse zu begründen. Vielmehr müsse bereits der Domainname so gewählt werden, dass deutlich werde, dass die darunter abrufbare Internetpräsenz nicht vom Namensträger selbst stamme.

J. Das Vertragskonstrukt der DE-Domainvergabe

349 Bei der deutschen Vergabestelle DENIC konnten Domainanmeldungen lange Zeit nicht direkt, sondern nur über die genossenschaftlich zu DENIC zusammengeschlossenen Internet Service Provider (ISP) vorgenommen werden. Auf diese Weise sollte das Risiko einer Mithaftung von DENIC im Falle rechtsverletzender Eintragungen verringert werden. Ferner stellte DENIC im Februar 1997 den Reservierungsservice ein, um der Gefahr des „Domain-Grabbing" entgegenzuwirken. Inzwischen ermöglicht der Service „DENIC direct" wieder die – freilich selten genutzte – unmittelbare Registrierung durch den Kunden selbst oder über einen Subprovider ohne Zwischenschaltung eines Genossenschaftsunternehmens. Hinsichtlich der Bereitstellung einer Domain für den Endkunden stehen die Genossen zueinander uneingeschränkt in Wettbewerb. Der eigentliche Vertrieb der Domains liegt demnach bei wirtschaftlicher Betrachtung in den Händen der Genossen. Dies wirft die Frage nach Zustandekommen, Rechtsnatur und Zuordnung der „Dreiecksbeziehung" zwischen DENIC, seinen Genossen und dem Endkunden auf:

I. Ausnahme: Direktvertrag

350 Beim Service „DENIC direct", bei dem der Kunde seinen Registrierungsantrag unmittelbar, also ohne Zwischenschaltung eines DENIC-Mitglieds an die Registratur richtet, kann kein Zweifel an einer direkten Vertragsbeziehung zwischen DENIC und dem Kunden bestehen. Bei diesem Vertrag handelt es sich um einen **Mischtypus aus werk- (Registrierungsvorgang zur anschließenden Bereitstellung einer konnektierten DE-Domain) und dienstvertraglichen (Verwaltung der Namensdatenbanken, Auskunftsdienste hinsichtlich vergebener Domains, deren Inhabern usw.) Elementen**. Bei Eigenregistrierungen durch Genossen der DENIC eG zum Zwecke der anschließenden (entgeltlichen) Weitergabe an den Endkunden verhält es sich entsprechend umgekehrt: Ein Vertragsverhältnis kann aus der objektivierten Sicht des Erklärungsempfängers DENIC nur zu seinem (antragstellenden) Mitglied zustande kommen.

548 LG München I, K&R 2008, 633 – „schloss-eggersberg.de".

II. Regelfall: Bestellung über „zwischengeschaltete" Genossen

Anders verhält es sich indes bei der weitaus häufigeren Registrierungsform unter Zwischenschaltung eines (genossenschaftlich mit DENIC verbundenen) Providers, der den Registrierungsantrag seines Kunden an die Registratur weiterreicht und dabei zumeist als Erklärungsbote oder Vertreter – je nach Vertragsgestaltung – auftreten wird: Die Mehrzahl der Genossen verwendet in ihren AGB so genannte „Vermittlungsklauseln", in denen auf den Umstand der bloßen (Kontakt erleichternden) Vermittlung des Leistungsbildes „Domainregistrierung" hingewiesen wird, mit der Folge, dass allein DENIC und der jeweilige Endkunde im Verhältnis zueinander berechtigt und verpflichtet werden. Davon geht die (anfangs insoweit zweifelnde) Vergabestelle inzwischen auch selbst aus. **351**

So gab DENIC in einer Pressemitteilung vom 10.5.2000 bekannt: „Internet-Nutzer, die einen Domain-Namen registrieren lassen, werden dies zukünftig nach Regelungen tun, die klarer als bisher die damit eingegangenen Vertragsverhältnisse aufzeigen. [...] So werden in Zukunft alle Auftraggeber explizit darüber informiert, dass sie durch die Domainregistrierung in ein Vertragsverhältnis mit der DENIC eG treten. ‚Das war bislang auch schon so, nur wurde es nicht immer so deutlich dargestellt. Mit der Neuformulierung machen wir noch einmal die Aufgabenverteilung klar: Den Domain-Namen erhält der Kunde von der DENIC, alle anderen Internetdienstleistungen von seinem Provider', erläutert DENIC-Geschäftsführerin Sabine Dolderer den Beschluss (...)".

Dies wird regelmäßig auch der wirtschaftlichen Interessenlage der Parteien entsprechen, die dadurch gekennzeichnet ist, dass dem **Endkunden gerade an einer Eigenregistrierung der gewünschten Domain (und an dem damit verbundenen Nutzungsrecht) gelegen ist.** Demgegenüber stellt die Domain für den mit der Besorgung des Geschäfts beauftragten Genossen allenfalls ein wirtschaftliches Druckmittel – Dekonnektierung der Domain Zug um Zug gegen Entrichtung des vereinbarten Entgeltes (vgl. § 273 BGB) – bei drohender Insolvenz des Kunden dar. In aller Regel wünscht der Genosse aber gerade keine Registrierung auf sich selbst, zumal die kennzeichenrechtliche Situation und die damit für ihn verbundenen Risiken einer Inanspruchnahme durch Dritte schwer abschätzbar sind. Auch die Haftung für die Fortentrichtung der von DENIC verlangten Verwaltungsgebühren steht einem Eigengeschäft bei objektiver Betrachtung entgegen. Sein Interesse besteht vielmehr in der Vereinnahmung der vereinbarten Gebühren für die Beschaffung und Bereitstellung der Domain. **352**

Abzustellen ist mithin stets auf den **Blickwinkel der Erklärungsempfängerin DENIC eG.** Hiernach wird im **Zweifel ein direktes Vertragsverhältnis zum Endkunden begründet,** und zwar nach Maßgabe der von diesem individuell mit seinem Provider, dem jeweiligen DENIC-Genossen, vereinbarten Tarife. Nur folgerichtig ist es daher, dass der Genosse einem Wunsch seines Kunden, mit seiner Domain zu einem anderen Provider zu wechseln, nicht über sein Gebühreninteresse hinaus (§ 273 BGB) entgegentreten kann. Denn in Ansehung dieser Domain unterhält deren Inhaber nur zu DENIC eine Vertragsbeziehung. **353**

Der Provider wird seinerseits regelmäßig im Rahmen eines Auftrags- (§§ 662 ff. BGB) oder – bei Entgeltlichkeit (bereits) der Domain-Verschaffungsleistung als solcher – **Geschäftsbesorgungsverhältnisses (§§ 675, 611 BGB) nach Weisung des Kunden tätig** und fungiert insoweit bei der Abfassung des Antragsformulars als Erklärungsbote oder Stellvertreter, je nach Ausgestaltung des „Domain-Besorgungsvertrages". **354**

III. Vertragsinhalt; Gegenstand des „Domainrechts“

355 Das vertragliche Nutzungsrecht aus einem Domainregistrierungsvertrag ist ein über Art. 14 GG geschütztes eigentumsgleiches Recht. Es findet seine Schranken insbesondere in Spezialgesetzen wie dem Marken- und Namensrecht. Nach der ständigen Rechtsprechung des Bundesverfassungsgerichts gehören zum Eigentum nach Art. 14 GG auch die auf dem Abschluss von Verträgen beruhenden obligatorischen Forderungen. Schuldrechtliche Ansprüche sind zwar nur gegen den jeweiligen Vertragspartner gerichtet, jedoch dem Forderungsinhaber ebenso ausschließlich zugewiesen wie Eigentum an einer Sache[549].

356 Entgegen vereinzelten Literaturstimmen[550] erwirbt der Inhaber hingegen weder das Eigentum an der Internetadresse selbst noch ein sonstiges absolutes Recht an der Domain, welches ähnlich der Inhaberschaft an einem Immaterialgüterrecht verdinglicht wäre, wie das Bundesverfassungsgericht in der „ad-acta.de“-Entscheidung[551] klarstellt. Vielmehr erhalte er als Gegenleistung für die an DENIC zu zahlende Vergütung das **Recht, für seine IP-Adresse eine bestimmte Domain zu verwenden – und damit ein relativ wirkendes, vertragliches Nutzungsrecht**, wobei die unbestimmte Vertragsdauer verbunden mit den vorgesehenen Kündigungsmöglichkeiten auf den Charakter des Rechtsverhältnisses als Dauerschuldverhältnis hinwiesen[552]. **Dieses Nutzungsrecht stelle einen rechtlich geschützten Vermögenswert dar.** Es sei dem Inhaber der Domain ebenso ausschließlich zugewiesen wie Eigentum an einer Sache. Mit Abschluss des Registrierungsvertrages erhalte der Anmelder einen Anspruch auf Registrierung nach Maßgabe der DENIC-Registrierungsbedingungen und -richtlinien, gerichtet auf Eintragung der Domain in das DENIC-Register und den Primary Nameserver. Mit der Eintragung erlösche zwar dieser Anspruch nach § 362 Abs. 1 BGB, aus § 7 Abs. 1 der DENIC-Registrierungsbedingungen ergebe sich aber, dass der Vertrag auf Dauer geschlossen sei. Aus diesem Dauerschuldverhältnis schulde DENIC dem Anmelder nach der erfolgten Konnektierung insbesondere die **Aufrechterhaltung der Eintragung** im Primary Nameserver als Voraussetzung für den Fortbestand der Konnektierung. Daneben bestünden weitere Ansprüche des Domaininhabers wie die auf Anpassung des Registers an seine veränderten persönlichen Daten oder ihre Zuordnung zu einem anderen Rechner durch Änderung der IP-Nummer.

IV. Vergaberichtlinien

357 Die DENIC eG zeichnet sich in ihren Vergaberichtlinien von einer Verantwortung in Namenskonflikten frei. Gleiches gilt für jedwede Haftung aus leichter Fahrlässigkeit. Im Übrigen beschränkt sie ihre Haftung auf vorhersehbare Schadensfolgen. Gleichfalls enthalten ist eine Freistellungsklausel, wonach die DENIC eG, sollte sie in Bezug auf die Domain oder deren Benutzung in Anspruch genommen werden, durch den Inhaber der streitgegenständlichen Domain von sämtlichen Kosten und nachteiligen Folgen der Inanspruchnahme frei zu halten ist. Der Inhaber hat sich mit allen Maßnahmen einverstanden zu erklären, die DENIC zur Vollziehung von Anordnungen oder vollstreckbaren Entscheidungen aufgegeben werden.

---

549 BVerfGE 45, 142, 179.
550 *Koos*, MMR 2004, 359; *Fezer*, Markenrecht, § 3 Rn. 301.
551 BVerfG, NJW 2005, 589 – „ad-acta.de“.
552 *Viefhues*, MMR 2000, 286; *Kazemi/Leopold*, MMR 2004, 287.

Ob solche Klauseln im Verhältnis zum Anmelder (als späteren Inhaber der Domain) beachtlich sein können, erscheint jedoch fraglich. Rechtlich handelt es sich dabei um AGB. Diese richten sich zwar nach Erscheinungsbild und Inhalt – in dem anschließenden Bestellformular sind Angaben zu Person und Anschrift des Antragstellers zu machen – an den Endkunden. Doch häufig wird die Domain nur unter Vermittlung eines Providers an einen DENIC-Genossen weitergegeben. Da dies der auch aus DENIC-Sicht gängigen, bevorzugten Praxis entspricht, wären diese Vergabebestimmungen jedenfalls nach AGB-rechtlichen Grundsätzen nicht wirksam in das Rechtsverhältnis zum (nicht-kaufmännischen) Domaininhaber einbezogen. Denn regelmäßig wird der Kunde bei seinem Vertragsangebot weder der AGB der DENIC eG, noch deren Vergaberichtlinien ansichtig. Bestenfalls weist ihn sein Provider auf deren Existenz und Abrufbarkeit im Internet hin – ein Umstand, der dem Erfordernis der Möglichkeit einer zumutbaren Kenntniserlangung bei einem Vertragstyp, der die Verschaffung der Nutzungsmöglichkeit des Mediums Internet gerade erst zum Gegenstand hat, nicht genügen kann. 358

V. Struktur eines Domainnamens, DISPUTE-Eintrag

Zur Vermeidung von Wiederholungen sei hinsichtlich der zulässigen Zahlen-/Buchstabenkombinationen auf die erläuternden Ausführungen zur Problematik der Umlautdomains[553] und die durch das „vw.de"-Urteil des Oberlandesgerichts Frankfurt[554] aufgeworfenen Fragestellungen verwiesen. 359

Große Bedeutung kommt im Streit um eine Domain dem so genannten „DISPUTE" zu: DENIC kann DE-Domains auf Antrag mit einer solchen (derzeit noch gebührenfreien) **Quasi-Veränderungssperre** versehen. Dies bewirkt, dass der Domaininhaber die Domain nicht mehr auf einen Dritten übertragen kann und verhindert somit, dass er sich einer juristischen Auseinandersetzung um die Domain entzieht. Ein Übergang auf den Antragsteller bleibt selbstverständlich möglich. Außerdem gewährleistet der DISPUTE, dass der Antragsteller **unmittelbar neuer Domaininhaber wird, wenn der bisherige Inhaber die Domain löscht**. Das ist vor allem deshalb von Vorteil, weil nach der höchstrichterlichen Rechtsprechung vom Domaininhaber nur Unterlassung einer bestimmten Domainnutzung oder gegebenenfalls die Löschung der Domain, **nicht aber deren Übertragung verlangt werden kann**[555]. Besteht ein DISPUTE-Eintrag, braucht der Antragsteller vom Inhaber lediglich die Löschung zu verlangen und kann aufgrund des DISPUTE sicher sein, nach erfolgter Freigabe- bzw. Kündigungserklärung des vormaligen Inhabers danach selbst Domaininhaber zu werden. 360

In materiell-rechtlicher Hinsicht erfordert der Eintrag des DISPUTE, dass der Antragsteller durch geeignete Unterlagen das von ihm an der Domain reklamierte Recht glaubhaft macht. Solche Unterlagen können beispielsweise im Falle einer Marke die entsprechende Urkunde, im Falle einer Firma ein Auszug aus dem Handelsregister, im Falle eines Personennamens eine Kopie des Personalausweises oder Reisepasses und im Falle eines Gemeindenamens das Briefpapier der Gemeinde sein. Da der DISPUTE-Eintrag in die Dispositionsgewalt des Domaininhabers eingreift, ist er **auf ein Jahr befristet** und wird sodann ohne besondere Vorankündigung aufgehoben. Außerdem ist der DISPUTE- 361

---

553 Oben Rn. 76 ff. (C. II. 2. b).
554 Unten Rn. 482 ff., 489 ff., 497 ff. (L. I. 1, 2. b, c).
555 Unten Rn. 436 ff. (K. V. 1.).

Inhaber verpflichtet, DENIC davon Kenntnis zu geben, sobald die Auseinandersetzung mit dem Domaininhaber beendet ist; auch in diesem Fall hebt DENIC den DISPUTE auf.

362 Der „DISPUTE" begründet mithin einen **vorübergehenden Sicherungsstatus** zugunsten des voreingetragenen Antragstellers. Entgegen weit verbreiteter Ansicht handelt es sich jedoch **nicht um eine Warteliste**, weshalb DENIC die frühere, irreführende Bezeichnung „WAIT ENTRY" inzwischen nicht mehr verwendet.

VI. Zurückbehaltungsrechte an Domainnamen

363 Nach einem Urteil des Landgerichts Hamburg[556] kann ein Access-Provider an einer Domain ein Zurückbehaltungsrecht wegen ausstehender Zahlungsansprüche geltend machen. Der Providervertrag ist hiernach ein **Geschäftsbesorgungsvertrag.** Wegen der in Rechnung gestellten Forderung steht dem Provider damit das Recht aus § 320 BGB zu. Der eigentliche Domain-Bereitstellungsvertrag kommt daher zwar wie gesehen in der Regel direkt zwischen dem Kunden und DENIC zustande, doch kann der mit der Domain-Beschaffung beauftragte Provider beispielsweise die Freischaltung oder Übertragung verweigern, etwa wenn der wechselwillige Kunde ihm Gebühren schuldet. In die gleiche Richtung geht auch ein Beschluss des Landgerichts Berlin[557]: Dem Access-Provider stehe ein Zurückbehaltungsrecht an den Domainnamen zu, wenn der Content-Provider mit Zahlungen im Verzug ist. Ein Providervertrag soll hiernach allerdings ein Werkvertrag im Sinne der §§ 631 ff. BGB sein, was unseres Erachtens nicht vertretbar ist. Das AG Charlottenburg[558] erweiterte die Problematik um die zusätzliche Nuance des Konnektierungsanspruchs: Der Access-Provider habe den virtuellen Server wieder an das Internet anzuschließen und Mail-Konnektivität herzustellen, Zug um Zug gegen Zahlung der monatlichen Anschlussgebühren.

364 Provider können also an Kunden-Domains im Falle eines beantragten Domainumzugs zu einem neuen Provider („KK-Verfahren") Zurückbehaltungsrechte wegen ausstehender Zahlungsansprüche geltend machen. Das gilt jedoch nicht für DENIC selbst. Aufgrund der **Vorleistungspflicht der Vergabestelle** aus §§ 641, 614 BGB kommt ein Leistungsverweigerungsrecht nach § 320 BGB nicht in Betracht. Solange DENIC im Fall eines beabsichtigten Providerwechsels, gegen den sich der Provider durch eine „NACK" -Meldung (für: „Not Acknowledged") wehrt, allein aufgrund eines entsprechenden Direktauftrages des wechselwilligen Domaininhabers zur Umschreibung der Datensätze auf den neuen Provider verpflichtet ist und die „ACK"-Erklärung (für: „Acknowledged") danach nicht als rückhaltsfähig angesehen werden kann, muss ein solches Zurückbehaltungsrecht des Altproviders freilich leer laufen.

VII. Providerwechsel

365 Außerhalb eines etwaigen Rückbehaltanspruchs durch den Provider kann aber dessen Kunde nach Kündigung des Geschäftsbesorgungsvertrags (Providervertrags) jederzeit die Übertragung der Domain gemäß § 667 BGB zu seinen

556 LG Hamburg, CR 1997, 157.
557 LG Berlin, B. v. 2.4.1997.
558 AG Charlottenburg, Urt. v. 8.4.1997.

Händen beanspruchen[559]. Dies ist insbesondere relevant, wenn der Provider gewechselt werden soll, der Altprovider sich jedoch selbst als Inhaber der Kundendomain hatte eintragen lassen.

Ein **Providerwechsel** geht üblicherweise wie folgt vonstatten: Der von dem Domaininhaber gewählte neue Provider teilt DENIC via E-Mail den Wechsel und die betroffene(n) Domain(s) durch so genannten „KK-Antrag" (für: „Konnektivitäts-Koordination") mit. Daraufhin richtet DENIC eine Anfrage an den ursprünglichen Provider mit der Bitte um Mitteilung binnen einer bestimmten Frist, ob der Wechselwunsch des Kunden den Tatsachen entspricht. Der Provider erkennt dies sodann mit einer „ACK"-Mitteilung an oder verneint die Anfrage mit „NACK". Letzteren Falls erfolgt zunächst keine Umschreibung der Datensätze bei DENIC. Verstreicht die Mitteilungsfrist ungenutzt oder lautet die Rückäußerung auf „ACK", erfolgt die Registrierung auf den neuen Provider, indem DENIC die Eintragungen der Nameserver und des „tech-c" (für: „technischer Kontakt"; Kontaktperson betreffend die technische Abwicklung der Konnektierung, zumeist der Provider) in seinen Datenbanken ändert. Dieser Vorgang verläuft bis zu einem wiederholten „NACK" ausschließlich vollautomatisiert mittels elektronischen Datenaustauschs. Erst dann wird der Domaininhaber direkt kontaktiert und um seine persönliche Erklärung gebeten. 366

Für den Domaininhaber ist dieses einseitig von DENIC vorgegebene elektronische Verfahren freilich in Ermangelung einer wirksamen Einbeziehung in sein Vertragsverhältnis zu DENIC nicht verbindlich, zumal schon die Wirksamkeit einer Koppelung des Providerwechsels an einen vertragsfremden Dritten mit Blick auf die Generalklausel des § 9 Abs. 1 AGBG auf Bedenken stoßen muss. Er kann seine Wechselanfrage folglich unter Verzicht auf die Zwischenschaltung seines Providers als Erklärungsboten **auch direkt** an die DENIC eG richten und hat sich sonach nicht auf das Wohlwollen („ACK") eines Vertragsfremden einzurichten. DENIC seinerseits ist aus dem Registrierungsvertrag verpflichtet, die erbetenen Änderungen in seinen Namensdatenbanken vorzunehmen, um die (geschuldete) **Aufrechterhaltung der Internet-Konnektivität** des Domaininhabers unter der eingetragenen Domainbezeichnung zu gewährleisten[560]. 367

VIII. Whois-Abfragen; DENIC und deutsches Datenschutzrecht

DENIC stellt im Internet zu jeder DE-Domain im Rahmen einer Online-Abfrage („Whois") die dazugehörigen Angaben über Inhaber, administrativen Ansprechpartner, technischen Ansprechpartner, Zonenverwalter und Provider bereit. Dieses Verfahren ist verschiedentlich auf datenschutzrechtliche Bedenken gestoßen. Der Hessische Landesdatenschutzbericht vom 30.8.2000, Drs. 15/1539, gibt indes – nach Behebung einzelner Monierungen durch DENIC – Entwarnung: Die Veröffentlichung von Name und Anschrift der Domaininhaber sei nicht zu beanstanden, da dies sowohl aus technischen wie rechtlichen Gründen erforderlich sei, um den zuverlässigen Betrieb des Netzes in Deutschland sicherzustellen. So biete die Preisgabe von Name und Anschrift des Domaininhabers z. B. Anknüpfungspunkte für Fragen des Namens-, Urheber- oder Lizenzrechts und trage auch erheblich zur Förderung der Rechtssicherheit 368

559 LG Stuttgart, Urt. v. 26.4.2000, 11 KfH O 28/00.
560 Zu den Vertragspflichten der Vergabestellen wie z. B. DENIC siehe oben Rn. 355 ff. (J. III.).

im Sinne des Verbraucherschutzes im Internet bei. Für Anbieter von Tele- oder Mediendiensten komme hinzu, dass diese ohnehin verpflichtet seien, ein Impressum mit Name und Anschrift auf ihren WWW-Seiten zu führen und deshalb bezüglich dieser Daten kein schutzwürdiges Geheimhaltungsinteresse geltend machen könnten, soweit sie unter der registrierten Domain eine WWW-Site unterhielten.

Weiter heißt es in dem Bericht: „Für die Veröffentlichung von Telefon- und Telefaxnummern der privaten Domaininhaber unter dem Eintrag als administrativer oder technischer Ansprechpartner gilt dies allerdings nicht, da diese Veröffentlichungen für die oben genannten Zwecke nicht erforderlich ist. Für die Registrierung einer Domain verlangt die DENIC eG neben den erforderlichen technischen Daten auch die Angabe von Name und Anschrift der antragstellenden Person/Organisation (Domaininhaber) sowie die entsprechenden Angaben zum technischen Ansprechpartner und zum administrativen Ansprechpartner (als Adressat für Rückfragen und rechtlich für die Domain verantwortliche Person). Bzgl. des technischen und des administrativen Ansprechpartners wird außerdem die Angabe der Telefonnummer oder alternativ (gegebenenfalls auch zusätzlich) der Telefaxnummer und der E-Mail-Adresse gefordert. Die Daten zum Domain-Inhaber werden sowohl in der Who-is-Datenbank der DENIC eG gespeichert als auch in der Datenbank des RIPE (Réseaux IP Européen) in Holland, wo alle DNS-Daten für den europäischen Bereich gesammelt werden. Über den so genannten Who-is-Dienst sind die Daten bei beiden Institutionen weltweit abrufbar. (...) Auch hat der Gesetzgeber die Impressumspflicht im MDStV und TDG ausdrücklich auf die Angabe von Name und Anschrift begrenzt. Ein Anbieter ist daher nicht verpflichtet, im Impressum seines Tele- oder Mediendienstes eine Telefon- oder Telefaxnummer anzugeben. (...) Die DENIC hat daher mittlerweile die Anzeige der Telefonnummern der privaten Domaininhaber bei der Who-is-Abfrage unterdrückt. (...) Seit Mitte 1999 bot die DENIC eG zusätzlich die Möglichkeit an, ohne Angabe einer IP-Nummer oder eines Domainnamens nach Personennamen in der DENIC-Datenbank zu suchen. Als Ergebnis erhielten die Anfrager eine Auflistung sämtlicher Personen des gesuchten Namens, unabhängig von deren Domain. Diese Funktion ist zur Aufrechterhaltung des Internet-Datenverkehrs weder dienlich noch erforderlich, wie die DENIC eG selbst einräumte. Diese Abfragevariante wurde von der DENIC eG nach der Beanstandung durch die Aufsichtsbehörde umgehend eingestellt."

K. Der Domain-Rechtsstreit

369 Die in den vorangegangenen Ausführungen behandelten Abwehransprüche des in seinen Rechten Verletzten sind gerichtet auf Unterlassung (§§ 3 bis 5, 8 UWG n. F.), Unterlassung und Beseitigung der Störung (letzterenfalls bedeutet dies im Ergebnis die **Freigabe** der Domain, §§ 12, 1004 BGB, §§ 14, 15 MarkenG) sowie – in Fällen schuldhaften Handelns – auf Schadensersatz (§§ 823 Abs. 1, 12 BGB, § 826 BGB, §§ 14 Abs. 6, 15 Abs. 5 MarkenG, § 9 UWG). Unterlassungsansprüche werden häufig im Wege der einstweiligen Verfügung durchgesetzt und richteten sich zumeist gegen den unmittelbaren Verletzer, d. h. das Unternehmen, welches die fremde Kennzeichnung für sein Internetangebot nutzt, den Provider, soweit die streitgegenständliche Domain von diesem gehalten und nur zur Nutzung einem Dritten als eigentlichem Anbieter weiterüberlassen wird, in weniger häufigen Fällen aber auch gegen den so genannten „Admin-c" (für: „administrative contact") als verschuldensunabhängigen „Störer", der auf Unterlassung haftet. Die Frage des richtigen Anspruchsgegners ist in der instanzgerichtlichen Judikatur bis dato bedauerlicherweise noch nicht einheitlich beantwortet:

I. Anspruchsgegner

Anspruchsverpflichtet ist zunächst der registrierte Domaininhaber als unmittelbarer Verletzer. Allerdings ist Vorsicht geboten: Die bloße formale Position der Registrierung eines selbst nicht zur Führung des Kennzeichens oder Namens befugten Domaininhabers allein eröffnet noch nicht ohne Weiteres Unterlassungsansprüche, wenn ein **Treuhandverhältnis** zu dem materiell an dem Kennzeichen Berechtigten vorliegt: 370

1. Domaininhaber, Problem der „Treuhanddomains“

Mit der vorherrschenden Ansicht wäre in diesem Fall erst mit diesem „Hintermann“ ein Vergleich der kennzeichenrechtlichen Positionen vorzunehmen. Denn materiell „Inhaber“ einer namensmäßig gebildeten Domain kann hiernach **nicht nur der Namensträger selbst, sondern auch ein von ihm Beauftragter zu seinen Gunsten** sein. Einen Grundsatz, dass der Inhaber einer solchen Domain nur der Namensträger, nicht aber ein von ihm beauftragter Dritter zu seinen – des Namensträgers – Gunsten sein kann, gibt es nicht[561]. Eine Internetdomain, die aus einem bürgerlichen Namen besteht, kann daher mit Priorität auch von einer Person gehalten und genutzt werden, die zwar selbst nicht Namensträger ist, die aber ein berechtigtes Interesse an der Führung des Namens hat und der die Führung des Namens durch den Namensträger (z. B. Ehegatte, Kinder) gestattet worden ist[562]. Folgerichtig ist nach dieser Auffassung eine treuhänderische Verwaltung für einen Dritten möglich, so dass sich der **Treuhänder gegenüber einem Anspruchsteller auf die Namensrechte des Treugebers berufen** kann[563]. 371

Einer anderen, insbesondere vom Oberlandesgericht Celle im Fall „grundke.de“[564] geprägten Ansicht zufolge kann sich ein Dritter, beispielsweise ein Provider oder Webdesigner, auf eine Gestattung zur Namensnutzung durch den Auftraggeber nicht berufen, da eine **schuldrechtliche Abrede über eine Namensnutzung kein eigenes Recht zur Nutzung des Namens des Berechtigten begründen** könne. Zweck der Domainvergabe sei, für jedermann erkennbar zu machen, wer durch die Registrierung einer Domain mögliche Namens- oder Kennzeichenrechte verletze; diese klare Zuordnung und Transparenz werde entwertet, wenn registrierte, nichtberechtigte Domaininhaber im Falle der Inanspruchnahme durch berechtigte Namensträger sich überraschend auf schuldrechtliche Vereinbarungen mit anderen Namensträgern berufen könnten. Dies soll selbst dann gelten, wenn der eigentliche Namensträger sich sodann unter der adressierten Homepage tatsächlich präsentiere[565]. 372

Der Bundesgerichtshof, dem der Fall „grundke.de“ zur Revision vorlag[566], kommt zu dem Ergebnis, dass die Registrierung eines Domainnamens, der einem fremden Namen entspricht, zwar grundsätzlich einen unbefugten Namensgebrauch darstellt. **Erfolge die Registrierung jedoch im Auftrag eines** 373

---

561 OLG Düsseldorf, 22.11.2001, 20 W 71/01 – „selk.de“.

562 OLG Stuttgart, CR 2006, 269.

563 So auch OLG Hamm, MMR 2001, 749 „veltins.com“; LG Ellwangen, 16.2.05, 2 O 400/04; vgl. auch LG Hannover, MMR 2005, 550 – „schmidt.de“, das jedoch im Ergebnis zu einer Unterlassungspflicht gelangt.

564 OLG Celle, CR 2004,772 – „grundke.de“; siehe ferner LG Hamburg, CR 2005, 465 – „mueller.de“ und LG Saarbrücken, Urt. v. 30.1.2001, 7 IV O 97/00 – „show-agenturen-pool.de“ (JurPC Web-Dok. 175/2001), wonach die formale Inhaberstellung maßgeblich sei.

565 OLG Celle, MMR 2006, 558 – „raule.de“.

566 BGH, CR 2007, 590 – „grundke.de“.

Namensträgers, sei die Registrierung legitim, soweit andere Träger desselben Namens zuverlässig und einfach überprüfen könnten, wer Inhaber der Domain sei. Hat der Namensträger einen Dritten auf eine einfach und zuverlässig zu überprüfende Weise mit der Registrierung seines Namens als Internetadresse beauftragt, so ist es für die Priorität der Registrierung gegenüber Gleichnamigen nicht von Bedeutung, wenn der Vertreter den Domainnamen abredewidrig auf den eigenen Namen und nicht auf den Namen des Auftraggebers hat registrieren lassen. Davon wird man mit dem Bundesgerichtshof ausgehen können, wenn sich unter dem Domainnamen schon zu einem Zeitpunkt, zu dem noch kein Gleichnamiger Ansprüche angemeldet hat, die **Homepage des Namensträgers** befindet, bzw. – allgemeiner – wenn unter der Domain entsprechende **Inhalte zu finden sind, die auf den eigentlichen Berechtigten hinweisen**, wie im Streitfall „grundke.de" etwa die Werbung für die Firma Grundke Optik GmbH.

374 Auch DENIC nimmt der Bundesgerichtshof in seinem Urteil in die Pflicht, indem er für Fälle, in denen eine solche Homepage (noch) nicht besteht, den Weg zu einer solchen einfachen und zuverlässigen Überprüfung – abgesehen von einer notariellen Beurkundung des Auftrags – aufzeigt: DENIC könne hier dem Treuhänder im Zuge der Registrierung die Möglichkeit einräumen, einen **Hinweis auf seine Treuhänderstellung und den Treugeber zu hinterlegen**, und diese Information (nur) mit Zustimmung des Treuhänders offenbaren.

375 Bereits zuvor hatte der Bundesgerichtshof entschieden, dass eine Holdinggesellschaft, die die Unternehmensbezeichnung einer Tochtergesellschaft mit deren Zustimmung als Domainnamen registrieren lässt, im Streit um den Domainnamen so zu behandeln ist, als sei sie selbst berechtigt, die fragliche Bezeichnung zu führen[567]. In dieser Entscheidung hatte der Bundesgerichtshof noch offen gelassen, ob dies für jede Gestattung gilt. Diese Frage wird im Fall „grundke.de" nun im Grundsatz bejaht. Lässt sonach der Namensträger die mit seinem Namen gebildete Domain durch einen Vertreter registrieren, ist dies unter Umständen, die eine angemessene Berücksichtigung der Interessen der Gleichnamigen gewährleisten, **wie eine Registrierung durch den Namensträger zu behandeln.** Der Namensträger kann einem anderen schuldrechtlich gestatten, seinen Namen zu benutzen, wobei diese Gestattung auf einen bestimmten Zweck beschränkt werden kann. Eine solche Gestattung ist jedoch nicht schrankenlos zulässig. So hat der Bundesgerichtshof eine Gestattung nach § 134 BGB, § 3 UWG a. F. für unwirksam gehalten, wenn sie zu einer Täuschung der Allgemeinheit und einer Verwirrung des Verkehrs führt[568] – Umstände, die wie gesehen im Streitfall nicht vorlagen.

376 Das Oberlandesgericht Celle[569], das das Verfahren um die Domain „schmidt.de" bis zur „grundke.de"-Entscheidung des Bundesgerichtshofs ausgesetzt hatte, schloss sich den Ausführungen des Bundesgerichtshofs an. Es sah keine Namensanmaßung seitens der beklagten Fernsehsenders, da die Gestattung des Namensträgers *Harald Schmidt* vorliege und dies auch ohne Weiteres überprüfbar war: Unter der Domain „schmidt.de" fanden sich Informationen über die „Harald Schmidt Show" sowie Bilder von *Harald Schmidt*. Aufgrund dessen war für den *Senat* offensichtlich, dass die Domain für den Namensträger und in dessen Auftrag registriert worden sei.

---

567 BGH, WRP 2006, 90 – „segnitz.de".
568 BGH, CR 2002, 674 – „vossius.de".
569 OLG Celle, K&R 2008, 111– „schmidt.de".

Das Landgericht Bremen[570] hält indes die Grundsätze, die der Bundesgerichtshof bei „grundke.de“ aufstellt, für den **Ausnahmetatbestand einer Markenlizenz für unanwendbar:** Leite der Inhaber eines Domainnamens seine Berechtigung aus einem Markenlizenzvertrag ab, könne ihm nicht entgegen gehalten werden, dass seine Berechtigung für Dritte nicht einfach und zuverlässig überprüfbar sei. Die Markenlizenz gewähre auch ohne Eintragung das volle Recht zur Nutzung des Zeichens im geschäftlichen Verkehr. Das ergebe sich für das deutsche Recht aus § 30 MarkenG, der eine Eintragung nicht vorsehe. Bei der Gemeinschaftsmarke gebe es zwar eine Eintragung der Markenlizenz (Art. 23 GMV). Diese sei jedoch Wirksamkeitsvoraussetzung allein bei der Einräumung weiterer Lizenzen und anderer Verfügungen über die Marke. Verzichte der Markengesetzgeber danach für die Erteilung einer Markenlizenz auf einen Publizitätsakt, so werde die fehlende Überprüfbarkeit durch andere Rechteinhaber in Kauf genommen. **Der Verkehr müsse also auch ohne jeden Anhaltspunkt immer damit rechnen, dass der jeweilige Benutzer eines Zeichens als Lizenznehmer des eingetragenen Markeninhabers hierzu berechtigt sei.** Dies habe auch derjenige hinzunehmen, der einen mit dem Zeichen identischen Namen trage. 377

Das vom Namensschutz umfasste Recht, einem anderen den Namensgebrauch zu gestatten, findet im Domainrecht sonach seine **Grenze in den Namensrechten der Gleichnamigen.** Denn anders als ein sonstiger Namensgebrauch schließt die Registrierung eines Domainnamens alle anderen Namensträger weltweit von einer entsprechenden Nutzung ihres Namens aus. Es gilt insoweit das **Gerechtigkeitsprinzip der Priorität der Registrierung**[571], das nur unter besonderen Umständen zurücktritt[572]. Diese Ausschlusswirkung trifft die Gleichnamigen mit dem Bundesgerichtshof („grundke.de“) aber nur, wenn sie durch einen anderen Namensträger bewirkt wurde. Hingegen kann der Namensträger eine Beeinträchtigung seiner Interessen durch einen **unbefugten** Namensgebrauch abwehren. Um sein eigenes Recht zur Domainregistrierung wirksam wahrnehmen zu können, muss der Namensträger **schnell und zuverlässig überprüfen können**, ob die mit der Registrierung des Domainnamens ihm gegenüber eintretende Ausschlusswirkung tatsächlich besteht. Er darf von der Registrierung seines Namens als Domainname nicht dadurch abgehalten und infolgedessen der Gefahr eines endgültigen Rechtsverlustes ausgesetzt werden, dass ein Dritter den Domainnamen durch Registrierung sperrt, ohne dass dieser Dritte aufgrund des Auftrags eines Gleichnamigen dessen Priorität wirksam in Anspruch genommen hat. Insbesondere muss ausgeschlossen werden, dass ein Namensträger, der an sich aufgrund Priorität einen Domainnamen wirksam beanspruchen kann, daran dadurch gehindert wird, dass der Domainname in fremdem Namen registriert wird und erst nachträglich, wenn der Namensträger seine Rechte geltend macht, ein Auftrag eines anderen Namensträgers zur Registrierung eingeholt wird. Das Gerechtigkeitsprinzip der Priorität führt im Domainrecht nur dann zu einem angemessenen Interessenausgleich unter Gleichnamigen, wenn deren Chancengleichheit bei der Wahrnehmung der Priorität nicht durch Interventionen unberechtigter Dritter beeinträchtigt wird. Zur Gewährleistung dieser Chancengleichheit und wegen der möglichen schweren Beeinträchtigung der Namensrechte durch den Ausschluss von Domainnamen ist es erforderlich, der im Auftrag eines Namensträgers erfolgten Registrierung eines Domainnamens durch einen Treuhänder **nur dann im Außenverhältnis Wirksamkeit zu verleihen, wenn für alle Gleichnamigen eine einfache und zuverlässige Möglichkeit der Überprüfung besteht, ob die Regist-** 378

570 LG Bremen, MMR 2008, 479 – „winther.de.

571 Vgl. BGH, CR 2002, 525 – „shell.de“; WRP 2002, 1066 – „defacto.de“; CR 2005, 362 – „mho.de“; BGH, CR 2001, 777 – „mitwohnzentrale.de“.

572 Dazu vgl. BGH, CR 2002, 525 im (Ausnahme-) Fall „shell.de“.

rierung des Namens als Domainname im Auftrag eines Namensträgers erfolgt ist[573].

2. (Mit-) Störerhaftung der technisch-administrativ Mitwirkenden

379 Umstritten ist auch die Unterlassungshaftung von „Admin-C“, „Tech-C“, (Host-, Zone- etc.) Providern und Suchmaschinenbetreibern: Soweit nach Maßgabe der Grundsätze zur Störerhaftung (tatsächlich und rechtlich) möglich und – im Sinne einer Überprüfungsobliegenheit – auch *zumutbar*, kann die Unterlassung mit der herrschenden Meinung des Weiteren vom „Admin-C“[574], nach Ansicht einzelner Gerichte sogar vom „Tech-C“ verlangt werden[575]. Die gebotene strikte Trennung der Haftung für die **durch die Domain selbst** vermittelte Rechtsverletzung einerseits und für die hierunter abrufbaren Webseiten**inhalte** andererseits wird in der instanzgerichtlichen Judikatur bedauerlicherweise oft vermengt:

380 a) **Haftung in Ansehung der Domainbezeichnung.** Da nach den DENIC-Registrierungsrichtlinien der administrative Ansprechpartner („Admin-C“) als Bevollmächtigter des Domaininhabers berechtigt und verpflichtet ist, sämtliche die Domain betreffende Angelegenheiten verbindlich zu entscheiden, hat der „Admin-C“ dadurch, dass er mit seinem Willen als Kontaktperson bei der DENIC angegeben wurde, einen **Tatbeitrag** geleistet.

> http://www.denic.de/de/richtlinien.html: „Der administrative Ansprechpartner (admin-c) ist die vom Domaininhaber benannte natürliche Person, die als sein Bevollmächtigter berechtigt und gegenüber DENIC auch verpflichtet ist, sämtliche die Domain betreffenden Angelegenheiten verbindlich zu entscheiden. Für jede Domain kann nur ein admin-c benannt werden. Sofern der Domaininhaber oder ein Mitinhaber eine natürliche Person ist, steht es ihm frei, selbst die Funktion des admin-c zu übernehmen. Mitzuteilen sind Name, Anschrift, Telefonnummer und E-Mail-Adresse des admin-c. Hat der Domaininhaber seinen Sitz nicht in Deutschland, ist der admin-c zugleich dessen Zustellungsbevollmächtigter im Sinne von § 184 der Zivilprozessordnung und § 132 der Strafprozessordnung; er muss in diesem Falle seinerseits in Deutschland ansässig sein und mit seiner Straßenanschrift angegeben werden.“

381 Zudem hat er aufgrund der Registrierungsbedingungen auch die rechtliche **Möglichkeit, auf den Eintragungsinhalt einzuwirken,** so dass er andererseits auch haftet[576]. Eine andere Handhabung wäre allenfalls dann zu erwägen, wenn es sich beim „Admin-C“ um eine abhängige Hilfsperson handelte, die lediglich eine untergeordnete Stellung in einem fremden Unternehmen innehätte[577]. Werden derartige Umstände jedoch nicht vorgetragen, verbleibt es bei der Haftung des „Admin-C“[578], insbesondere wenn der **Inhaber unerreichbar oder – z. B. bei Firmenliquidation – nicht mehr existent ist**[579].

382 Vergleichbares soll gelten bei der **Blanko- bzw. Generalübernahme des Admin-Mandats für eine unbestimmte Vielzahl von Domains.** In diesem Falle haftet der „Admin-C“ nach den allgemeinen Grundsätzen der Störerhaftung, deren

---

573 BGH, CR 2007, 590 zu „grundke.de“.

574 OLG Stuttgart, MMR 2004, 38; OLG München, MMR 2000, 277.

575 Hanseatisches OLG Hamburg, K&R 2002, 610 – „rechtsanwalt.com“, ohne nähere Begründung.

576 OLG Stuttgart, a. a. O.; vgl. auch KG, GRUR-RR 2001, 180 – „checkin.com“.

577 OLG Stuttgart, a. a. O.

578 Hans. OLG Hamburg, MMR 2000, 92 – „goldenjackpot.com“: „Tech-C“ und „Billing-C“; LG Hamburg, MD 2001, 354 – „nimm2.de“.

579 A. A. *Köhler/Arndt*, Recht des Internet, S. 48; *Beier*, Recht der Domainnamen, S. 214.

Voraussetzungen mit dem Landgericht Stuttgart[580] jedenfalls dann vorliegen, wenn eine Person sich gegenüber einem ausländischen Unternehmen, dessen Unternehmenszweck die Eintragung einer Vielzahl inländischer Domains ist, bereit erklärt, als „Admin-C" zu fungieren, ohne sicherzustellen, dass er Kenntnis von der jeweiligen – rechtsverletzenden – Domaineintragung erhält. Nach den DENIC-Domainbedingungen sei die Benennung eines in Deutschland ansässigen „Admin-C" zwingend notwendig. Ein Verstoß hiergegen begründe ein Kündigungsrecht der DENIC, weshalb die Zurverfügungstellung als „Admin-C" für ein ausländisches Unternehmen keinen untergeordneten Tatbeitrag darstelle. Der Verantwortlichkeit stehe auch nicht entgegen, wenn der „Admin-C" von der Eintragung der eingetragenen Domains keine Kenntnis erhalte, sein Beitrag sich daher in einer Blankoeinwilligung bzw. Blankovollmacht erschöpfe. Der einem administrativen Verwalter bei der Eintragung obliegenden Überprüfungspflicht könne sich dieser nicht dadurch entledigen, dass er dem die Eintragung vornehmenden Unternehmen eine Generaleinwilligung ausstelle. **Durch den Verzicht auf die bisherige Kenntniserlangung von der Eintragung habe der „Admin-C" in Kauf genommen, dass eine Einwilligung für die Eintragung rechtsverletzender Domains benutzt werde.** Mit einer solchen allgemeinen Einwilligung habe er willentlich einen Tatbeitrag gesetzt, der aufgrund der rechtlichen Möglichkeit, auf die Eintragung einzuwirken, die Störereigenschaft begründe.

Die Passivlegitimation des „Admin-C" ist freilich hoch umstritten. Für das Oberlandesgericht Koblenz[581] ist er lediglich Ansprechpartner der DENIC und als solcher im Prozess um die Unterlassung der Verwendung einer Domain nicht passiv legitimiert. Auch nach Ansicht des Oberlandesgerichts Köln[582] und des Landgerichts Düsseldorf[583] haftet der „Admin-C" einer Domain vor **Erhalt positiver Kenntnis für Marken- oder Wettbewerbsverletzungen nicht als Mitstörer**[584]. 383

In vergleichbarer Weise werden auch in der Literatur divergierende Auffassungen vertreten: Teilweise wird die Haftung des „Admin-C" vor Kenntniserlangung, und zwar sowohl für rechtsverletzende Registrierungen als auch für rechtsverletzende Inhalte, grundsätzlich verneint[585]. Andere Autoren nehmen demgegenüber eine Haftung **vor** Kenntnis jedenfalls für **offenkundige, einfach feststellbare Rechtsverletzungen** in Form von Eintragung oder Internetinhalten (und eine erweiterte Haftung auf sonstige Verletzungshandlungen erst **ab** Kenntniserlangung) an[586]. Dritte bejahen zwar auch eine Haftung **vor** Kenntnis für offenkundige Rechtsverletzungen, indes nur für solche **aus Anlass der Registrierung,** und verneinen grundsätzlich die Haftung des „Admin-C" für rechtsverletzende Inhalte[587]. 384

---

580 LG Stuttgart, Urt. v. 27.1.2009, 41 O 149/08 KfH – „mezzogiorno.de".

581 OLG Koblenz, CR 2002, 280 – „vallendar.de" mit Anm. *Eckhardt* = ITRB 2002, 110 mit Anm. *Stopp* = K&R 2002, 201 = MMR 2002, 466 mit Anm. *Ernst* = WRP 2002, 340; so auch LG Kassel, Urt. v. 15.11.2002, 7 O 343/02 – „flugplatz-korbach.de".

582 OLG Köln, Urt. v. 15.8.2008, 6 U 51/08.

583 LG Düsseldorf, GRUR-RR 2008, 122 mit zust. Anm. *Luckhaus*, GRUR-RR 2008, 113.

584 Vgl. auch Hans. OLG Hamburg, GRUR-RR 2004, 175, wonach eine Handlungspflicht des Admin-C „spätestens" ab Kenntniserlangung/Abmahnung anzunehmen ist.

585 *Wimmer/Schulz*, CR 2006, 754.

586 *Bettinger*, Handbuch des Domainrechts, DE 955, 956, 340 m. w. N.

587 *Stadler*, CR 2004, 521 m. w. N.

385 Für das Oberlandesgericht Köln[588] steht zwar außer Frage, dass der „Admin-C" infolge der mit seiner Zustimmung erfolgten Funktionsübernahme einen adäquat-kausalen Beitrag zu Markenverletzungen der Domaininhaberin leistet. Denn nur aufgrund seiner entsprechenden Eintragung als inländische natürliche Person habe DENIC die Domainregistrierungen für die ausländische Domaininhaberin vornehmen können. Ihm obliegen nach Ansicht des Senats indes weder zum Zeitpunkt der Registrierung der Domain, noch nach Verbindung der Domain mit einem (markenverletzenden) Inhalt, aber vor Kenntniserlangung hiervon, Prüfungspflichten, deren Verletzung seine Inanspruchnahme als Störer rechtfertigen würde: Die Beurteilung, ob überhaupt und in welchem Umfang ursprüngliche Prüfungspflichten einer als Störer in Anspruch genommenen Person bestehen, habe sich maßgeblich an ihrer Funktion und Aufgabenstellung zu beurteilen mit Blick zugleich auch auf den Verantwortungsbereich des Dritten, welcher als Täter des markenrechtlichen Verletzungstatbestandes handele. Wesentliche Bedeutung komme insoweit den Domainrichtlinien der DENIC zu. **Der „Admin-C" nehme danach die Stellung eines, allein im internen Vertragsverhältnis zwischen Vergabestelle und Domaininhaber, Bevollmächtigten ein.** Seine Berechtigung, gegenüber DENIC mit Wirkung für den Domaininhaber über die Domain zu verfügen, sei zwar umfassend und unbeschränkt. Mit einer zugleich für den Domaininhaber auch gegenüber außenstehenden Dritten wirkenden Vollmacht sei sie aber nicht verbunden. Diese sei auch nicht intendiert, weil die Einrichtung der Funktion des „Admin-C" rein verwaltungstechnischen Notwendigkeiten diene, ebenso wie seine gleichzeitige Zustellungsvollmacht im Fall ausländischer Domaininhaber. Soweit der „Admin-C" erstmals im Zuge der Domainregistrierung befasst werde, erscheine es **angesichts der solcherart angelegten Funktion und Aufgabenstellung unzumutbar, ihm in Zusammenhang mit dem einzutragenden Domainnamen stehende Prüfungspflichten auf potentielle (Kennzeichen-) Verletzungen aufzuerlegen.** Eingedenk dessen, dass die Prüfung der rechtlichen Zulässigkeit einer bestimmten Domainbezeichnung grundsätzlich zunächst allein in den Verantwortungsbereich des Anmelders fällt, sei nämlich nicht nachvollziehbar, warum ihn dennoch im Ergebnis gleichrangige Untersuchungspflichten treffen sollten, die zudem auch noch den Zweck haben würden, außerhalb des Vertragsverhältnisses zwischen DENIC und Domaininhaber – und nur in dieses ist er eingebunden – stehende Rechtsinhaber zu schützen.

386 Oftmals werden die Funktionen des „Admin-C" und des „Tech-C" vom Service Provider des Inhabers wahrgenommen. Dieser ist nach Ansicht des Landgerichts Bremen[589] jedenfalls dann markenrechtlicher Störer, wenn sein Kunde **für den Verletzten nicht erreichbar** ist. Er könne dann bei einer Markenverletzung durch den Domainnamen eines Kunden den Haftungsausschluss des § 5 Abs. 3 TDG (a. F.) nicht für sich in Anspruch nehmen. Allerdings würde auch nach Maßgabe dieser Rechtsprechung die technische Kontaktperson, der „Tech-C", wohl keine Unterlassungserklärung abgeben müssen. Denn es genügt, dass bis zur endgültigen Entscheidung über die Ansprüche die Domain dekonnektiert wird[590].

387 Anders dagegen wie gesehen der „Admin-C" als die zur Sperrung nicht nur technisch befähigte sondern hierzu auch grundsätzlich berechtigte Kontaktperson, die allerdings nach einer Mindermeinung (ebenso wenig wie der

---

588 OLG Köln, K&R 2008, 692.
589 LG Bremen, CR 2000, 543 – „photo-dose.de".
590 LG Hamburg, MD 2001, 354 – „nimm2.de".

„Tech-C") die Kosten der ersten, Kenntnis verschaffenden Abmahnung wegen dem Rechtsgedanken aus § 5 Abs. 3 und 4 TDG a. F. nicht tragen müsse[591]. Diese Privilegierung erscheint jedenfalls für den „Admin-C" nicht sachgerecht, dessen originäre Aufgabe als Bevollmächtigter gemäß den DENIC-Domainrichtlinien es gerade ist, als insoweit Berechtigter und Verpflichteter alle Angelegenheiten der Domain verbindlich zu entscheiden. Mithin leistet er nicht nur einen adäquat-kausalen Beitrag zu der durch den Inhaber veranlassten Rechtsverletzung, sondern ist kraft seiner Funktion auch verpflichtet, in Ansehung der von ihm administrierten Domain in zumutbarem Maße eine Überprüfung auf etwaige der Registrierung und Nutzung entgegenstehende Rechte (insbesondere Dritter) vorzunehmen. Denn der „Admin-C" kann (und soll erforderlichenfalls) durch Dekonnektierung oder Löschung des den Verletzungstatbestand begründenden *Domainnamen als solchen* etwaige Störungen unterbinden, mag er auch was die unter Domain abrufbaren *Inhalte* angeht nicht in der Lage sein, die Webseiten inhaltlich zu gestalten[592].

Umstritten ist auch die Frage der Mitstörerhaftung des „*Domain Name Server-Betreibers*", des so genannten „Zone-C": Nach einem Urteil des Landgerichts Köln[593] bildet die über eine **reine Auskunftserteilung bezüglich der Verfügbarkeit eines Domainnamens** hinausgehende Mithilfe und Mitwirkung eines *Domain Service Providers* bei der Domainregistrierung (Vermittlung) einen kausalen Beitrag zu einer durch die Inanspruchnahme und Registrierung der Domain verwirklichten Namensrechtsverletzung. Dies soll insbesondere dann gelten, wenn der kausale Beitrag eigenen kommerziellen Zwecken des Vermittlers dient. Erschwerend sei zu berücksichtigen, dass durch das Aufzeigen der Verfügbarkeit des Namens gerade der Anstoß für die namensverletzende Registrierung gegeben werde. **388**

Das Hanseatische Oberlandesgericht Hamburg[594] erblickte in dem Zur-Verfügung-Stellen von Domain Name Servern für Dritte zur *Konnektierung* der Domain „nimm2.com" – als Vorstufe der Registrierung bei der Registrierungsstelle zur Internetnutzung – dagegen noch keine Benutzung im geschäftlichen Verkehr im Sinne des § 14 MarkenG. Eine Störerhaftung (und demgemäß eine Prüfungspflicht des Domain Name Server-Betreibers) bestehe in der Phase der ursprünglichen Konnektierung nicht, und zwar auch nicht für die Fälle der so genannten „offenkundigen" Rechtsverletzungen bei „bekannten" Marken. Dies soll mit dem *Senat* jedenfalls dann gelten, wenn der Domain Name Server-Betreiber zusätzlich nur den so genannten „billing contact" (Abrechnungsstelle) wahrnimmt. Reagiere der Domain Name Server-Betreiber auf eine Abmahnung (und damit **nach erstmaliger Kenntnis vom Verstoß**) alsbald mit der Löschung der Konnektierung, so sei auch keine Störerhaftung wegen nachträglich unzureichenden Verhaltens gegeben. **389**

Ähnlich das Landgericht Bielefeld[595], das darüber zu entscheiden hatte, ob der „Zone-C"-Verwalter der Nameserver eines Domaininhabers als Mitstörer auf Unterlassung in Anspruch genommen werden kann. Das Gericht verneinte zu Recht eine Mitstörerhaftung. Nach Maßgabe der BGH-Rechtsprechung zum **390**

---

591 Vgl. Hans. OLG Hamburg, GRUR-RR 2004, 175; MMR 2000, 92 – „goldenjackpot.com".

592 Vgl. dazu KG Berlin, MMR 2006, 392; zur *Inhaltsverantwortlichkeit* sogleich unten Rn. 392 ff. (K. I. 2. b).

593 LG Köln, CR 2001, 622 – „guenter-jauch.de".

594 Vgl. zum Verwalten und Registrieren eines Domainnamens für einen Dritten: BGH, CR 2001, 850 – „ambiente.de".

595 LG Bielefeld, CR 2004, 701 – „zigon.de".

Fall „ambiente.de“[596] bestehe **keine Verpflichtung zu einer Vorabprüfung**, ob Rechtsverletzungen vorliegen. Denn eine Haftung komme erst ab dem Zeitpunkt in Betracht, in dem die **Rechtsverletzung offenkundig und ohne Weiteres feststellbar** sei. Obwohl der beklagte „Zone-C“ durch Abmahnung Kenntnis von der Rechtsverletzung erlangt hatte, traf ihn nach Ansicht des Landgerichts keine Verpflichtung zur Löschung, da die Rechtsverletzung nicht offenkundig gewesen sei. Denn auch in dieser Phase, in der von einem Dritten auf eine – angebliche – Rechtsverletzung hingewiesen werde, bestünden nur eingeschränkte Prüfungspflichten. Der „Zone-C“ (als bloßer technischer Verwalter des Domain Name Servers) sei auch nach Kenntniserhalt nur verpflichtet, die Registrierung zu löschen bzw. den Zugang zu dem Internet zu unterbinden, wenn die Verletzung offenkundig ohne Weiteres feststellbar sei. Angesichts der regelmäßigen Komplexität (Vorbestehen eines besseren, da prioritätsjüngeren Zeichenrechts, Identität oder Ähnlichkeit im Rahmen der Prüfung auf Verwechslungsfähigkeit, Bestehen einer konkreten Verwechslungsgefahr im sachlichen Waren-/Dienstleistungs- oder Branchenbereich) des zu beurteilenden Verstoßes sei ein solcher Verstoß auch nicht nach Vorliegen der Abmahnung, die ohnehin nur eine einseitige Sicht darlege, ohne Weiteres feststellbar.

391 Auch unter der Prämisse der grundsätzlichen Störerverantwortlichkeit des „Admin-C“ bleibt fraglich, ob zwischen Verletzer (Domaininhaber) und Störer (insbesondere „Admin-C“) ein **Subsidiaritätsverhältnis** dergestalt besteht, dass sich der Verletzte zunächst an den Inhaber wenden muss[597]. Von Brisanz ist dabei insbesondere die Bremer Entscheidung „photo-dose.de“[598]. Danach soll allein die Existenz einer Domainadresse, ob diese aktuell erreichbar sei oder nicht, eine Verletzung des Markenrechts bewirken. Der Domain Service Provider könne auch nicht den Haftungsausschluss des § 5 Abs. 3 TDG (a. F.) für sich in Anspruch nehmen, sofern der Kunde für den Verletzten nicht erreichbar sei. Ab Kenntnis von der Rechtsverletzung habe er es zu unterlassen, die Domain für Dritte im Internet bereitzuhalten, selbst für den Fall, dass das Haftungsprivileg von § 5 Abs. 2 TDG (a. F.) gelte. Der Provider sei markenrechtlicher Störer. Spätestens mit Zugang einer Abmahnung habe er Kenntnis von der Markenrechtswidrigkeit. Auch die Textinformation beim Abruf der Domain, wonach „diese Präsenz z. Zt. nicht erreichbar“ sei, ändere daran nichts, da Interessenten den Eindruck gewinnen könnten, die Markenrechtsinhaberin habe ihre geschäftlichen Aktivitäten eingestellt oder ihre Gebühren nicht bezahlt. Technisch möglich und zumutbar sei, die Konnektierung aufzuheben und dies mit einer vorläufigen Sperre für eine neue Billigung zu verbinden.

392 **b) Haftung in Ansehung der mit der Domain adressierten Inhalte.** Anspruchsverpflichtet ist jedoch keinesfalls der Betreiber einer **Suchmaschine**, die die Domain auch nach der an den Inhaber verfügten Unterlassung noch vollautomatisch als Treffer aufführt[599], folgerichtig auch nicht der vom Suchmaschinenbetreiber eingesetzte „Admin-C“[600], was umso mehr für etwaige rechtswidrige *Inhalte* unter einer bestimmten Domain gilt. Denn schon dem Betreiber einer Suchmaschine selbst ist es nicht möglich und nicht zumutbar, jedes Rechercheergebnis vor der Anzeige des Abfrageergebnisses auf eine mögliche Rechtsver-

---

596 BGH, a. a. O. – „ambiente.de“.
597 So die Ansicht des Kammergerichts, MMR 2006, 392; bejahend für den Fall eines abhängigen Beschäftigungsverhältnisses auch OLG Stuttgart, MMR 2004, 38.
598 LG Bremen, CR 2000, 543 – „photo-dose.de“; Subsidiarität bejahend auch Kammergericht, a. a. O.
599 LG München I, MMR 2001, 56.
600 OLG Köln, K&R 2008, 692.

letzung hin zu überprüfen. Ihn trifft erst dann eine Prüfungspflicht, wenn der Domaininhaber und Betreiber der Suchmaschine **zuvor erfolglos aufgefordert** worden ist, einen inkriminierten Suchergebniseintrag zu löschen oder wenn eine solche Aufforderung von vorne herein keinen Erfolg verspricht und wenn davon ausgegangen werden muss, dass die Störung nur durch eine Aufhebung der Registrierung des Domainnamens unterbunden werden kann[601].

Eine Haftung als Störer auf künftige Unterlassung kommt nur in Betracht, wenn für die betreffende Person zumutbare Kontrollmöglichkeiten bestehen und es ihr möglich ist, zumutbare Maßnahmen zu ergreifen, um Vorsorge zu treffen, dass es nicht zu weiteren Verletzungen kommt. Dies ist beim „Admin-C" des Betreibers der *Google*-Website in Bezug auf rechtsverletzende Beiträge nach zutreffender Ansicht des Oberlandesgerichts Köln[602], des Hanseatischen Oberlandesgericht Hamburg[603] und des Kammergerichts[604] nicht der Fall. **393**

Angesichts der Mannigfaltigkeit denkbarer Rechtsverletzungen auf den unmittelbar über die Domain oder über Verlinkungen, Suchmaschineneinträge etc. aufrufbaren Webseiten hält es das Oberlandesgericht Köln schon im Ausgangspunkt für ausgeschlossen, dem „Admin-C" eine ständige Kontrolle der Inhalte zuzumuten[605]. **394**

Der „Admin-C" habe, so auch das Kammergericht, nur „eingeschränkte Möglichkeiten", künftige Störungen zu unterbinden. Der *Senat* ging mithin von **Subsidiarität** aus. Eine Rechtsverletzung könne der „Admin-C" nur durch die Löschung der Domain unterbinden, daher hafte er auch nur, wenn eben dies – die Unterbindung der Rechtsverletzung – „nur durch eine Aufhebung der Registrierung des Domainnamens unterbunden werden" könne. Im Übrigen konnte der *Senat* „nicht erkennen, auf welcher Grundlage ein administrativer Ansprechpartner allein wegen seiner Funktion unmittelbar Einfluss auf die Inhalte der Domain nehmen" könne. **395**

Was die Haftung des „Admin-C" als Mitstörer anbelangt, ist sonach **streng zu unterscheiden zwischen der Haftung für den gewählten Domainbegriff selbst und der Haftung für die hierunter abrufbaren Inhalte**. Dies wird in der instanzgerichtlichen Rechtsprechung mitunter vermengt. So ist nach einer Entscheidung des Landgerichts Bonn[606] der „Admin-C" Mitstörer ganz allgemein im Hinblick auf eine rechtswidrige Website. Denn die DENIC-Domainrichtlinien sagten nicht, dass der „Admin-C" nur für die Domain selbst zuständig sei. Daraus schließt das Landgericht, dass die Zuständigkeit sich auch auf die Website, also auf die darunter abrufbaren Inhalte, beziehe. Es begründet seine Entscheidung der Mitstörerhaftung damit, dass der „Admin-C" diese Funktion jederzeit aufgeben und so die Domainregistrierung beenden könne, da für die Registrierung ein „Admin-C" zwingend notwendig sei. **396**

---

601 Kammergericht, oben Fn. 597.

602 OLG Köln, K&R 2008, 692.

603 Hans. OLG Hamburg, GRUR-RR 2004, 175.

604 Kammergericht, oben Fn. 597.

605 So auch LG Dresden, MMR 2007, 394, wonach eine ständige Prüfung der Webseiten auf etwaige rechtswidrige Inhalte dem „Admin-C" insbesondere dann nicht zumutbar sei, wenn er geschäftsmäßig für viele Domains diese Rolle funktionell innehabe, weil dann gerade darin der Gegenstand seines Unternehmens liege.

606 LG Bonn, CR 2005, 527.

397 Auch das Landgericht Hamburg[607] geht von der Mitstörerhaftung in Bezug auf die rechtswidrigen *Webseiteninhalte* aus und begründet dies im Wesentlichen wie das Landgericht Bonn. Im dortigen Fall hatte ein „Admin-C“ diese Funktion geschäftsmäßig für eine Vielzahl von Domains ausgeübt. Das Landgericht Hamburg sah sich gleichwohl nicht zu einer anderen Bewertung veranlasst. Der „Admin-C“ hafte auch nicht nur subsidiär, sondern sei unter Störergesichtspunkten zur Unterlassung verpflichtet, auch wenn der Domaininhaber im Inland ansässig sei.

398 Diese Begründungen überzeugen jedoch nicht. DENIC übernimmt die Funktion einer **Domainregistrierungsstelle, nicht einer Webseitenregistrierungsstelle;** zudem sind die DENIC-Domainrichtlinien – anders als das Landgericht Bonn dies sieht – insoweit eindeutig, als diese ausdrücklich von einer „Domain“ sprechen. Zudem führt die Auswechslung des „Admin-C“ nicht zur Domainlöschung, ist also letztlich ineffizient was das Rechtsschutzziel anbelangt, da der „Admin-C“ jederzeit ausgetauscht werden kann und ein gegen ihn gerichteter Titel sodann im Endeffekt wertlos ist[608].

399 Das Landgericht Düsseldorf[609] hat in einer Konstellation, in der nicht der administrative Ansprechpartner, sondern der Inhaber der Internetplattform selbst in Anspruch genommen wurde, entschieden, dass ein Unterlassungsanspruch nicht bestehe. Insbesondere seien die Voraussetzungen der Störerhaftung nicht erfüllt, weil die Prüfungspflichten für den Plattformbetreiber zur Verhinderung einer Rechtsverletzung das gesamte Geschäftsmodell zum Erliegen brächten und damit nicht zumutbar seien. Denn er müsse für jeden Fall der Verlinkung auf jeder einzelnen bei ihm geparkten Domain prüfen, ob gerade durch die konkrete Verknüpfung einer Domain mit bestimmten Werbeangeboten eine Markenrechtsverletzung entstehe. Daher werde der **Plattformbetreiber erst dann zum Störer, wenn er auf ein entsprechendes Abmahn- oder Hinweisschreiben nicht reagiere.**

3. Haftung aus Eröffnung einer Gefahrenquelle

400 Nach hier vertretener Auffassung müssen für eine Haftung des „Admin-C“ in einer Vielzahl der anzutreffenden Sachverhaltskonstellationen freilich nicht erst die Grundsätze der Störerhaftung bemüht werden. Wenn der „Admin-C“ sich etwa für den unternehmerisch tätigen Domaininhaber auf Dauer verpflichtet, Zustellungen entgegenzunehmen[610], übernimmt er eine Funktion, die mit Blick auf die erhöhte Gefährlichkeit von Kennzeichenrechtsverletzungen, die durch die Registrierung von Domains bekanntermaßen bewirkt werden, eine **potentiell schadensgeneigte Tätigkeit impliziert.** Ähnlich einem **Verkehrssicherungspflichtigen**[611] oder dem den Auftrag zur Tätigkeit als „Admin-C“ erteilende Unternehmen – die Domaininhaberin – selbst ist er verpflichtet, in Ansehung der konkreten Domains, für die er als „Admin-C“ eingetragen wird, Überprüfungen auf deren Rechtmäßigkeit und insbesondere etwaige entgegenstehende Rechte Dritter vorzunehmen. Derlei Prüfungspflichten sind ihm auch zumutbar, da **bekanntermaßen jeder Domainregistrierung die Gefahr einer Kennzeichenrechtsverletzung innewohnt.** Es ist hier nicht etwa auf den Erhalt positiver Kenntnis abzustellen; vielmehr ist vor Übernahme des Mandats, als „Admin-

---

607 LG Hamburg, MMR 2007, 608 – „c-p-d.de“.
608 Vgl. LG Dresden, a. a. O. Fn. 615.
609 LG Düsseldorf, GRUR-RR 2008, 122 mit zust. Anm. *Luckhaus*, GRUR-RR 2008, 113.
610 Vgl. dazu den Fall des „Blankomandats“ LG Stuttgart, Urt. v. 27.1.2009, 41 O 149/08 KfH – „mezzogiorno.de“ (oben Fn. 580).
611 Vgl. BGH GRUR 2007, 890.

C" für eine bestimmte Domain zu fungieren, eine entsprechende Überprüfung auf entgegenstehende Rechte Dritter vorzunehmen, insbesondere wenn dies als Inlandsbevollmächtigter eines ausländischen Unternehmens geschieht und der „Admin-C" für eine ganze Reihe von Domains, die auf die Domaininhaberin registriert sind, in dieser Funktion zur Verfügung steht und damit eine quasi unternehmerische Tätigkeit übernimmt, die es der Domaininhaberin ermöglicht, auf dem Markt der DE-Domains überhaupt erst tätig zu werden und mit DE-Domains Geld zu verdienen.

Daher ist hier nicht erst auf die Grundsätze zur Störerhaftung abzustellen, da schon ein **täterschaftlicher Verstoß gegen die allgemeinen Verkehrssicherungspflichten** vorliegt. Nach der Rechtsprechung des Bundesgerichtshofs[612] hat derjenige, der durch sein Handeln im geschäftlichen Verkehr in einer ihm zurechenbaren Weise die Gefahr eröffnet, dass Dritte die Interessen von Marktteilnehmern verletzen, die durch das Wettbewerbsrecht und Kennzeichenrecht geschützt sind, diese Gefahr im Rahmen des Möglichen und Zumutbaren zu begrenzen[613]. Im Bereich der deliktischen Haftung nach § 823 Abs. 1 BGB sind Verkehrspflichten in ständiger Rechtsprechung anerkannt[614]. Verkehrspflichten hat der Bundesgerichtshof auch bereits im Immaterialgüterrecht sowie der Sache nach im Wettbewerbsrecht angenommen[615]. **401**

Dieser Rechtsprechung aus unterschiedlichen Bereichen ist der **allgemeine Rechtsgrundsatz gemeinsam, dass jeder, der in seinem Verantwortungsbereich eine Gefahrenquelle schafft oder andauern lässt, die ihm zumutbaren Maßnahmen und Vorkehrungen treffen muss, die zur Abwendung der daraus Dritten drohenden Gefahren notwendig sind.** Der Annahme wettbewerbsrechtlicher Verkehrspflichten steht auch nicht entgegen, dass diese auf die Abwehr der Beeinträchtigung wettbewerbsrechtlich geschützter Interessen von Marktteilnehmern gerichtet sind und damit auf die Abwendung eines **Verhaltens.** Die Verkehrspflichten wurden zwar im Rahmen von § 823 Abs. 1 BGB zur Abwendung eines **Erfolgsunrechts,** nämlich einer Rechtsgutsverletzung, entwickelt. Der Rechtsgedanke der Verkehrspflichten, dass der Verantwortung für eine Gefahrenquelle in den Grenzen der Zumutbarkeit eine Pflicht zu gefahrverhütenden Maßnahmen entspricht, gilt aber unabhängig davon, ob sich die Gefahr in einem Erfolgs- oder in einem Handlungsunrecht realisiert[616]. **402**

Durch die generelle Übernahme des „Admin-Mandats" ohne Ansehung, welche konkreten Domains betroffen sein werden, wird jedoch eine dem „Admin-C" zurechenbare Gefahrenquelle eröffnet, da die Registrierung von Domains ohne vorherige Recherche auf entgegenstehende Rechte Dritter in naheliegender Weise mit dem Risiko verbunden ist, schutzwürdige Interessen Dritter zu beeinträchtigen. Dadurch, dass der „Admin-C" mit seiner Funktion die ernsthafte Gefahr einer Verletzung des Markenrechts eröffnet, kommt mithin unter dem Aspekt der Verletzung einer wettbewerbs- und kennzeichenrechtlichen Verkehrspflicht eine Haftung nach § 3 UWG und nach § 823 BGB in Betracht. Wer gegen eine solche Verkehrspflicht verstößt, ist Täter der Verletzungshandlung. **403**

612 BGH, a. a. O.

613 Vgl. auch *Schieferdecker*, Die Haftung der Domainvergabestelle, 2003, 150; *Freytag*, Haftung im Netz, 1999, 74; *Spindler/Volkmann*, WRP 2003, 1.

614 Vgl. nur RGZ 54, 53, 57 f.; BGHZ 60, 54; 108, 273; 123, 102.

615 BGH, GRUR 1984, 54 – „Kopierläden", für das Urheberrecht; GRUR 1995, 601 – „Bahnhofs-Verkaufsstellen", für das Wettbewerbsrecht.

616 BGH, GRUR 2007, 890.

4. Unterlassungshaftung der DENIC eG?

404 Umstritten war lange Zeit, ob die deutsche Domainvergabestelle DENIC neben dem unmittelbaren Kennzeichenrechtsverletzer (also in der Regel dem Domaininhaber) als mittelbarer Verletzer oder – gegebenenfalls neben dem „Admin-C“ – als so genannter „Mitstörer“ (§ 1004 BGB analog) auf Freigabe einer Domain in Anspruch genommen werden kann, etwa wenn Inhaber oder „Admin-C“ nicht greifbar sind oder sich weigern, einem richterlichen Gebot Folge zu leisten. Mitstörerschaft setzt jedoch eine **Prüfungspflicht** voraus, die sich hier aus einer Mitverantwortung von DENIC für die fremden, rechtsverletzenden Domainregistrierungen ergeben müsste.

405 Die Rechtslage war lange völlig unklar. Während die Landgerichte Frankfurt/M.[617] und Magdeburg[618] für evidente Verstöße Prüfungspflichten konstatierten und DENIC sonach unter bestimmten Voraussetzungen als Mitstörer in die Pflicht nahmen, lehnten das Oberlandesgericht Frankfurt/M. in seinem Berufungsurteil zu „ambiente.de“[619] und das Oberlandesgericht Dresden im Fall „kurt-biedenkopf.de“[620] dies als unzumutbar ab.

406 Die letztgenannte Ansicht hat nun weitgehende Bestätigung durch den Bundesgerichtshof erfahren: In ihrem Revisionsurteil zu „ambiente.de“[621] stellen die Bundesrichter fest, dass DENIC bei der automatisierten Massenregistrierung von DE-Domains mit Blick auf Zumutbarkeitserwägungen sowohl unter dem Gesichtspunkt der Störerhaftung als auch als Normadressatin des kartellrechtlichen Behinderungsverbots nur eine sehr eingeschränkte, entsprechende Hinweise voraussetzende Prüfungspflicht treffe. Denn DENIC könne etwaige der Registrierung zugrunde liegende Absprachen, z. B. zwischen Markeninhaber und Domainantragsteller, nicht kennen. Würde DENIC dennoch als „Mitstörer“ auf Unterlassung in Anspruch genommen, ließen sich Prozessrisiken unbilligerweise einseitig auf die Vergabestelle abwälzen. Allerdings ist, so der Bundesgerichtshof, *DENIC zumindest bei groben und offensichtlichen Verstößen zur Prüfung von Rechten Dritter zur Domainfreigabe verpflichtet.*

407 Die Maßstäbe für das Eingreifen einer solchen **Evidenzprüfung** sind freilich hoch. Erforderlich ist insbesondere das – DENIC durch den Verletzten zur Kenntnis zu bringende – Vorliegen eines **rechtskräftigen Unterlassungsurteils** gegen den Domaininhaber oder aber zumindest die **eindeutige strafbewehrte Unterlassungs- oder Freigabeverpflichtungserklärung** des Domaininhabers in einem vorgeschalteten „Abmahnverfahren“. Im Regelfall kann DENIC darauf verweisen, eine Klärung im Verhältnis zum Domaininhaber herbeizuführen.

Der BGH führt hierzu a. a. O. aus: „[Die DENIC eG] ist regelmäßig nur dann verpflichtet, die Registrierung (...) abzulehnen oder aufzuheben, wenn für sie unschwer zu erkennen ist, dass die Nutzung (...) Rechte Dritter beeinträchtigt (...) Diese eingeschränkten Prüfungspflichten betreffen darüber hinaus nicht die – automatisierte – Erstregistrierung (...), sondern greifen erst dann ein, wenn [DENIC] darauf hingewiesen wird, dass die eingetragene Domainbezeichnung Rechte Dritter verletzt (...) Für die Phase der ursprünglichen Registrierung sind [der DENIC eG] unter Berücksichtigung ihrer Funktion und Auf-

---

617 LG Frankfurt/M., NJW 1999, 586 – „ambiente.de“ (erstinstanzliches Urteil).

618 LG Magdeburg, MMR 1999, 607 – „foris.de“.

619 OLG Frankfurt, CR 1999, 707 – „ambiente.de“ (Berufungsurteil).

620 OLG Dresden, CR 2001, 408 – „kurt-biedenkopf.de“ (Berufungsurteil; zum Revisionsurteil BGH, CR 2004, 531, siehe Fn. 622 sogleich unten).

621 BGH, CR 2001, 850 – „ambiente.de“.

gabenstellung sowie mit Blick auf die Eigenverantwortung des Anmelders keine Prüfungspflichten zuzumuten (...) Aber auch wenn [die DENIC eG] von einem Dritten auf eine – angebliche – Verletzung seiner Rechte hingewiesen wird, treffen sie nur eingeschränkte Prüfungspflichten. In dieser zweiten Phase ist [sie] nur dann gehalten, eine Registrierung zu löschen, wenn die Verletzung der Rechte Dritter offenkundig und (...) ohne Weiteres feststellbar ist. (...) Die Prüfung der rechtlichen Zulässigkeit (...) fällt (...) grundsätzlich zunächst allein in den Verantwortungsbereich des Anmelders (...) [Die DENIC eG] könnte ihre Aufgabe nicht mehr in der gewohnt effizienten Weise erfüllen, wenn sie verpflichtet wäre, in jedem Fall, in dem ein Dritter eigene Rechte an einer registrierten Domainbezeichnung geltend macht, in eine rechtliche Prüfung einzutreten. Sie ist selbst dann, wenn ihr ein Verstoß gegen Rechte Dritter dargelegt wird, als rein technische Registrierungsstelle regelmäßig nicht in der Lage zu beurteilen, ob der behauptete Rechtsverstoß vorliegt. (...) Im Übrigen erscheint es auch nicht angemessen, das Haftungs- und Prozessrisiko, das bei Auseinandersetzungen um die Rechtmäßigkeit eines Domainnamens dessen Inhaber trifft, auf [DENIC] zu verlagern. Unter diesen Umständen kann es [DENIC] nicht verwehrt werden, Dritte (...) darauf zu verweisen, mögliche Ansprüche gegenüber dem Inhaber des Domainnamens geltend zu machen (...) Anders liegt es nur dann, wenn [DENIC] ohne weitere Nachforschungen zweifelsfrei feststellen kann, dass ein registrierter Domainname Rechte Dritter verletzt. Bei solchen offenkundigen, (...) unschwer zu erkennenden Rechtsverstößen kann (...) erwartet werden, dass sie die Registrierung aufhebt (...) Die (...) Verletzung von Kennzeichenrechten kann [die DENIC eG] nur dann unschwer erkennen, wenn ihr ein rechtskräftiger gerichtlicher Titel vorliegt oder wenn die Rechtsverletzung derart eindeutig ist, dass sie sich ihr aufdrängen muss (...) [DENIC] kann in aller Regel nicht beurteilen, ob die Nutzung eines Domainnamens eine Verwechslungsgefahr begründet (...) Eine Markenrechtsverletzung kann (...) allenfalls dann offensichtlich sein, wenn der Domainname mit einer berühmten Marke identisch ist, die über eine überragende Verkehrsgeltung auch in allgemeinen Verkehrskreisen verfügt (...) Ferner müssen sich – um von einer Offenkundigkeit sprechen zu können – diese Umstände auch (...) ohne Weiteres erschließen (...) Eines rechtskräftigen Titels, durch den der Inhaber des Domainnamens zur Unterlassung dieser Bezeichnung verurteilt worden ist, bedarf es freilich dann nicht, wenn der Inhaber des Domainnamens den Dritten durch eine Unterwerfungserklärung klaglos gestellt hat. Für [DENIC] kann eine solche Erklärung jedoch nur dann maßgeblich sein, wenn zwischen dem Dritten und dem Inhaber des Domainnamens kein ernsthafter Streit über die Wirksamkeit des entsprechenden Unterlassungsvertrags besteht."

Der Bundesgerichtshof hat diese Rechtsprechung später im Fall „kurt-biedenkopf.de"[622] bestätigt: Dem Namensinhaber, der die Löschung eines Domainnamens wegen Verletzung seiner Rechte veranlasst hat, stehe ein Anspruch gegen DENIC auf „Sperrung" des Domainnamens für jede zukünftige Eintragung eines Dritten nicht zu. Es könne nicht davon ausgegangen werden, dass in jedem Falle die Gefahr einer Zuordnungsverwirrung gegeben sein werde und die **Zuordnung zudem gerade zu dem Kläger und nicht zu einem anderen Namensträger** erfolge. Erst recht lasse sich nicht feststellen, dass etwaige Zuordnungsverwirrungen für DENIC **offensichtlich und klar erkennbar** wären. 408

DENIC ist daher auch bei weiteren Anträgen Dritter auf Registrierung desselben Domainnamens grundsätzlich nicht zu der Prüfung verpflichtet, ob die angemeldete Bezeichnung Rechte des Namensinhabers verletzt. 409

Ob diese Grundsätze auf das Rechtsverhältnis eines privaten, erwerbswirtschaftlich orientierten Providers zu einem Nachfrager übertragen werden können, wenn der Provider im Kundenauftrag Domains bei übergeordneten Top Level-Organisationen wie DENIC ordert, erscheint indes zweifelhaft. Denn der Bundesgerichtshof stützt seine Feststellungen auf die besondere Situation der Vergabestelle DENIC, die eine **schnelle, zuverlässige und kostengünstige Regis-** 410

622 BGH, CR 2004, 531 – „kurt-biedenkopf.de".

trierung im Interesse aller Nutzer (und damit gleichsam im Gemeinwohlinteresse) zu gewährleisten habe und daher auf einen Vergabeautomatismus, der keine kennzeichenrechtlichen Überprüfungen vorschalte, angewiesen sei.

> BGH a. a. O. („ambiente.de"): „[Die DENIC eG], die keine eigenen Zwecke verfolgt und ohne Gewinnerzielungsabsicht handelt, nimmt diese Aufgabe im Interesse sämtlicher Internetnutzer wahr. Die Erfüllung dieser Aufgabe liegt zugleich im öffentlichen Interesse. Würde sie nicht von einer privaten Organisation (…) übernommen, müsste sie – wie teilweise im Ausland – von staatlichen Stellen erfüllt werden, ebenso wie staatliche Stellen im Allgemeininteresse auch Straßennamen und Hausnummern vergeben oder Marken eintragen (…) Wäre [die DENIC eG] gehalten, sämtlichen Hinweisen (…) nachzugehen, wäre die Prüfungspflicht nicht mehr nur auf Ausnahmefälle beschränkt. Ihre personelle und sachliche Ausstattung würde bei der großen Zahl der zu bearbeitenden Registrierungsanträge und bei den vielfältigen Konfliktfällen für eine solche Prüfung nicht ausreichen."

411 Daraus würde im Gegenschluss folgen, dass derjenige, der Eigeninteressen verfolgt und insbesondere mit Gewinnerzielungsabsicht handelt, solche Privilegierungen nicht beanspruchen kann[623].

412 Ist danach aber zumindest die Zentralvergabestelle DENIC – unbeschadet etwaiger vorheriger Hinweise – im Regelfall nicht zur Löschung einer *Domain* wegen etwaiger vorrangiger Kennzeichenrechte verpflichtet, so gilt dies erst recht für die unter einer bei DENIC registrierten Domain abrufbaren *Inhalte*. Diese Wertung erscheint eigentlich zwingend und spiegelt sich auch aus dem Rechtsgedanken der §§ 8 ff. TMG (§ 5 TDG a. F.) wieder. Gleichwohl hatte das Landgericht Wiesbaden[624] genau diesen Fall zu entscheiden und befand folgerichtig, dass DENIC weder verantwortlich für die unter den DE-Adressen erscheinenden Inhalte, noch als Störer für Rechtsgutsverletzungen unter den Domains heranzuziehen sei.

413 Interessanter erscheint dagegen die Prognose, wie weit die instanzgerichtliche Rechtsprechung künftig die Leerformel des kennzeichenrechtlich „offenkundigen Rechtsverstoßes" im Sinne der BGH-Rechtsprechung ziehen wird. Nach einer früheren, rechtskräftig gewordenen Entscheidung des Landgerichts Frankfurt/M.[625] kann DENIC verpflichtet werden, bestimmte Domains nicht an Dritte zu vergeben, wenn das Namens- und Markenrecht eines Berechtigten einer Vergabe erkennbar entgegensteht (hier: „Dresdner Bank"/„HypoVereinsbank"-Domainkombinationen). Der klagenden Dresdner Bank könne nicht zugemutet werden, alle denkbaren Kombinationen auf sich selbst anzumelden oder durch einen Treuhänder anmelden zu lassen. Denn dadurch würde sie auch in die Kennzeichenrechte ihrer potentiellen Fusionspartnerin eingreifen. Ein einfacherer Weg, die betreffenden Domains für Dritte unzugänglich zu machen, sei daher nicht eröffnet. In diesen Fällen sei DENIC Störer. Denn auch für DENIC sei erkennbar gewesen, dass die betreffenden Domains in einer offensichtlich rechtswidrigen Weise Namensrechte verletzten. Selbst wenn dies nicht direkt nach den ersten Anmeldungen ersichtlich gewesen sein sollte, so doch zumindest nach späterem Erhalt der Kenntnis. Das Landgericht Frankfurt/M. sah eine solche offensichtliche Rechtsverletzung ferner in der Registrierung der Domain „viagratip.de"[626].

---

623 Vgl. *Nägele*, WRP 2002, 138.
624 LG Wiesbaden, NJW 2001, 3715.
625 LG Frankfurt/M., CR 2001, 51.
626 LG Frankfurt/M., CR 2001, 785 – „viagratip.de".

II. Örtliche, internationale und funktionelle Gerichtszuständigkeit

Innerhalb Deutschlands ergibt sich die örtliche Zuständigkeit bei Klagen gegen Internet-Präsentationen aus dem „fliegenden Gerichtsstand" der §§ 14 UWG n. F., 32 ZPO. Ansprüche auf Unterlassung der Benutzung oder Reservierung von Domains folgen regelmäßig den Vorschriften des MarkenG und des UWG. Die Zuständigkeit ist daher in jedem Gerichtsbezirk begründet, in dem eine unerlaubte Handlung – und eine solche ist im weiteren Sinne jeder Marken- und Wettbewerbsverstoß – **begangen wurde oder ernsthaft droht**. Für wettbewerbswidrige Handlungen in einem Massenmedium, sei es ein Presseerzeugnis, Funk, Fernsehen, Videotext oder Btx, gilt der allgemeine Grundsatz, dass **Begehungsort nicht nur der Ort des Erscheinens ist – für ein Internetangebot etwa der Standort des Servers – sondern auch jeder Ort, an dem das Medium dritten Personen bestimmungsgemäß und nicht bloß zufällig zur Kenntnis gebracht wird**[627]. Entscheidend ist somit allein die bestimmungsgemäße Verbreitung des Mediums durch den Anbieter. 414

Folgerichtig entschied das Kammergericht[628], dass Tatort der Verletzung von Kennzeichenrechten durch Verwendung von Domains im Internet dort sei, wo die **Domain bestimmungsgemäß abrufbar** sein solle. Am dortigen Erfolgsort nämlich trete die Verwechslungsgefahr ein. Ähnlich urteilte das Oberlandesgericht Hamm im Fall „nobia.se"[629]: Hiernach kann eine schwedische Domain deutsches Kennzeichenrecht verletzen, wenn die Webseiten bestimmungsgemäß in Deutschland abgerufen werden sollen. Eine Kennzeichenverletzung werde auch nicht etwa dadurch ausgeschlossen, dass die Beklagte das schwedische Unternehmenskennzeichen „Nobia" nicht außerhalb des Internets verwende. 415

Hinsichtlich der Zuständigkeit deutscher Gerichte ist insbesondere noch auf das „budweiser.com"-Urteil des Landgerichts Köln[630] hinzuweisen. Danach stellt eine Website keine Werbung für ein Produkt im Inland dar, wenn die Präsentation unter verschiedenen Gesichtspunkten **erkennbar nicht für das Gebiet der Bundesrepublik Deutschland bestimmt** ist. Die bloße Abrufbarkeit in der Bundesrepublik reiche zur Annahme der Bestimmtheit für den hiesigen Markt nicht aus. Im konkreten Fall ging es um den Streit zweier Wettbewerber bei der Herstellung und dem Vertrieb von Bier. Schon auf der Homepage werde – untypisch für ein bundesdeutsches Angebot – nach dem Alter des Users gefragt. Die fehlende Bestimmung zum Bezugsort Deutschland setzte sich im Streitfall fort in der Verwendung der englischen Sprache über die Auswahl verschiedener Nationalflaggen, unter denen sich die bundesdeutsche nicht befand bis hin zur Werbung mit Personen, die im amerikanischen Fernsehen, nicht aber im Inland bekannt sind, und schließlich dem Fehlen einer deutschen Kontaktadresse[631]. 416

Aufgrund einer **deutschsprachigen Spielanleitung** zu einem anderen Ergebnis kam folgerichtig das Hanseatische Oberlandesgericht Hamburg im Fall „goldenjackpot.com"[632]. Der Glücksspielbetreiber habe sein Produkt zumindest auch gezielt zur Nutzung auf dem deutschsprachigen Markt ausgerichtet, indem von der Leitseite eine Verzweigung auf eine vollständig deutschsprachige Spielversion zur Verfügung gestellt werde. 417

627 Vgl. etwa LG Düsseldorf, WM 1997, 1444 – „epson.de".
628 Kammergericht, NJW 1997, 3321 – „concert.concept.de/.com".
629 OLG Hamm, MMR 2004, 177– „nobia.se".
630 LG Köln, CR 2002, 58 – „budweiser.com".
631 Im Ergebnis ebenso LG Hamburg, CR 1999, 785 – „animal planet"; vgl. auch OLG Bremen, CR 2000, 770.
632 Hans. OLG Hamburg, MMR 2000, 92 – „goldenjackpot.com".

418 Abwehransprüche betreffend Domains werden wie gesehen überwiegend aus dem Markenrecht hergeleitet. Dementsprechend ist für alle Klagen, durch die ein Anspruch aus einem im MarkenG geregelten Rechtsverhältnis geltend gemacht wird, das für Markensachen ausschließlich zuständige Gericht – dies kann aufgrund einer Landesverordnung ein einzelnes Markengericht im Bezirk eines Oberlandesgerichts sein – zuständig. Damit ist für Domainstreitigkeiten zumeist die **ausschließliche Zuständigkeit der für Markensachen zuständigen Gerichte** gegeben[633]. Denn der in der hier einschlägigen Zuständigkeitsvorschrift des § 140 Abs. 1 MarkenG legal definierte Begriff der Kennzeichenstreitsachen („alle Klagen, durch die ein Anspruch aus einem der in diesem Gesetz geregelten Rechtsverhältnisse geltend gemacht wird“) ist im Hinblick auf den Zweck der Vorschrift weit auszulegen[634]. Erforderlich, aber auch ausreichend ist ein Bezug zum MarkenG dergestalt, dass das Rechtsverhältnis, aus dem der geltend gemachte Anspruch abgeleitet wird, den Bestimmungen dieses Gesetzes unterliegt. Dementsprechend fallen unter § 140 Abs. 1 MarkenG außer den unmittelbar aus den Bestimmungen des MarkenG abgeleiteten gesetzlichen Ansprüchen auch **Kostenerstattungsansprüche** wie insbesondere aus dem Institut der Geschäftsführung ohne Auftrag oder aus Schadensersatz hergeleitete **Abmahnkosten**, ferner alle Ansprüche aus rechtsgeschäftlichen Erklärungen und Vereinbarungen, die – wie z. B. Streitigkeiten aus Übertragungen, Belastungen, Gestattungen oder Lizenzen nach den §§ 27 bis 31 MarkenG – im MarkenG, sei es auch nur teilweise, geregelt sind.

419 Ebenso verhält es sich bei Ansprüchen aus im Markengesetz nicht ausdrücklich geregelten Rechtsgeschäften, die – wie etwa **Abgrenzungsvereinbarungen oder Vergleichsverträge** zur Beilegung von Verletzungsprozessen – an das Entstehen und/oder den Inhalt des Kennzeichenrechts nach den Regelungen des MarkenG anknüpfen. Dementsprechend sind alle Streitigkeiten aus vertraglichen Vereinbarungen, deren Gegenstand die Inhaberschaft **an** oder die Rechte **aus** einem Kennzeichenrecht bilden, Kennzeichenstreitsachen im Sinne des § 140 Abs. 1 MarkenG. Maßgeblich ist dabei die **objektiv-rechtliche Einordnung der insoweit als zutreffend zu unterstellenden tatsächlichen Behauptungen** des Klägers, nicht dagegen, ob sich für die gerichtliche Entscheidung kennzeichenrechtliche Fragen letztendlich als erheblich erweisen[635].

420 Etwas anderes gilt allerdings für Untersagungsansprüche, die *allein* auf UWG (für den Fall der **Anspruchskonkurrenz** vgl. § 141 MarkenG) *oder §§ 12, 823, 1004 BGB* gestützt werden können. Das angerufene Gericht könnte von einer Verweisung an das Markengericht nur dann absehen, wenn keinerlei ernsthafte Zweifel bestünden, dass sich der Klageanspruch nicht (auch) aus dem MarkenG herleiten lässt[636].

III. Anwendbares Recht

421 Nach dem zuvor erörterten „Tatortrecht“ bestimmt sich im Übrigen auch das anzuwendende nationale Recht. „Tatort“ ist regelmäßig der Ort, an dem gezielt in das Marktgeschehen eingegriffen wird. Im Online-Bereich ist dementsprechend das **Recht des Landes maßgebend, in dem eine E-Mail empfangen oder**

633 St. Rspr., erstmals LG Braunschweig, CR 1998, 364 – „deta.com“.
634 BGH GRUR 2004, 622 – „ritter.de“; Kammergericht, GRUR 2000, 803; *Ingerl/Rohnke,* Markengesetz, § 140 Rn. 5 m. w. N.
635 BGH, a. a. O.
636 Vgl. BGH, NJW 1975, 1841 zu § 95 Abs. 1 GWB.

von dem aus eine WWW-Homepage bestimmungsgemäß abgerufen werden kann und soll. Angesichts der weltweiten, technisch bedingten Abrufbarkeit dürfte eine Vermutung zu Gunsten einer weltweiten Bestimmung der Abrufbarkeit anzunehmen sein, die sodann vom Betreiber der Website anhand geeigneter Kriterien widerlegt werden kann. So können etwa **Begrenzungsklauseln (Disclaimer)** und eine entsprechende Gestaltung der Angebote auf der Website die Annahme einer solchen Zielrichtung von vornherein ausschließen. Aufgrund des erforderlichen **finalen Charakters der Einwirkung** dürften sonach etwa Angebote, die von vornherein nur auf den amerikanischen Markt zugeschnitten sind (objektive Kriterien etwa **Sprache, Währung, Lieferbedingungen**), für eine kennzeichen- und wettbewerbsrechtliche Prüfung nach deutschen Maßstäben ausscheiden.

Im Immaterialgüterrecht gilt das so genannte „**Territorialitätsprinzip**". Der Schutz inländischer Kennzeichen ist mithin nach deutschem Recht zu behandeln. Aufgrund des Territorialitätsprinzips ist der Schutzbereich einer inländischen Marke oder eines inländischen Unternehmenskennzeichens auf das Gebiet der Bundesrepublik Deutschland beschränkt. Ein Unterlassungsanspruch nach §§ 15 Abs. 2, Abs. 4 MarkenG setzt deshalb eine das Kennzeichenrecht verletzende **Benutzungshandlung im Inland** voraus. Diese ist regelmäßig gegeben, wenn im Inland unter dem Zeichen Waren oder Dienstleistungen angeboten werden[637]. Eine inländische Kennzeichenbenutzung kann dabei allerdings wie gesehen nicht schon allein deshalb bejaht werden, weil Internetseiten von jedem Ort der Welt abrufbar sind. Wäre dies der Fall, würde dies zu einer uferlosen Ausdehnung des Schutzes nationaler Kennzeichenrechte und zu einer unangemessenen Beschränkung der Selbstdarstellung ausländischer Unternehmen führen. Daher ist es erforderlich, dass das kennzeichenverletzende Angebot einen **hinreichenden wirtschaftlich relevanten Inlandsbezug** (**„commercial effect"**) aufweist[638]. 422

Ein solcher hinreichender Inlandsbezug einer beanstandeten Online-Werbung besteht nach Ansicht des Oberlandesgerichts Düsseldorf[639] unter anderem dann, wenn eine Website zwar in englischer Sprache verfasst ist, sich aber auch an potentielle Kunden in Deutschland richtet, die im Übrigen über den Link „Deutsche Version" weitergeleitet werden. Die Eintragung einer „.com"-Domain gehe, so der *Senat*, weit über den – der Domaininhaberin im Streitfall allein gestatteten – Vertrieb in den Golfstaaten hinaus. **Die nicht national gebundene „.com"-Domain werde im internationalen Geschäftsverkehr genutzt.** Wäre es der Domaininhaberin um den Aufbau einer Internetpräsenz für die Golfstaaten gegangen, so hätte es auch nahe gelegen, die Top Level Domain „.ae" der Vereinigten Arabischen Emirate zu wählen. 423

Auch das Oberlandesgericht Frankfurt/M.[640] geht von einem hinreichenden Inlandsbezug aus, wenn die beanstandete Homepage, auf der Detailangaben für die Bestellung sowie unter dem Stichwort „Main Export Markets:" die Angabe „Worldwide" gemacht werden, unstreitig von Deutschland aus abgerufen werden kann. **Dem stehe auch nicht entgegen, dass die Homepage in englischer Sprache abgefasst sei, denn dies sei die im Internet gebräuchliche Sprache.** Im Streitfall sei zu berücksichtigen, dass die markenrechtlich beanstandete Ware in Ermangelung eines Hinweises auf der Homepage, dass von dem Ange- 424

---

637 BGH, GRUR 2005, 431 – „Hotel Maritime".
638 BGH, a. a. O.
639 OLG Düsseldorf, K&R 2008, 539 – „Deutsche Marke vs. COM-Domain".
640 OLG Frankfurt/M., CR 1998, 688 – „Füllfederhalter".

bot die Bundesrepublik Deutschland ausgenommen sei und Bestellungen aus Deutschland weder entgegengenommen noch ausgeführt würden, **vorbehaltlos angeboten** worden sei.

425 Es gilt danach also grundsätzlich das Wettbewerbs- und Kennzeichenrecht des Staates, für den das Angebot vorgesehen ist. Wer sich für seine Werbung des Internets bedient, muss diese also an deutschem Recht messen lassen, sofern nur der **Ort der wettbewerbsrechtlichen Interessenkollision im Inland** liegt und (auch) dort die Homepage des Anbieters bestimmungsgemäß abgerufen werden kann. Die bloße technische Möglichkeit der Abrufbarkeit genügt daher nicht, wohl aber das Angebot, Bestellungen über die fragliche Homepage abgeben zu können[641].

426 Domains, die Online-Inhalte adressieren, welche für den Abruf (auch) in Deutschland bestimmt sind, führen daher bei einer Berufung auf Ansprüche aus dem MarkenG regelmäßig zur Zuständigkeit jedes dem Kläger genehmen deutschen Gerichts (zumeist der Spezialkammer für Kennzeichensachen eines Landgerichts) und zur Anwendbarkeit deutschen Rechts. UWG-Ansprüche setzen jedoch eine inländische Interessenkollision voraus.

IV. Reichweite inländischer Unterlassungstitel

427 In diesem Zusammenhang ist umstritten, ob eine Wettbewerbshandlung im Rahmen des Internets insgesamt untersagt werden kann, wenn sie nur gegen die strengen Bestimmungen eines Landes verstößt, in anderen Ländern aber zulässig ist, ob also durch ein deutsches Verbot die Werbemaßnahme im Internet tatsächlich insgesamt untersagt werden kann, da eine lediglich nationale Verbreitung im Internet technisch nicht möglich ist.

428 Im Ergebnis wird man dies nach derzeitiger Spruchpraxis bejahen müssen. Es liegt danach im Verantwortungsbereich des Gewerbetreibenden, wenn er seine Werbemaßnahmen über das Internet verbreiten will, diese so zu gestalten, dass sie im Einklang mit allen Rechtsordnungen stehen, in denen es zu wettbewerblichen Kollisionen mit Mitbewerbern kommen kann. So befand das Kammergericht im Fall „concert.concept“[642] lapidar, der Unterlassungsanspruch sei begründet, selbst wenn die beanstandeten Domains dann weltweit nicht benutzt werden könnten. Dies liege an den derzeitigen tatsächlichen Gegebenheiten, da bisher weder internationale Abkommen noch Regelungen auf nationaler Ebene zur Begrenzung der universellen Zuständigkeit im Internet geschaffen worden seien.

429 Das Landgericht Braunschweig sah seine internationale Zuständigkeit im Fall „deta.com“[643] gegeben, da der Ort der wettbewerbsrechtlichen Interessenkollision jedenfalls auch im Inland liege. In einem solchen Fall könnten die deutschen Gerichte unbeschadet der Tatsache, dass ihre Hoheitsbefugnisse in der Regel an der Landesgrenze endeten, auch über Auslandssachverhalte befinden. Dies folge auch aus dem grundrechtlich verankerten Justizgewährungsanspruch und dem Gebot effektiven Rechtsschutzes. Die Kammer verurteilte zu einer umfassenden Unterlassung der Bezeichnung „deta“ in Datennetzen.

---

641 Vgl. OLG Frankfurt/M., CR 1999, 450; OLG Hamburg, a. a. O. – „goldenjackpot.com“; LG Hamburg, CR 2000, 392 – „keyword buy“.

642 Kammergericht, NJW 1997, 3321 – „concert.concept.de/.com“.

643 LG Braunschweig, CR 1998, 364 – „deta.com“.

430 Einschränkend, im Ergebnis freilich identisch, befand das Oberlandesgericht München[644], dass ein Antrag auf Erlass einer einstweiligen Verfügung gegen die Verwendung eines Domainnamens unter der Top Level Domain „.com" nicht etwa mit Blick auf das markenrechtliche Territorialitätsprinzip unzulässig sei. Die gerichtliche Unterlassungsverfügung beziehe sich vielmehr lediglich auf das Gebiet der Bundesrepublik Deutschland und sei im Ausland nicht vollstreckbar.

431 Nach geltender Rechtsprechung führt sonach die auf das Gebiet der Bundesrepublik beschränkte Untersagung der Verwendung einer bestimmten Internetadresse, eines bestimmten Kennzeichens oder des Online-Auftritts insgesamt in ihrer faktischen Konsequenz zum globalen Verbot der gesamten Maßnahme. Dies kann zu dem unbilligen Ergebnis führen, dass sich ein **international tätiger Anbieter stets an der strengsten denkbaren Rechtsordnung zu orientieren** hätte.

V. Rechtsfolgenausspruch

432 Soweit die Gerichte in der Pionierzeit des Domainrechts überwiegend zur Abgabe einer (schriftlichen) Willenserklärung gegenüber DENIC, InterNIC *et. al.* verurteilt haben, gerichtet auf die **Freigabe** der registrierten Domain („Verzicht", „Freigabe", „Freistellung")[645], lag darin die Gefahr, dass Dritte sich die freigewordene Domain durch einen zeitlich vorrangigen Registrierungsantrag sicherten und dem eigentlichen Kennzeicheninhaber dadurch zum wiederholten Male die Möglichkeit genommen wurde, sich unter „seiner" Domainbezeichnung im Internet zu präsentieren[646]. Bisweilen wurde daher der Verletzer zu einer **unmittelbaren Übertragung** der Domain auf den Kennzeicheninhaber verpflichtet. Die Gerichte verurteilten in diesen Fällen zur Abgabe einer Erklärung gegenüber dem zuständigen **Internet Service Provider**, mit der der Inhaber in eine unmittelbare Übertragung der Domain einwilligte[647]. Begründet wurde dies in der Regel mit dem Anspruch des Verletzten aus § 12 BGB, rechtswidrige Einwirkungen auf sein Namensrecht durch geeignete Maßnahmen für die Zukunft beseitigt zu sehen.

1. Domain-Übertragung?

433 Ein solcher Übertragungsanspruch findet jedoch keine Stütze im Gesetz. Auch die Argumentation des Oberlandesgerichts München in der Berufungsentscheidung zu „shell.de"[648], die sich hinsichtlich der zugesprochenen Übertragung auf eine Analogie zu §§ 894 BGB, 8 Abs. 1 Satz 2 PatG stützte, verfängt nicht: Auszugehen sei, so der *Senat*, davon, dass eine mit dem Firmenschlagwort eines anderen, welches seit Langem überragende Verkehrsgeltung besitzt, identische Domain eine Verletzung des Namensrechts darstelle[649]. Es biete sich an, vergleichbare Fälle heranzuziehen. So bestimme § 8 Abs. 1 Satz 2 PatG für den Vindikationsanspruch, dass dann, wenn die Anmeldung bereits zum Patent geführt habe, der Vindikationsberechtigte vom Patentinhaber die Übertragung des Patentes verlangen könne. Denn der bloße Verzicht des zu Unrecht Eingetragenen könne für den Erfinder den Verlust der ihm zustehenden Priorität zur

644 OLG München, MMR 2000, 104 – „intershopping.com".
645 Vgl. etwa OLG München, MMR 1998, 668 – „freundin.de".
646 Siehe aber oben Rn. 359 ff. (J. V.) zur deshalb recht früh durch DENIC eröffneten Möglichkeit des DISPUTE- (früher: WAIT-) Eintrags.
647 Statt vieler LG München, CR 1997, 479 – „juris.de".
648 OLG München, CR 1999, 328 – „shell.de" (Berufungsurteil).
649 Anders aber wieder in OLG München, K&R 1999, 569 – „rolls-royce.de".

Folge haben. § 894 BGB wiederum regele den Fall, dass bei Unrichtigkeit des Grundbuches derjenige, dessen Recht nicht oder nicht richtig eingetragen oder durch die Eintragung einer nicht bestehenden Belastung oder Beschränkung beeinträchtigt ist, die Zustimmung zur Berichtigung des Grundbuches von demjenigen verlangen könne, dessen Recht durch die Berichtigung betroffen wird. So wie hier der Grundbuchstand mit der Rechtslage nicht im Einklang stehe, treffe dies auch für die Registrierung des Beklagten zu. Betrachte man zudem die Interessenlage des Beklagten, sei es für ihn sogar vorteilhafter, wenn er Zug um Zug gegen Erstattung der Registrierungskosten in die Umschreibung einwillige, als wenn er lediglich auf die Registrierung verzichte. Seine Weigerung sei somit zugleich rechtsmissbräuchlich und berge zudem die Gefahr in sich, dass das Namensrecht verletzende Zwischenregistrierungen erfolgten.
In der Literatur wurde der Transferanspruch zuletzt auf § 687 Abs. 2 BGB i. V. m. §§ 681, 667 BGB bzw. § 812 BGB gestützt[650].

434 Diese – zugegebenermaßen pragmatische und im Ergebnis oft interessengerechte – Rechtsfolge findet indes wie eingangs angedeutet keine Grundlage in den denkbaren Anspruchsnormen einer Domainstreitigkeit. Die Verpflichtung des Verletzers zur Freigabe wird regelmäßig aus dem Anspruch auf Unterlassung beziehungsweise Störungsbeseitigung (§§ 12 Satz 1, 823 Abs. 1, 826, 1004 Abs. 1 Satz 1 BGB, §§ 14 Abs. 5, 15 Abs. 4 MarkenG, gegebenenfalls §§ 3 bis 5, 8 UWG) unter dem Gesichtspunkt der Beseitigung der rechtswidrigen Beeinträchtigung des Schutzrechts hergeleitet werden können. Der – verschuldensabhängige – Schadensersatzanspruch führt zur Naturalrestitution und damit eben gerade nicht zu einer Zuweisung des Wirtschaftsgutes „Domain" an den Anspruchsteller, der die beanspruchte Domain selbst nie in den Händen hielt.

435 Nach zutreffender Ansicht des Oberlandesgerichts Hamm im Fall „krupp.de"[651] kann über § 12 BGB, der dem Verletzten daher lediglich einen Unterlassungs- und Beseitigungsanspruch, gegebenenfalls in Verbindung mit § 823 Abs. 1 BGB auch einen Schadensersatzanspruch einräumt, nicht die Zustimmung zur Übertragung der Domain verlangt werden. Der *Senat* stellt klar, dass der Verletzer nur den Störungszustand nicht aufrechterhalten darf. Er ist indessen nicht verpflichtet, an einer Verbesserung der Rechtsstellung des Verletzten in namensmäßiger Hinsicht mitzuwirken. Der Beklagte habe daher zwar die mit der Registrierung ausgeübte **Sperrposition aufzugeben**, sei aber nicht verpflichtet, seinerseits dafür zu sorgen, dass nunmehr die Klägerin statt seiner die umstrittene Domain erhalte.

436 Zu demselben Ergebnis gelangt – nach Prüfung aller denkbaren Anspruchsgrundlagen – das Landgericht Hamburg im Fall „joop.de"[652]: Ein Anspruch auf Einwilligung in die Umschreibung sei von § 12 BGB nicht gedeckt, denn dessen Inhalt sei die Beseitigung eines als Folge einer Verletzungshandlung fortwirkenden Zustands. Die Einwilligung in die Umschreibung würde aber nicht nur den Störungszustand beseitigen, sondern auch die Rechtsposition des Rechtsinhabers verbessern. Dazu sei der Störer des namensrechtlichen Beseitigungsanspruchs aber nicht verpflichtet. Der geltend gemachte Umschreibungsanspruch folge auch nicht aus § 894 BGB i. V. m. § 8 Abs. 1 Satz 2 PatG. § 894 BGB sei Ausprägung des in § 892 BGB verankerten öffentlichen Glaubens des Grund-

---

650 OLG München, CR 1999, 384 – „shell.de", m. Anm. *Hackbarth*.
651 OLG Hamm, CR 1998, 241 – „krupp.de" m. Anm. *Ernst*, 177 = MMR 1998, 214 m. Anm. *Berlit*, NJW-RR 1998, 909 = CR 1998, 241 m. Anm. *Bettinger*.
652 LG Hamburg, MMR 2000, 620 – „joop.de".

buchs. Die Registrierung einer Domain könne diese Funktion jedoch gerade nicht beanspruchen. Es bestehe auch keine Vergleichbarkeit mit dem öffentlichen Glauben. Vielmehr weise DENIC in den Vergaberichtlinien ausdrücklich darauf hin, dass der Anmelder vor der Registrierung fremde Rechte selbst zu überprüfen habe. Auch eine Analogie zu § 8 Abs. 1 Satz 2 PatG sei nicht möglich. Es handele sich um einen Anspruch dinglicher Natur, der dem Herausgabeanspruch des Eigentümers gegen den Besitzer gem. § 985 BGB nachempfunden sei. Die Berechtigung dieses Anspruchs ergebe sich aus dem erfinderrechtlichen Charakter des Patents. Dieser Charakter sei bei Namens- und Kennzeichenrechten gerade nicht vorhanden. Dies zeige sich nicht zuletzt daran, dass dem Namens- und Kennzeichenrecht ein Übertragungsanspruch – mit Ausnahme der Sonderkonstellation des § 17 MarkenG – gänzlich fremd sei. Ein Anspruch auf Umschreibung ergebe sich auch nicht aus § 687 Abs. 2 BGB in Verbindung mit §§ 681, 667 BGB. Ungeachtet der Frage, ob die Registrierung einer Domain, die einem anderen zusteht, die Führung eines objektiv fremden Geschäfts darstelle, könne die Übertragung nicht als Herausgabe des durch die unberechtigte Geschäftsführung Erlangten im Sinne von § 667 BGB aufgefasst werden. Erlangt worden sei die eigene Inhaberschaft an der Domain, deren Herausgabe nicht automatisch zu einer Inhaberschaft der Klägerin führen würde, zumal für die Übertragung die Mitwirkung der DENIC erforderlich wäre. Ein Anspruch aus § 812 Abs. 1 Satz 1 Alt. 2 BGB sei ebenfalls nicht gegeben. Zwar komme es bei der Eingriffskondiktion auf vorsätzliches oder schuldhaftes Handeln nicht an. Zudem dürfte die Registrierung einer Domain, an der ein anderer ein besseres Namens- oder Markenrecht, also immerhin ein absolutes Recht, innehabe, einen Eingriff in den Zuweisungsgehalt dieser Rechtsposition zu Lasten des Inhabers darstellen. Die Rechtsfolgen der Eingriffskondiktion stimmten aber nicht mit dem Umschreibungsverlangen überein. Durch die Domainregistrierung „erlangt" im Sinne des Bereicherungsrechts sei die Nutzung der verletzten Rechtsposition. Die Domainregistrierung selbst könne als Eingriff in diese Rechtsposition aber nicht Herausgabegegenstand sein.

Weitgehend Klarheit in den Meinungsstreit brachte erst die Revisionsentschei- **437**
dung des Bundesgerichtshofs in Sachen „shell.de"[653]. Der Bundesgerichtshof bestätigte die Urteile aus Hamm („krupp.de") und Hamburg („joop.de") indirekt, indem er hierzu knapp feststellte, dass die Klägerin *nur den Verzicht, nicht aber die Übertragung auf sich beanspruchen könne. Denn es könne einem Dritten ein gleich gutes oder ein noch besseres Recht zustehen.*

Geht der Anspruch des Verletzten dem Grunde nach (auch) auf Schadensersatz, **438**
so kann der Verletzer – soweit dies für eine Schadensbezifferung erforderlich ist – auch zur Erteilung einer **Auskunft über den Umfang der Verletzungshandlung** verurteilt werden. Eine dazu notwendige Schadenswahrscheinlichkeit dürfte bei bloßen Reservierungsfällen allerdings nur selten vorliegen.

Damit erschöpfen sich in aller Regel die denkbaren Rechtsfolgen. Der Unterlas- **439**
sungsschuldner ist insbesondere nicht dafür verantwortlich, wenn nach erfolgter Überlassung oder Freigabe der Domain die Domainbezeichnung nach wie vor in **Suchmaschinen**, die auf seine Website und das dortige Angebot verweisen, geführt wird[654]. Soweit möglich und zumutbar hat er jedoch dafür zu sorgen, dass **geeignete Schritte zur Ausräumung der Verwechslungsgefahr oder Irreführung** ergriffen werden, die insbesondere den Aufruf der beanstandeten

653 BGH, CR 2002, 525 – „shell.de".
654 LG Berlin, K&R 2000, 91 – „fewo-online.de".

Website durch Dritte ausschließen und die Durchführung und Kontrolle der entsprechenden Maßnahmen zu gewährleisten.

2. Regelmäßig kein „Schlechthinverbot“

440 Aus dem Erfordernis der konkreten Verwechslungsgefahr bei kennzeichenrechtlichen Unterlassungsansprüchen (Waren-/Dienstleistungsähnlichkeit bzw. Branchennähe) ergibt sich, dass sich der **Unterlassungsanspruch regelmäßig auf die konkrete Verletzungsform beschränken** muss[655]. Ein „Schlechthinverbot“ eines Domainnamens ohne Rücksicht darauf, was sich unter der Homepage verbirgt, ist im Regelfall nicht möglich. Denn diese ist lediglich ein Mittel, die dahinter stehenden Waren bzw. Dienstleistungen anzubieten, nicht aber selbst Ware oder Dienstleistung. Ohne Kenntnis dessen, wofür die Internetanschrift steht, lassen sich weder Feststellungen zur Verwechslungsgefahr noch zur Unlauterkeit eines Verhaltens treffen[656].

441 *Es darf also die Benutzung der Domain nur in der konkreten, die Gefahr von Verwechslungen heraufbeschwörenden Form untersagt werden, wie sie sich insbesondere aus dem Inhalt der Website ergibt.* Die Benutzung der Domain für Angebote mit einem gegenüber dem klagenden Zeichen unterschiedlichen regionalen Bestimmungsgebiet oder mit einem branchen- oder produktfernen Inhalt wird dagegen in der Regel zulässig bleiben müssen.

442 Mit dieser Begründung lehnte etwa das Landgericht Köln[657] einen Löschungsanspruch des Inhabers der Wortmarke „AIDA“ in Bezug auf die Domain „aidu.de“, die für ein Internetreiseportal genutzt wurde, ab. Denn der Markenschutz verbiete nicht jede Nutzung der Domain schlechthin und erstrecke sich nicht auf eine Nutzung der Domain, die mit den geschützten Waren und Dienstleistungen nicht verwechselbar sei.

443 Bestätigt wurde diese Rechtsprechung schließlich auch durch den Bundesgerichtshof in den Fällen „soco.de“, „mho.de“[658] und „hufeland.de“[659], in denen er klarstellt, dass **allein der Internetauftritt nicht ausreiche, um auf einen räumlich unbeschränkten Wirkungsbereich schließen zu können**, da trotz des ubiquitären Charakters des Internets stationäre Betriebe, die sich und ihr Angebot im Internet darstellen, grundsätzlich auf ihren räumlichen Tätigkeitsbereich beschränkt blieben.

444 Was den räumlichen Geltungsbereich von Unternehmenskennzeichen anbelangt, so gilt also, dass ein bundesweiter Schutz nicht allein wegen der ubiquitären Abrufbarkeit einer Website, sondern nur dann in Betracht kommt, wenn **tatsächlich eine bundesweite Tätigkeit entfaltet wird oder unmittelbar bevorsteht.** Der Bundesgerichtshof versagte daher einer Münchener Sprachschule Unterlassungsansprüche gegen eine Konkurrentin, die unter der Domain „cambridgeinstitute.ch“ einen Internetauftritt zur Bewerbung von Lehrveranstaltungen in der Schweiz und in Freiburg im Breisgau unterhielt. Die klagende Sprachschule nutzte zwar bereits seit 1996 die Bezeichnung „Cambridge Insti-

---

655 OLG Frankfurt, GRUR-RR 2001, 264; MMR 2003, 333; LG Mannheim, MMR 2000, 48; *Mietzel*, MMR 2003, 416.

656 Hans. OLG Hamburg, CR 2003, 850 – „schuhmarkt.de“ (a. A. aber offenbar Hans. OLG Hamburg, MMR 2006, 226 – „kompit.de/combit.de“; vgl. hierzu auch oben Rn. 264 ff. G. III.).

657 LG Köln, K&R 2007, 221 – „aidu.de“.

658 BGH, CR 2005, 284 – „soco.de“; CR 2005, 362 – „mho.de“.

659 BGH, K&R 2006, 88 – „hufeland.de“.

tute", und zwar auch für ihren Internetauftritt unter der gleichnamigen DE-Domain, konnte indes nicht nachweisen, über Bayern hinaus tätig zu sein[660].

445 Insgesamt ist sonach Vorsicht bei der Antragstellung im Verletzungsprozess geboten: So wird etwa mit dem Klageantrag auf Verurteilung, eine Domain durch Erklärung gegenüber der Registrierungsstelle „freizugeben", die Abgabe der entsprechenden Verzichtserklärung betreffend die Domain beansprucht; es handelt sich dann freilich nicht mehr um einen bloßen Unterlassungsantrag[661]. Der Anspruch, auf eine Domain selbst zu verzichten, setzt materiellrechtlich eine *Rechtsverletzung unabhängig von jedwedem Internetseiten-Inhalt voraus* und kann daher nicht etwa aus Angaben auf den Internetseiten dieser Domain hergeleitet werden. *Denn Streitgegenstand ist in diesem Fall gerade nicht die zu unterlassende Verwendung der Domain für bestimmte Inhalte, sondern der Verzicht auf die Domain schlechthin.*

446 Anders liegt es nur, wenn eine zulässige Verwendung der Domain nicht mehr ernsthaft in Betracht kommt, etwa weil ein geschäftliches Interesse an der Weiterverwendung nicht glaubwürdig erscheint, sei es weil die **Verletzungshandlung bereits in der Registrierung der Domain als solcher, unabhängig vom Inhalt der Website liegt, zum Beispiel bei sehr bekannten Kennzeichen**, sei es in den bereits an anderer Stelle[662] aufgezeigten engen Grenzen einer **sittenwidrigen Behinderung** (und hierbei insbesondere bei evidentem „Domain-Grabbing" zur Erlangung anschließender Lösegelder). Wenn aber konkrete Anhaltspunkte bzw. Konzepte für eine zulässige Nutzung in einem verbleibenden Restspielraum dargelegt und schlüssig vorgetragen sind, muss sich der **Untersagungstenor auf die konkrete Verwendung der Domain zur Adressierung bestimmter, näher zu bezeichnender Inhalte beschränken.**

447 Aus dem Markenrecht lässt sich ein Freigabeanspruch sonach allenfalls dann begründen, wenn nach der Lebenserfahrung jegliche Nutzung vom markenrechtlichen Verbotstatbestand erfasst und mithin unzulässig wäre, wie jüngst nun auch nochmals der Bundesgerichtshof[663] in konsequenter Fortführung der in den Fällen „mho.de" und „soco.de"[664] eingeschlagenen Linie bestätigt hat: Die klagende Deutsche Telekom AG könne keine Löschung der Domains „euro-telekom.de/.net/.info/.org" verlangen. Ein solcher Anspruch sei nur dann begründet, so der Bundesgerichtshof, wenn **schon das Halten der Domainnamen für sich gesehen eine Rechtsverletzung darstelle.** Diese Voraussetzung sei jedoch nicht schon deshalb erfüllt, weil die Beklagte als juristische Person (des Handelsrechts) stets im geschäftlichen Verkehr handle. Denn dies ändere nichts daran, dass eine Verwendung der Domain nur dann unzulässig sei, wenn deren Inhaber dabei notwendig **auch die weiteren Voraussetzungen des markenrechtlichen Verbotstatbestandes erfülle**[665]. Davon hätte man im Streitfall freilich nur ausgehen können, wenn jede Verwendung auch dann, wenn sie im Bereich anderer Branchen als der der Telekommunikation und des Internets erfolgte, zumindest eine nach § 15 Abs. 3 MarkenG unlautere Ausnutzung oder Beeinträchtigung der Unterscheidungskraft oder Wertschätzung des Kennzeichens „Telekom" dargestellt hätte. Dies aber konnte mit dem Bundesgerichtshof nach der allgemeinen Lebenserfahrung nicht angenommen werden.

---

660 BGH, CR 2007, 655 – „cambridgeinstitute.de".
661 Hans. OLG Hamburg, K&R 2007, 414 – „original-nordmann.eu".
662 Oben Rn. 45 ff. (C. II.).
663 BGH, CR 2007, 726 – „euro-telekom.de/.net/.info/.org".
664 BGH, CR 2005, 284 – „soco.de"; CR 2005, 362 – „mho.de".
665 Vgl. BGH, CR 2002, 674 – „vossius.de".

3. Durchsetzung von Unterlassungstiteln

448 Nach Ansicht eines Teiles der Rechtsprechung[666] ersetzt der rechtskräftige Urteilsspruch die Freigabeerklärung des Domaininhabers gegenüber der Vergabestelle (§ 894 ZPO).
Nach anderer Ansicht unter anderem der Oberlandesgerichte Nürnberg[667] und Frankfurt[668] stellt das Begehren eines Namensträgers, die Freigabe eines Domainnamens gegenüber DENIC zu erklären, keinen Antrag auf Abgabe einer nach § 894 ZPO zu vollstreckenden Willenserklärung dar. Vielmehr handele es sich um einen **Beseitigungsantrag**, der das Ziel verfolge, den Gegner zu zwingen, geeignete Maßnahmen zu ergreifen, damit die Registrierung rückgängig gemacht und der hierdurch vermittelte Störungszustand beseitigt werde. Bei einem solchen Petitum komme es dem Antragsteller nicht darauf an, mit welchen Maßnahmen bzw. Willenserklärungen gegenüber DENIC im Einzelnen die Beklagten dies erreichten. Der titulierte Anspruch sei daher nicht nach § 894 ZPO vollstreckbar; die **Vollstreckung richte sich vielmehr nach § 888 ZPO** und sei daher vor Rechtskraft des Urteils möglich mit der Folge, dass der Antragsteller auch insoweit Sicherheit zu leisten habe[669].

449 Vollstreckungsrechtlich wird auch die Verwendung einer Domain, deren kennzeichenmäßige Nutzung untersagt wurde, zur **Umlenkung auf eine andere Domain** im Wege des „URL-Forwarding" vom **Kernbereich des Verbotstenors** erfasst. Im Fall des Hanseatischen Oberlandesgerichts Hamburg „gmail.com"[670] war es dem Antragsgegner im Wege der einstweiligen Verfügung unter Androhung eines Ordnungsgeldes untersagt worden, die nämliche Domain zu benutzen. Daraufhin richtete der Antragsgegner eine Umleitung von der Domain „m.gmail.com" auf eine anders lautende Domain ein. Der *Senat* bestätigte den hiergegen verhängten Ordnungsgeldbeschluss des Landgerichts Hamburg und stellte klar, dass nicht nur der unmittelbare Gebrauch einer Domain zur Bereithaltung darunter befindlicher Webinhalte, sondern **auch die Weiterleitung einer Domain eine markenrechtsrelevante Nutzung darstelle**. Ein Unternehmen, dem die Nutzung einer URL wegen markenrechtlicher Verwechslungsgefahr untersagt sei, handele auch dann markenrechtswidrig, wenn es eine reine Weiterleitungs-URL gebrauche, die um einen Buchstaben erweitert sei und lediglich eine Sub Level Domain kennzeichne. Die Verkehrskreise würden die kennzeichnende Zielrichtung der Bezeichnung erkennen. Es sei im Übrigen auch nichts Ungewöhnliches, wenn Unternehmen Interessenten von einer URL, die ihre Marke bzw. Geschäftsbezeichnung enthalte, auf eine andere URL weiterleiteten, unter der ihr Internetangebot technisch administriert werde, die jedoch für einen unmittelbaren Aufruf zu kompliziert bzw. schwer zu merken erscheine oder im Ausland registriert sei. Deshalb gebe die Tatsache einer Weiterleitung auf die URL „mail.google.com" den angesprochenen Verkehrskreisen keinen Anlass, an der kennzeichnenden Verwendung der URL „m.gmail.com" zu zweifeln.

450 Die Tatsache, dass die im Rahmen des Ordnungsmittelverfahrens angegriffene URL „m.gmail.com" den vorangestellten Buchstaben „m" aufweise, führe zu keinem abweichenden Ergebnis, so der *Senat* weiter. Hierbei handele es sich aus

---

666 Statt vieler LG München, CR 1999, 451 – „fnet.de"; MMR 2001, 61; LG Stuttgart, Urt. v. 3.4.2001, 17 O 663/00 – „pro-familia.de".

667 OLG Nürnberg, CR 2001, 54; ähnlich – Vollstreckung nach § 888 ZPO – LG München, MMR 2003, 677 – „freundin-online.de"; LG Wiesbaden, MMR 2001, 59.

668 OLG Frankfurt, GRUR-RR 2003, 18 – „drogerie.de".

669 OLG Frankfurt, a. a. O.

670 Hans. OLG Hamburg, MMR 2007, 653 – „gmail/g-mail".

Sicht der angesprochenen Verkehrskreise **erkennbar um eine Sub Level 2 Domain** zu der URL „gmail.com". Die Verwendung derartiger Sub Level Domains sei verbreitet und üblich. Der Verkehr erkenne, dass diese von dem eigentlich kennzeichnenden Begriff (hier: „gmail") nur abgeleitet sind, ohne dessen kennzeichnende Bedeutung zu verändern. So führe etwa ein Aufruf des Bereichs „Justiz" von der URL „www.hamburg.de" u. a. zu der Sub Level Domain „www.fhh.hamburg.de/xxx/xxx". Trotz dieser Voranstellung eines Kürzels (fhh = Freie und Hansestadt Hamburg) befänden sich die angesprochenen Verkehrskreise nicht im Zweifel darüber, dass auch diese Sub Level Domain der URL der Stadt Hamburg (kennzeichnend) zuzuordnen sei.

Ebenfalls das Hanseatische Oberlandesgericht Hamburg hatte in einem Ordnungsmittelantragsverfahren betreffend die Domain „mlpblog.de"[671], unter der nach dem vorangegangenen Unterlassungsurteil nunmehr ein „Baustellenhinweis" zu sehen war, zu entscheiden. Ein **bloßes Registrierthalten** (ohne Inhalte) war jedoch im Unterlassungsgebot, das darauf lautete, die Domain nicht als Anschrift einer Internetdomain zu benutzen und/oder benutzen zu lassen, nicht tituliert. Das Unterlassungsgebot war daher nach Ansicht des *Senats* nicht tangiert, da **mit dem Baustellenhinweis keine Nutzung der Domain erfolge und die bloße Registrierung nicht als Nutzung im Sinne des Tenors anzusehen sei**[672]. 451

4. Beseitigung eines unrechtmäßigen DISPUTE-Eintrags bei DENIC

Da der DISPUTE in die zivilrechtlichen Ansprüche des Inhabers gegenüber der DENIC eingreift[673], besteht für den Fall eines unrechtmäßigen Eintrags, wenn also Ansprüche des Antragstellers gegen den Domaininhaber auf Unterlassung und Freigabe ausscheiden, ein Anspruch des Inhabers auf Beseitigung des DISPUTE-Eintrags wegen Eingriffs in das Recht am eingerichteten und ausgeübten Gewerbebetrieb (§ 823 Abs. 1 BGB)[674], nach anderer Ansicht wegen des mit der Registrierung der Domain verbundenen Nutzungs- und Besitzrechts, das unter dem Schutz des Art. 14 GG stehe[675]. 452

VI. Einstweiliger Rechtsschutz

Aus der herrschenden Meinung – Vollstreckung nach § 894 ZPO (Willenserklärung gegenüber DENIC) – ergibt sich bei einstweiligen Verfügungen die missliche Konsequenz, dass die Willenserklärung, da erst mit **Rechtskraft** der Entscheidung als abgegeben fingiert, **nicht durch die Festsetzung von Ordnungsmitteln im Sinne von § 888 ZPO durchgesetzt werden kann**, denn eine solche Festsetzung ist vor Rechtskraft im Anwendungsbereich des § 894 ZPO ausgeschlossen. Wegen der unbefristeten Möglichkeit des Widerspruchs (§ 925 ZPO) werden indessen Beschlussverfügungen nie rechtskräftig. Durch einstweilige Verfügung kann daher zur Abgabe einer solchen Freigabeerklärung gegenüber DENIC nur dann verpflichtet werden, wenn die Verfügung sich auf eine nur vorläufige Regelung oder Sicherung bezieht und dies durch Urteil 453

671 Hans. OLG Hamburg, MMR 2008, 113 – „mlpblog.de II".
672 Zu den im Sinne des MarkenG anspruchsbegründenden Tatbestandsmerkmalen der kennzeichenmäßigen Benutzung im geschäftlichen Verkehr oben Rn. 199 ff., 217 ff. (F. V. 2. und 3.).
673 Siehe dazu oben Rn. 359 ff. (J. V.).
674 LG Köln, K&R 2005, 471 – „investment.de".
675 OLG Köln, CR 2006, 487 – „investment.de"; zum Schutz des Nutzungsrechts unter Art. 14 GG vgl. BVerfG, NJW 2005, 589 – „ad-acta.de".

geschieht, da ein solches Urteil im Gegensatz zum Beschluss formell rechtskräftig werden kann[676].

1. Benutzungsverbot

454 Überdies gilt nach zutreffender Ansicht etwa des Oberlandesgerichts Frankfurt[677], dass die Aufgabe einer „Reservierung" – gemeint sein dürfte nach Einstellung des Reservierungsdienstes durch DENIC schon im Jahre 1997, dass die Domain nicht angemeldet und kennzeichenmäßig benutzt werden darf – von vornherein nicht im Eilverfahren beansprucht werden kann.

455 Diese Auffassung vertritt auch das Oberlandesgericht Hamm[678], dem zufolge die **Aufgabe der Registrierung in aller Regel nicht im Wege des einstweiligen Rechtsschutzes beansprucht werden könne, sondern lediglich die Aufgabe der Benutzung für eine bestimmte Information bzw. in einer bestimmten Art und Weise.** Das Reservierthalten der Domain hingegen dürfe nicht verboten werden, da dies einer **unzulässigen Vorwegnahme der Hauptsache** führe und der Inhaber Gefahr liefe, seine Position endgültig zu verlieren, selbst wenn er im Hauptsacheverfahren obsiege. Im Einzelfall könne dies anders zu beurteilen sein, wenn bereits im Eilverfahren hinreichend sichere Anhaltspunkte dafür bestünden, dass die Reservierung allein auf eine **sittenwidrige Schädigung** des Kennzeicheninhabers im Sinne von § 826 BGB abziele (wobei der bloße Verdacht des „Grabbing" indessen nicht genüge). So indiziert eine als vorsätzliche sittenwidrige Schädigung einzuordnende **Lösegeldforderung** nach Ansicht des Landgerichts Wiesbaden[679] den Verfügungsgrund, so dass auch im Wege des einstweiligen Verfügungsverfahrens dem Domaininhaber geboten werden kann, auf eine Domain zugunsten des Namensinhabers zu verzichten.

456 Von diesen Ausnahmekonstellationen abgesehen, kommt eine Aufgabe der Registrierung im Wege des einstweiligen Rechtsschutzes indes nicht in Betracht. Dies betrifft namentlich weiterhin verbreitete Formulierungen, wonach dem Antragsgegner „die Reservierung" untersagt beziehungsweise ihm verboten wird, eine bestimmte Domain „reserviert zu halten". Der Antragsgegner müsste nämlich in diesem Falle aufgrund der Verfügung die – *de facto* endgültige – Freigabe der Domain gegenüber DENIC erklären; **ein Suspendierungsverfahren im Sinne einer nur vorübergehenden Freigabe, etwa gegen Sicherheitsleistung, bietet DENIC nicht an.** Die Verfügung greift damit in erheblicher Weise in Rechte des Antragsgegners ein. Mit der Untersagung, im geschäftlichen Verkehr zu Zwecken des Wettbewerbs eine Internetadresse reserviert zu halten, wird ihm notwendigerweise die Freigabeerklärung gegenüber DENIC aufgegeben, mithin eine **Willenserklärung.** Es ist jedoch anerkannt, dass der Anwendungsbereich des einstweiligen Rechtsschutzes regelmäßig nicht derart weit reichen kann. In einer solchen Verfügung kann daher nicht allein eine Anordnung nach § 890 ZPO gesehen werden. Vielmehr nähert sie sich inhaltlich einer Verurteilung zu grundbuch- und registermäßigen Erklärungen, wie etwa einer Löschung. Eine solche auf § 894 ZPO gestützte Anordnung im einstweiligen Verfügungsverfahren erscheint jedoch im Bereich der Domains bedenklich. **Die (bloße) Dekonnektierung der Internetadresse bis zum Abschluss des Hauptsacheverfahrens mag hier eine gangbare Alternative darstellen.**

---

676 *Hoffmann*, NJW 2001, Beilage zu Heft 14, 25.
677 OLG Frankfurt, CR 2001, 412 – „mediafacts.de".
678 OLG Hamm, MMR 2001, 695.
679 LG Wiesbaden, MMR 2001, 59.

Im einstweiligen Verfügungsverfahren darf der Antragsgegner daher regelmäßig nur dazu verpflichtet werden, die Benutzung zu unterlassen. Eine Freigabeerklärung oder Übertragung kann nicht aufgegeben werden. **457**

Erst recht muss dies für die unmittelbare Übertragung der Domain gelten, die grundsätzlich auch im Wege der Hauptsacheklage nicht beansprucht werden kann. Die in offenkundiger Unkenntnis des Instituts des DISPUTE-Eintrags erlassene Verfügung des Landgerichts Saarbrücken[680] zur Übertragung der Domain ist daher verfehlt. Begründet wurde dies mit der Gefahr, dass die Domain nach Löschung des bisherigen Inhabers jedermann zur Registrierung offen stehe. Werde daher der Zeitpunkt nicht genau abgestimmt oder aber eine direkte Übertragung der Domain auf den Berechtigten durchgeführt, könne der Rechtsschutz des Markeninhabers dadurch vereitelt werden, dass ein Dritter die Domain auf sich registriere, was einem schnellen und effektiven Rechtsschutz zuwider laufen und die Gerichte weiter belasten würde. Die Verurteilung zur Übertragung der Domain auf den Berechtigten sei daher der effektivste Weg zur Beseitigung des rechtswidrigen Zustandes. **458**

2. Verfügungsverbot

Auch das Verbot, über eine bestimmte Domain zu verfügen, kann Gegenstand des Eilrechtsschutzes sein. Ein Rechtsschutzinteresse hieran besteht jedenfalls dann, wenn dem Verletzten das DISPUTE-Verfahren der DENIC[681] oder eine vergleichbare Veränderungssperre hinsichtlich der Domaininhaberdaten nicht zur Verfügung steht. Denn andere Vergabestellen bieten das „Dispute"-Eintragungsverfahren nicht an. Dies gilt etwa für die Top Level Domain „.eu". Die EurID („European Registry of Internet Domain Names"), die für die Top Level Domain „.eu" zuständige Organisation, stellt ein dem DISPUTE entsprechendes Schutzinstrument nicht zur Verfügung. Wenn aber kein DISPUTE-Eintrag angeboten wird, könnte sich der Domaininhaber der **Auseinandersetzung durch eine Domainübertragung entziehen**. Bei Streitigkeiten um EU-Domains, die zwar mit dem „ADR-Verfahren" ein Schlichtungsinstrument vorsehen, das aber für den Anspruchsteller nicht zwingend ist, kann der Rechtsweg über die ordentlichen Gerichte gesucht werden. **459**

Die „Alternative Dispute Resolution" (ADR) ist ein Schiedsgerichtsverfahren, das vor dem in Prag ansässigen Tschechischen Schiedsgericht für EU-Domains durchgeführt wird. Das Schiedsgericht verwaltet das ADR-Verfahren im Einklang mit den Allgemeinen Regeln für die EU-Domainnamen der Europäischen Kommission (EG Verordnung 874/2004). Das Verfahren erlaubt – alternativ zu einem normalen Gerichtsverfahren – ein Vorgehen gegen eine Domainregistrierung unterhalb der Top Level Domain „.eu", wenn der Domainname gegen Namensrechte verstößt und der Domaininhaber keine Rechte an dem Namen geltend machen kann oder er die Domain bösgläubig registriert hat oder benutzt. Der Antragsteller kann deren Löschung und gegebenenfalls auch die Übertragung an sich selbst verlangen. Während des ADR-Verfahrens ist die Übertragung der Domainregistrierung auf einen Dritten untersagt, die Benutzung ist jedoch erlaubt. Allerdings gewährleistet das ADR-Verfahren anders als der DISPUTE-Eintrag nicht, dass derjenige, der das Verfahren gegen den Domaininhaber angestoßen hat, nach der Löschung „nachrückt" und selbst Inhaber der Domain wird; Einzelheiten zum ADR-Verfahren siehe unten Teil 2, C.

Es besteht für den Anspruchsteller indes die geschilderte Gefahr der Weiterübertragung. Aus dieser riskanten Situation stellte sich für das Kammergericht[682] die Frage, ob auch außerhalb des DISPUTE-Verfahrens im Wege einer **460**

680 LG Saarbrücken, Urt. v. 30.1.2001, 7 IV O 97/00.
681 Dazu oben Rn. 359 ff. (J. V.).
682 Kammergericht, K&R 2007, 527.

einstweiligen Maßnahme eine Weiterübertragung untersagt werden kann. Dies wurde bejaht: Der *Senat* gewährte im einstweiligen Verfügungsverfahren neben dem Anspruch auf Unterlassung der weiteren Nutzung der streitgegenständlichen Domain einen **Anspruch auf ein einstweiliges Verfügungsverbot** gegen den Domaininhaber aus § 12 BGB, §§ 5, 15 MarkenG, da die **Übertragung der Domain keine „Nutzung der Domain" im Sinne des gerichtlichen Unterlassungstenors** sei. Auf das ADR-Verfahren müsse sich der Namensträger nicht verweisen lassen. Damit bestehe für ihn die Gefahr, dass der Domaininhaber seine Domainnamensrechte wirksam auf Dritte übertrage und ein in dem Hauptsacheverfahren durchgesetzter Verzichtserklärungsanspruch ins Leere liefe. Denn allein das Verbot der Verwendung des Domainnamens schließe nicht dessen Übertragung auf Dritte aus. Wenn der Namensträger an der Eintragung der Domainnamen nur durch den unbefugten Namensgebrauch des Verletzers gehindert werde, müsse ihm die Möglichkeit verbleiben, im Rahmen der Vorgaben des jeweiligen Registrierungsverfahrens die Eintragung des Domainnamens zu erreichen, sobald der Verletzer zum Verzicht auf seine – sperrende – Rechtsstellung gezwungen worden ist und der Domainname daher wieder anderweitig vergeben werden könne. Dies dürfe der Verletzer nicht durch eine Übertragung seiner Rechte auf erst später hinzutretende Interessenten unterlaufen.

461 Die Entscheidung dient als Vorbild für solche Fälle, deren Gegenstand Domains sind, für die kein DISPUTE oder ein ähnliches, zu einer Veränderungssperre führendes Institut der Vergabestelle vorgesehen ist, z. B. bei Domains mit der Endung „.com".

462 Ähnliche Erwägungen stellte der Bundesgerichtshof im Fall „grundke.de"[683] an: Der Namensträger dürfe nicht dadurch an der Domainregistrierung gehindert werden, dass ein unberechtigter Domaininhaber sich erst später den Auftrag eines anderen Namensträgers einhole, um seine Domaininhaberschaft gleichsam nachträglich zu legitimieren. Der Namensträger müsse daher Domaininhaber werden können, sobald ein unberechtigter Domaininhaber zur Aufgabe der Domain gezwungen und die Domain also wieder registrierbar sei. Der Domaininhaber dürfe dies nicht durch Übertragung auf erst später hinzu tretende Interessenten unterlaufen sondern müsse den Berechtigten so stellen, als hätte er ihn nicht durch die Registrierung blockiert. Die Übertragung würde aber die Blockadewirkung der unberechtigten Registrierung fortsetzen.

VII. Kostenrisiko

463 Für die aufzuwendenden Kosten interessant ist die Frage der Streitwertfestsetzung bei Domainverfahren, nach der sich das Prozesskostenrisiko bemisst. In dieser Frage liegen die Gerichte zum Teil gleich um mehrere 100 000 € auseinander. Zumeist werden Untersagungsansprüche aus UWG oder MarkenG kaum unter 25 000 € liegen (das Oberlandesgericht Stuttgart geht regelmäßig von 100 000 € bei Markenrechtsverletzungen aus).

464 Grundsätzlich wird der Streitwert bestimmt durch den Inhalt des Klage- oder Verfügungsantrages sowie des Vorbringens der klagenden bzw. antragenden Partei (das so genannte „Verletzerinteresse"). Kriterien für die Streitwertbestimmung in Domainverfahren können damit sein[684]:

---

683 BGH, CR 2007, 590 – „grundke.de".
684 Vgl. dazu LG Braunschweig, 5.8.1997, 9 O 188/97 – „deta.com".

- Wert, den die Domain für den Kläger/Antragsteller hat aufgrund der vom Kläger/Antragsteller bereits **in das Internet-Engagement investierten Kosten**;
- Dringlichkeit der Erlangung der Domain, also zum Beispiel bei **unmittelbar bevorstehendem Online-Auftritt**;
- die Tatsache, dass die **übrigen Top Level Domains** mit dem Namen des Klägers/Antragstellers **bereits vergeben** sind und er daher nicht mehr auf andere Top Level Domains ausweichen kann, oder
- die Tatsache, dass **andere Top Level Domains nicht zur Verfügung** stehen, was insbesondere für Privatpersonen gilt, die außer der jeweiligen Länderdomain keine anderen Top Level Domains erhalten.
- das Ausmaß (**Dauer, Intensität**) der Rechtsverletzungen durch die Gegenseite;
- die Bedeutung des Klägers/Antragstellers, sein **Umsatz**, seine Stellung im Wirtschaftsleben bzw. sein **Bekanntheitsgrad**.

Maßgeblich für die Bestimmung des Gegenstandswertes sind sonach in erster Linie die Bedeutung des Kennzeichens für den Kläger unter Berücksichtigung der Dauer und des Umfangs der bisherigen Benutzung, die unter dem Kennzeichen erzielten Umsätze, der Bekanntheitsgrad und Ruf des Kennzeichens innerhalb der angesprochenen Verkehrskreise, der Grad der originären Kennzeichnungskraft sowie die allgemeine Bedeutung für den Absatz nach Art des Produkts und der Branche. Auch die Bedeutung des Internets für den Kennzeicheninhaber als Vertriebsmedium kann Bedeutung erlangen.

Von einer erheblichen **Wertsteigerung** ist regelmäßig dann auszugehen, wenn das Kennzeichen **nicht nur als Marke sondern auch als geschäftliche Bezeichnung Schutz genießt**, da in diesen Fällen nicht nur die mit dem verletzten Kennzeichen erzielten Umsätze, sondern allgemein die Größe, Wirtschaftskraft und Marktstellung des Unternehmens in die Wertbemessung mit einfließen. Bei der Bewertung des wirtschaftlichen Wertes des Domainnamens bleibt jedoch eine etwaige außergerichtlich geforderte „Ablösesumme" außer Betracht, da dieser häufig überzogene, rein subjektive Vorstellungen zugrunde liegen[685]. **465**

Das wirtschaftliche Interesse an der Durchsetzung von Unterlassungs- und Beseitigungsansprüchen wegen Kennzeichenverletzung wird aber nicht nur durch den wirtschaftlichen Wert des verletzten Kennzeichenrechts, sondern auch durch die **Gefährlichkeit der Verletzung, den so genannten „Angriffsfaktor"** bestimmt. Maßgebliche Faktoren bei der Bemessung des Angriffsfaktors sind dabei der Umfang, die Dauer und die Intensität der Verletzungshandlung bzw. der drohende Verletzungsumfang, aber auch die Intensität der Kennzeichenverletzung selbst, d. h. insbesondere der Grad der Verwechslungsgefahr bzw. Rufausbeutung, Aufmerksamkeitsausbeutung, Rufschädigung oder Verwässerung[686], ferner auch ein vorsätzliches oder systematisches Handeln, wie die missbräuchliche und gegebenenfalls wiederholte Registrierung fremder Zeichen als Domainnamen, das so genannte „Domain-Grabbing", oder wenn der Domaininhaber versucht, durch falsche Adressangaben in der WHOIS-Datenbank oder eine falsche Anbieterkennzeichnung auf der Website seine wahre Identität zu verschleiern[687]. **466**

Geht es dagegen allein um **ideelle, öffentlich-rechtliche oder private Namensführungsinteressen**, wird der Streitwert zumeist deutlich darunter liegen[688]. Auch hier vermisst man jedoch jede Einheitlichkeit beim Wertansatz. Bei der **467**

685 *Bettinger*, Handbuch des Domainrechts, 2008, Rn. DE 1124–1147.
686 LG Düsseldorf, MMR 2006, 412 – „wahltipp.de".
687 Vgl. LG München I, B. v. 14.2.2005, 9 O 6502/04 – „justiz-muenchen.de".
688 Vgl. LG Hannover, CR 2001, 860 – TDM 20 für „verteidigungsministerium.de"; LG Stuttgart, Urt. v. 3.4.2001, 17 O 663/00 – TDM 50 für „pro-familia.de".

Verletzung der Namensrechte von Körperschaften des öffentlichen Rechts oder von Vereinen bewegen sich die Streitwerte zwischen 10000 € und 100000 €[689], wobei bei der Verletzung der Namensrechte von Städten und Gemeinden häufig niedrigere Streitwerte angesetzt wurden als bei anderen öffentlich-rechtlichen Organisationen und Einrichtungen[690]. Die Verletzung von Namensrechten von Privatpersonen führt regelmäßig zu einer verhältnismäßig niedrigen Streitwertwertfestsetzung, dies zumindest dann, wenn keine kommerziellen Interessen des Namensträgers beeinträchtigt werden[691]. Anders verhält es sich jedoch bei den zu kommerziell intensiv verwerteten „Bekanntheitsmarken" erwachsenen Namen berühmter Persönlichkeiten[692].

468 Die festgesetzten Gegenstandswerte bei Streitigkeiten aufgrund **unlauterer oder irreführender Benutzung** von Domainnamen liegen in der Regel zwischen 25000 € und 150000 €[693].

VIII. Pfändung und Verwertung

469 Umstritten war lange Zeit, ob Domains als „anderes Vermögensrecht" im Sinne von § 857 ZPO der Pfändung unterliegen. Während die Landgerichte Essen und Düsseldorf dies bejahten[694], sah das Landgericht München I einen Eingriff in Namens- und Kennzeichenrechte des Domaininhabers[695].

470 Das Landgericht Essen zog den Vergleich mit einer Lizenz. Wie diese könne auch die Domainadresse als Rechtsinstitut „*sui generis*" gekauft, verkauft, vermietet und – etwa auf einer Domainbörse – versteigert (und anschließend übertragen) werden. Gepfändet würden sonach „die angeblichen Rechte, insbesondere Nutzungsrechte des Schuldners aus der Registrierung der ihm von der DENIC (als Drittschuldnerin) erteilten Domain („beispiel.de") nach Maßgabe des mit der Drittschuldnerin geschlossenen Vertrags, sowie das Recht auf Verlängerung der Domainregistrierung"[696]. DENIC (oder außerhalb des Bereichs der DE-Domains einer anderen Registrierungsstelle wie z. B. „Strato" etc.) würde untersagt, soweit die Domain sowie die damit verbundenen Rechte gepfändet sind, an den Schuldner als Domaininhaber zu leisten. Damit wäre sichergestellt, dass der Nutzungsvertrag, den der Domaininhaber beispielsweise mit DENIC hat, nicht mehr abgeändert und insbesondere die Ansprüche des Inhabers gegen DENIC nicht mehr auf Dritte übertragen werden; die Domain ist gleichsam „eingefroren".

---

689 Siehe aber LG München I, ZUM-RD 2002, 107 – „neuschwanstein.de": 100000 €; B. v. 10.11.2004, 7 O 1111/04 – „pinakothek.com": 50000 €.

690 Vgl. nochmals LG Stuttgart, a. a. O. „pro-familia.de": 50 000 DM; siehe aber LG Düsseldorf, MMR 2006, 412 – „ard-wahltipp.de": 50000 €.

691 Vgl. OLG Frankfurt, CR 2001, 408 – „kurt-biedenkopf.de": Beschwer des Klägers im Berufungsverfahren: 7500 €.

692 Vgl. LG Stuttgart, Urt. v. 17.8.1999, 11 KfH O 84/99 – „schumacher.de": 500000 €.

693 Zitiert nach *Bettinger*, a. a. O.: LG Köln, B. v. 31.10.1997, 31 O 880/97 – „bahnhof.de": 150000 €; MMR 2000, 45 – „hauptbahnhof.de": 100000 €; LG Hamburg, Urt. v. 5.4.2007, 327 O 688/06, mit der Besonderheit der Störerhaftung des „Admin-C": 25000 €; LG Hamburg, CR 2004, 143 – „tipp.ag": 60000 €; LG Köln, B. v. 1.9.1998, 31 O 714/98 – „amtsgerichte.de": 100000 €.

694 LG Essen, CR 2000, 247: „*Recht sui generis, vergleichbar einer Lizenz*"; LG Düsseldorf, CR 2001, 468; vgl. dazu auch die Vorinstanz AG Langenfeld/Rheinland, CR 2000, 477: Der Kollektionsanspruch eines Domaininhabers sei als ‚anderes Vermögensrecht' im Sinne des § 857 ZPO der Pfändung unterworfen; der Vorschrift sei als Auffangtatbestand eine großzügige Auslegung immanent.

695 LG München I, CR 2000, 620 und CR 2001, 342.

696 Formulierung nach *Schmittmann*, JurBüro 2000, 214.

Unklar war bei diesem Ansatz noch, ob sich das Verbot auch darauf erstreckt, die Domain **aus der DENIC-Namensdatenbank zu entfernen** und auf diese Weise **ihrer Adressfunktion zu entheben („konnektiert" zu halten)**[697]. Ebenfalls problematisiert wurde die Überweisung des Nutzungsrechts, etwa in Gestalt der Verwaltung und Verpachtung der Domain; während dies bei **generischen Begriffen** durchaus Sinn machen kann, läuft der Gläubiger jedenfalls bei kennzeichenrechtlich geschützten Zeichenfolgen stets Gefahr, von einem dergestalt „blockierten" Kennzeicheninhaber auf Unterlassung in Anspruch genommen zu werden. Für die Einziehung wird es indes in der Regel an einem Leistungsinteresse fehlen. Denkbar ist auch die Einziehung an Zahlungs Statt, sofern eine **verlässliche Wertermittlung** möglich ist. **471**

Gläubiger können nach dieser Ansicht die Domainadressen ihrer zahlungsunfähigen Vertragspartner pfänden und anschließend in Domain-Auktionshäusern wie etwa „sedo.de" oder „moniker.com" versteigern lassen. Dies soll jedoch dann nicht in Betracht kommen, wenn der Inhaber die Domain **zwingend für seine Berufstätigkeit** benötigt; letzteres ist nicht der Fall, wenn ihm ein Ausweichen auf eine Alternativdomain möglich und zumutbar ist[698]. **472**

Ablehnend war demgegenüber die Spruchpraxis des Landgerichts München I: Zunächst hatte das Gericht noch befunden, es könne dahinstehen, ob in bestimmten engen Grenzen Domainnamen in Einzelfällen gemäß § 857 ZPO pfändbar seien[699]. Aus der Namensfunktion des Domainnamens folge jedenfalls dann eine Verletzung des Namensrechts aus § 12 BGB, wenn eine Domain durch Pfändung entzogen und an Dritte übertragen werden soll, die aus dem Nachnamen des Schuldners gebildet sei. Denn die Kommunikation via Internet und damit die Erreichbarkeit über einen Domainnamen gehöre sowohl im privaten als auch im geschäftlichen Bereich zu den üblichen Kommunikationsmöglichkeiten. **473**

Hatte in der ersten Entscheidung noch das Namensrecht im Vordergrund gestanden, erweiterte das Gericht seine Rechtsprechung kurz darauf im Sinne einer generellen Unzulässigkeit der Domainpfändung[700]. Die Vergaberichtlinien von DENIC stünden der Pfändbarkeit entgegen. Anders als bei dem *numerus clausus* von immateriellen Schutzrechten sei die Pfändbarkeit von Domains weder ausdrücklich gesetzlich geregelt noch existiere ein kodifiziertes Prüfungsverfahren, das der Vergabe vorgeschaltet werde und aus dem sich wie bei der Vergabe von Marken und Patenten eine Verselbstständigung solcher Rechte ergeben könne. Die Verselbstständigung solche Rechte sei nicht ohne ein gesetzlich vorgeschaltetes Prüfungs- und Vergabeverfahren zu sehen, welches im Falle von DENIC fehle. Die von DENIC gewährte Übertragbarkeit von Domains beziehe sich überdies allein auf die Mitwirkung bei der formellen Umregistrierung, nicht auf die materiell-rechtliche Zulässigkeit der Übertragung von Nutzungsrechten. Sie rechtfertige daher nicht die Annahme, Domains seien vom Inhaber losgelöste und damit der Pfändung unterworfene Rechte. Die Kammer schließt mit der Feststellung, dass der durchschnittliche Nutzer die Domain als Hinweis auf ihren Inhaber beziehungsweise dessen Wirkungskreis, Namen, Dienstleistung etc. ansehe. **474**

---

697 So statt vieler LG Essen, CR 2000, 247.
698 LG Mönchengladbach, Rechtspfleger 2005, 38.
699 LG München I, CR 2000, 620.
700 LG München I, CR 2001, 342.

475 Nach einer anderen Ansicht kommt allenfalls eine *Forderungs*pfändung in Betracht, die allein die hier vorbestehende Leistungspflicht der Drittschuldnerin DENIC zu modifizieren im Stande wäre. DENIC würde hiernach nur zu einer Umkonnektierung, also zu einer adresstechnisch-administrativen Mitwirkungsleistung an einen neuen Gläubiger verpflichtet – zu Handlungen also, denen das Recht keine Verfügungswirkung beimisst[701]. Denn die Parteistellung des Vollstreckungsschuldners als Vertragspartei der DENIC eG steht vollstreckungsrechtlich nicht zur Disposition (Verbot der „Vollstreckung zu Lasten Dritter“, vgl. § 851 ZPO). Nach §§ 857, 829 ZPO **pfändbar wäre hier mithin nur das Dauerschuldverhältnis des Konnektierungsanspruchs des Domaininhabers (Schuldners) gegen seinen Vertragspartner DENIC, bestehend aus Erstregistrierung und dem dauerhaften Konnektierthalten. Dem Schuldner wäre zu verbieten, über seinen Konnektierungsanspruch zu verfügen**[702]. Dazuhin wäre der Pfändungsbeschluss der DENIC eG als Drittschuldnerin zuzustellen, weil wie gesehen jede Verwertung der Domain eine Umkonnektierung des primären Nameservers durch DENIC erfordert, damit künftig die vom neuen Inhaber benannten Server unter der Domain erreichbar sind, und der Schuldner naturgemäß nicht an der Umschreibung seiner eigenen Domain mitwirken wird.

476 Der Meinungsstreit scheint nun im vorgenannten Sinne durch die höchstrichterlichen Entscheidungen von Bundesgerichtshof und Bundesverfassungsgericht[703] vorerst dahin entschieden, dass **Pfändungsgegenstand die Gesamtheit der als Dauerschuldverhältnis ausgestalteten schuldrechtlichen Ansprüche aus dem Registrierungsvertrag ist.** Diese stellten ein Vermögensrecht im Sinne von § 857 Abs. 1 ZPO dar[704]. Die Domain als solche sei hiernach kein „anderes Vermögensrecht“ im Sinne von § 857 Abs. 1 ZPO. Ihr komme keine etwa mit einem Patent-, Marken- oder Urheberrecht vergleichbare ausschließliche Stellung zu. Diese Rechte zeichneten sich dadurch aus, dass sie ihrem Inhaber einen Absolutheitsanspruch gewährten, der vom Gesetzgeber begründet worden sei und nicht durch Parteivereinbarung geschaffen werden könne. Die Domain sei indes lediglich eine technische Adresse im Internet. Die ausschließliche Stellung, die darauf beruhe, dass von der DENIC eine Domain nur einmal vergeben werde, sei allein technisch bedingt. Eine derartige, rein faktische Ausschließlichkeit begründe **kein absolutes Recht im Sinne von § 857 Abs. 1 ZPO.**

477 Eine Domain ist mithin auch keine Sache im Sinne des § 90 BGB. Daher gewähren schuldrechtliche Ansprüche aus einem Domain-„Kauf“ auch keine Anwartschaftsrechte oder eine sonstige dem Eigentum ähnliche dingliche Rechtsstellung. Zur Übertragung der in der Domain gebündelten Rechte bedarf es vielmehr einer Kündigung der Domain durch den bisherigen Inhaber als Verkäufer und deren Neuregistrierung durch den Erwerber bei der Vergabestelle. Ein Herausgabeanspruch gegenüber einem Dritten, dem die Domain ohne den Willen des Erwerbers nach Abschluss des Kaufvertrages zugefallen ist, besteht daher nicht[705].

478 Der Antrag der Gläubigerin ist daher darauf gerichtet, diese schuldrechtlichen Ansprüche des Schuldners aus dem Vertragsverhältnis mit der DENIC zu pfänden. Mit dem Anspruch auf Aufrechterhaltung der Registrierung hat die Gläu-

---

701 Vgl. *Hanloser*, Rechtspfleger 2000, 526; CR 2000, 703; CR 2001, 344.
702 *Welzel*, MMR 2001,131; *Hanloser*, CR 2001, 342.
703 Vgl. BGH, CR 2006, 50; BVerfG, NJW 2005, 589.
704 Vgl. z. B. LG Mönchengladbach, Rpfleger 2005, 38; AG Langenfeld, CR 2000, 477, oben Fn. 694; *Welzel*, MMR 2001,131; *Berger*, Rpfleger 2002, 181, 182 f; *Hanloser*, CR 2001, 342; *Musielak/Becker*, ZPO, 4. A., § 857 Rn. 13 a; *Stein/Jonas-Brehm*, ZPO, § 857 Rn. 80.
705 LG Hanau, MMR 2006, 761 – „rheinmain.de“.

bigerin den Hauptanspruch des Schuldners aus dem Registrierungsvertrag mit DENIC gepfändet. Die dem Schuldner aus diesem Vertragsverhältnis weiter zustehenden Ansprüche sind nicht isoliert verwertbar und damit nicht einzeln pfändbar. *Die Pfändung des Anspruchs auf Aufrechterhaltung der Registrierung aus einem Vertrag des Domaininhabers mit der DENIC umfasst daher auch alle weiteren sich aus dem Vertragsverhältnis ergebenden Nebenansprüche*[706]. Die Verwertung der gepfändeten Ansprüche des Schuldners gegen DENIC kann mit dem Bundesgerichtshof nach §§ 857 Abs. 1, 844 Abs. 1 ZPO **durch Überweisung an Zahlungs Statt** zu einem – beispielsweise durch Domain-Wertgutachten ermittelten – **Schätzwert**[707], im Wege der Verwertung durch freihändigen **Verkauf** oder durch **Vermietung** bzw. **Verpachtung** erfolgen.

IX. Insolvenz des Domaininhabers

Im Falle der Insolvenz des Domaininhabers gilt gemäß § 80 Abs. 1 der Insolvenzordnung, dass die Domain, d. h. die schuldrechtlichen Ansprüche aus dem Vertrag mit der Registrierungsstelle, zur Insolvenzmasse gehören. Der Insolvenzverwalter sollte daher der Registrierungsstelle, beispielsweise also der DENIC, den Wechsel der Verfügungsbefugnis mitteilen, damit eine unberechtigte Verfügung verhindert wird[708]. **479**

L. DENIC und das Kartellrecht

Eine interessante, wenngleich noch ungeklärte Frage ist, ob DENIC eine Kontrahierungspflicht zur Erteilung bestimmter Domainnamen trifft (Rn. 481 ff., I.) und inwieweit das marktbeherrschende Unternehmen treffende Gebot sachgerechten Verhaltens es ausschließt, über eine rechtskräftige Urteilsfeststellung hinausgehend in den Bestand eines Domainregistrierungsvertrages einzugreifen (Rn. 506 ff., II.)[709]. **480**

I. Verpflichtung zu nachfragekonformer Ausgestaltung der Domainnamensbildungsmöglichkeiten?

Die DENIC eG ist **Normadressatin der kartellrechtlichen Behinderungs- und Missbrauchstatbestände**, da sie die den relevanten Markt monopolistisch beherrscht. In seinem „ambiente.de“-Urteil stellt der Bundesgerichtshof fest, dass DENIC wegen der Bedeutung der allein vergebenen Top Level Domain „.de“ auf dem deutschen Markt für die Vergabe von Second Level Domains über eine überragende Stellung verfüge[710]. **481**

---

706 BGH, CR 2006, 50; *Berger*, Rpfleger 2002, 181.

707 Vgl. dazu nochmals *Berger*, Rpfleger 2002, 181; *Welzel*, MMR 2001,131; *Schmittmann*, DGVZ 2001, 177; *Plaß*, WRP 2000, 1077; *Hartmann/Kloos*, CR 2001, 469.

708 Vgl. *Beier*, Recht der Domainnamen, S. 42.

709 Vgl. *Bücking*, Die wettbewerbs- und kartellrechtlichen Aspekte der Vergabe von Internet-Adressen, S. 170 ff. (Interessant, jedoch den Rahmen dieses Werkes verlassend ist auch die – letztlich zu bejahende – Frage, ob in Bezug auf die DENIC-Infrastruktur ein Mitbenutzungszwang zugunsten etwaiger Alternativanbieter – vgl. § 19 Abs. 4 Ziff. 4 GWB – besteht, *Bücking*, GRUR 2002, 7).

710 BGH, a. a. O. („ambiente.de“).

1. Sachlich relevanter Markt

482 Dem hat sich das Oberlandesgericht Frankfurt im Fall „vw.de“[711] angeschlossen: Nach dem für die Abgrenzung des sachlich relevanten Marktes geltenden Bedarfsmarktkonzept seien auf Angebotsmärkten sämtliche Erzeugnisse gleichwertig, die sich nach ihren Eigenschaften, ihrem wirtschaftlichen Verwendungszweck und ihrer Preislage so nahe stehen, dass der verständige Verbraucher sie als für die Deckung eines bestimmten Bedarfs geeignet in berechtigter Weise abwägend miteinander vergleicht und als gegeneinander austauschbar ansieht. Aus Sicht desjenigen, der gewerbliche Leistungen über das Internet bewerben oder anbieten will, seien die von DENIC verwaltete Top Level Domain „.de“ und generische oder gar ausländische Top Level Domains nicht in diesem Sinne austauschbar. Zwar könnten diese Anbieter in technisch gleichwertiger Weise grundsätzlich über jede registrierte Domain erreicht werden. Jedoch seien die DE-Domains in der Bundesrepublik Deutschland in besonderem Maße populär. Dies folge schon aus der Vielzahl der registrierten Domains. Inländische Interessenten würden deshalb nach aller Lebenserfahrung eher nach einer DE-Domain als nach einer sonstigen Second Level Domain suchen. Dies werde ferner dadurch bestätigt, dass nicht nur die Klägerin und ihre Hauptkonkurrentin, sondern zahlreiche größere Unternehmen neben Domains mit anderen ccTop Level Domains und generischen Top Level Domains zusätzlich Second Level Domains mit der Top Level Domain „.de“ hielten. Insofern habe sich an der Feststellung in der Sache „ambiente.de“ auch nicht dadurch etwas geändert, dass generische Top Level Domains wie „.com“ in den letzten Jahren stärkere Zuwächse verzeichnet hätten als die Top Level Domain „.de“. DENIC habe eine Alleinstellung auch auf dem räumlich relevanten Markt, also dem Gebiet der Bundesrepublik Deutschland. Maßgeblich sei dafür, ob in dem betreffenden Gebiet die Marktgegenseite tatsächliche räumliche Ausweichmöglichkeiten habe. Zwar könne nach § 19 Abs. 2 S. 3 GWB der räumlich relevante Markt weiter sein als der Geltungsbereich des GWB. Vorliegend sei dies jedoch nicht der Fall, da das Kriterium für die Abgrenzung des sachlich relevanten Marktes, nämlich die besondere Bedeutung der DE-Domain, im Wesentlichen auf die Bundesrepublik Deutschland beschränkt sei, für die sie gerade das Herkunftskennzeichen darstelle. Auf in anderen Staaten verfügbare ccTop Level Domains könnten an DE-Domains Interessierte nicht in gleichwertiger Weise verwiesen werden.

2. Marktbeherrschung und Marktstrukturverantwortung

483 Gemäß §§ 19, 20 GWB obliegt DENIC sonach grundsätzlich eine strukturelle Verantwortung für die Aufrechterhaltung fairer Wettbewerbsbedingungen auf den der Domainvergabe nachgelagerten bzw. von ihr abgeleiteten Märkten. Der deutsche Vergabemonopolist[712] hat sich objektiv sachgemäß zu verhalten und muss den „Domainvertrieb“, d. h. die Gestaltungsmöglichkeiten, gegebenenfalls nachfragekonform ausgestalten. Dies kann – natürlich – nur willkürfrei anhand sachgerechter Kriterien nach dem Prioritätsprinzip und unter der Prämisse entsprechender kennzeichenrechtlicher Schutzpositionen erfolgen, und nicht – wie jedoch kartellrechtswidrig mit dem am 23.10.2009 erfolgten Registrierungsverfahren unternommen – durch „Blindvergabe“ exklusiv an DENIC-Genossen, die wiederum die begehrten Domains nach willkürlichen Kriterien an jedweden – in der Regel meistbietenden – Interessenten, unbeschadet der Personen, Schutzpositionen und der Reihenfolge des Antrags, weiterver-

---

711 OLG Frankfurt, CR 2008, 656 – „vw.de“; MMR 2008, 614 – „11880.de“.

712 Vgl. BGH, a. a. O. zum Fall „ambiente.de“: „Die Beklagte verfügt […] wegen der Bedeutung der allein von ihr vergebenen Top Level Domains ‚.de‘ auf dem deutschen Markt für die Vergabe von Second Level Domains über eine überragende Stellung“.

geben[712a]. Dies stellt u. E. einen Verstoß gegen das kartellrechtliche Gebot einer sachgerechten Kriterien folgenden Repartierung knapper Resourcen dar.

a) **Domains mit Sonderzeichen.** Die Praxis sieht indessen anders aus. So fragt sich etwa, warum die deutsche Vergabestelle – im Unterschied zu den internationalen und vielen anderen nationalen Registraturen (vgl. „01019.com", „11880.com/.net/.org/.eu/.at/.ch", „4711.com", „0815.ws" usw.) – Domains nicht zuließ, die aus reinen Ziffernkombinationen („4711") oder aus Sonderzeichen („C&A") bestanden und diese nun erst, in einem – allerdings willkürlichen und damit rechtswidrigen[712b] – Vergabeverfahren mittelbar über ihre Genossen für beliebige Antragsteller registriert. 484

Was sachgerecht ist, richtet sich wiederum vor allem nach Namens- und Kennzeichenrecht und UWG als rechtlichem Wertungsmaßstab. Ein sachlicher Grund bestünde sicherlich darin, auf der Grundlage offenkundig entgegenstehender Rechte Dritter (z. B. im Falle evidenten Bekanntheits- oder Berühmtheitsschutzes) oder – problematisch, da DENIC nicht eine dem DPMA-Markenregister vergleichbare hoheitliche Funktion zugewiesen ist – eines Freihaltebedürfnisses eine bestimmte Registrierung zu verweigern. Der Argumentation von Oberlandesgericht[713] und Landgericht Frankfurt/M.[714], wegen der **Verwechslungsgefahr mit IP-Adressen** dürfe DENIC quasi im nationalen Alleingang den deutschen Domaininteressenten ein Angebot reiner „**Zifferndomains**" vorenthalten, überzeugt dem gegenüber nicht und wird durch eine neue Vergabepraxis[714a] inzwischen vollends konterkariert. Das Oberlandesgericht Frankfurt räumt zwar ein, dass die beklagte DENIC eG, die sich auf eine mögliche Verwechslung einer nur aus Ziffern bestehenden Second Level Domain mit einer IP-Nummer berufen hatte, mit der möglichen Folge von Adressverwechslungen und vom Absender unbemerkt fehlgeleiteten E-Mails, einen konkreten Störfall nicht hatte namhaft machen können. **Es reiche aber schon die nicht ganz fern liegende Gefahr aus, dass die Eingabe der nur aus Ziffern bestehenden Internetadresse nicht den Adressaten erreiche.** Dies wäre eine systembedingte Fehlfunktion, die selbst dann zu vermeiden sei, wenn sie zu keinen nennenswerten Schäden führe. Wäge man die Interessen der Beteiligten ab, so erschienen die Belange der Kennzeicheninhaberin auch unter Berücksichtigung der auf die Freiheit des Wettbewerbs gerichteten Zielsetzung des GWB nicht ausreichend, um der DENIC eG eine Änderung ihrer Praxis abzuverlangen. Letztlich werde die Kennzeicheninhaberin lediglich in einem, wenn auch nicht unerheblichen Bereich ihrer Möglichkeiten eingeschränkt, von Interessenten erreicht zu werden. Da aber zahlreiche andere Zugangsmöglichkeiten bestünden, mögen diese auch nicht den Wert einer DE-Domain haben, sei ihr der Verzicht auf die beanspruchte Domain eher zuzumuten als DENIC die Registrierung. Die Wahrscheinlichkeit einer solchen Adressverwechslung und eines erheblichen Schadens könne zwar als sehr gering eingestuft werden. Dass eine Störung des Internetverkehrs nur von geringer Wahrscheinlichkeit sei und auch deren Auswirkungen derzeit nicht konkret dargestellt werden könnten, verhelfe der Kennzeicheninhaberin jedoch nicht. Denn der DENIC eG sei zuzubilligen, dass sie nur Domains vergibt, die eine solche **Störung vollkommen ausschließen.** 485

712a Dazu noch eingehend unten Rn. 505a.

712b Vgl. Rn. 484, 505a.

713 OLG Frankfurt, MMR 2008, 614 – „11880.de" (Nichtzulassungsbeschluss des BGH vom 4.3.2008, KZR 18/07).

714 LG Frankfurt/M., MMR 2000, 627 – Zahlenkombination „01051.de".

714a Vgl. Rn. 505a.

486 Dies vermag unseres Erachtens nicht zu überzeugen. Die Besorgnis der DENIC in Bezug auf eine erhöhte Fehleranfälligkeit ist hypothetischer Natur. Sie wird von anderen Registrierungsstellen, die – obschon denselben mathematischen und physikalischen Gesetzmäßigkeiten unterliegend – Ziffernkombinationen seit langem vergeben, folgerichtig nicht geteilt und von der DENIC selbst durch ihr am 23.10.2009 durchgeführtes Registrierungsverfahren[714b], das reine Ziffernkombinationen mit einschließt, vollends *ad absurdum* geführt.

487 Ähnliches gilt für **zweistellige** und muss – nach hier vertretener Ansicht – auch für *einstellige* so genannte „**single character domains**“[715] gelten, sofern die Registrierung nach sachgerechten Kriterien erfolgt. Solchen Kriterien entspricht das automatisierte Registrierungsverfahren vom 23.10.2009, das auch ein- und zweistellige Domains zulässt, freilich wie zuvor dargelegt nicht. Zweistellige Domains konnten ursprünglich als DE-Domainadresse registriert werden und werden durch DENIC, soweit zugeteilt, in ihrem Bestand erhalten, ohne dass freilich Neuregistrierungen zugelassen würden. Demgegenüber war die Nutzung von zweistelligen Domains unter „.com“ seit jeher unproblematisch.

488 DENIC dürfte indessen unter dem Aspekt der Marktbeherrschung (und des daraus resultierenden **Kontrahierungszwangs**) gegenüber Kennzeicheninhabern – nicht aber wie gesehen gegenüber beliebigen Dritten in einem nicht sachgerechten Kriterien folgenden Ausschreibungsverfahren – verpflichtet sein, die Registrierung ihrer Wortzeichen auch dann zuzulassen, wenn dem die DENIC-Vergabebestimmungen (Vergabe nur an DENIC-Mitglieder, die dann eine Weiterverteilung nach unbekannten Kriterien vornehmen; Gestaltungsmöglichkeiten, d. h. zulässige Zeichenkombinationen, Zeichenlänge[716]) entgegenstünden, es sei denn, technische Erfordernisse (**Domain Name System-Konformität; Kompatibilität; Nameserver-Betriebssicherheit**) schlössen die Registrierung aus, wovon freilich spätestens seit der Ankündigung des neuen, automatisierten Registrierungsverfahren am 15.10.2009 nicht mehr auszugehen ist[716a].

489 **b) Zweistellige Domains.** Diese vom Verfasser verschiedentlich vertretene Auffassung[717] hat nun jüngst Bestätigung durch das eingangs erwähnte Urteil des Oberlandesgerichts Frankfurt[718] gefunden: Hiernach muss DENIC als marktbeherrschendes Unternehmen der Volkswagen AG die Zwei-Zeichen-Domain „vw.de“ zur Verfügung stellen, solange es keine Top Level Domain „.vw“ gibt. (Da DENIC gegen die Nichtzulassung der Revision zum Bundesgerichtshof Beschwerde eingelegt hat, war die Entscheidung allerdings bei Redaktionsschluss noch nicht rechtskräftig.) Die Volkswagen AG hatte gegen DENIC geklagt mit Blick auf befürchtete Wettbewerbsnachteile gegenüber Konkurrenten wie der BMW AG, die unter der Domain „bmw.de“ erreicht werden kann. Die DENIC eG hielt dagegen an ihren Richtlinien fest und berief sich insbesondere auf die RFC 1535 („Request for Comments“), in der ein Fehler in der Software der „Domain Name Server“ beschrieben wird, demzufolge es problematisch ist, wenn Zeichen, die einer Domainendung entsprechen, als Second Level

---

714b Vgl. Rn. 505a.
715 Dazu sogleich unten Rn. 497 ff. (L. I. 2. c).
716 Oben Rn. 359 ff. (J. IV. 5.).
716a Vgl. Rn. 505a.
717 Vgl. unten Fn. 723.
718 OLG Frankfurt, CR 2008, 656 – „vw.de“ mit zust. Anm. *Dingeldey* in K&R 2008, 453 und abl. Anm. *Welzel,* MMR 2008, 611.

Domain registriert werden, wie etwa bei „com.edu“, bei „eu.de“ und dergleichen.

Nach Ansicht des Frankfurter *Kartellsenats* erleidet die Volkswagen AG einen **Wettbewerbsnachteil** gegenüber der Konkurrenz, wenn ihr diese Domain nicht zur Verfügung gestellt wird (§§ 20 Abs. 1, 33 Abs. 1 und 3 GWB). Aufgabe der DENIC sei es, den üblicherweise zugänglichen Geschäftsverkehr mittels der von ihr verwalteten Top Level Domain „.de“ allen zu öffnen. Dabei komme es nicht auf die Länge des Domainnamens an, sondern darauf, dass die Zuteilung von Domains überhaupt erfolge. Indem sie der Volkswagen AG die Domain „vw.de“ verweigere, bewirke sie eine – sachlich nicht gerechtfertigte – **Ungleichbehandlung** im Verhältnis zu solchen Automobilunternehmen, deren Marke als Second Level Domain unter „.de“ eingetragen wurde. **490**

Bei der beanspruchten Registrierung einer nur aus zwei Buchstaben bestehenden Second Level Domain handele es sich um einen üblicherweise zugänglichen Geschäftsverkehr. Ob ein Geschäftsverkehr üblicherweise zugänglich ist, bestimme sich nämlich nicht nach der Geschäftspraxis des in Anspruch genommenen Unternehmens, sondern danach, was sich innerhalb der in Betracht kommenden Kreise in natürlicher wirtschaftlicher Entwicklung als allgemein geübt und angemessen empfunden herausgebildet habe. Dies könne auch dazu führen, dass das Unternehmen eine Leistung erbringen müsse, die es bislang nicht in seinem Sortiment habe. Andernfalls würde man die Anwendbarkeit des § 20 GWB in die Disposition des Normadressaten stellen. **491**

Es liege auch eine Ungleichbehandlung im Verhältnis zu solchen Automobilunternehmen vor, deren Marke als Second Level Domain unter „.de“ eingetragen wurde. Diese Ungleichbehandlung sei – jedenfalls derzeit – sachlich nicht gerechtfertigt. Ob eine Ungleichbehandlung sachlich gerechtfertigt sei, müsse aufgrund einer umfassenden und einzelfallbezogenen Abwägung der beiderseitigen Interessen unter Berücksichtigung der auf die Freiheit des Wettbewerbs gerichteten Zielsetzung des GWB festgestellt werden. Dabei sei auf Seiten der Volkswagen AG zu berücksichtigen, dass Nutzer sie im Internet eher unter der kurzen und prägnanten berühmten Kennzeichnung „VW“ und der in Deutschland üblichen und beliebten Top Level Domain „.de“ suchen würden. Der Nachteil, den die Volkswagen AG dadurch konkret erleide, dass sie unter dieser Domain derzeit nicht aufzufinden sei, sei zwar nicht konkret zu ermessen. Denn es sei nicht bekannt, inwieweit sich Interessenten auf einen Zugangsversuch beschränken oder entweder einen weiteren Zugangsversuch unter der Firmenbezeichnung „Volkswagen“ unternehmen bzw. die Bezeichnung „VW“ in eine Suchmaschine eingeben, von wo sie ohne Weiteres auf die Website der Volkswagen AG gelangen könnten. Dennoch sei davon auszugehen, dass zumindest ein gewisser Anteil der Nutzer die Suche nach der Website der Volkswagen AG aufgeben werde, wenn sie nicht unter der zuerst angewählten Domain erreichbar sei. **492**

Dagegen hätten die Interessen von DENIC, so der *Senat* weiter, zurückzustehen: DENIC sah durch Zweizeichendomains namentlich die Gefahr einer potentiellen Störung des Internetverkehrs. Den Entscheidungsgründen ist zu entnehmen, dass – nach entsprechendem Sachverständigenvortrag – grundsätzlich alle Prozessbeteiligten vom Bestehen dieser Gefahr ausgingen. Jedoch waren sich ebenfalls alle Parteien dahin einig, dass eine konkrete Gefahr von der Domain „vw.de“ nicht ausgehen werde, solange eine entsprechende Top Level Domain „.vw“ nicht eingeführt sei. Die Befürchtung von DENIC, in Folge des Urteils würden nicht nur Wettbewerber der Volkswagen AG, sondern Unternehmen aller Branchen und Privatpersonen sie hinsichtlich zweistelliger **493**

DE-Domains in Anspruch nehmen, reichte für den *Senat* nicht aus, um eine sachliche Ungleichbehandlung der Volkswagen AG gegenüber anderen Unternehmen – und insbesondere Kraftfahrzeugherstellern – zu rechtfertigen. Der DENIC eG billigte der *Senat* zwar zu, **nur solche Second Level Domains vergeben zu müssen, die eine Störung vollkommen ausschließen**; dies sei aber derzeit der Fall. Müsse jedoch derzeit ein Anspruch der Volkswagen AG aus §§ 20, 33 GWB auf Registrierung bejaht werden, weil sachliche Gründe eine Ungleichbehandlung mit anderen Unternehmen nicht rechtfertigten, so trage der Verweis der DENIC eG auf mögliche Probleme im Hinblick auf Registrierungswünsche Dritter im Ergebnis nicht.

494 Der *Senat* setze sich damit auch nicht in Widerspruch zu seiner Entscheidung vom 13.2.2007 (11 U 24/06 [Kart])[719], weil auch insoweit zu berücksichtigen sei, dass in jenem Fall bereits von einer konkreten, wenn auch wenig wahrscheinlichen Gefährdung des Internetverkehrs auszugehen war. Bestehe eine solche konkrete Gefährdung derzeit nicht, so könne – auch wenn der Normadressat des § 20 GWB sein unternehmerisches Verhalten so ausgestalten könne, wie er es für wirtschaftlich richtig und sinnvoll halte – der Anspruch der Volkswagen AG nicht unter Hinweis auf das mögliche Anspruchsverhalten Dritter zurückgewiesen werden. Da DENIC zudem aufgrund der derzeitigen technischen Erkenntnismöglichkeiten und Bedingungen im Hinblick auf mögliche Risiken kollidierender Top und Second Level Domains mit gleicher zweistelliger Buchstabenfolge eine Registrierung nur unter der Bedingung der Nichteinführung einer gleich lautenden Top Level Domain vorzunehmen brauche, erscheine die befürchtete Gefahr einer Vielzahl von juristischen Auseinandersetzungen wegen Registrierungswünschen Dritter oder ein Streit um die Frage, ob die Volkswagen AG auf ihre Registrierung in einem solchen Fall „verzichten müsste", entbehrlich. Entfiele die Registrierung zunächst, so müsse ein Anspruch auf weitere Registrierung auf der Grundlage des dann aktuellen Standes der Technik geprüft werden. Unter Würdigung all dieser Umstände sei die pauschale Verweigerung einer Registrierung ohne jedes Risiko nicht die Wahl des mildesten Mittels und halte sonach einer Überprüfung am Maßstab des § 20 GWB nicht stand.

495 Der Volkswagen AG könne nach alldem jedoch nur ein auflösend bedingter Anspruch zuerkannt werden, der für den – unwahrscheinlichen – Fall der Registrierung einer Top Level Domain „.vw" entfalle. Sollte es wider Erwarten zu einer Kollision zwischen Top und Second Level Domain und damit zu einer Situation kommen, in der die beschriebenen technischen Probleme nach derzeitiger Erkenntnismöglichkeit jedenfalls nicht restlos auszuschließen wären, so gehe die grundsätzlich zu billigende Entscheidung der DENIC, der Sicherheit des Internets Vorrang vor den unternehmerischen Interessen der Volkswagen AG einzuräumen, vor.

496 Die VW-Domain ist übrigens nicht die einzige zweistellige Domain unter „.de": Es existieren wie erwähnt noch „Altbestände" wie „db.de", „ix.de" und „hq.de", die sämtlich vor Inkrafttreten der DENIC-Richtlinien im Jahre 1997 registriert worden sind und daher – wie es von Seiten der DENIC heißt – Bestandsschutz genießen.

---

719 OLG Frankfurt, MMR 2008, 614 – „11880.de".

„Warum gibt es einige Abkürzungen für Kfz-Zulassungsbezirke als Domains, obwohl dies nach den DENIC-Domainrichtlinien nicht zulässig ist? Einige Abkürzungen für Kfz-Zulassungsbezirke wurden bereits als Domains registriert, bevor die Entscheidung getroffen wurde, diese Buchstabenkombinationen nicht als Domains zuzulassen. Diese Domains kann die DENIC ihren Inhabern nicht einfach wieder entziehen; sie genießen sozusagen Bestandsschutz. Darüber hinaus ändern sich die Abkürzungen für Zulassungsbezirke zuweilen, so dass unter Umständen bislang zulässige Domains unzulässig werden. Auch in einem solchen Fall kann die DENIC den Inhabern diese Domains natürlich nicht wieder wegnehmen[720].“

c) **Einstellige Domains.** Berechtigte Kennzeicheninhaber dürften darüber hinaus – und auch außerhalb des automatisierten Registrierungsverfahrens vom 23.10.2009[720a] – Anspruch auf die Registrierung einstelliger (*single character*) Domains haben. DENIC lehnt dies zwar unter Hinweis auf die DENIC-Domainrichtlinien bis zum 14.10.2009 vehement - auch im Prozessvortrag – ab. Tatsächlich verhielt und verhält es sich jedoch so, dass die Registrierung von einstelligen Domainnamen technisch seit langem möglich und von der „Internetregierung“, der Organisation „ICANN“, sogar nachdrücklich befürwortet wird. **497**
Daher ist die technische Möglichkeit, ohne Störungen im „Domain Name System“ (DNS) auch einstellige Domains zur Adressierung von Webseiten zu verwenden, im Grunde seit langem unstreitig gegeben.

Die Selbstbeschränkung im internationalen Domain Name System reicht zurück in die frühen neunziger Jahre und wies schon seiner Zeit Durchbrechungen mit Rücksicht auf den Bestandsschutz von Unternehmen, denen bereits eine solche „single character domain“ zugewiesen worden war, auf. Die Diskussion wurde – nach 12 Jahren, in denen generell die Registrierung einstelliger Domains untersagt war – im Jahre 2007 durch ICANN für den Bereich der **generischen** Top Level Domains neuerlich angestoßen: **498**

„Im Jahr 2007 hat ICANN ein Forum ins Leben gerufen, das wie Zuteilung von einstelligen Domainnamen zum Gegenstand hatte. ICANN folgte insofern einer Empfehlung der Generic Names Supporting Organisation (GNSO). Die Methode bestand in der Eröffnung einer Diskussion innerhalb der beteiligten Fachkreise, wobei die Kommentierungsperiode bis zum 15.12.2007 lief. Hintergrund war, dass sämtliche 16 generischen Top Level Domain-Registrierungsstellen die Reservierung von einstelligen oder einziffrigen Domainnamen zulassen. Auch ICANN selbst verfährt auf diese Weise, denn im „Registry Agreement“ ist zu lesen: Die folgenden Namen können auf der zweiten Domainebene reserviert werden: Alle einstelligen bzw. einziffrigen Labels[721].“

ICANN initiierte eine Umfrage innerhalb der beteiligten Fachkreise, die zu dem Ergebnis kam, dass die bislang schon unter Bestandsschutzaspekten oder aus sonstigen Gründen durchbrochene Regel, wonach Domains aus mindestens zwei „characters“ auf der „second level“-Ebene bestehen müssten, infrage zu stellen sei. Im Ergebnis wurde nahezu unisono festgestellt, dass **technisch-administrative Gründe, die einer solchen Registrierungspraxis entgegenstünden, jedenfalls zum jetzigen Stand nicht (mehr) vorliegen.** Eine Einführung bzw. Vergabe einstelliger Domains wurde folgerichtig befürwortet. **499**

720 Vgl. *http://www.denic.de/de/faqs/alle_faqs/index.html#section_204.*
720a Vgl. Rn. 505a.
721 Vgl. *http://www.icann.org/en/announcements/announcement-16oct07.htm.*

500 Schon vor der Einholung jener Stellungnahmen hatte es wie erwähnt zahlreiche einstellige Domains – sowohl auf der Ebene der generischen Top Level Domains wie auch auf nationaler Ebene bei den Country Code Top Level Domains (ccTLDs) – gegeben. Technisch-administrative Verweigerungsgründe sind mithin nicht ersichtlich.

501 Auch in der Folge war zu beobachten, dass – gleichsam den Empfehlungen an die ICANN zur Einführung einstelliger Domains vorauseilend – Registrierungen auf nationaler wie generischer Ebene erfolgten, was letztlich belegt, dass im „Domain Name System" jedenfalls inzwischen keinerlei technische Auflösungsschwierigkeiten mehr in Bezug auf einstellige Domains zu gewärtigen sind:

> „Letters, numbers and the hyphen symbol are allowed within second level names in both top level and country code TLDs. Single letters and numbers also are allowed as IDNs -- as single-character Unicode renderings of ASCII compatible (ACE) forms of IDNA valid strings. (...)There are currently 280 TLDs in the root zone (20 gTLDs, 249 ccTLDs and 11 evaluative translations of .TEST). Although nearly all single-letter and single-digit domain names are reserved in gTLDs, 24 % of ccTLDs (60) have at least one single-character name registration. According to IANA, out of 9540 possible combinations of single-character ASCII names (containing 26 letters, 10 numbers, but not symbols, across 265 TLDs), 1225 delegations of single-character ASCII names exist in the TLD zones (See *http://forum.icann.org/lists/gnso-rn-wg/msg00039.html*)[722]."

502 Beispiele für einstellige Domains unterhalb von ccTop Level Domains sind, ohne als „Altbestände" nach DENIC-Interpretation Bestandsschutz zu genießen[723], „g.cn", registriert für die Firma Google auf Länderebene (China), „x.com", „d.cn", „1.tv", „u.tv", „.f.dk", „a.se", „e.pl" usf.

Von den 268 TLDs (ohne arpa und IDN) sind 51 „a-Domains" einer IP-Adresse zugewiesen, nämlich unter .ag .am .bb .cc .cg .cl .cm .cr .cx .cz .dj .dk.fi .fm .fo .gd .gg .gp .gs .im .is .je .kg .kr .kz .ly .ma .md .mp .ms .mu.mw .my .nf .nu .pe .ph .pl .pn .ro .st .tc .tk .tl .to .tt .tv .ua .vg .vu.ws. In insgesamt 45 Fällen ist auch jeweils „b" vergeben. In insgesamt 42 Fällen sind „a", „b" und „c" vergeben, in insgesamt 30 Fällen ist „a" bis „h" vergeben, nämlich bei: .am .bb .cc .cg .cm .cr .dk .gd .gg .gp .kr .kz .ly .ma .md .mp .ms .mw .nu .ph .pl .pn .tc .tk .tl .to .tv .vg .vu .ws. In insgesamt 14 Fällen sind „a" bis „z" vergeben, nämlich bei: .cg .cm .cr .gp .kr .ma .mp .mw .ph .pn .tk .tv .vg .ws.

503 Dabei spielt es aus Sicht des deutschen Kartellrechts, wie im Übrigen auch der Fall „vw.de" zeigt, keine Rolle, ob sich die Stellungnahmen der Fachkreise zur technischen Machbarkeit und Sicherheit auf generische Top Level Domains bezieht, da insoweit keine unterschiedlichen technischen Bedingungen im „Domain Name System" gesetzt sind. Das deutsche Kartellrecht ist an die Empfehlungen der ICANN nicht gebunden. Es fragt allein danach, ob die Verweigerung der Vergabe bestimmter Domainnamen sachlichen Kriterien folgt.

504 Als solches Kriterium wurde vom Landgericht Frankfurt/M.[724] mit Blick auf das nach Auffassung des Gerichts anerkennenswerte Interesse, dem Beispiel anderer Länderregistraturen folgend[725] **die Top Level Domain „.de" durch Subdomains** wie z. B. „meier. hro.de" (als Identifikator für *Meier, Hansestadt*

722 ICANN Establishes Forum on Allocation Methods for Single-Letter and Single-Digit Domain Names 16.10.2007 (Comment period extended 7.11.2007.

723 Vgl. oben Fn. 720.

724 LG Frankfurt/M., K & R 2009, 278 – „RZ.de"; MMR 2009, 703 – „x.de".

725 Vgl. oben Fn. 4.

Rostock) **weiter zu untergliedern und diversifizieren**[726], das Verbot von **DE-Domains anerkannt, die in deutschen Kfz-Kennzeichen zur Benennung des Zulassungsbezirks verwendet werden**[727] – bzw. eine Rechtspflicht zu einer nachfagekonformen Ausgestaltung des „Domainvertriebs" besteht.

Nachdem in Sachen „x.de" die auf eine Einbuchstabenmarke gestützte Kartellklage vor das Oberlandesgericht Frankfurt gebracht worden und zwischenzeitlich auch der Bundesgerichtshof die Nichtzulassungsbeschwerde der DENIC gegen das VW-Urteil des Oberlandesgerichts Frankfurt zurückgewiesen hatte, vollzog DENIC eine vollständige Kehrtwendung seiner bis dato sehr restriktiven Vergabepraxis und kündigte mit Pressemitteilung vom 15.10.2009 die Aufhebung der Verbote ein- und zweistelliger Domains sowie von Domains, die ausschließlich aus Ziffern bestehen oder Kfz- Kennzeichen entsprechen, für den 23.10.2009 – Beginn des automatisierten Registrierungsverfahrens – an. Antragsberechtigt sind ausschließlich DENIC-Mitglieder (Provider-Genossen der DENIC eG). Jedoch gab es bereits im Vorfeld auf vorrangige kartellrechtliche Ansprüche gestützte einstweilige Verfügungen gegen die Vergabe bestimmter Doneins in dem angekündigten Verfahren[727a]. **504a**

Die DENIC-Pressemitteilung vom 15.10.2009 lautete: „Neue Domainrichtlinien ab 23. Oktober 2009
Die DENIC eG ändert ihre Domainrichtlinien und schafft damit Einschränkungen bei der Registrierung von Second-Level-Domains unterhalb von .de weitgehend ab. Zugelassen werden künftig z. B. auch ein- und zweistellige Domains sowie reine Zifferndomains. So entsteht eine Vielzahl neuer Registrierungsmöglichkeiten. Die Einführungsphase für die neuen Domains startet am 23. Oktober 2009 um 9.00 Uhr (MESZ).
Interessenten können ihre Wunschdomain bei ihrem Internet Service Provider einreichen. Um ein möglichst schnelles, sicheres, transparentes und vor allem gerechtes Verfahren zu gewährleisten, vergibt die DENIC eG die neuen Domains nach dem „First come – first served"-Prinzip. Das bedeutet, dass die Provider bis zum Start der Einführungsphase alle Kundenaufträge sammeln und sie mit dem Start der Einführungsphase elektronisch bei der DENIC eG einreichen. Den Zuschlag für eine Domain erhält derjenige Auftrag, der zuerst im Registrierungssystem der DENIC eG eingegangen ist. Dies gewährleistet ein elektronischer Zeitstempel, der im Millisekundenbereich misst.
Für Domains unter der TLD .de gelten ab dem 23. Oktober 2009 folgende Regeln:

- Neu: Auch ein- und zweistellige sowie reine Zifferndomains können jetzt registriert werden.
- Neu: Domains, die einem Kfz-Kennzeichen oder einer TLD entsprechen, werden frei gegeben.
- Erlaubte Zeichen für Domains sind die Ziffern 0 bis 9, Bindestriche, die lateinischen Buchstaben A bis Z und die weiteren Buchstaben aus der aktuell gültigen Anlage zu den Domainrichtlinien.
- Eine Domain darf mit einem Bindestrich weder beginnen, noch enden. Auch Bindestriche an dritter und vierter Stelle der Domain sind nicht zulässig.

---

726 Vgl. *http://www.denic.de/de/faqs/alle_faqs/index.html#section_164*: „Warum werden die Abkürzungen der deutschen Kfz-Zulassungsbezirke nicht als Domains registriert? Angesichts der großen Zahl mittlerweile registrierter .de-Domains will die DENIC sich die Option offenhalten, durch regionale Unterteilung den Namensraum wieder zu erweitern. Dafür ließen sich die Abkürzungen der deutschen Kfz-Zulassungsbezirke als Second Level Domains in der Weise benutzen, dass die DENIC beispielsweise für Bewohner des Main-Taunus-Kreises Domains unterhalb von .mtk.de registrieren könnte. Dazu ist es aber notwendig, dass die entsprechenden Domains – wie etwa mtk.de – von der DENIC freigehalten werden. Ob und wann es tatsächlich zur Einführung derartiger Second Level Domains kommt, ist gegenwärtig noch nicht entschieden".

727 Vgl. *http://www.denic.de/de/richtlinien.html*: „Unzulässig als Domain sind (...) Buchstabenkombinationen, die in deutschen Kfz-Kennzeichen zur Benennung des Zulassungsbezirks verwendet werden".

727a LG Frankfurt/M., B. v. 21.10.2009, 2-06 0 515/09 (http://www.kanzlei.de/index.html?id=255).

- Die Mindestlänge einer Domain liegt bei 1 Zeichen – exklusive .de
- Die Maximallänge einer Domain beträgt 63 Zeichen (bezogen auf den Domain-ACE) – jeweils exklusive .de.“

505 Ebenso unzweifelhaft – und nur von ihr selbst regelmäßig in Abrede gestellt – ist die marktbeherrschende Stellung der DENIC eG. Als Marktbeherrscherin trifft sie jedoch wie gesehen die Rechtspflicht zur nachfragekonformen Ausgestaltung ihrer Dienstleistungen, soweit zumutbar und technisch möglich. Gemäß §§ 19, 20 GWB obliegt ihr sonach grundsätzlich eine strukturelle Verantwortung für die Aufrechterhaltung fairer Wettbewerbsbedingungen auf den der Domainvergabe nachgelagerten bzw. von ihr abgeleiteten Märkten. Der deutsche Vergabemonopolist hat sich objektiv sachgemäß zu verhalten und muss den Domainvertrieb, d. h. die Gestaltungsmöglichkeiten, gegebenenfalls nachfragekonform ausgestalten.

II. Domaingerichtsbarkeit DENIC?

506 An die erstmals durch den Bundesgerichtshof im Fall „ambiente.de“[728] festgestellte marktbeherrschende Stellung soll nicht automatisch eine Rechtspflicht zur Überprüfung der Domainregistrierungen geknüpft sein, die zur Inanspruchnahme von DENIC führen könnte. Der Bundesgerichtshof stellt vielmehr darauf ab, dass DENIC mit Blick auf Zumutbarkeitserwägungen sowohl unter dem Gesichtspunkt der Störerhaftung als auch als Adressatin des kartellrechtlichen Behinderungsverbots nur eine **sehr eingeschränkte Prüfungspflicht** treffe. DENIC soll hierzu nur bei **offenkundigen, ohne Weiteres zweifelsfrei feststellbaren Verstößen** verpflichtet sein. Der Bundesgerichtshof erwähnt in diesem Zusammenhang den gegenüber DENIC zu führenden Nachweis entsprechender Rechte Dritter durch ein **rechtskräftiges Unterlassungsurteil oder eine eindeutige strafbewehrte Unterlassungs- oder Freigabeverpflichtungserklärung** des Domaininhabers.

507 Korrespondierend hierzu bestimmten die seinerzeit in Kraft stehenden DENIC-Registrierungsbedingungen, dass DENIC den Vertrag mit dem Domaininhaber **ohne Einhaltung einer Frist aus wichtigem Grund kündigen** kann, wenn in einem rechtskräftigen gerichtlichen Titel festgestellt wurde, dass der Kunde nicht berechtigt ist, die Domain zu nutzen.

508 Anlass zu einer kritischen Auseinandersetzung mit der insoweit bestimmten Verantwortlichkeit der DENIC gibt die zuletzt uneinheitliche Rechtsprechung bei Streitigkeiten zwischen Domaininhabern und gleichnamigen Gebietskörperschaften[729], insbesondere durch den Fall „schulenberg.de“[730]. Nach der bis dahin nahezu einhelligen Rechtsprechung zu Städtedomains konnten Gebietskörperschaften nicht grundsätzlich bessere Rechte an einer Domain für sich reklamieren als andere Namensträger, zumindest dann nicht, wenn es sich um Gemeinden handelt, deren **Name nicht von überragender Bedeutung** ist, wie beispielsweise im Falle „Heidelberg“ oder „Berlin“, und die genutzte Domain dem Familiennamen des Domaininhabers entspricht. Es verblieb dann bei der Geltung des **Prioritätsgrundsatzes.**

---

728 BGH, CR 2001, 850 – „ambiente.de“.
729 Dazu oben Rn. 111 ff. (E. IV.).
730 LG Oldenburg, ZUM-RD 2003 – „schulenberg.de“.

509 Das Landgericht Oldenburg vertrat indes die Auffassung, dass die klagende Gemeinde **Schulenberg** im Oberharz mit etwa 400 Einwohnern nach § 12 BGB zwar keinen Freigabe-, wohl aber einen Unterlassungsanspruch gegenüber dem gleichnamigen Beklagten habe, der an sich die prioritätsältere Nutzung der Domain geltend machen konnte. Die hiergegen gerichtete Berufung blieb ohne Erfolg; der Antrag wurde im Beschlussweg als unbegründet zurückgewiesen[731], was nicht zuletzt wegen der Unanfechtbarkeit des Beschlusses (§ 522 Abs. 3 ZPO) Gegenstand berechtigter Kritik gewesen ist:

> „Nach der Rechtsprechung des Bundesgerichtshofs sind bei Gleichnamigkeit die Interessen der berechtigten Namensträger gegeneinander abzuwägen, wobei in erster Linie – auch bei bekannteren Namensträgern – das Gerechtigkeitsprinzip der Priorität gilt (BGH MMR 02, 382 – shell.de; OLG Koblenz aaO.). Da die Beklagte die streitige Internetadresse vor der Klägerin für sich in Anspruch genommen hat, besteht der geltend gemachte Anspruch nicht. Soweit das OLG Oldenburg in einem Einzelfall (schulenberg.de) entscheidend darauf abgestellt hat, welcher der Gleichnamigen den höheren Bekanntheitsgrad genießt, folgt die Kammer dem nicht, da diese Auffassung mit der Rechtsprechung des Bundesgerichtshofs nicht vereinbar ist[732]."

510 Das Gericht begründete seine Auffassung damit, dass die Gemeinde „deutlich älter" und jedenfalls „außerhalb des Internets bekannter" sei – Kriterien, die bislang gerade nicht als entscheidungstauglich galten. Nach Auffassung des Gerichts war indes eine Abweichung vom Prioritätsgrundsatz gerechtfertigt, da die von der Rechtsprechung ausgebildete Voraussetzung hierfür, die „überragende Bekanntheit", nicht absolut, sondern zunächst relativ im Verhältnis zum eingetragenen Beklagten zu sehen sei. Die Verpflichtung eines Verletzers zur Freigabe ergebe sich beim Domainrechtsstreit aus dem Anspruch auf umfängliche Unterlassung der Nutzung der Domain unter dem Gesichtspunkt der Beseitigung der rechtswidrigen Beeinträchtigung.

511 Sah das Landgericht Oldenburg in seinen Urteilsgründen – zu Recht – die für die Freigabe erforderliche hohe Verkehrsbekanntheit der Klägerin als nicht gegeben, so schließt diese Wertung gleichwohl einen Unterlassungsanspruch aus. Es gibt keinen Grad von Verkehrsbekanntheit, welcher bei der gebotenen Abwägung gegenüberstehender Interessen zwar einen Anspruch auf Unterlassung der Nutzung der Domain rechtfertigen, einen Freigabeanspruch aber ausschließen würde. Der Anspruch auf Freigabe bzw. „Löschung" der Domain ist dann Annex zum Unterlassungsanspruch: ist letzterer nicht beschränkbar (z. B. auf eine bloße Privat- im Gegensatz zur geschäftlichen Nutzung wie im Markenrecht, oder in Bezug auf bestimmte hierunter abrufbare kommerzielle Inhalte), so muss im Urteilsspruch über Unterlassungs- und Freigabeanspruch einheitlich entschieden werden.

512 Die hiervon abweichende Auffassung des Landgerichts Oldenburg führte dann auch kurioser Weise zunächst dazu, dass der beklagte Domaininhaber die Domain zwar für sich registriert halten, allerdings im Weiteren nicht mit irgendwelchen Inhalten privater oder geschäftlicher Natur verbinden durfte – ein Umstand, der die klagende Gemeinde ihrerseits dazu veranlasste, nach Rechtskraft des Urteils an den Beklagten mit der Bitte heranzutreten, ihr die Domain zu überlassen, und zwar gegen Zahlung eines „Anerkennungsbetrages". Da dies der Domaininhaber aber ablehnte, blieb die Domain für kurze Zeit sozusagen als „freihaltebedürftige" Geisteradresse im Netz für niemanden nutzbar.

---

731 OLG Oldenburg, CR 2004, 781 – „schulenberg.de".

732 Siehe LG Osnabrück, CR 2006, 283; vgl. auch *Mietzel*, MMR 2004, 34.

513 Allerdings nicht für lange, denn DENIC hatte bezeichnender Weise bald nach Ablehnung des Angebots der Gemeinde von dem Urteil des Landgerichts Oldenburg Kenntnis erhalten und unter Hinweis auf § 7 Abs. 2 lit. c der – inzwischen aus gutem Grund umformulierten – Registrierungsbedingungen den Vertrag mit dem Domaininhaber ohne Einhaltung einer Frist aus wichtigem Grund gekündigt. Ruft man heute die streitgegenständliche Domain im Internet auf, stößt man unversehens auf das Informationsangebot der klagenden Gemeinde, obgleich diese selbst nach den Maßgaben des Landgerichts Oldenburg keine besseren Rechtspositionen für den begehrten Freigabeanspruch geltend machen konnte.

514 Vor diesem Hintergrund stellt sich die Frage, ob die DENIC eG hier nicht in unzulässiger Weise ihre Handlungskompetenzen überdehnt hat, die sich ausschließlich an der **Verhinderung greifbarer Gesetzesverstöße** zu orientieren haben. Geht man mit der h. M. davon aus, dass das Registrieren und Verwalten eines Domainnamens als solches – vergleichbar der Eintragung einer Marke durch das Deutsche Patent- und Markenamt – jedenfalls nicht als Nutzung im kennzeichenrechtlichen Sinne anzusehen ist, so gab das Urteil des Landgerichts Oldenburg DENIC gerade keine rechtliche Handhabe, den Vertrag außerordentlich zu kündigen. Denn der gleichnamige Domaininhaber vermag ja anerkannter Maßen eigene (Namens-) Rechte an der Domain geltend zu machen. Seine Rechtsposition ist vom Landgericht Oldenburg in Ansehung der begehrten Freigabe auch nicht etwa als die gegenüber der klagenden Gemeinde schwächere identifiziert worden. Es muss ihm dann unbenommen bleiben, seine Domain zumindest weiterhin auf sich registriert zu halten. Eine unlautere „Nutzung" im Sinne des Urteilstenors liegt hierin gerade nicht; anderenfalls hätte das Landgericht die Unterscheidung zwischen Unterlassungs- und Freigabeanspruch auch nicht zu treffen brauchen.

515 Damit hat die DENIC im Ergebnis unter „Zuhilfenahme" ihrer Registrierungsbedingungen letztlich durchgesetzt, was die klagende Gemeinde zuvor in Ermangelung besserer Rechte unter Anrufung der Gerichte vergeblich einforderte. Von einer „offenkundigen" Verletzung der Rechte Dritter jedenfalls im Sinne der höchstrichterlichen Rechtsprechung kann dann aber keine Rede sein. Gerade vor diesem Hintergrund sind die rechtsgestaltende Kündigung und die Freigabe der streitgegenständlichen Domain durch DENIC rechtlich problematisch; sie verdeutlicht das Gefährdungspotential willkürlicher Entscheidungen eines Monopolisten. Denn außerhalb der Fälle greifbarer Gesetzesverletzung hat DENIC sich gegenüber den Domaininhabern vertragstreu zu verhalten. Dies gilt insbesondere auch für die **Respektierung der Reichweite eines gerichtlichen Unterlassungstitels** wie im Fallbeispiel „schulenberg.de". Als Monopolist hat sich DENIC im Rahmen seines Funktionsbereichs auf dem beherrschten Markt objektiv sachgerecht und angemessen zu verhalten.

516 Zu berücksichtigen ist dabei, dass Marktbeherrscher im Rahmen des Behinderungs- und Diskriminierungsverbots besonders weitreichende Einschränkungen ihrer wirtschaftlichen Betätigungsfreiheit hinnehmen müssen[733]. Der Verhältnismäßigkeitsgrundsatz verpflichtet sie, sich stets des mildesten Mittels zu bedienen, das zur Verwirklichung ihrer legitimen Interessen gerade noch geeig-

733 BGH, LM § 26 GWB Nr. 29 – „Asbach Uralt".

net ist[734]. Eine Leistungsverweigerung oder gar die Kündigung der Vertragsbeziehung kommt daher nur als äußerstes Mittel in Fällen in Betracht, in denen keine weniger einschneidenden Mittel zur Durchsetzung legitimer Zwecke zur Verfügung stehen und zumutbar sind[735].

Das kartellrechtliche Behinderungsverbot des § 20 Abs. 1 GWB wendet sich gegen *per se* neutrale Maßnahmen wie Geschäftsabschlussverweigerungen, die ihre Wettbewerbswidrigkeit erst aus der besonderen Marktmacht eines Unternehmens beziehen. Kartellrechtlich unzulässige Vergabepraktiken können unter anderem darin liegen, einem Namensträger bzw. Kennzeicheninhaber die Nutzung seines verbrieften Rechts grundlos zu verweigern, ihm also die begehrte Domain „vorzuenthalten" oder – wie im Fall des Domaininhabers *Kai Schulenberg* – die registrierte Domain fristlos zu kündigen (und damit „abzuschalten"). Für die Aufhebung bestehender Registrierungen zugunsten eines späteren Antragstellers besteht – insoweit korrespondierend mit den deutlich eingeschränkten Prüfungspflichten nach Maßgabe der Rechtsprechung des Bundesgerichtshofs[736] – nur dann ein sachlicher Grund, wenn die Voreintragung offenkundig rechtswidrig ist, insbesondere weil DENIC ein rechtskräftiger Unterlassungstitel vorliegt oder wenn ein bekannter Name dem Namensträger bzw. Kennzeicheninhaber durch einen offensichtlich nichtberechtigten Domaininhaber entzogen wurde. **517**

Die Kündigung des Registrierungsvertrages wegen besserer Rechte eines Dritten setzt freilich voraus, dass dem Domaininhaber kein eigenes legitimes – insbesondere namens- oder kennzeichenrechtliches – Interesse an dem Domainbegriff zusteht. Nur dann bestünde eine sachliche Berechtigung, angesichts der ansonsten vermittelten Verletzung entgegenstehender Rechte Dritter oder schutzwürdiger Interessen der Allgemeinheit die Eintragung einer bestimmten Domainbezeichnung zu verweigern oder eine bestehende Registrierung aufzuheben. **518**

Diese Konstellationen werden von § 20 Abs. 1 GWB erfasst; erweisen sie sich als kartellwidrig, so stehen die Rechte aus §§ 33, 20 Abs. 1 GWB jedem „anderen Unternehmen" zu, das den fraglichen Domainnamen begehrt, nicht nur dem kennzeichen- oder wettbewerbsrechtlich Verletzten. *Privatpersonen* müssten sich demgegenüber auf den Auffangtatbestand des § 19 Abs. 1 GWB berufen können, da es ansonsten in Fällen, in denen die Registrierung eines Privatnamens ungerechtfertigt verweigert wird, zu Schutzlücken kommen könnte[737]. **519**

Im Falle kollidierender Kennzeichenrechte, deren Rangverhältnis sich nicht ohne jede rechtliche Bewertung problemlos auflösen lässt, letztlich also in allen Fällen unterhalb der Bekanntheitsschwelle, ist es für die Registratur sachgerecht, aber auch geboten, sich jeder Verfügung über die Domain und den Registrierungsvertrag zu enthalten. Eine kartellrechtliche Legitimation, Herrn *Kai Schulenberg* über den Unterlassungstenor hinaus die Domaininhaberschaft zugunsten einer gänzlich unbekannten Gemeinde von 400 Einwohnern zu ent- **520**

734 *Emmerich*, Kartellrecht, S. 238.
735 BGH, WuW/E BGH 1829, 1838 – „Original VW-Ersatzteile II".
736 BGH, CR 2001, 850 – „ambiente.de".
737 *Bücking*, Die wettbewerbs- und kartellrechtlichen Aspekte der Vergabe von Internet-Adressen, S. 283 f.

ziehen, bestand nicht. Dies eröffnet dem Domaininhaber dem Grunde nach Ansprüche aus § 33 GWB, gerichtet auf Unterlassung und – im Verschuldensfalle – Schadensersatz. Im Ergebnis handelt es sich dabei also um den Anspruch auf Rückgängigmachung der Dekonnektierung und Wiedereinsetzung des Namensträgers in seine vormalige Domaininhaberschaft.

Teil 2: Internationale Domain-Schiedsgerichtsbarkeit

A. Grundsätzliches

521 In gleichem Maße, in dem das Internet als weltweiter Informationskanal eine gar nicht mehr wegzudenkende Rolle im globalen Wirtschaftsraum eingenommen hat, nahm auch das wirtschaftliche Interesse an der Erreichbarkeit der „Kommunikationsschnittstellen“ zwischen Anbietern und Nutzern im Internet zu – und damit der Wert oder besser: die Kommerzialisierbarkeit von Internetdomains als deren „Adressen“. Die insoweit bestehende rechtliche Kennzeichenfähigkeit der „Second Level Domain“[738] eröffnet dabei wie gezeigt zwischenzeitlich jeweils recht ausdifferenzierte, freilich national unterschiedliche Anspruchssysteme zur Durchsetzung besserer bzw. prioritätsälterer Rechte an eben einer nur begrenzt verfügbaren Anzahl von Internetdomains.

522 Demgegenüber steht der Umstand, dass Internetdomains aber grundsätzlich weltweit – mit gewissen Einschränkungen[739] – ohne „Berechtigungsnachweis“ registriert und gar als Handelsobjekt unbeschränkt und grenzüberschreitend kommerzialisiert werden können. Die zeitweise fast inflationäre Zunahme von Verkaufs- und Handelsbörsen für Domains im Internet gab und gibt weiterhin hierüber beredtes Zeugnis.

523 Zunehmend war daher auch das Bedürfnis nach einem effektiven Ausgleichssystem bei der Durchsetzung berechtigter Interessen von Kennzeichenrechtsinhabern gegenüber „bösgläubigen“ Domaininhabern. Dies insbesondere eben dann, wenn der unberechtigte „Domaingrabber“ im Ausland residiert und charakteristischer Weise nicht oder nicht mit vertretbarem Aufwand dort zivilrechtlich belangt bzw. vollstreckungsrechtlich zur Freigabe der Domain gezwungen werden kann – sollten die Adressangaben der einschlägigen Datenbanken überhaupt zutreffend oder verwertbar sein.

524 Vor diesem Hintergrund nun die unterschiedlichen nationalen kennzeichenrechtlichen Regelungen zu Gunsten der Rechtssicherheit (jedenfalls außerhalb der Rechtsangleichung und -vereinheitlichung im Rahmen der EU) im Wege einer multilateralen Übereinkunft zu einem internationalen „Domainrecht“ zu vereinheitlichen, scheint angesichts der generellen Probleme bei der Harmonisierung unterschiedlicher Rechts- und Verfahrensordnungen bislang recht aussichtslos; streiten sich schon britische und amerikanische Juristen untereinander z. B. um die Rechtskraft von „Common Law Trademarks“, d. h. den nach deutschem Recht vergleichbaren so genannten Benutzungsmarken[740].

525 Anders aber, wenn die „Domainrechte“ vergebende bzw. verwaltende Stelle selbst einen einheitlichen privatwirtschaftlichen Rahmen im Sinne eines „Schiedsverfahrens“ für die effektive Wahrung berechtigter Interessen Dritter schafft. Dieser erhält damit zwar keine gesetzliche bzw. zivilprozessuale Ausformung; seine „allgemein“ geltende Grundlage auf der Basis verbindlich weitervermittelter *schuldrechtlicher Absprachen* kommt dann allerdings eine quasi-legislative bzw. -administrative Bedeutung für das Schicksal umstrittener

---

738 Siehe oben unter Rn. 19 (Teil 1, Punkt B).

739 Siehe hierzu die Übersicht für „Sunrise Policies“ und Reserved Name Policies“ unter „Additional Registry-Specific Procedures“, *http://www.wipo.int/amc/en/domains/gtld/*.

740 Siehe § 4 Nr. 2 MarkenG.

Domains zu. So *wirkt* das ICANN Schiedsverfahren mithin als ein internationales Regelwerk *sui generis*, welches in den Anwendungsvoraussetzungen auf den nachfolgenden Seiten beschrieben werden wird.

526 Ein derartiges „administratives“ Domain-Schiedsverfahren setzt – anders als bei der Ausgestaltung „klassischer“ Schiedsgerichtsverfahren (siehe §§ 1025 ff. ZPO) – keine freiwillige Schiedsabrede der streitenden Parteien untereinander über die außergerichtliche Streitbeilegung voraus. Vielmehr muss sich der Domaininhaber beim Abschluss des Registrierungsverfahrens mit dem von ihm gewählten „Registrar“ (also ein Unternehmen, welches die Registrierungen von Internet-Domains im Auftrage des Domainanmelders durchführt) der Registrierungsordnung des Registrars und damit eben insbesondere der „Uniform Domain Name Dispute Resolution Policy“ (UDRP) der Internet Corporation for Assigned Names and Numbers (ICANN) unterwerfen. Registare sind ihrerseits aufgrund des Akkreditierungsvertrages mit der ICANN verpflichtet, die Geltung der UDRP in den Vertragsbeziehungen zu den Domainanmeldern wirksam über die jeweiligen Allgemeinen Geschäftsbedingungen (AGB) zu vereinbaren[741].

527 Trotz allerlei Schwierigkeiten bei der anwendungsfreundlichen Ausgestaltung eines solchen internationalen Schiedsverfahrens und den damit einhergehenden Beschränkungen (z. B. der Beweisführung, dem rechtlichen Gehör oder einer Instanzenkontrolle) zeugt doch allein schon die schiere Masse der mittlerweile abgewickelten „Disputes“ von einem beeindruckenden Erfolg dieser Einrichtung[742]. Das Schiedsverfahren ist damit ein bewährtes Instrument, schnell und vergleichsweise kostengünstig[743] gegen Domain-Grabber und Missbrauch vorzugehen. Bemerkenswerter Weise ist dabei zu konzedieren, dass es den verschiedenen Spruchkörpern aus ganz unterschiedlichen Rechtskreisen tatsächlich gelungen ist, bei allen Streitfragen so etwas wie einen „roten Faden“ nachvollziehbarer und in den allermeisten Fällen doch interessengerechter Entscheidungen zu entwickeln und damit international zu einer begrüßenswerten Ausbildung von Rechtssicherheit beigetragen zu haben.

528 Die Kenntnis über die Möglichkeiten und Schranken des Schiedsverfahrens vor dem Hintergrund wirtschaftlicher Zielsetzungen ist in der kennzeichenrechtlich spezialisierten anwaltlichen Praxis heute unabdingbare Voraussetzungen für eine interessengerechte Wahrnehmung der Rechte der Mandanten oder des Unternehmens.

B. ICANN

529 Die formelle Ausgestaltung des Schiedsverfahrens wie auch die Übereinkunft über eine „materiell-rechtliche“ Entscheidungsgrundlage konnten in Ermangelung einer übergeordneten, supranationalen gesetzgeberischen Instanz letztlich also nur durch die Stelle erfolgen, die ohnehin Aufgaben der „Datenautobahn“ koordiniert und zentral wahrnimmt.

---

741 Bei dem Vertrag mit dem Registrar selbst handelt es sich hinsichtlich der Registrierung regelmäßig um einen sog. entgeltlichen Geschäftsbesorgungsvertrag, § 675 BGB.

742 Die Anzahl der jährlichen Fälle ist stetig ansteigend, siehe die Jahresstatistiken unter *http://www.wipo.int/amc/en/domains/statistics/cases.jsp*; im Jahr 2008 waren es danach 2329 Fälle.

743 Zu den Gebühren der Panels siehe unten Rn. 552.

Das Internet selbst war und ist als „Netzwerk“ bis heute aber charakteristischer Weise durch eine dezentrale Struktur gekennzeichnet, bei der allgemein weder rechtliche Bindungen zwischen den einzelnen Netzbetreibern noch eine (zumindest formal[744]) übergeordnete organisatorische Verwaltungseinheit existiert. Gleichwohl ist die Verwaltung der IP-Adressen und die Domainvergabe notwendiger Weise eine durchaus konzertierte Angelegenheit, die zunächst im Auftrag der „Internet Assigned Numbers Authority“ (IANA)[745] durch die jeweiligen „Network Information Center“ (NICs) erfolgte. Derlei „supranationale“ Strukturen waren eher gewachsener denn formal-institutioneller Natur und schöpften Legitimation aus einer zunächst eher faktischen und dann quasi gewohnheitsrechtlich vermittelten Zuständigkeit[746]. **530**

Die NICs waren organisatorisch wiederum dem „Internet Network Information Center's Registration Service“ (InterNIC) als „obersten Registrar“ nachgeschaltet, einer Funktion, die indes bald vom Unternehmen „Network Solution Inc.“ (NSI) übernommen wurde[747]. Die NSI wurde ihrerseits von drei Privatfirmen und der US-Regierung, vertreten durch die „National Science Foundation“ (NSF), im Jahre 1993 gegründet. Die wiederum beauftragte bei der Umsetzung ihrer Aufgaben wenig überraschend weitgehend deren private Gründungsgesellschafter, namentlich für die Directory- und Datenbankdienste AT&T, für die Registrierungsdienste die besagte NSI und (für die Informationsdienste) General AtomicsCERFnet. **531**

Schon um nun nicht selbst als ausschließliche Registrierungsstelle weiterhin beklagte Partei in zunehmend von Kennzeichenrechtsinhabern angestrengten Verfahren vor US-Gerichten zu sein, wurde bereits zu diesem Zeitpunkt von der NSI eine „Dispute Settlement Policy“ eingeführt, die bei Vorliegen von kollidierenden Markenrechten Dritter dem aktuellen Inhaber von Domains unter den TLDs „.com“, „.org“ und „.net“ jedenfalls auferlegte, dessen ältere Kennzeichenrechte zu belegen. Widrigenfalls führte dies zu einer oftmals langen „Wartestellung“ („on hold“) hinsichtlich der Nutzung bis zur abschließenden zivilrechtlichen Klärung der Rechtslage – was allseits als höchst ineffektiv und unwirtschaftlich kritisiert wurde. Überdies machte sich aufgrund der geballten Konzentration von immer wichtiger werdenden Leistungen der Domainverwaltung in wenigen privatwirtschaftlichen Händen (unter starkem Einfluss der US-Administration) Ende der 90er Jahre deutlich Forderungen nach einer marktwirtschaftlichen Öffnung und nach transparenteren Organisationsformen breit. **532**

Unter dem Eindruck dieser Entwicklung gab es Mitte 1998 ein „White Paper“[748] der US-Administration, wonach die Verwaltung, Koordination, Sicherheit und technische Entwicklung des Domain Name Systems (DNS) auf eine nichtkommerzielle Organisation übertragen werden sollte. Man konsultierte die „World Intellectual Property Organisation“ (WIPO), die sich in einer **533**

744 Das Funktionieren des Internets basiert letztlich auch weiterhin im Wesentlichen auf dem wechselseitigen „Konsens“ vorwiegend US-amerikanischer Betreibern von Netzwerken und Nameservern.

745 *http://www.iana.org.*

746 Siehe dazu genauer: *Bücking*, Die wettbewerbs- und kartellrechtlichen Aspekte der Vergabe von Internetadressen in Deutschland, S. 9 ff.

747 Der verbliebene Markenname InterNIC stellte eine eingetragene Dienstleistungsmarke des U. S. Handelsministeriums dar, deren Nutzung ebenfalls an die ICANN lizenziert wurde, siehe *http://www.icann.org/en/general/internic-license-08jan01.htm.*

748 „Statement of Policy on the Management of Internet Domain Names and Addresses“, siehe *http://www.icann.org/en/general/white-paper-05jun98.htm.*

Studie auch mit den bei der Vergabe von Domains betroffenen kennzeichenrechtlichen Fragestellung auseinandersetzen sollte. In dem „Final Report“ der WIPO im April 1999 wurde dann unter anderem die Einführung eines einheitlichen Verfahrens zur Beilegung von Domainstreits empfohlen, dem sich alle „Registrars“ der TLDs .com, .net, und .org zu unterwerfen hätten.

534 Die Ausgestaltung des Verfahrens sollte der dann schon im Oktober 1998 gegründeten, nichtkommerziellen „Internet Corporation for Assigned Names and Numbers“ (ICANN) mit Sitz in Los Angeles/Kalifornien überantwortet werden. Im Zuge dessen wurde die Verwaltung des Root-Server-Systems, die Vergabe von IP-Adressen sowie eben der TLDs von der IANA an ICANN übertragen[749].

535 Nach den Satzungsbestimmungen der ICANN sollte der staatliche Einfluss möglichst weitestgehend ausgeschlossen werden, Regierungsvertreter sind im (heute 21-köpfigen) Direktorium formal nicht vertreten. Obgleich zwar der US-amerikanische Einfluss wohl auch weiter nicht geleugnet werden kann, stieß die Errichtung der ICANN doch auf eine durchaus breite politische Zustimmung. Die ICANN ist heute weltweit als eine Art „Superinstanz“ in allen vorgenannten Bereichen anerkannt, wenngleich auch nicht ohne Kritik[750].

536 Da sich Domainstreitfälle also insbesondere vor dem Hintergrund der „privatisierten“ Vergabe generischer TLDs weiter zusehends „internationalisieren“ würden, musste zugleich dem Umstand Rechnung getragen werden, dass auch die Bedeutung der Möglichkeit internationaler Streitbeilegungssysteme als effiziente und bezahlbare Alternative zur prozessualen Durchsetzung im jeweils nationalen Rechtsraum erheblich an Bedeutung zunehmen müsste. Im Ergebnis wurde die Empfehlung der WIPO zugunsten eines „administrativen Streitbeilegungsverfahren“ mit weitreichenden Befugnissen unter der Federführung der ICANN umgesetzt.

I. Das ICANN Schiedsverfahren: die „UDRP“

537 Vor diesem Hintergrund wurde also am 24.10.1999 das dann zum 1.1.2000 in Kraft getretene ICANN-Schiedsverfahren, die „**Uniform Domain Name Dispute Resolution Policy**“ (UDRP) verabschiedet. Die UDRP sozusagen als Anspruchskatalog und quasi-materiell-rechtliche Grundlage findet sich ergänzt durch eine Schiedsverfahrens*ordnung*, den „**Rules for Uniform Domain Name Dispute Resolution Policy**“ (RUDRP), die insbesondere den nachfolgend noch beschriebenen Verfahrensablauf regeln.

1. Schiedsorganisationen

538 Die organisatorische Durchführung der Schiedsverfahren unter den „Rules“ obliegt ausschließlich den sog. „Dispute Resolution Providern“ (nachfolgend „Providern“); welche wiederum als solche durch die ICANN formell ermächtigt werden müssen. Dies geschah bislang in insgesamt fünf Fällen. Nachdem das „Disputes.org/eResolution Consortium“ (DeC) seit Ende 2001 keine Beschwerden mehr entgegen nimmt, verbleiben derzeit folgende akkreditierte Schiedsgerichte:

---

749 Zur Entstehungsgeschichte *Kleinwächter*, MMR 1999, 452, 456.
750 Siehe *Hoffman*, Mitt. 2002, 261, 265.

- die **WIPO**[751] als erste und fraglos in der Praxis bedeutendste Schiedsstelle;
- das **National Arbitration Forum** (NAF)[752], Minneapolis;
- das **CPR Institute for Dispute Resolution** (CPR)[753], New York;
- das **Asian Domain Name Dispute Resolution Centre** (ADNDRC)[754].

2. Schiedsgegenstand

Zur Entscheidung in den Beschwerdeverfahren vor den von den vorgenannten Providern eingerichteten Schiedsgerichten („Panels") können nur sog. *generische Top-Level-Domains* (gTLD) kommen, d. h. TLDs, die ein thematisch beschreibendes Suffix darstellen, also insbesondere: **539**

.com	.coop
.net	.pro
.org	.jobs
.biz	.mobi
.info	.travel
.name	.museum
.aero	.tel
.edu	.pro
.asia	.cat

Als Ergebnis der dann von ICANN umgesetzten Liberalisierung der Vergabepraxis wurden nunmehr international Domains auch durch verschiedene privatwirtschaftlich organisierte Institutionen vergeben, wobei ein zentrales internationales Register („InterNIC") beibehalten wurde. Für die sog. „Country-Code-Domains" (ccTLD) greift das Schiedsverfahren der ICANN unter der UDRP indes grundsätzlich nicht, denn auf die nationale Vergabe der ccTLD wie z. B. der „.de" TLD bezog sich schon die seinerzeitige ICANN-Reform nicht. **540**

Es steht den nationalen Vergabestellen der ccTLDs natürlich frei, durch die besondere Ausgestaltung der Registrierungsverfahren die UDRP zur eigenen Vertragsgrundlage zwischen ihnen und den Domaininhabern zu machen, was zwischenzeitlich immerhin in über 50 Ländern (darunter allerdings *nicht* die DENIC eG in Deutschland) praktiziert wird[755]. Daneben haben einige Länder ausgehend von der UDRP eigene, ergänzende Streitbeilegungsverfahren umgesetzt. **541**

3. Geltungsbereich der UDRP und Bindungswirkung

Die UDRP ist also zunächst für alle zulassungsfreien internationalen Domains unterhalb der vorbeschriebenen TLDs verbindlich. Dies bedeutet, dass jeder, der hierunter eine Domain für sich registrieren lassen will, bei Abschluss des Registrierungsvertrages die jeweilige Vergabeordnung anerkennen und sich damit der Geltung der UDRP unterwerfen muss. Damit wurde gleichsam über die Bindung der akkreditierten Vergabestellen, der Registrare, schuldrechtlich eben auch deren Vertragspartner, die Domainanmelder, der Policy unterworfen. **542**

751 *http://arbiter.int/domains.*
752 *http://www.arb-forum.com/domains.*
753 *http://www.cpradr.org.*
754 *http://adndrc.org.*
755 Siehe die Liste unter *http://www.wipo.int/amc/en/domains/rules/cctld/index.html.*

543 Auch diejenigen, die zeitlich vor dem Inkrafttreten der UDRP die Domain registriert hatten, sollen nach verfestigter Auffassung der Schiedsgerichte spätestens mit der darauffolgenden Zahlung der Jahresgebühren die neuen Bestimmungen der Vergaberichtlinien ebenfalls anerkannt haben. Diese klauselrechtliche „Bindungswirkung“ an das Schiedsverfahren ist also rein privatrechtlicher Natur und legitimiert insoweit die gegebenenfalls eintretenden faktischen Wirkungen (Übertragung der Domain bzw. deren Löschung) des auszuführenden Schiedsspruches über die wirksame Einbindung der UDRP im Verhältnis zwischen Domaininhaber und den Registraren (also den Internetprovidern).

544 Eine Derogation ist hiermit im Schiedsfalle nicht verbunden; es besteht also grundsätzlich die Möglichkeit, die Sach- und Rechtslage auch zeitgleich durch Zivilgerichte überprüfen zu lassen. Die Folgen eines bereits ergangenen Schiedsspruches werden kraft dieser schuldrechtlichen Einbindung bei rechtzeitiger Anrufung des zuständigen ordentlichen Zivilgerichts letztlich nur suspendiert[756]; der weitere Vollzug der Schiedsentscheidung wird bei einem gegenteiligen rechtskräftigen Urteil aber jedenfalls dauerhaft einredebehaftet sein.

545 Gleichwie die ICANN natürlich keinen unmittelbaren Einfluss auf die Domainvergabe nationaler Stellen für die ccTLDs hat, findet dort die UDRP auch keine unmittelbare Anwendung. Wie bereits angesprochen haben dennoch die auf Länderebene betrauten Organisationen in vielen Fällen von der Möglichkeit Gebrauch gemacht, die UDRP in deren Vergaberichtlinien einzubinden, oder wenden in selbstständig eingerichteten, nationalen Schiedsverfahren die Regeln der UDRP an[757].

546 In Deutschland träfe die unmittelbare Einbindung der englischsprachigen Policy zumindest bei Vergabeverträgen mit Verbrauchern auf erhebliche rechtliche Bedenken, da diese der Klauselkontrolle nach §§ 307 ff. BGB unterfallen würden. So würde eine „Zustimmung“ als fingierte Willenserklärung zur Geltung eines Schiedsverfahrens zu werten sein, das überdies in einer fremden Sprache Ausgestaltung gefunden hat, womit zumindest das Klauselverbot nach § 308 Nr. 6 BGB tangiert wäre – so man die Bestimmung nach § 305 Abs. 2 BGB überhaupt wirksam einbeziehen könnte. Die für die Domainvergabe zuständige Stelle, die DENIC eG, hat die Policy weder eingebunden, noch ein eigenes Verfahren implementiert; sie hält sich nach eigenem Bekunden vorzugsweise „aus derartigen Streitigkeiten raus“[758] – es verbleibt hier allein bei den bereits dargestellten Möglichkeiten zivilprozessualen Vorgehens bei gleichzeitiger Stellung eines „Disputeeintrages“.

4. Verfahrensgang und formelle Voraussetzungen

547 Jedes Schiedsverfahren wird durch die Einreichung einer „Beschwerde“ initiiert, welche bei einem vom Beschwerdeführer („Complainant“) frei gewählten „*Provider*“ (also einer berufenen Schiedsstelle wie zum Beispiel der WIPO, siehe oben Rn. 538) eingereicht wird; dabei besteht kein Anwaltszwang, d. h. die Verfahrensbeteiligten können sich selbst vertreten[759]. Bereits mit dieser Verfahrenseinleitung verbunden ist ein „on hold“ der streitbefangenen Domain, so dass diese also hiernach zum Schutze des Berechtigten nicht weiter übertragen werden kann.

---

756 Siehe hierzu noch unten zu „Vollstreckung“, Rn. 559 (B. I. 4. d).
757 So z. B. Niederlande, Australien und Mexico.
758 Siehe *http://www.denic.de/de/domains/recht/index.html.*
759 Was freilich in Anbetracht der Komplexität des Verfahrens und der rechtlichen Anforderungen grundsätzlich nicht zu empfehlen ist.

a) Form und Inhalte der Beschwerde. Die Beschwerde hat inhaltlich insbesondere Folgendes zu enthalten (siehe § 3 (b) RUDRP): 548

- den Namen nebst den Kontaktdaten (Adresse, E-Mail, Telefon- und Faxnummer) des Beschwerdeführers bzw. seines Bevollmächtigten;
- eine Erklärung über die „bevorzugte" Übermittlungsart für Mitteilung an den Beschwerdeführer, sowohl für postalische Sendungen wie für E-Mail;
- eine Erklärung, ob der Beschwerdeführer eine Prüfung und Entscheidung von einem Panel entscheiden lassen will, dass aus einem oder aus einem Gremium von drei „Schiedsrichtern" besteht;
- die Angabe der Marke nebst Klassenverzeichnis, auf die sich der Beschwerdeführer beruft;
- Angaben zu etwaigen gerichtlichen Verfahren, die im Zusammenhang mit der begehrten Domain anhängig sind oder waren;
- eine Erklärung, dass dem Beschwerdegegner eine Abschrift der Beschwerdeschrift nebst Deckblatt postalisch übersandt oder per E-Mail übermittelt worden ist;
- für gerichtliche Rechtsbehelfe gegen eine die Domain löschende oder übertragende Entscheidung des Panels die Unterwerfung des Beschwerdeführers hinsichtlich eines Gerichtstandes, an zumindest einem angegebenen wechselseitigen Gerichtsstand[760];
- die eigentliche Begründung, warum man glaubt, dass die Domain mit der Marke des Beschwerdeführers identisch oder verwechslungsfähig ähnlich ist;
- Angaben dazu, warum der Domaininhaber nicht ein Recht oder ein berechtigtes Interesse an der Domain haben soll;
- Angaben dazu, warum der Domaininhaber bösgläubig die Domain registriert und benutzt haben soll.

Nach den bis zum 30.10.2009 geltenden Bestimmungen unter § 3 (b) RUDRP a. F. waren neben der elektronischen Form auch noch die Einreichung von Abschriften der gesamten Beschwerde in Schriftform erforderlich, was einen nicht unerheblichen Aufwand bedeutete. Mit Wirkung zum 14.12.2009 wurden die Verfahrensregeln derart vereinfacht, dass fakultativ die Beschwerde auch in elektronischer Form eingereicht werden konnte; seit dem 1.3.2010 sind Beschwerden (und deren Erwiderung) ausschließlich in elektronischer Form[761] einzureichen, siehe § 3 (b) bzw. § 5 (b) RUDRP n. F. Der Beschwerdegegner erhält allenfalls noch eine schriftliche Mitteilung des Providers über das Beschwerdeverfahren an sich, § 4 (a) RUDRP n. F.

Die Beschwerde muss nach Maßgabe von § 11 UDRP regelmäßig entweder in der Sprache abgefasst werden, zu der sich Beschwerdeführer und -gegner übereinstimmend erklärt haben, oder in Ermangelung eines solchen Konsenses in der Sprache des „Registration Agreements", welches für die jeweilige Domainregistrierung Geltung hatte. Vor diesem Hintergrund hat der Beschwerdeführer 549

---

760 Dass derlei Regelung für nachfolgende Gerichtsverfahren nach deutschem Recht verbindlich sein sollen, ist nach §§ 145 ff. BGB rechtlich unbedenklich, denn bei der Angabe im Antrag handelt es sich letztlich um die Annahme eines durch die Vorgaben hinreichend bestimmten Angebotes einer Prorogation im Sinne des § 38 ZPO durch den Domaininhaber, zu dem dieser sich wiederum zuvor bei Registrierung unter Anerkennung der UDRP verbindlich erklärt hat.

761 D. h. entweder über das Musterformular auf den Webseiten des Providers direkt (http://www.wipo.int/amc/en/domains/filing/udrp/eudrpcomplaint.html) oder als Attachement über E-Mail, siehe Näheres http://www.wipo.int/amc/en/domains/complainant/index.html.

nach den Mustervorlagen anderenfalls zu begründen, warum die Verfahrenssprache von der der Registrierungsordnung abweichen soll; notfalls muss ein Schiedsgericht („Panel"), dem die Sprache vertraut ist, in welcher die Beschwerde abweichend von der Registrierungsordnung eingereicht wurde, über die Verfahrenssprache endgultig entscheiden, wobei den Verfahrensbeteiligten zuvor Gehör gegeben wird. Die Übersetzung von Urkunden und Belegen in die bestimmte Verfahrenssprache ist indes nur auf besondere Anordnung des Panels erforderlich.

550 Bei der Ausfertigung der vorgenannten Inhalte sind im Weiteren die „Supplemental Rules" der jeweiligen Provider zu beachten, die ihrerseits die RUDRP ergänzen und nähere Formfragen regeln.[762]. Erfreulicherweise stellen die Provider im Internet insoweit aber Musterbeschwerden („Model Complaints") als Vorlagen zur Verfügung, die bereits einen überschaubaren „Rahmen" für die Eingaben zu den vorgenannten Inhalten bieten und die als solche auch tunlichst genutzt werden sollten[763].

551 b) **Kommunikation zwischen den Verfahrensbeteiligten.** Die weitere Kommunikation läuft ausschließlich über den vom Provider eingesetzten „Case Administrator", der sozusagen als „Mittler" zwischen den Verfahrensbeteiligten fungiert. Die Übermittlungen der weiteren Eingaben an den Provider (die Schiedsstelle, also z. B. WIPO) regeln die RUDRP (n. F.) nach §§ 2 (b) bzw. 3 (b) (iii) und § 5 (b) (iii), wonach auch hier grundsätzlich elektronische Kommunikationsmittel (siehe oben) zu nutzen sind: Nur noch in besonderen Fällen darf auf eine andere Kommunikationsform zurückgegriffen werden, namentlich wenn Umfang und Art der Belege (z. B. umfangreiche Konvolute) dies geboten sein lassen. Jede Kommunikation mit dem Panel über den Case Administrator ist auf diesem Wege der Gegenseite zugänglich[764].

552 c) **Gebühren und Kostentragung.** Die Durchführung des Schiedsverfahrens ist gebührenpflichtig; die Höhe der Gebühren hängt entscheidend davon ab, wie viele Domains streitbefangen sein sollen und mit welcher „Besetzung" der Beschwerdeführer das Panel entscheiden lassen will. Er hat dabei die Wahl zwischen einem einköpfigen und einem dreiköpfigen Schiedsgremium. Die genauen Gebühren werden von den jeweiligen Providern festgelegt und variieren daher[765]:

---

762 Siehe z. B. für die WIPO *http://www.wipo.int/amc/en/domains/rules/supplemental/index.html#12* – es geht dabei insbesondere um Begrenzung des Umfangs der Beschwerde.

763 Siehe für die WIPP *http://www.wipo.int/amc/en/domains/complainant/index.html.*

764 Siehe § 8 RUDRP: „No Party or anyone acting on its behalf may have any unilateral communication with the Panel. All communications between a Party and the Panel or the Provider shall be made to a case administrator appointed by the Provider in the manner prescribed in the Provider's Supplemental Rules".

765 Für die WIPO siehe *http://www.wipo.int/amc/en/domains/fees/index.html*; für das National Arbitration Forum siehe *http://domain.adrforum.com/users/icann/resources/UDRPSuppRules20071101.pdf.*

Single Panelist

NUMBER OF DOMAIN NAMES INCLUDED IN THE COMPLAINT	FEE (UNITED STATES DOLLARS)
1 to 5	1500 [Panelist: 1000; Center: 500]
6 to 10	2000 [Panelist: 1300; Center: 700]
More than 10	To be decided in consultation with the WIPO Arbitration and Mediation Center

Three Panelists

NUMBER OF DOMAIN NAMES INCLUDED IN THE COMPLAINT	FEE (UNITED STATES DOLLARS)
1 to 5	4000 [Presiding Panelist: 1500; Co-Panelist: 750; Center: 1000]
6 to 10	5000 [Presiding Panelist: 1750; Co-Panelist: 1000; Center: 1250]
More than 10	To be decided in consultation with the WIPO Arbitration and Mediation Center

Quelle *http://www.wipo.int/amc/en/domains/fees/index.html* – Stand: Januar 2009

Die Kosten hat selbst im Obsiegensfalle der Beschwerdeführer zu tragen, einen separaten geschweige denn irgendwie vollstreckbaren „Kostenausspruch" gibt es nicht. Ob aber die derart entstandenen Kosten dennoch als „Schaden" vom Domaininhaber eingefordert werden können, hängt vom nationalen Recht der anzurufenden Zivilgerichte ab und ist immer Tatfrage. In vielen Fällen, namentlich in denen mit Auslandsbezug, dürfte das Schiedsverfahren dennoch und gerade in Ansehung der klar definierten Gebühren oft genug der einzig wirtschaftliche Weg sein, die Domain überhaupt ohne unvertretbaren Aufwand und ohne Vollstreckungsrisiko freizubekommen. 553

d) **Zulässigkeitsprüfung.** Nach Eingang der Beschwerde wird diese vom Provider bzw. dem Case Administrator zunächst auf Einhaltung der oben unter Rn. 548 beschriebenen formellen Voraussetzungen geprüft. Etwaige formelle Fehler werden dem Beschwerdeführer freilich mitgeteilt, und Gelegenheit zur Berichtigung bzw. Ergänzung wird binnen kurzer Frist gegeben. Verstreicht diese Frist allerdings unbeachtet, so gilt die Beschwerde als zurückgenommen. 554

Verbleibt die Beschwerde ohne Beanstandung, erfolgt binnen dreier Kalendertage nach Gebühreneinzahlung eine Weiterleitung an den Beschwerdegegner. Werden die zuvor ausgewiesenen Gebühren dagegen nicht binnen 10 Kalendertagen nach Eingang der Beschwerde beim Provider eingezahlt, so gilt das Beschwerdeverfahren nach Maßgabe des § 19 (c) RUDRP unabhängig vom Vorliegen der weiteren formellen Voraussetzungen ohne weitere Folgen als abgeschlossen. 555

e) **Materiell-rechtliche Prüfung.** Hiernach wird das vom Provider berufene unparteiische[766] Panel das Vorbringen der Parteien prüfen, wobei ein recht formaler, wenngleich auch zeitlich erfreulich straffer Ablauf von Beschwerdebegründung und -erwiderung das Parteivorbringen überschaubar begrenzt: Die Antragserwiderung durch den „Respondent" (also den Domaininhaber als Beschwerdegegner) hat binnen einer 20-Tages-Frist zur erfolgen und ebenfalls 556

766 Siehe § 7 RUDRP: Die Mitglieder des Spruchkörpers müssen unparteiisch und unabhängig sein; bestehen insoweit *begründete* Zweifel, so kann hierüber eine Entscheidung nach den Supplemental Rules der Provider aber derzeit nur bei der CPR und der NFA angestrengt werden, nicht auch bei der WIPO.

alle Umstände anzugeben, welche für die Entscheidungsfindung relevant sein können. Damit bleiben die Parteien regelmäßig auf das einmalige Vorbringen ihrer Gesichtspunkte beschränkt, so dass schon insoweit besondere Sorgfalt bei der Ausfertigung an den Tag gelegt werden sollte.

557 f) **Entscheidung.** Geht das Panel (bei einem dreiköpfigen Gremium durch Mehrheitsentscheidung) von einer „missbräuchlichen Domainregistrierung“ (siehe hierzu unten Rn. 572 ff.) aus, so wird in der Regel etwa binnen 40 Tagen ein Schiedsspruch ergehen und den Parteien „zugestellt“, welcher die Entscheidungsgründe erläutert und überdies im Internet zum weiteren Abruf für die Parteien bereitgestellt wird. Als Rechtsfolge können freilich nur in Betracht kommen:
- bei einer festgestellten missbräuchlichen Registrierung und Benutzung je nach vom Beschwerdeführer gestellten Antrag (siehe § 4 (i) UDRP): **die Übertragung der Domain oder deren Löschung;**
- bei einer nicht festzustellenden missbräuchlichen Registrierung und Benutzung: **die Abweisung der Beschwerde.**

558 Irgendwelche weitergehenden Feststellungen z. B. zur Kompensation eines Schadens oder der Unterlassung der in Rede stehenden Zeichenfolge im Übrigen können nicht erfolgen; derlei ist ebenso wie die Frage der Kostenerstattung (siehe oben Rn. 553) Sache des anwendbaren nationalen Rechts und unterliegt ausschließlich der Entscheidungsbefugnis der damit befassten ordentlichen Gerichtsbarkeit.

559 g) **Vollstreckung.** Einer besonderen „Vollstreckung“ der Übertragung oder Löschung der Domain gegenüber der Domainvergabestelle bedarf es nicht, da diese bereits nach § 4 (k) UDRP verpflichtet ist, dies binnen zehn Werktagen umzusetzen[767]. Während dieser Zeit hat der Domaininhaber und Beschwerdegegner allerdings noch die Möglichkeit, die Umsetzung des Schiedsspruches zunächst dadurch aufzuschieben, dass die Anhängigkeit eines ordentlichen Gerichtsverfahrens vor dem wechselseitigen Gerichtsstand nachgewiesen wird, dem sich der Beschwerdeführer im Antrag nach § 3 (b) (iii) RUDRP unterworfen hat (siehe oben Rn. 548).

Als ein solcher Nachweis wird in der Regel ein zivilprozessualer Antrag nebst verfahrensleitender Verfügung oder zumindest ein gerichtlicher Eingangsvermerk ausreichen. In Deutschland dürfte als statthafte Rechtsschutzform in Ansehung des Schiedsspruches selbst auch die Feststellungsklage nach § 256 ZPO in Betracht kommen; ein berechtigtes Feststellungsinteresse ergibt sich zwanglos schon aus der drohenden Umsetzung des Schiedsspruchs. Da das ICANN-Schiedsverfahren grundsätzlich nicht die zeitgleiche Geltendmachung der entsprechenden Rechte vor ordentlichen nationalen Gerichten ausschließt, kann auch vor einer Entscheidung nach alleinigem Ermessen des Panels das Verfahren ausgesetzt werden. Die Anhängigkeit eines Zivilverfahrens ist daher auch nach § 19 (b) RUDRP dem Panel unverzüglich anzuzeigen.

560 Der Vollzug des Schiedsspruches bleibt dann zwingend solange ausgesetzt, bis eine Beendigung des Zivilverfahrens in irgendeiner Form (über einen Vergleich, die Klagerücknahme oder ein Urteil) nachgewiesen wird.

Wörtlich: „... we will take no further action, until we receive (i) evidence satisfactory to us of a resolution between the parties; (ii) evidence satisfactory to us that your lawsuit has been dismissed or withdrawn; or (iii) a copy of an order from such court dismissing your lawsuit or ordering that you do not have the right to continue to use your domain name.“

767 Wörtlich: „If an Administrative Panel decides that your domain name registration should be canceled or transferred, we will wait ten (10) business days (as observed in the location of our principal office) after we are informed by the applicable Provider of the Administrative Panel's decision before implementing that decision.“

561 Da dem Schiedsverfahren aber nun gerade der besondere Vorteil einer schnellen, kostengünstigen Lösung von Streitfällen innewohnt und zudem die Entscheidungen des Panels in der Regel kennzeichenrechtliche Fragen theoretisch auch unter Berücksichtigung des tangierten nationalen Rechts behandelt, sind die Fälle einer gerichtlichen Weiterung nicht häufig; das dann vorherrschende prozessuale Risiko wirkt in der Praxis fraglos abschreckend. In Fällen, in denen ganz offenkundig *nationale* Rechtssätze verletzt wurden oder Beweisangebote aufgrund der besonderen Ausgestaltung des „virtuellen" Verfahrens nicht zufriedenstellend ausgewertet werden konnten, mag sich ein zeitgleiches Zivilverfahren tatsächlich anbieten.

562 In den angestrengten Gerichtsverfahren haben die vom Vollzug ausgesetzten Schiedssprüche freilich keinerlei präjudizierende Wirkung, anderenfalls würde die mögliche Aussetzung vor dem Schiedsspruch auch keinen Sinn machen.

563 **h) Rechtsmittel.** Ein originäres „Rechtsmittel" gegen die Entscheidung des Panels ist im Übrigen nicht vorgesehen; für den Beschwerdeführer besteht aber unter Umständen die Möglichkeit, *nach erfolgter Abweisung* erneut eine Beschwerde einzulegen. Dies dürfte aber wohl nach der Spruchpraxis der Panels für den Fall, dass die Entscheidung nicht ohnehin ausdrücklich ohne „Präjudiz" für eine Widereinlegung gemacht wurde, nur dann in ein erneutes Verfahren einmünden, wenn dargelegt und glaubhaft gemacht werden kann, dass erst *nach der Entscheidung* Umstände zu Tage gekommen sind, welche „schuldlos" nicht noch während des Verfahrensverlaufs haben eingebracht werden und prima facie eine andere Entscheidung hätten rechtfertigen können[768].

5. Die streitentscheidenden Regeln

564 Wie bereits dargestellt, steht nach Maßgabe von § 3 UDRP als gewünschte Rechtsfolge des Verfahrens in erster Linie die Löschung oder – meist häufiger – die Übertragung der umstrittenen Domain, die unter einem entsprechenden Schiedsspruch des Panels vollzogen wird. Auf eine Verjährung oder Verwirkung von etwaigen Ansprüchen aus den verfahrensentscheidenden Regeln kann sich der Antragsgegner nicht berufen; ausschlaggebend für die Entscheidung sind allein die nachfolgend beschriebenen materiell-rechtlichen Bestimmungen und Grundsätze.

565 **a) Regelwerke.** Das Schiedsgericht wird bei seiner Entscheidung nach dem Vorangestellten zur Lösung von Domainstreitigkeiten also dann zunächst drei Regelwerke zu berücksichtigen haben:

- **UDRP,**
- **RUDRP,**
- **Supplement Rules des jeweiligen Providers.**

566 **b) Präzedenzwirkung.** Auf eine formale Präzedenzwirkung vorentschiedener Fälle können sich die Verfahrensbeteiligten dagegen grundsätzlich nicht berufen[769], wenngleich sich in der Praxis die Panels an den Inhalten älterer Entscheidungen in vergleichbaren Fällen erfreulicher Weise orientieren und diese auch häufig in den Entscheidungsgründen zitierend heranziehen. Dies trägt – trotz immer wieder vorkommenden „Ausreißern" – zur Vereinheitlichung der

---

768 Vgl. WIPO Case No. D2000-1490 und D2000-0703, einsehbar wie auch alle nachfolgend zitierten WIPO-Fälle unter *http://www.wipo.int/amc/en/domains/decisions.html.*

769 Siehe WIPO Case No. D2004-0014 und D2001-0913.

Spruchpraxis bei und führt über eine Art „rechtsfortbildendes" Case-Law zu einer höheren Rechtssicherheit.

567 c) **Nationale Regeln und Rechtsprinzipien.** Dies ist auch dringend erforderlich, denn nach § 15 (a) der RUDRP sollen die Schiedsgerichte auch die „Regeln und Rechtsprinzipien" anwenden, die sie jeweils „für anwendbar" halten – was dem Wortlaut nach zunächst mal einen erheblichen Wertungsspielraum eröffnet.

> Im Wortlaut der § 15 (a) RUDRP: „A Panel shall decide a complaint on the basis of the statements and documents submitted and in accordance with the Policy, these Rules and **any rules and principles of law that it deems applicable**."

568 Dies hat insbesondere bei den noch anzusprechenden Fällen nicht eingetragener bzw. nicht beurkundeter Kennzeichenrechte zu Beginn nicht unbedingt zur Rechtsklarheit und Rechtseinheitlichkeit beigetragen. Schon deswegen, da vereinzelt die zur Entscheidung berufenen Schiedsgerichte in ihrer summarischen Prüfung zumindest in der Vergangenheit nicht notwendiger Weise befähigt waren, z. B. Rechtssätze des materiellen deutschen Markenrechtes oder der „Common Law Trademark" des anglo-amerikanischen Rechtsraumes in concreto fehlerfrei anzuwenden.

569 Die zwischenzeitlich aber in der Regel sachkundig ausgewählten Schiedsrichter(Innen) und -gremien beziehen sich auch bei der „ergänzenden" Auslegung der UDRP nur dann auf nationale Rechtsgrundsätze und Rechtssprechung, soweit diese einen vergleichbaren Sachverhalt regeln und die Verfahrensbeteiligten enge Berührungspunkte mit einer dieser aufweisen. Dabei dienen als primäre Anknüpfungsgesichtspunkt natürlich der jeweilige Sitz der Parteien bzw. die nach § 3 (b) (xiii) RUDRP im Antrag zu benennende „Mutual Jurisdiction".

> Im Wortlaut: „Mutual Jurisdiction means a court jurisdiction at the location of either (a) the principal office of the Registrar (provided the domain-name holder has submitted in its Registration Agreement to that jurisdiction for court adjudication of disputes concerning or arising from the use of the domain name) or (b) the domain-name holder's address as shown for the registration of the domain name in Registrar's Whois database at the time the complaint is submitted to the Provider."

570 Dies gilt es freilich zu beachten, wenn der mögliche Anwendungsrahmen nationaler Rechtsgrundsätze für das Schiedsgericht zu bestimmen und die Antragsbegründung entsprechend „auszurüsten" ist.

571 Gleichwohl sind die materiell-rechtlichen Bestimmungen der URDP von den Panels grundsätzlich *autonom* auszulegen; d. h. auch die Rechtsprechung einer nationalen Rechtsordnung zu kennzeichenrechtlichen Fragen entfaltet bei ihrer fakultativen Anwendung *keinerlei Bindungswirkung* für die jeweiligen Spruchkörper.

572 d) **Die Anspruchsvoraussetzungen.** Ausgehend von dem Vorliegen eines aktivlegitimierenden Markenrechtes kennt die UDRP als Verletzungstatbestand nur den der *bösgläubigen Domain-Registrierung bzw. Nutzung*. Anderweitige zeichenrechtliche Verletzungstatbestände bleiben im summarischen und auf Effizienz ausgerichteten Schiedsverfahren grundsätzlich außer Betracht.

573 Für die Übertragung oder Löschung einer Domain müssen nach Maßgabe von § 4 (a) UDRP im Rahmen einer Stufenprüfung nachfolgende Umstände unter § 4 (a) (i) bis (iii) *kumulativ* vorliegen, die grundsätzlich vom Antragssteller als Beschwerdeführer („Complainant") darlegen und zu beweisen („*must prove*") sind:

i. der streitgegenständliche Domain-Name muss identisch oder verwechslungsfähig ähnlich sein mit einer Marke („trademark or service mark"), an der der Antragsteller Rechte besitzt, **und**
ii. der Antragsgegner (der Domaininhaber bzw. „Respondent") darf weder Rechte noch ein berechtigtes Interesse an dem Domain-Namen besitzen, **und**
iii. der Domain-Name muss bösgläubig angemeldet und genutzt worden sein.

Zu den Voraussetzungen im Einzelnen:

aa) Zu § 4 (a) (i) – die verletzten Rechte des Antragstellers. Im Sinne von § 4 (a) **574**
(i) UDRP ist also zunächst zu überlegen, welche „Markenrechte" der Antragssteller nun überhaupt erfolgreich für ein angestrengtes Schiedsverfahren anzuführen vermag; der Begriff ist in Anbetracht der unterschiedlichen Möglichkeiten, nach den nationalen Rechtsordnungen „Markenrechte" oder Kennzeichenrechte in einem weiteren Sinne zu generieren, durchaus klärungsbedürftig. Dagegen sind die Begriffe „trademark" und „service mark" jedenfalls hinsichtlich der Schutzvoraussetzungen synonym; die Unterscheidung kommt aus dem anglo-amerikanischen Rechtsraum und differenziert lediglich Markenrechte für „Waren" (goods) gegenüber denen für „Dienstleistungen" (services)[770].

(a) **Registermarken.** Hierunter fallen natürlich zunächst die eingetragenen **575**
Wort- (bzw. im Wortbestandteil prägenden[771] Wort-/Bildkombination-)Marken, d. h. Registermarken, deren Bestand und formale Schutzwirkung *zum Zeitpunkt der Einreichung des Antrags* die Schiedsgerichte bei erfolgtem Nachweis nach Maßgabe der UDRP grundsätzlich zu berücksichtigen haben.

Aktivlegitimiert ist dabei nicht nur der Inhaber des Schutzrechtes, sondern auch **576**
derjenige, der nachweisbar in Lizenz, d. h. kraft schuldrechtlicher Absprache im Wege eines *ausschließlichen* Nutzungsrechts diese Marke für sich nutzt[772].

Aufgrund der Publizitätswirkung des Markenregisters ist es indes unbeachtlich, **577**
ob schon zum Zeitpunkt *der Registrierung* der streitbefangenen Domain ein solches Markenrecht bestand, d. h. ein hier zu berücksichtigendes Markenrecht kann auch erst *nach Registrierung* der Domain zur Eintragung gekommen sein. Denn die bloße Registrierung der Domain für sich allein wird ihrerseits unter keinem rechtlichen Gesichtspunkt bereits prioritätsältere „Markenrechte" des Domaininhabers generieren können. In diesem Zusammenhang ist dann für die erste Anspruchsvoraussetzung nach § 4 (a) (i) UDRP (anders als etwa bei der Frage der „Bösgläubigkeit" des Domaininhabers) die Kenntnis des Domaininhabers vom (ggf. späteren) Bestand des Markenrechtes ebenfalls unerheblich, wie das Schiedsgericht im Falle *Technologies, Inc. v. International Electronic Communications Inc.* zutreffend ausgeführt hat[773]:

---

770 Zur Definition siehe 15 U. S. C. Sec.1127, *http://www.law.cornell.edu/uscode/uscode15/usc_sec_15_00001127----000-.html.*

771 Was meist der Fall sein dürfte, wobei der Einzelfall entscheidend ist.

772 Vgl. DigiPoll Ltd. v. Raj Kumar, WIPO Case No. D2004-0939; WIPO Case No. D2000-0013 – sizesunlimited.comL'usine Nouvelle v. Halami Philippe Tropic Telecom, WIPO Case No. D2000-0983, Lycos Europe N. V. v. RegionCo, WIPO Case No. D2000-1102, NBA Properties, Inc. v. Adirondack Software Corporation, WIPO Case No. D2000-1211, Limco, Inc. and Too, Inc. v. Pat Mintash d/b/a Mintash Enterprises, WIPO Case No. D2001-0175, and HBP, Inc. v. Front and Center Tickets, Inc., WIPO Case No. D2002-0802.

773 Technologies, Inc. v. International Electronic Communications Inc., WIPO Case No. D2000-0270.

„[…]The issue under this first factor is whether the Complainant has rights ***as of the time of the Complaint.*** *Respondent's lack of knowledge of Complainant and its trademark rights at the time of the registration of the domain name may, in appropriate cases, be relevant to the second and third factors (legitimate interest and bad faith),* ***but it is not relevant to the analysis of the first factor which looks solely at the question of whether the Complainant has trademark rights*** *and whether the domain name is identical or confusingly similar to that mark. Significantly, the Policy does not require the Complainant to prove that it had rights in a trademark „as of the date of the domain name registration."*

578 Hierbei stellt sich das weitere Problem der *Bestands- bzw. Schutzkraft* einer im Register eingetragenen Marke. Auch hier ist aufgrund der Publizität einer formalen Registereintragung durch ein nationales Markenamt (oder das der EU) nach dem eindeutig uneingeschränkten Wortlaut von § 4 (a) (i) UDRP („trademark or service mark") die nachgewiesene Eintragung als solche zunächst bindend. Auf den besonderen Schutzumfang und/oder dessen materiell-rechtliche „Angreifbarkeit" insgesamt oder in Ansehung bestimmter Waren- und Leistungsklassen kommt es dabei nicht an[774].

579 Wohl nur in *evidenten* Fällen löschungsreifer Markenrechte dürfte sich über § 15 (a) RUDRP und der damit verbundenen Berücksichtigung nationaler Regelungen zur Löschung von Markenrechten (siehe oben Rn. 575) eine formal eingetragene Marke aufgrund materiell-rechtlicher Defizite nicht anführen lassen. Dies dürfte aber restriktiv zu handhaben sein, will man den Zweck der auf Effizienz ausgerichteten Schiedsverfahren nicht letztlich konterkarieren. Das bloße summarische Schiedsverfahren ist in Ermangelung hinreichender forensischer Erkenntnismöglichkeiten in den wohl meisten Fällen für eine derartige rechtliche Bewertung ungeeignet[775]. Dem Domaininhaber verbleibt überdies die Möglichkeit, außerhalb des Schiedsverfahrens löschungsreife Markenrechte des Antragstellers unter Anrufung der Zivilgerichte anzugreifen. Bei einem zwischenzeitlich ergangenen Schiedsspruch hätte bei rechtzeitigem Nachweis die gerichtliche Weiterung überdies einen suspensiven Effekt[776].

580 Vor diesem Hintergrund haben sich Domaininhaber in der Vergangenheit zu Recht schwergetan, den Rechtsbestand eines formalen Registerrechtes des Beschwerdeführers (zum Beispiel wegen fehlender Unterscheidungskraft oder in Ermangelung einer Priorität der Anmeldung bzw. Nutzung) im Schiedsverfahren erfolgreich anzugreifen.

So im Falle TPI Holdings Inc. v. JB Designs[777]: „While this Administrative Panel accepts that the Respondent may have merit in the argument that the said trademark is descriptive and that there are other similar trademarks and that the trademark **may not be registrable in certain jurisdictions**, these are **questions outside the scope of this Administrative Proceedings** and it concludes that the Complainant has satisfied the first part of the test."

581 Auf der anderen Seite ließen Schiedsgerichte in Ansehung der Beweislastverteilung sogar schon „begründete Zweifel" am Rechtsbestand einer eingetragenen Marke zu und verwiesen zur Durchsetzung der Rechte des Beschwerdeführers

---

774 Anders freilich bei einer sog. Benutzungsmarke als anspruchsvermittelndes Recht (siehe unten Rn. 584); hier aber muss der Beschwerdeführer zu den Umständen und Voraussetzungen des Markenschutzes ohnehin substantiiert vortragen.
775 Siehe schon United States Postal Service v. Postoffice.com, Inc., ICANN Case No. FA 96313.
776 Siehe auch unter Rn. 559 (B. I. 4. d).
777 TPI Holdings Inc. v. JB Designs, WIPO Case No. D2000-0216.

auf den Zivilrechtsweg, so wie im Falle *Interactive Television Corporation v. Noname.com*[778]:

> „The Panel determines that Complainant has not established trademark or service mark rights in the term „interactive television." [...] A generic term is not entitled to exclusive protection. Kellog Co. v. National Biscuit Co., 305 U. S. 111 (1938); Miller Brewing Co. v. G. Heilemann Brewing Co., 561 F.2d 75 (7th Cir. 1977). A registered trademark will be deemed abandoned if it becomes generic, even if the registration has become incontestable. 15 U. S. C. 1064 (3), 1065. Here, the evidence raises serious doubts about the validity of Complainant's alleged mark. [...] It is important to note that this Panel has not made a determination that the name „interactive television" is generic. Rather, based on the record before us, serious questions as to whether Complainant has any proprietary rights require us to reject Complainant's claim. The ultimate decision as to whether Complainant does or does not have proprietary rights is better left to a court or trademark office tribunal."

Vor dem Hintergrund dieser etwas uneinheitlichen Spruchpraxis empfiehlt es sich, vorsorglich auch bei einer Registermarke jedenfalls dann zur konkreten Unterscheidungskraft (für bestimmte Produkte) besonders vorzutragen, wenn diese generische Anklänge aufweist.

(b) **Markenanmeldungen.** Von dem vorbeschriebenen Problem der Bestands- und Schutzkraft einer bereits eingetragenen Marke unterschieden werden muss der Fall, in dem zum Zeitpunkt des Schiedsverfahrens lediglich eine Markenanmeldung vorliegt. **582**

Unterschiedliche Rechtsordnungen statuieren unterschiedliche Eintragungsvoraussetzungen für Markenrechte. Zwar ist die Anwendung nationaler Regelungen zur Auslegung auch insoweit grundsätzlich dem Dafürhalten des Schiedsgerichts anheim gestellt. Die bloße Anmeldung eines Registerrechtes für sich vermittelt aber unter keinem Aspekt ein relevantes Kennzeichen – geschweige denn ein Markenrecht im Sinne des § 4 (a) (i) UDRP. **583**

In diesem Fall kann – in ergänzender Auslegung nach deutschem wie nach anglo-amerikanischem Recht – primär nur auf eine *markenrechtlich relevante Nutzung* der Marke zum Zeitpunkt der Antragsstellung abgestellt werden, d. h. auf die Geltung einer „Benutzungsmarke" bzw. einer „Common Law Trademark" (siehe hierzu noch unten Rn. 587). Eine akkurate Bewertung zum Bestand eines derartigen Markenrechtes erfolgt dann noch am ehesten dort, wo die Parteien beide ihren Sitz im Lande des erkennenden Schiedsgerichtes haben, so z. B. im Falle einer bloßen Markenanmeldung des Verfahrens *Technologies, Inc. v. International Electronic Communications Inc.*[779]: **584**

> „The Panel also finds that Complainant has trademark rights in the mark HTML EASE. Complainant has a pending trademark application and has used the mark in commerce since May 1999. From the evidence submitted, the mark appears to be suggestive and not, as Respondent asserts, merely descriptive. [...] Thus, Complainant appears to have trademark rights in the United States that date back to at least May 1999. These trademark rights are senior to any rights Respondent may have because the mere registration of a domain name does not establish trademark rights. [...] Under United States law the fact that the Complainant does not have a registered mark does not end the trademark or service mark rights analysis. Actual use in commerce, without more, establishes protectable trademark rights under United States common law. The „use in commerce" standard requires (a) a bona fide use of a trademark or service mark in the ordinary course of trade, and (b) not made merely to reserve a right in a mark. [...] The Respondent's Complaint admits trade or service mark use and Complainant's declaration presents activities sufficient to establish common law trademark or service mark rights."

---

778 WIPO Case No. D2000-0358.
779 WIPO Case No. D2000-0270.

585 Bei Vorliegen einer bloßen Markenanmeldung ist mithin auch und insbesondere auf den Beleg einer herkunftsidentifizierenden Ingebrauchnahme des Zeichens im Geschäftsverkehr abzustellen, die dann einer formalen Markenanmeldung zeitlich vorausgehen sollte. Insbesondere wenn die Zeichenfolge selbst keine ausgeprägte Unterscheidungskraft für sich in Anspruch nehmen kann (z. B. weil der Begriff generische Anklänge hat), sollte zur erlangten Verkehrsgeltung der Marke für einen bestimmten Produktbereich (z. B. unter Darlegung der Werbemaßnahmen und Marktstellung) vom darlegungs- und beweisbelastetem Beschwerdeführer ergänzend vorgetragen werden.

Nach Maßgabe von § 4 Nr. 2 MarkenG kann Markenschutz auch dadurch entstehen, dass Verkehrsgeltung durch die Benutzung eines Zeichens im geschäftlichen Verkehr erworben wurde. Anders als bei reinen geschäftlichen Bezeichnungen (zumindest mit originärer Unterscheidungskraft, siehe § 5 MarkenG) entsteht hier der Schutz aber nicht schon mit der bloßen Benutzungsaufnahme; vielmehr muss der angesprochene Verkehrskreis im Zuge der Benutzung einen bestimmbaren Zuordnungsgrad der relevanten Zeichenfolge für bestimmte Waren oder Dienstleistungen zu einem bestimmten Unternehmen entwickelt haben.

586 (c) **Namen und sonstige Geschäftsbezeichnungen.** Nach dem eindeutigen Wortlaut der UDRP („trademark or service mark“) sind dagegen bloße Namensrechte, Werktitelrechte, geschäftliche Bezeichnungen[780] oder etwa geographische Begriffe ohne Weiteres nicht vom Begriff der *„trademark or service mark“* im Sinne des § 4 (a) (i) UDRP mit umfasst.

587 Hinzukommen muss vielmehr, dass dann eben unter Berücksichtigung einschlägiger Vorschriften des nach § 15 (a) RUDRP etwaigen anwendbaren nationalen Kennzeichenrechts auch ohne die Publizität der Eintragung in ein Markenregister von einem formalen, ausschließlichen „Markenrecht“ ausgegangen werden kann: So vermitteln z. B. nach deutschem Recht die sog. „Benutzungs-“ oder „Verkehrsgeltungsmarke“ gemäß § 4 Nr. 2 MarkenG oder nach anglo-amerikanischem Recht die „Common Law Trademark“[781] absolute Rechte durchaus auch ohne die Publizität einer konstitutiven Registereintragung.

588 Obgleich keineswegs unstreitig[782], wird man daher mit der wohl herrschenden Auffassung innerhalb der Panels die Begriffe *„trademark or service mark“* i. S. d. § 4 (a) (i) UDRP nicht nur auf die **eingetragenen** „Registermarken“ (***registered** trademarks*) beschränken können, sondern gerade unter Berücksichtigung von § 15 (a) RUDRP ebenso auch auf diejenigen „Markenrechte“ zu erstrecken haben, die durch geschäftsmäßige Benutzung bzw. erworbene Verkehrsgeltung nach Maßgabe nationaler Rechtsordnungen entstanden sind. Denn diese Verkehrsgeltung „kompensiert“ gleichsam das Fehlen der Publizität eines einsehbaren Registers und wurde daher kraft besonderer gesetzlicher Ausgestaltung ganz bewusst in den Katalog der „Markenrechte“ aufgenommen, d. h. in den Rechtswirkungen der Registermarke gleichgesetzt.

So daher z. B. das Panel in Sachen *Tommy Lee v. Netico, Inc.*, unter Verweis auf den oben angeführten „Final Report“ der WIPO[783]: "The Policy **does not**, by its terms, **require a registered** trademark or service mark. The WIPO Final Report on The Management of Internet Names and Address: Intellectual Property Issues (April 30,

---

780 Siehe § 5 MarkenG: diese unterfallen nach deutschem Recht einer *gesonderten Kennzeichenkategorie* und mithin besonderen Schutzvoraussetzungen.

781 Siehe z. B. Sydney Markets Limited v. Nick Rakis trading as Shell Information Systems, WIPO Case No. D2001-0932; Peter Frampton vs. Frampton Enterprises, Inc., WIPO Case No. D2002-0141.

782 Vgl. Regal Petroleum Plc. v. Digi Real Estate Foundation, WIPO Case No. D2007-0405.

783 WIPO Case No. D2005-0915.

1999), which is the basis for the Policy adopted later that year, **does not distinguish between registered and unregistered marks** in articulating a procedure to control the abusive registration of domain names."

Das Problem ist dann freilich, dass die verschiedenen Rechtsordnungen wie bereits angesprochen an die Entstehung der „Benutzungsmarke", d. h. letztlich der Verkehrsgeltung oder Verkehrsdurchsetzung, nun mal durchaus unterschiedliche Anforderungen stellen. Mag in vielen Fällen dann schon die durch das Panel festgestellte „intensive Benutzung" des Zeichens bereits zur Annahme einer „Common Law Trademark" geführt haben[784], so empfiehlt es sich für den Antragssteller doch, die Geltung des anspruchsvermittelnden nationalen Rechts auf den zu entscheidenden Fall herauszustellen. Vor diesem Hintergrund ist dann insbesondere auf Art und Umfang der herstelleridentifizierende Nutzung sowie die Unterscheidungskraft des in Rede stehenden Zeichens einzugehen[785]: **589**

"Where the mark is not registered, however, **it must be proven by other means**. Consistent with trademark law, which has long recognized certain rights in marks based on their actual use in commerce, the UDRP complainant must establish that the name in question has acquired a secondary meaning as a mark identifying goods or services in commerce; there must be sufficient „goodwill and reputation" in the name and it must be associated with the Complainant or his goods or services."

Einige Sonderprobleme verdienen es dabei, nachfolgend etwas vertieft dargestellt zu werden:

(d) Namen öffentlicher Einrichtungen und Institutionen. Vor diesem Hintergrund als Sonderfall angesprochen werden müssen die offiziellen Bezeichnungen staatlicher bzw. öffentlicher Einrichtungen, bei denen im Grunde eine „geschäftliche" Benutzung im vorgenannten Sinne des § 4 Nr. 2 MarkenG nach (jedenfalls deutschem) nationalem Recht häufig nicht ohne Weiteres darzustellen ist. Da sich der Rückgriff auf bloße Namensrechte (§ 12 BGB) nach dem eindeutigen Wortlaut der UDRP nun aber eigentlich ausschließt, hat man sich in diesen Fällen oft einer interessengerechten „Behelfsargumentation" bedient, nach welcher man den Einrichtungen letztlich jedenfalls (auch) eine privatwirtschaftliche „Nutzung" des Namens irgendwie zugestehen konnte. So zum Beispiel für **590**

- bundesinnenministerium.com,
- bundesinnenministerium.net,
- bundesinnenministerium.org,
- verfassungsschutz.org

mit der allerdings etwas merkwürdigen Begründung, dass Ministerium und Verfassungsschutz originär unterscheidungskräftige Begriffe und die genannten Institutionen ja Herausgeber von Publikationen seien – und daher sich im „Geschäftsverkehr" betätigen würden[786]:

„The main question in this case is rather whether the two notions can be said to be used „in the course of trade" as required for protection without registration under Article 4, item 2 of the German Trademark Law. **In this respect Complainant offers little information**, but refers mainly to the rendering of services such as providing public information under the names „Bundesinnenministerium" and „Verfassungsschutz" The Panel has, however, to assume that the services offered by the Ministry in question correspond to those offered by similar Ministries in other countries. On the other hand the activities of the „Verfassungsschutz" are more unclear. The Panel therefore has to base its conside-

784 Siehe z. B. WIPO Case No. D2001-0932, Case No. D2000-0743.
785 Tommy Lee v. Netico, Inc., WIPO Case No. D2005-0915.
786 Bundesrepublik Deutschland v. RJG Engineering Inc., WIPO Case No. D2001-1401 und No. D2002-0110.

rations mainly, but not exclusively, **on whether the issuing and dissemination of publications and other public information under the notions in question is sufficient to conclude those are being used „in the course of trade**." In this respect the Panel finds that these activities are a form of trade directed towards the German people and that the notions, because they are, as found by the Panel, well known in Germany have come to be associated with the services offered by the Ministry of the Interior and the Office for the Defence of the Constitution. Consequently, the Panel considers that the notions at issue have been used as signs in the course of trade and have thus acquired a secondary meaning as trademarks/service marks in the minds of the German population, i. e. the „affected trade circles."

591 Auch im Bereich der Hochschulen war zunächst die eine oder andere Entscheidungsbegründung wohl eher ergebnisorientiert als an den recht eindeutigen Bestimmungen der UDRP ausgerichtet. Der Nachweis der Nutzung des Namens von Hochschulen im rechtsgeschäftlichen Verkehr erscheint zwar argumentativ heutzutage einfacher; gleichwohl wäre weiterhin insbesondere ein „deutsches Hochschulproblem" zu lösen, da hier (anders freilich als z. B. regelmäßig bei US-amerikanischen Hochschulen) regelmäßig eine *originär* privatwirtschaftliche Tätigkeit nicht ausgemacht werden kann. Gleichwohl blieb im summarischen Verfahren ein das *Markenrecht* der Universität Stuttgart bestätigendes Panel hinsichtlich der Begründung eher im Unklaren und stellte erstaunlicher Weise doch auf ein dem Markenrecht nur „vergleichbaren" Namenschutz ab[787]:

"The domain name <uni-stuttgart.com> […] has statutory rights in Germany namely Universität Stuttgart. Such **names enjoy a legal protection equivalent to trademark or servicemark protection** in many jurisdictions and must be considered as being covered by the UDRP, cf. Case No. D2000-0308: <oxford-university.com> and Case D2000-0378: <universityofalberta.com> […]"

592 Eine im Grunde falsche Argumentation, denn ein bloßer „Namenschutz" ist nun aufgrund der recht weiten Subsumtionsmöglichkeiten unter den verschiedenen Rechtsordnungen gerade bewusst nicht in der UDRP statuiert worden. Das deutsche Kennzeichenrecht unterscheidet auch recht deutlich in Schutzumfang und Rechtswirkung zwischen einem Namens- und einem Markenrecht.

593 Eine verlässlich einheitliche Spruchpraxis ist hier dann auch nicht ersichtlich, zumal ein anderes Panel die eigentliche Problematik des § 4 Nr. 2 MarkenG in einem anderen Beispiel, namentlich der Rechte der Universität Konstanz, durchaus erkannt hat – und dementsprechend in diesem vergleichbaren Fall zu einer völlig entgegengesetzten Bewertung kam[788]:

"It is the clear language of the present UDRP Policy that this administrative proceeding does apply to disputes involving such trademarks or service marks only. **They represent the lowest internationally accepted standards in decisions concerning domain name disputes.** […] The Panelist could therefore at the moment only decide in favor of the Complainant if there was satisfactory proof of a trademark or service mark held by the Complainant. The Complaint does not specify the Complainant's „statutory rights in Germany" on „Universität Konstanz" which could equal trademark protection, and therefore fails to comply with the first prong of the Policy's paragraph 4 (a) test. […] While the Panel is aware of the decisions that were taken in the University of Stuttgart cases, which, incidentally, preceded the issuance of the Second WIPO Report, the Panel notes that most comparable decisions were based on the existence of proven trademark rights."

---

787 University of Stuttgart v. Domain Search, WIPO Case No. D2000-0932.

788 University of Konstanz v. uni-konstanz.com, vgl. auch WIPO Case No. D2001-0744, unter Hinweis auf SGS Société générale de surveillance S. A. v. Inspectorate, WIPO Case No. D2000-0025 und Manchester Airport PLC v. Club Limited, WIPO Case No. D2000-0638.

594 Vor dem Hintergrund dieser „Wirrungen“ empfiehlt sich daher generell in den Fällen, in welchen bundesdeutsche öffentliche Einrichtungen (Universitäten, Behörden, Einrichtungen der öffentlichen Hand) um ihr Recht streiten, dem Panel auch einen Weg über § 4 Nr. 2 MarkenG konkret vorzuzeichnen, d. h. über eine besondere Art der privatwirtschaftlichen Tätigkeit (z. B. Veröffentlichungen, Schulungen, Universitäts-„Merchandise“, Public-Privat-Partnerships, Wahrnehmung der Grundversorgung durch Formen der Privatwirtschaft etc.) zur erworbenen Verkehrsgeltung im rechtsgeschäftlichen Verkehr vorzutragen.

595 (e) **Namen von Personen oder -gruppen.** Nach den eindeutigen Maßgaben der UDRP muss ein formelles Markenrecht als aktivlegitimierendes Recht dargelegt werden. Verfahren, die aufgrund der Domainregistrierung bloßer Personennamen angestrengt werden, haben daher nur dann Aussicht auf Erfolg, wenn diese Namen eben entweder als Marke im Register eingetragen wurden oder aber durch die besondere Verwendung im Geschäftsverkehr zur „Benutzungsmarke“ erstarkt sind (siehe oben Rn. 589).

596 Ist ein formales Registerrecht nicht vorliegend, muss also auch hier zunächst geprüft werden, ob und in welchem Umfang das zur Anwendung kommende nationale Markenrecht eine derartige „Wandlung“ vom bloßen Personennamen zum absolut geschützten Markenrecht durch erlangte Verkehrsgeltung vorsieht. Kann bei Anwendbarkeit eines solchen nationalen Rechts das Vorliegen der Tatbestandsvoraussetzungen aber nicht hinreichend substantiiert und belegt werden, hat selbst der Träger des natürlichen Namens gegenüber dem „Domain-Grabber“ regelmäßig das Nachsehen.

597 Hier muss vor dem Hintergrund des deutschen Rechts also zunächst unterschieden werden:
Auch ein Personenname kann natürlich grundsätzlich innerhalb der beteiligten Verkehrskreise (z. B. in Verwendung einer unternehmerischen, kaufmännischen oder freiberuflichen Tätigkeit) ausreichende Verkehrsgeltung im Geschäftsverkehr erwerben. Dies allerdings ohne Weiteres in der Regel nur dann, wenn die Zeichenfolge für sich oder in Kombination mit dem Vornamen überhaupt erst eine originäre Unterscheidungskraft zu vermitteln vermag, d. h. tatsächlich keinen häufig vorkommenden „Allerweltsnamen“[789] darstellt oder gar zufällig für das Produkt anklingt, welches gerade mit dem Zeichen identifiziert werden soll[790]. Der angesprochene Verkehrskreis muss also eine eindeutige Zuordnung grundsätzlich ohne weitere unterscheidungskräftige Zusätze leisten können. Ist dies der Fall, muss in jedem Fall auch zur erlangten Verkehrsgeltung in besonderem Maße vorgetragen werden (Vorlage von Werbemittel, Marktbekanntheit, Dauer der Geschäftstätigkeit etc.).
Bei *berühmten, d. h. „notorisch bekannten“ Persönlichkeiten*, die ihren Namen nicht als Registermarke eingetragen haben, geht die Spruchpraxis regelmäßig von einer „Verkehrsgeltungsmarke“ im Sinne des § 4 Nr. 2 MarkenG bzw. der „Common Law Trademark“ aus; dies jedenfalls dann, wenn ohne Weiteres nachvollziehbar ist, dass der Name (auch) zu kommerziellen Zwecken genutzt wird – was tatsächlich wohl in den überwiegenden Fällen der Fall sein dürfte.

---

789 „Harald Schmidt“ – wäre aufgrund der „notorischen Bekanntheit“ (siehe § 4 Nr. 3 MarkenG) wohl ein Sonderfall, siehe hierzu gleich noch zum Punkt *„berühmte Persönlichkeiten“*.
790 „Gebr. Metzger“ für Fleischwaren.

Julia Roberts, Mick Jagger, Nicole Kidman, Sade, Michael Crichton und Tommy Lee konnten z. B. auch ohne eingetragene Marke geholfen werden[791].

598 Problematisch scheint es wiederum selbst bei derlei berühmten Personen bzw. -gruppen zu werden, wenn deren „Marken“ wiederum generischen, d. h. beschreibenden Charakter haben und es mithin besonders auf den jeweiligen Zusammenhang und die obwaltenden Umstände ankommt, für wen oder wofür ein Zeichen identifizierende Wirkung entfaltet[792]. Dies aber wirkt sich regelmäßig nicht schon bei der hier relevanten Frage des aktivlegitimierenden Markenrechtes, sondern bei der Frage der „Bösgläubigkeit“ (siehe unten Rn. 642 ff.) aus. Vergleichbares soll nach der umstrittenen Spruchpraxis der Panels auch gelten, wenn die Namen für entsprechende Internetforen oder gar Fanclubs sozusagen im „öffentlichen Interesse“ genutzt werden[793].

599 (f) **Namen von Städten und geographische Bezeichnungen.** Auch hier gilt zunächst, dass nach dem Wortlaut der § 4 (a) (i) UDRP der Name von Gebietskörperschaften oder geografische Lagen in Ermangelung eines Markenrechtes für sich kein anspruchsbegründendes Beschwerderecht vermittelt. Dies ist – obgleich die Schwierigkeiten im Zusammenhang mit den recht häufigen Zugriffen auf gebietsbeschreibende Domains erkannt und durchaus immer wieder diskutiert wurden – grundsätzlich beibehalten worden.

600 Ein solches Zeichen kann aber natürlich dann angeführt werden, wenn ein entsprechendes Markenrecht zur Eintragung in ein Register gekommen ist – oder sich wiederum aus der Verwendung im rechtsgeschäftlichen Verkehr für bestimmte Produkte eine „Benutzungsmarke“ bzw. eine „Common Law Trademark“ nach Maßgabe eines anzuwendenden nationalen Markenrechts nachweisbar ergäbe. Letzteres dürfte aber in nur sehr seltenen Fällen anzunehmen sein; denn in Ansehung der charakteristisch herkunftsidentifizierenden Wirkung von geographischen Bezeichnungen ist eine „herstelleridentifizierende“ Verkehrsgeltung recht schwierig darzustellen, so dass wohl hauptsächlich eingetragenen Marken zum Tragen kommen, so wie z. B. in den Verfahren um „astispumante.info“[794], „parmalatte.com“[795], „potsdam.com[796] oder „zurichs.com“[797].

601 In den Fällen, in denen dagegen eine Registermarke nicht ins Feld geführt werden konnte, kam es zu geradezu spektakulären Beschwerdeabweisungen – obgleich gleichnamige Gebietskörperschaften oder deren Unterorga-

---

791 Siehe WIPO Case No. D2000-0364 – „jimmihendrix.com“; National Arbitration Forum Case No. FA0007000095261 – „mickjagger.net“; WIPO Case No. D2000-0794 – „sade.com“; WIPO Case No. D2000-0210 – „juliaroberts.com“; WIPO Case No. D2000-1415 – „nicolekidman.com“; WIPO Case No. D2005-0915 – „tommylee.com“.

792 Siehe WIPO Case No. D2000-0596 – „sting.com“ oder WIPO Case No. D2001-0787 – „scorpions.com“.

793 Siehe WIPO Case No. D2000-1532 – „brucespringsteen.com“ oder WIPO Case No. D2000-868 – „skipkendal.com“.

794 WIPO Case No. D2004-0355: hier konnte sich der Beschwerdeführer die eingetragene Wortmarke „ASTI“ berufen.

795 WIPO Case No. D2004-0300: hier konnte sich der Beschwerdeführer auf die eingetragene Wortmarke „PARMALAT“ berufen.

796 WIPO Case No. D2002-0856: hier konnte sich der Beschwerdeführer, wohlgemerkt die Stadt Potsdam, auf eine eingetragene Wort-/Bildmarke „Potsdam“ berufen, die unter anderem für „Werbung, Unternehmensverwaltung, Geschäftsführung, Büroarbeiten; Erziehung, Ausbildung, Unterhaltung, sportliche und kulturelle Aktivitäten; Verpflegung, Beherbergung von Gästen, ärztliche Versorgung, Gesundheits- und Schönheitspflege“ in Kraft steht.

797 WIPO Case No. D2001-1423: der Beschwerdeführer, die „Zurich Insurance Company“, konnte sich insbesondere auf die eingetragene Wortmarke „ZURICH“ stützen.

nisationen auf ihr freilich unbestreitbares, originäres Namensrecht pochten, so z. B. in den Verfahren um „portofhelsinki.com“[798], „brisbanecity.com“[799], „heidelberg.net“[800], „sachsen-anhalt.com“[801] oder gar „newzealand.com“[802].

Diese indolent wortlautgetreue Anwendung der UDRP wurde, wenn man so will, „rechtspolitisch“ überwiegend – übrigens auch von den befassten Panels selbst[803] – als unbefriedigend empfunden. Dennoch hat man trotz der diesbezüglich eingesetzten Diskussion und ausweislich der sog. „Reports“[804] an der vorbeschriebenen Regelung und Grundsätzen festgehalten: Denn diese seien unter den gTLDs zunächst mal für die Warenwirtschaft entwickelt und für eben diese anwendbar[805]. 602

Das Problem liegt in der Tat darin begründet, dass das Registrieren von Domains geographischer Herkunftsbezeichnungen in Alleinstellung zwar durchaus unseriös („*cheap and tawdry*“) sein kann und fraglos oftmals den Verkehr zu täuschen bestimmt sein wird, aber eben nicht notwendiger Weise eine Verletzung von geschützten (Kennzeichen-)Rechtspositionen darstellen muss – mag es auch in anderer Hinsicht rechtlich angreifbar sein. Das Schiedsverfahren dient aber nun mal nicht als Entscheidungsinstanz für Eingriffe außerhalb des Wirkungskreises formeller Markenrechte, also z. B. in wettbewerbsrechtlicher oder deliktischer Hinsicht. Hier bleibt nur der – bislang fraglos beschwerliche und risikoreiche – Weg zu den ordentlichen Gerichten nationaler Rechtsordnungen. 603

Auch der Verweis auf eben diese nationalen Rechtsordnungen zu Namensrechten hilft hier nicht weiter. So können sich beispielsweise nach Maßgabe des deutschen Rechtes Gebietskörperschaften zwar regelmäßig auf Namensrechte nach § 12 BGB berufen und setzen sich hiernach – soweit ein bestimmter Bekanntheitsgrad erreicht ist – sogar gegenüber gleichnamigen natürlichen Personen durch. Genau diese „bloßen“ Namensrechte sind aber – wie bereits oben unter Rn. 586 ff. gezeigt – bewusst *nicht* in den Anspruchskatalog des UDRP aufgenommen worden[806]: 604

> *„[…] there is* ***a major problem in respect of applicable law because of the different systems that are used, at the national level, to protect geographical indications****. For example, suppose that there is a geographical indication* ***recognized and protected as such under the law of country A, but considered to be generic and descriptive under the law of country B****. A resident carrying on business in country B registers, with a registrar based in country B, the geographical indication as a domain name and sells, from the website accessed through that domain name, goods that are available for purchase only by residents in country B. The person has no connection whatsoever with the locality covered by the geographical indication. What law applies to determine whether the registration and use of the domain name constitutes a violation of the protection of the geographical indication?“*

798 WIPO Case No. D2001-0002.
799 WIPO Case No. D2001-0047.
800 WIPO Case No. D2001-1500.
801 WIPO Case No. D2002-0273.
802 WIPO Case No. D2002-0754.
803 Siehe z. B. WIPO Case No. D2002-0273.
804 Derzeit immer noch aktuell: „Reports of the Second WIPO Domain Name Process“, siehe *http://www.wipo.int/amc/en/processes/process2/report/*.
805 „existing legal framework … was developed for, and applies to, trade in goods“, reports, *http://www.wipo.int/amc/en/processes/process2/report/*, Ziff. 240.
806 Reports, *http://www.wipo.int/amc/en/processes/process2/report/*, Ziff. 241.

605 Die unterschiedlichen Maßgaben der nationalen Rechtsordnungen zu dieser Frage führen eben weiterhin zum „kleinsten gemeinsamen Nenner“: denn Markenrechte, entstehen entweder durch die Publizität einer Registereintragung oder – obgleich eben auch das strittig – durch Vorliegen der Voraussetzungen einer Benutzungsmarke. Es empfiehlt sich also für Länder, Städte und Gemeinen, für Interessenvertreter der Regionen sowie besonderer Orte im Falle eines Domainstreites vor dem Panel dem Rechnung zu tragen, und den Schutz nach der UDRP durch Darlegung einer derartigen Rechtsposition zu untermauern – einen Schiedsspruch gegen den Domaininhaber zu erwirken dürfte in Ansehung der weiteren Voraussetzungen nach § 4 (a) (i) UDRP häufig selbst dann schwierig genug sein[807].

606 bb) **Identität oder verwechslungsfähige Ähnlichkeit zwischen Marke und Domain Name.** Liegt ein anspruchsbegründendes Markenrecht vor, so muss im nächsten Schritt geprüft werden, ob der in Rede stehende Domainname in der Zeichenfolge identisch oder verwechslungsfähig mit diesem Markenrecht ist („*domain name is identical or confusingly similar to a trademark or service mark*“). Bei der Prüfung der verwechslungsfähigen Ähnlichkeit ist dabei allein die *Second Level Domain beachtlich*; die generischen Top Level Domains „.com“, „.net“, „.org“; „.info“ und „.biz“ etc. haben eine anerkanntermaßen rein funktionale Bedeutung und bleiben mithin bei der Gesamtbewertung ebenso wie Bindestriche und Zusammenschreibung außer Betracht.

607 Wann dann zumindest von einer verwechslungsfähigen Ähnlichkeit ausgegangen werden kann, ist natürlich schon unter dem Regime des jeweiligen nationalen Kennzeichenrechts regelmäßig eine Frage des Einzelfalls. Dies allein schon deswegen, da ein erforderlicher schriftbildlicher und phonetischer Abgleich der gegenüberstehenden Zeichenfolgen in der Bewertung vor dem Hintergrund bestimmter Waren und Leistungsbilder immer ein gewisses „subjektives“, wertendes Element hat. Allein in einer richterrechtlichen Ausprägung der Bewertungsgrundlagen kann letztlich zur Rechtsklarheit und -vereinheitlichung in genügendem Maße beitragen werden.

608 Eine vergleichbare „schiedsrichterrechtliche“ Ausprägung von Entscheidungsgrundsätzen wird vorliegend wie bereits beschrieben durch die „autonomen“ Regeln der UDRP bzw. der RUDRP gerade nicht gestützt. Die Regeln selbst stellen insoweit allerdings auch keine originären Entscheidungskriterien zur Verfügung, so dass die Panels in der Tat zu leider recht unterschiedlichen Auffassungen neigen:

609 (a) **Markenrechtliche Auslegung.** So wird zum einen der Begriff der „Ähnlichkeit“ markenrechtlich eng ausgelegt und das Vorliegen einer Verwechslungsfähigkeit daran festgemacht, ob nach der Kennzeichnungskraft des Markenrechtes, dem Ähnlichkeitsgrad der sich gegenüberstehenden Zeichen sowie dem der geschützten bzw. unter der Domain angebotenen Waren und Dienstleistungen die Gefahr einer betrieblichen *Herkunftsverwechslung* zu besorgen ist[808].

---

807 Siehe *Kur- und Verkehrsverein St. Moritz v. StMoritz.com,* WIPO Case No. D2000-0617: der Verkehrsverein vermochte immerhin auf eingetragene Markenrechte in 27 Ländern zu verweisen; dennoch wurde die Beschwerde abgewiesen, da ein „legitimes Interesse“ des Domaininhabers nicht ausgeschlossen und jedenfalls „Bösgläubigkeit“ nicht festgestellt werden konnte.

808 Siehe z. B. AltaVista Company v. Geoffrey Fairbairn, WIPO Case No. D2000-0849; Sallie Mae, Inc. v. Michele Dinoia, WIPO Case No. D2004-0648; so auch nach der Deutschen Rechtsprechung die sog. „Wechselwirkungslehre“, vgl z. B. BGH, GRUR 1995, 216.

Stellt man insoweit aber auf die „subjektive“ Sicht des Internetnutzers ab, ob also Inhalts- und Informationsangebote in verwechslungsfähiger Weise unter der besagten Domain eingestellt wurden, so würde dies dazu führen, dass beispielsweise Verwendungsformen wie die der pejorativen Zusätze oder diffamierende Webinhalte aus dem Anwendungsbereich der § 4 (a) UDRP fallen, da eine „Verwechslung“ im subjektiven Sinne sich derart ausschließen dürfte[809]. Dies erscheint mit der Intention des Verfahrens, eine missbräuchliche Verwendung im weiten Sinne zu sanktionieren, nicht vereinbar[810]. 610

Gegen diese Auffassung spricht weiter, dass die Subsumtion eines Sachverhaltes in diesem Sinne zwangsläufig *alle Umstände* im Zuge der angegriffenen Nutzung der Domain bewerten müsste, was dem eher „summarischen“ Verfahren der UDRP sowie den insoweit beschränkten Beweismöglichkeiten widerspräche. Auch im „erweiterten“ Auslegungsbereich des § 15 (a) RUDRP dürfte für die Schiedsgerichte eine letztlich im engen Sinne markenrechtliche Prüfung durchgreifend schwierig sein; nicht zuletzt deswegen, da unterschiedliche Verkehrskreise in unterschiedlichen Rechtsräumen zu einer „vereinheitlichten“ Bewertung jedenfalls nicht immer herangezogen werden können. 611

(b) **Hinreichende Zeichenähnlichkeit.** Man wird daher mit der wohl herrschenden Auffassung der Panels bereits von einer „Verwechslungsgefahr“ im Sinne § 4 (a) (i) UDRP auszugehen haben, wenn zwischen Marke und Domain nach dem Gesamteindruck eine *hinreichende Zeichenähnlichkeit in klanglicher, schriftbildlicher oder begrifflicher Hinsicht besteht*[811]. Bei der Betrachtung der gegenüberstehenden Zeichen sind die Waren und Dienstleistungen, die ggf. über die Domain beworben werden, und mithin der Schutzumfang des in Rede stehenden Markenrechts außer Acht zu lassen[812]. 612

(c) **Einzelfallbewertung.** Letztlich wird aber immer die Einzelfallbewertung entscheidend sein und es verbieten sich hier allzu schematische Bewertungsansätze; je unterscheidungsschwächer der Wortbestandteil der angeführten Marke grundsätzlich ist, desto eher können auch leichte Veränderungen zum Ausschluss der Ähnlichkeit führen. In den Fällen, in denen man sich aber erkennbar an (insbesondere natürlich bekannte) Markennamen durch bestimmte Modifikationen in der Zeichenfolge *anlehnen* möchte, wird indes regelmäßig eine Ähnlichkeit angenommen, selbst wenn sich das Wort phonetisch ganz deutlich unterscheiden sollte. Als klassische Fallkonstellationen werden regelmäßig genannt: 613

- Falschschreibungen („Typosquatting“)[813],
- Unterscheidung einzelner Zeichenteile durch Zahlenzusatz bzw. -ersatz[814],

809 Siehe hierzu *Bettinger*, Handbuch des Domainrechts, Teil 3, Rn. 293.

810 Siehe § 4 (b) (i) bis (iv) UDRP.

811 Siehe z. B. WIPO Case No. D2000-0441; WIPO Case No. D2000-0264.

812 Siehe z. B. WIPO Case No. D2001-0932.

813 Siehe z. B. Volvo Trademark Holding AB v. Unasi, Inc., WIPO Case No. D2005-0556 – „vlovo.com“; Bang & Olufsen a/s v. Unasi Inc., WIPO Case No. D2005-0728 – „bagolufsen.com“; Amazon.com, Inc. v. Steven Newman a/k/a Jill Wasserstein a/k/a Pluto Newman, WIPO Case No. D2006-0517 – „qmqzon.com“.

814 Siehe z. B. Louis Vuitton Malletier v. Enrico Villa, WIPO Case No. D2000-0721 – „louisvuittoncup2003.org“; Cellular One Group v. Digital Communications, Inc., WIPO Case No. D2001-0189 – „digital1.org“; CPP, Inc. v. Virtual Sky, WIPO Case No. D2006-0201 – „skills1.com“.

- rein beschreibende Komponenten[815],
- Geographische Zusätze[816],
- sog. pejorative Zusätze („Fuck“, „No“, „Sucks“, „Anti“)[817].

614 Bei Vorliegen einer objektiv verwechslungsfähigen Ähnlichkeit wird der Domaininhaber das Vorliegen der Voraussetzungen unter § 4 (a) (i) UDRP auch nicht etwa dadurch ausschließen können, dass er auf seiner Webseite unter dieser Domain sich irgendwie „inhaltlich“ im Weiteren vom Markeninhaber distanziert[818].

615 cc) Zu § 4 (a) (ii) – **eigenes Recht oder berechtigtes Interesse.** Soll der Löschungs- oder Übertragungsanspruch greifen, darf nach Maßgabe von § 4 (a) (ii) UDRP der Domaininhaber im Weiteren kein „*eigenes Recht oder berechtigtes Interesse*“ an der in Rede stehenden Domain geltend machen können. Da sich zumindest im zweiten Teil dieser Voraussetzung wiederum ein recht weites Anwendungsfeld eröffnet, hilft § 4 (c) (i) bis (iii) UDRP erfreulicher Weise weiter und benennt drei Regelbeispiele, wonach vom erfolgreichen Nachweis eines eigenen Rechts oder berechtigten Interesses ausgegangen werden kann:

616 Dieses soll danach vorliegen, wenn

- nach einer Gesamtwürdigung aller vorgetragenen Beweismittel festgestellt werden kann, dass der Domain-Inhaber den Domain Namen oder einen diesem entsprechenden Namen vor Anzeige[819] der Streitigkeit für ein gutgläubiges Angebot von Waren oder Dienstleistungen verwendet oder eine solche Verwendung nachweislich vorbereitet hat, oder
- der Domaininhaber allgemein (als Einzelperson, Unternehmen oder andere Organisation) unter dem Domain Name bekannt ist, selbst wenn er eine Marke nicht erworben hat, oder
- der Domaininhaber den Domain Name in berechtigter nichtgewerblicher oder sonst anerkennenswerter Weise ohne Gewinnerzielungsabsicht und ohne den Willen, Verbraucher in irreführender Weise abzuwerben oder die fragliche Marke zu verunglimpfen, verwendet.

---

815 Siehe z. B. PepsiCo, Inc. v. PEPSI, SRL and EMS COMPUTER INDUSTRY, WIPO Case No. D2003-0696 – „pepsiadventure.com“; Microsoft Corporation v. S. L., Mediaweb, WIPO Case No. D2003-0538 – „msnporno.com“; The Hotel Ritz, Limited v. Kim Min-Kouk, WIPO Case No. D2004-0154 – „weddingritz.com“.

816 Siehe z. B. Dell Computer Corporation v. MTO C. A. and Diabetes Education Long Life, WIPO Case No. D2002-0363 – „dellaruba.com“; Volvo Trademark Holding AB v. SC-RAD Inc., WIPO Case No. D2003-0601 – „volvopolska.com“; anders u. U. dann, wenn die geographische Angabe lediglich einen generischen Begriff ergänzt, vgl. One Creative Place, LLC v. Kevin Scott, WIPO Case No. D2006-0518 – „montrosejetcenter.net“; Digital City, Inc. v. Smalldomain, WIPO Case No. D2000-1283 – „digitalcitymap.com“.

817 Siehe z. B. Diageo plc v. John Zuccarini, Individually and t/a Cupcake Patrol, WIPO Case No. D2000 – 0996 – „guinness-really-sucks.com“; Societé Air France v. Virtual Dates, Inc, WIPO Case No. D2005-0168 – „airfrancesucks.com“; Koninklijke Philips Electronics v. Kurapa C. Kang, WIPO Case No. D2001-0163 – „antiphilips.com“.

818 DaimlerChrysler Corporation v. Brad Bargman, WIPO Case No. D2000-0222 – „DODGEVIPER.COM“.

819 Im englischen Wortlaut: „*before any* ***notice to you*** *of the dispute*“, also durchaus nicht: „*vor Kenntnisnahme*“; anders offenbar *Bettinger*, Handbuch des Domainrechts, 2008, Teil 3, Rn. 124, in Bezug auf den Vergleich zu dem Streitbeilegungsverfahren unter der ADR – mit dem dann allerdings berechtigten Hinweis auf die Problematik, dass hiernach bereits nach Kenntnis der Streitigkeit aber vor der Ankündigung des Schiedsverfahrens der Domaininhaber mit der Verwendung der Domain beginnen kann.

617 Obgleich sich diese Auflistung nun eigentlich auf *anspruchsausschließende* Umstände bezieht, ist es zunächst Sache des Beschwerdeführers, einen Sachverhalt vorzutragen und zu beweisen, aus dem sich ergibt, dass dem Domaininhaber im vorgenannten Sinne *kein* Recht oder berechtigtes Interesse an dem Domain Name zusteht[820].

618 In der Praxis ist es freilich so, dass ein substantiierter Vortrag von Tatsachen ausreicht, aus denen sich ein entsprechender erster Anschein („prima facie") verfestigen kann; sozusagen im Rahmen einer dann sekundären Darlegungs- und Beweislast muss hiernach der Domaininhaber zu seinem nichtsdestotrotz bestehenden Recht oder berechtigten Interesse an der Domain vortragen. Für den Fall aber, dass sich die Umstände der „Einwendungen" des Domaininhabers nicht aufklären lassen, bleibt damit letztlich der Beschwerdeführer beweisfällig, d. h. das Verfahren endet aufgrund der offenen Tatsachenfragen mit der Zurückweisung. Das Panel stellt dann regelmäßig fest, dass der Domainstreit zur Lösung vor dem zuständigen nationalen Zivilgericht zu entscheiden ist.

619 Bei der Bewertung der Sachverhalte zum „eigenen Recht" oder dem „berechtigten Interesse" ist die Spruchpraxis des Panels ebenfalls nicht einheitlich; dennoch soll nachfolgend der Versuch einer vereinheitlichenden *Kategorisierung* unternommen werden.

620 (a) **Eigenes Recht.** Als „eigenes Recht" im Sinne des § 4 (a) (ii) UDRP gilt *jedes Kennzeichenrecht*, auf das sich der Domaininhaber seinerseits berufen kann, soweit es *vor Initiierung des Verfahrens* bestand und identisch mit dem Domainnamen ist oder zumindest mit diesem in wesentlichen Bestandteilen übereinstimmt. Dabei ist wiederum der räumliche oder sachliche Schutzumfang des Kennzeichenrechts ohne Belang. Anders als bei § 4 (a) (i) ist dieses Recht auch nicht von der Publizität einer Registereintragung oder den besonderen Anforderungen einer formalen Benutzungsmarke abhängig; genügend ist irgendein nach *nationalem Recht begründetes Kennzeichenrecht*, soweit es nach dessen Entstehungs- bzw. Tatbestandsvoraussetzungen nachgewiesen werden kann – und nicht anhand der zu bewertenden Umstände ersichtlich ist, dass es als solches (rechtsbeständig oder nicht) gerade in Missbrauchsabsicht generiert wurde[821].

621 (b) **Berechtigtes Interesse.** Die sich aus dem vorgetragenen Gesamtzusammenhang erschließende reine „private", also nichtkommerzielle und auch nicht irgendwie „instrumentalisierte" Nutzung der begehrten Domain ist wie oben unter Rn. 616 dargestellt, nicht zu beanstanden. Im Übrigen können bei dem Kriterium des „berechtigten Interesses" unterschiedliche „Interessenbereiche" wiederum nur exemplarisch zusammengefasst werden, die sich von einem Kennzeichenrecht im vorgenannten Sinne unterscheiden und zu denen sich erkennbar eine gewisse Spruchpraxis herausgebildet hat:

622 (1) **Beschreibende Begriffe.** Zwar können nach den zu Grunde liegenden Rechtsordnungen Kennzeichenrechte im Sinne eines ausschließlichen „eigenen Rechtes" an rein sach- oder leistungsbeschreibenden Begriffen jedenfalls nicht ohne Weiteres entstehen. Dennoch vermag sich der angegriffene Domaininhaber regelmäßig dann erfolgreich auf den beschreibenden Charakter seiner Domain zu berufen, wenn er eben allein *diesen* Umstand für sich nutzen wollte,

---

820 Siehe § 4 (a) Satz 2 UDRP: „complainant must prove that each of these three elements are present".

821 Siehe z. B. WIPO Case No. D2000-0847.

also unter der Domain eine tatsächlich erfolgte oder zumindest nachweisbar geplante gutgläubige Verwendung für ein *entsprechendes Angebot von Waren und Dienstleistungen* vorzuweisen vermag[822].

623 Da nun eine derartige Verwendung aus unterschiedlichen Gründen häufig im Stadium einer Planungs- und Konzeptionsphase verbleibt, haben die Panels in einigen Fällen selbst dann auf ein berechtigtes Interesse erkannt, wenn im Kern tatsächlich nur auf die beschreibende Bedeutung der Domain selbst abgestellt werden konnte, so zum Beispiel im Fall *Tightrope Media Systems Corporation v. DomainCollection.com* über die Domain „cablecast.net“[823]:

> „The registration of common words as domain names, and the posting of advertising or hyperlinks relevant to that common word, can be a legitimate interest if the advertising and links are clearly and directly related to the common word. Advanced Drivers Education Products and Training, Inc. v. MDNH, Inc (Marchex), FA 567039 (Nat. Arb. Forum Nov. 10, 2005) (respondent had legitimate interest in <teensmart.com> domain name because site contained paid links of a teen-oriented nature); Landmark Group v. Digimedia.com, L. P., FA 285459 (Nat Arb. Forum August 6, 2004) (respondent had legitimate interest in <landmarks.com> domain name because site contained paid links to „landmark“-related websites). **Because there is a direct connection between Respondent's use and the Domain Name, and because the Complainant has not submitted other evidence showing that Respondent's website is a mere pretext or that Respondent otherwise has exhibited conduct showing that it lacks a legitimate interest in the Domain Name, Complainant has not *succeeded in proving that Respondent lacks any rights or legitimate interests in the Domain Name.*“**

624 Allerdings wird eine derart unbeschränkt „weite“ Auffassung des berechtigten Interesses vor dem Hintergrund der Darlegungs- und Beweislast des Beschwerdeführers wohl von den meisten Panels nicht geteilt, insbesondere jedenfalls dann, wenn es eben um die „bloße Behauptung“ einer geplanten Nutzung von Waren und Dienstleistungen unter einer diese beschreibenden Domain geht – ohne das weitere (Gegen-)Beweisantritte geführt werden können.

625 Als Beschwerdeführer empfiehlt es sich jedenfalls, bei Domainnamen mit beschreibenden Begrifflichkeiten ausdrücklich darauf hinzuweisen, dass *konkrete Anzeichen* einer tatsächlichen oder geplanten Verwendung für ein entsprechendes Waren- und Dienstleistungsangebot nicht vorliegen, und wenn möglich zu Umständen vorzutragen, die dagegen auf eine Kenntnis der Marke des Beschwerdeführers schließen lassen. Denn es ist dann Sache des Domaininhabers, im Rahmen seiner „sekundären“ Darlegungslast seinerseits zu Umständen vorzutragen, die ein berechtigtes Interesse bei der Verwendung einer generischen Domain überdies stützen (also z. B. Businesspläne, Werbung, Verträge, eigene Expertise im entsprechenden Geschäftsbereich etc.).

626 Der Domaininhaber dagegen sollte also selbst dann, wenn die angeführte Marke nicht weithin bekannt ist, den Anschein der „Bösgläubigkeit“ bei der Registrierung und Verwendung beschreibender Domains durch Nachweise der zumindest geplanten Verwendung *zeitlich vor Initiierung des Schiedsverfahrens* zu zerstreuen suchen.

---

822 Siehe z. B. City Utilities of Springfield, Missouri, aka City Utilities v. Ed Davidson, WIPO Case No. D2000-0407 – „cityutilities.com“; Physik Instrumente GmbH. & Co. v. Stefan Kerner and Jeremy Kerner and Magic Moments Design Limited, WIPO Case No. D2000-1001 – „pi.com“.

823 WIPO Case No. D2006-0446; siehe auch Commune of Zermatt and Zermatt Tourismus v. Activelifestyle Travel Network, WIPO Case No. D2007-1318 – „zermatt.com“.

627 (2) **„Freedom of Speech" und „Fair Use".** Für den Fall, dass eine mit dem Markenrecht des Beschwerdeführers kollidierende Domain dafür genutzt wird, um sich kritisch, bewertend oder parodistisch mit den Leistungen und Produkten des Markeninhabers auseinanderzusetzen, haben sich sozusagen zwei große „Richtungen" in der Bewertung der Panels herausgebildet[824]:

628 Teils wird selbst vor dem Hintergrund des *Rechtes zur freien Meinungsäußerung* ein berechtigtes Interesse an der Registrierung bzw. Nutzung von identischen oder verwechslungsfähig ähnlichen Markenrechten strikt verneint[825]; so ließ sich z. B. das Panel im Falle *estelauder.net* auch vor dem Hintergrund der nicht in Abrede gestellten bloßen „kritischen" Berichterstattung über Produkte der Fa. Estée Lauder Inc. vom Recht des Domaininhabers nicht überzeugen (dies wohlgemerkt, obgleich die besagte Domain noch nicht mal identisch mit der richtigen Schreibweise der Markeninhaberin gewesen ist)[826]:

> „Once again, Respondent may well, and likely does, **have extensive rights of free speech to provide a platform to criticize Complainant and a right to the fair use of Complainant's marks in so doing**. The contents of Respondent's websites may also be a perfectly legitimate use of those rights. But Respondent **could well have chosen to use a domain name that was not confusingly similar to Complainant's and/or in which Complainant had no rights**; it **intentionally** chose not to do so. See Gallo, supra, Brandon Dunes L. P. v. Default Data.com Case No. D2000-0431; Compagnie de Saint Gobain v. Com-Union Corp. Case No. D2000-0020. **Respondent's free expression rights do not here give it a right or legitimate interest in the domain names at issue**."

629 Das Panel unterscheidet hier also zwischen dem unbenommenen Recht der Meinungsäußerung und sozusagen deren „Transportweg", über dem dies geschieht: d .h. es verweist auf die Möglichkeit, über eine andere Domain die Meinung zur Anschauung zu bringen, als über die einer in ihrer Zeichenfolge identischen oder ähnlichen Domain.

630 Anderenteils sollen in den Fällen, in denen es nach den erkennbaren Gesamtumständen ausschließlich darum geht, öffentliche Kritik zu üben, die Grundsätze der freien Meinungsäußerung dann den entscheidenden Ausschlag geben, wenn das „Informationsangebot" des Domaininhabers *keinen kommerziellen Hintergrund* hat und der Markeninhaber auch nicht durch die Vorenthaltung einer verwechslungsfähigen Domain „unlauter" *behindert* wird. Eine „berechtigte nicht gewerbliche Nutzung" i. S. d. § 4 (c) (iii) UDRP soll dann in der Möglichkeit gesehen werden, unter einem Domainnamen diese Kritik einzustellen, welche für interessierte Kreise *einfacher gefunden* werden kann, selbst wenn dieser verwechslungsfähig ist. Vertreter dieser Auffassung finden sich vorzugsweise in Verfahren, bei denen beide Parteien ihren Sitz in den USA haben, so dass der Einschlag der US-Rechtssprechung zur *„Freedom of Speech"* deutlich vernehmbar ist. So hat z. B. das Panel im Falle *„bridgestone-firestone.net"* ein berechtigtes Interesse insbesondere vor dem Hintergrund

---

824 Für einen Gesamtüberblick empfehlenswert: *http://www.wipo.int/amc/en/domains/search/overview/index.html.*

825 Siehe z. B. Skattedirektoratet v. Eivind Nag, WIPO Case No. D2000-1314; Myer Stores Limited v. Mr. David John Singh, WIPO Case No. D2001-0763; Triodos Bank NV v. Ashley Dobbs WIPO Case No. D2002-0776; The Royal Bank of Scotland Group plc, National Westminster Bank plc A/K/A NatWest Bank v. Personal and Pedro Lopez, WIPO Case No. D2003-0166 and Kirkland & Ellis LLP v. DefaultData.com, American Distribution Systems, Inc., WIPO Case No. D2004-0136.

826 Estée Lauder Inc. v. estelauder.com, WIPO Case No. D2000-0869.

erkannt, dass dem Markeninhaber ja die gleichnamige Domain unter „.com“ verbleiben würde[827].

631 Eine neuere Rechtssprechung will hier offenbar „vermitteln“: sie vermeidet im Sinne der UDRP eine zu nahe Anlehnung an nationale Rechtsgrundsätze und stellt letztlich allein auf die *intendierte Wirkung im Verkehrskreis* ab, unabhängig von der rechtlichen Bewertung der dahinter stehenden, weiteren „Absicht“. So (mit einer sehr ausführlichen Begründung) *1066 Housing Association Ltd. v. Mr. D. Morgan*[828]:

> „The basic difficulty with using a domain name that is identical to a trademark is that in most cases the **domain name because of its identical nature will be perceived by the public as being in some manner authorized by the trademark owner**. Essentially, by adopting that domain name the registrant is making a false representation to the world as to who he is. Perhaps there will be cases where as a matter of fact a respondent will be able to show that the domain name is not perceived by the public in this way. Nevertheless, in the absence of such evidence, a panelist can reasonably assume that such a false representation is being made.“
> „This conclusion involves no real curtailment of the principles of free speech. **What is being curtailed is not free speech, but impersonation**. **A respondent can always choose a domain name that does not carry with it the perception of being authorised by the trademark owner.** It is also an approach that involves no judgment being made on the content of the criticism site. [...] It is one thing for a person to stand on a street corner and to voice his concerns about and criticism of a trademark owner. **It is quite another to pretend to passers by that you represent the trademark owner and once you have caught their attention to reveal your true identity and real intentions**. The same is so on the Internet.“

632 Dem dürfte vom dem Hintergrund von § 4 (a) (iii) UDRP (“*a legitimate non-commercial or fair use of the domain name, without intent for commercial gain to misleadingly divert consumers or to tarnish the trademark or service mark at issue*“) letztlich zuzustimmen sein; anderenfalls würde man tatsächlich den verschiedenen Auslegungen nationaler Rechtsordnungen Tür und Tor öffnen und damit das internationale Schiedsverfahren letztlich entwerten.

633 Entscheidend ist also, ob die Domain erkennbar gerade deshalb registriert bzw. genutzt wird, weil sie ihrer Art nach ohne Weiteres geeignet ist, den Nutzer (zunächst) über deren Verwender zu täuschen; die damit weitergehend verfolgte Absicht mag „redlich“ oder nicht sein, sie bleibt an dieser Stelle außer Betracht.

634 (3) **Domaininhaber als (Vertrags-)Händler der Marken.** Ob „Reseller“ von Markenprodukten die entsprechenden Marken ohne zuvor eingeräumte Nutzungsrechte in Alleinstellung oder mit generischen Zusätzen als Domain verwenden dürfen, ist ebenfalls umstritten.

635 In einigen Entscheidungen wurde bereits die vertragliche oder zumindest erlaubte Stellung als Reseller der Produkte des Markeninhabers als berechtigtes Interesse gewertet, wenn der Reseller die Domain bereits zum Angebot entsprechender Waren- und Dienstleistungen verwendete oder entsprechende Vorbereitungen nachweisen konnte, und derart zur legitimen Nutzung „befugt“

827 Bridgestone Firestone, Inc., Bridgestone/Firestone Research, Inc., and Bridgestone Corporation v. Jack Myers, WIPO Case No. D2000-0190; siehe auch TMP Worldwide Inc. v. Jennifer L. Potter, WIPO Case No. D2000-0536, and Howard Jarvis Taxpayers Association v. Paul McCauley, WIPO Case No. D2004-0014.

828 WIPO Case No. D2007-1461.

sei[829]. Selbst in Fällen, in denen lediglich Zubehör zu den Markenprodukten angeboten wurde, hat man schon auf ein berechtigtes Interesse erkannt, wenn zum Zeitpunkt des Beschwerdeantrags die Domain in diesem legitimen Sinne bereits im geschäftlichen Verkehr genutzt wurde[830].

Richtiger Weise und nach der wohl immer noch herrschenden Auffassung der Panels dürfte der bloße legitime Handel mit Markenprodukten für sich jedenfalls noch kein anerkennenswerter Grund sein, die Marke als Domain *in Alleinstellung* oder auch nur als *prägender Bestandteil* des Domainnamens zu nutzen. Eine oftmals rein gewillkürte, wenngleich auch rechtlich zulässige Geschäftstätigkeit mit den Produkten eines Markeninhabers vermittelt dem Reseller insoweit noch kein berechtigtes Interesse an der Domain nach § 4 (a) (ii) UDRP[831]. Dies jedenfalls dann, wenn die generelle Verwendung der Marke des Beschwerdeführers durch den Reseller in kennzeichenrechtlicher Weise und eben ohne markenrechtliche „Lizenz" erfolgt. **636**

Vgl. insoweit aber die markenrechtlichen Schranken nach deutschem Recht (§ 24 MarkenG): der Inhaber einer Marke hat nicht das Recht, einem Dritten zu untersagen, die Marke oder die geschäftliche Bezeichnung für Waren zu benutzen, die unter dieser Marke oder dieser geschäftlichen Bezeichnung von ihm oder mit seiner Zustimmung im Inland, in einem der übrigen Mitgliedstaaten der Europäischen Union oder in einem anderen Vertragsstaat des Abkommens über den Europäischen Wirtschaftsraum in den Verkehr gebracht worden sind. „Erschöpft" ist damit auch das Recht, werblich auf die mit der Marke gekennzeichneten Produkte hinzuweisen und dabei wiederum die Marke zu verwenden. Die Marke kann also grundsätzlich für den Verkauf gleichnamiger Produkte verwendet werden, soweit ein unmittelbarer Bezug zum Originalprodukt vorliegt. Dies ist immer dann der Fall, wenn das konkrete Produkt als solches (z. B. in einem Online-Shop) beschrieben wird, und der angesprochene Verkehrskreis die Zeichenfolge daher auch nicht nach Art ihrer Verwendung als einen allgemeinen Hinweis auf Ihren Geschäftsbetrieb (als solchen) verstehen kann. – Die Verwendung der Marke oder deren relevanter Teile als Domain wäre hiernach für sich also ***nicht*** umfasst, ein berechtigtes Interesse nicht erkennbar.

(4) **Fan-Websites.** Auch in den Fällen, in denen dem Vernehmen nach eine Domain nur registriert wird, um unter dieser eine „Fan-Website" für eine bekannte Marke zu betreiben, wird von den Panels regelmäßig noch kein berechtigtes Interesse erkannt. Dies jedenfalls dann, wenn der Domaininhaber und Beschwerdegegner wiederum lediglich auf eine derartige Absicht hinweist – ohne dass dies durch entsprechende Inhalte oder Maßnahmen im Weiteren belegt werden kann und die Umstände dann eher auf die bloße Generierung von „Traffic" hindeuten, so im Falle *Tom Cruise v. Network Operations Center/Alberta Hot Rods*[832]: **637**

"Respondent has used the disputed domain name to direct Internet users to a website, which for five years (according to Respondent) did not include biographical information about Complainant, **but substantial advertisement of third-party products**. [...] Most recently, the disputed domain name has identified a site almost **wholly devoted to third-party products and advertisement**. The Panel does not consider this pattern of usage of the disputed domain name to constitute a bona fide offer of services (whether or not „prior to notice" of a dispute). The Panel considers that Respondent **has attempted to take unfair advantage of Complainant's rights in his mark by using it to attract Internet users to a website largely devoted to third-party advertisement and links**.

829 Draw-Tite, Inc. v. Plattsburgh Spring Inc, WIPO Case No. D2000-0017.

830 Siehe DaimlerChrysler AG v. Donald Drummonds, WIPO Case No. D2001- 0160 – „mercedesshop.com".

831 Siehe z. B. Ferrero S. p. A. v. Fistagi S. r. l., WIPO Case No. D2001-0262; Raymond Weil SA v. Watchesplanet (M) Sdn Bhd, WIPO Case No. D2001-0601.

832 WIPO Case No. D2006-0560; siehe auch Tia Carrere v. Steven Baxt, WIPO Case No. D2005-1072.

Respondent's alleged bona fide use of the disputed domain name is a pretext for attracting Internet users to its advertising and revenue-generating site."

638 Richtiger Weise dürfte es, wenn jedenfalls nicht unwesentliche geschäftliche Interessen mit der Nutzung einer solchen „Fan-Website" vom Beschwerdeführer glaubhaft vorgetragen werden können, der Domaininhaber insbesondere vor dem Hintergrund der bereits angesprochenen eintretenden „sekundären Beweislast" schwer haben, gegenüber dem Markeninhaber noch auf ein berechtigtes Interesse im Sinne der § 4 (a) (ii) UDRP zu verweisen[833]. Dies zumindest dann, wenn nicht der „Fan"-Charakter der Website-Inhalte redaktionell im Vordergrund steht und gar etwaige „Werbemaßnahmen" dem Umfang nach etwa zur bloßen Finanzierung der Unkosten nicht gerechtfertigt werden können.

639 Allerdings ist in vergangenen Fällen, in denen unter Beweis gestellt worden oder anhand der Inhalte ersichtlich war, dass der Domain Name *bereits zum Zeitpunkt des Beschwerdeantrags* für eine „Fan-Website" genutzt wurde, – nicht ohne begründete Kritik – auch ein berechtigtes Interesse i. S. d. § 4 (a) (ii) UDRP bejaht worden. Gerechtfertigt wurde dies damit, dass anderenfalls die Gefahr bestünde, die Markeninhaber könnten sich durch die Übertragung des Domainnamens an den von ihren Fans eingerichteten Websites bereichern[834].

640 Eine ganz einheitliche Spruchpraxis kann also auch hier nicht festgestellt werden: So haben anderenteils Panels entschieden, dass es zwar jedem freistehe, die Produkte eines Dritten zu unterstützen; dennoch sei es das Privileg des Markeninhabers selbst zu entscheiden, ob und wie seine Marke im Zusammenhang mit der Vermarktung seiner Produkte eingesetzt werde[835].

641 Im Ergebnis dürfte es richtiger Weise wieder darauf ankommen, ob – eine nicht offenkundig kommerzielle Nutzung vorausgesetzt – der Domaininhaber durch die Nutzung einer Marke den Berechtigten in unzumutbarer Weise behindert, wobei die Umstände des Einzelfalles, z. B. die Identität mit der Marke, das Fehlen unterscheidungskräftiger Zusätze, die inhaltliche Verwechslungsfähigkeit oder die Nachhaltigkeit der nichtkommerziellen Nutzung durch den Domaininhaber eine erhebliche Rolle spielen. Auf diese ist dann in der Beschwerdebegründung tunlichst einzugehen.

642 **dd) Zu § 4 (a) (iii) UDRP – bösgläubige Registrierung und Nutzung.** Als weitere kumulative Anspruchsvoraussetzung muss der Domainname „bösgläubig" registriert **und** genutzt worden sein (*„registered and is being used in bad faith"*). Dabei müssen aber zunächst einige Vorfragen geklärt werden:

643 Es ist zunächst zu beachten, dass in zeitlicher Hinsicht bei der „Registrierung" durch den Domaininhaber (oder wohlgemerkt durch seine „Gehilfen"[836]) auch vor einer Markeneintragung und deren Publizität von einer bösgläubigen Registrierung auszugehen ist, wenn dies vorab sozusagen in Kenntnis des zu erwartenden „Bedarfs" eines Rechteinhabers an der Nutzung einer bestimmten Second Level Domain erfolgt[837].

---

833 Siehe z. B. UNIVERSAL CITY STUDIOS, INC. V. G. A. B. ENTERPRISES, WIPO Case No. D2000-0416 – „fieldofdreams.com".
834 E-Resolution Case Np. AF-0348a, 348b – „tupac.net"/„tupac.com".
835 Nintendo of America Inc. v. Alex Jones, WIPO Case No. D2000-0998 – „legendofzelda.com".
836 Siehe WIPO Case No. D2000-0447.
837 Siehe z. B. WIPO Case No. D2000-864 oder Case No. D2002-0943.

Der Intention nach verhindert werden sollen charakteristische Missbrauchsfälle, namentlich eben das „Domain-Grabbing“ bzw. das „Cybersquatting“ (vom englischen Begriff „squatter“ = Hausbesetzer), bei denen der Domaininhaber auf den Wert bzw. auf die Verwertbarkeit der Domain zu Lasten eines berechtigten Markeninhabers *spekuliert*. Auch bei diesem letzten Prüfungspunkt gilt es aber, den generallklauselartigen Begriff der Bösgläubigkeit anhand von kategorischen Fallbeispielen zu konkretisieren, wobei wiederum die UDRP unter § 4 (b) (i-iv) UDRP eine – allerdings eben nicht abschließende – „Kasuistik“ gleich mitliefert. 644

So wurden unabhängig von den nachfolgend beschriebenen Regelbeispielen z. B. als weitere Indizien für die Bösgläubigkeit benannt: **unmittelbares Wettbewerbsverhältnis** zwischen den Parteien (WIPO Case No. D2000-0139); **Fehlerhafte Angaben** des Domaininhabers bei der Registrierung (National Arbitration Forum Case No. FA 94646); **Verstoß gegen eine Lizenzvereinbarung** zwischen den Parteien im Zusammenhang mit der Marke (National Arbitration Forum Case No. FA 92527); **Domainumschreibungen** unmittelbar nach Bekanntwerden des Schiedsverfahrens (WIPO Case No. D2004-0131).

Selbst bei deren Vorliegen werden aber immer die Gesamtumstände des Einzelfalls ausschlaggebend sein. Denn auch bei der Beurteilung einer Domain-Registrierung und Benutzung als „bösgläubig“ sind verständiger Weise stets die vorgetragenen oder ohne Weiteres ersichtlichen Gesamtbegleitumstände, unter denen eine Domain-Registrierung und -benutzung sich im Einzelfall vollzieht, zu berücksichtigen. Dabei besteht freilich eine gewisse „Wechselwirkung“ mit den bereits vorbeschriebenen Anspruchsvoraussetzungen, die dann im *Gesamtbild* unter dem Begriff der Bösgläubigkeit ausschlaggebend sein können: 645

So kann aus der Gesamtschau aller beschriebener Elemente tatsächlich *auch ohne Erfüllung einzelner exemplarischer „Missbrauchsfälle“* (siehe hierzu noch unten Rn. 653 ff.) dennoch eine Bösgläubigkeit bejaht oder umgekehrt bei deren Vorliegen letztlich verneint werden. Auch hier verbietet sich also eine zu schematische Herangehensweise, so dass im Weiteren nur „klassische“ Fallkonstellationen beschrieben werden können, bei denen nachweisbar die Domain dem Berechtigten entzogen wurde („Grabber“) und/oder nachweisbar die Domain missbräuchlich (nicht) „genutzt“ wurde („Squatter“). 646

(a) **Kumulative Anspruchsvoraussetzung.** Da nun oftmals die Umstände der *Registrierung* der Domain einerseits und die deren *Nutzung* andererseits unterschiedlich bewertet bzw. unterschiedlich leicht nachgewiesen werden können, stellt sich zunächst die – sozusagen „vor die Klammer“ zu ziehende – Frage des *Verhältnisses* von bösgläubiger Registrierung und bösgläubiger Benutzung: Nach dem durchaus eindeutigen Wortlaut unter § 4 (a) (iii) UDRP muss eigentlich das eine wie das andere „bösgläubig“ erfolgt und vom Beschwerdeführer gleichermaßen nachgewiesen sein; dennoch sind bereits an dieser Stelle unterschiedliche Auffassungen vertreten worden: 647

(b) **Nur bösgläubige Registrierung?** Verschiedentlich haben die Panels – allerdings ohne nähere Begründung – allein auf die bösgläubige *Registrierung* abgestellt[838]. Dies ist fraglos angreifbar, denn zwar sind vergleichbare Sachverhalte in der Bewertung durch die Schiedsgerichte wie bereits oben unter Rn. 566 dar- 648

838 Die freilich meist allein nachgewiesen werden konnte, so z. B. im Falle Sydney Markets Limited v. Nick Rakis trading as Shell Information Systems, WIPO Case No. D2001-0932: „*...the Respondent registered the domain name over 18 months ago, but has not (until this dispute) used the domain name in connection with a bona fide offering of goods or services. As a result, the panel finds that the Complainant has satisfied this element*“.

gestellt nicht durch abweichende Entscheidungen anderer Spruchkörper präjudiziert, aber doch in jedem Fall den eindeutigen Bestimmungen der UDRP unterworfen: Diese sieht nun gerade bewusst ein *Zusammenfallen* von bösgläubiger Registrierung und Nutzung vor; von einem etwaigen „Redaktionsversehen“ kann mithin keine Rede sein

> „These comments suggested that the definition should be expanded to include cases of either registration or use in bad faith, rather than both registration and use in bad faith. These comments point out that cybersquatters often register names in bulk, but do not use them, yet without use the streamlined dispute-resolution procedure is not available. While that argument appears to have merit on initial impression, it would involve a change in the policy adopted by the Board. The WIPO report, the DNSO recommendation, and the registrars-group recommendation all required both registration and use in bad faith before the streamlined procedure would be invoked. Staff recommends that this requirement not be changed without study and recommendation by the DNSO[839].“

649 (c) **Bösgläubige Registrierung und bösgläubige Nutzung?** Auf der anderen Seite halten daher die meisten Panels am kumulativen Vorliegen der bösgläubigen Registrierung und Benutzung fest, wobei eine solche Benutzung nur dann vorliegen soll, wenn der Domainname für eine Website oder sonstige Online-Präsenz *tatsächlich*, d. h. mit bestimmten eigenen oder zurechenbaren Informationsinhalten genutzt wird – ein bloßes „Registrierthalten“ ohne weitere Inhalte oder vorwerfbare Handlungen soll nach dieser Auffassung die Bösgläubigkeit nicht begründen.

650 (d) **Vermittelnde Auffassung.** Letzteres erscheint nun aber erfahrungsgemäß in nicht allen Fällen interessengerecht, so dass sich zwischenzeitlich wiederum eine vermittelnde Auffassung heraus kristallisiert hat[840], die zwar einerseits grundsätzlich wortgetreu nach § 4 (a) (iii) UDRP am kumulativen Erfordernis von bösgläubiger Registrierung *und* Benutzung festhalten will, allerdings für das Vorliegen der bösgläubigen Benutzung („use in bad faith“) unter bestimmten Umständen eben auch das *„passive Registrierthalten“* eines Domainnamen der aktiven bösgläubigen Benutzung gleichsetzen möchte (vgl. unten das Regelbeispiel zu § 4 (b) (iv) UDRP, Rn. 665). Dies jedenfalls dann, wenn die in Rede stehende Zeichenfolge in Alleinstellung einer Marke mit *hohem Bekanntheitsgrad* entspricht und – als generelles Korrektiv dieser weiten Auslegung – bei *Würdigung aller Gesamtumstände* der Domaininhaber auch im Übrigen *keinerlei Nachweis* seiner Gutgläubigkeit zu erbringen vermag.

651 Derlei ist bereits festgestellt worden z. B. bei der „sklavischen Nachahmung“ einer bekannten Marke[841], bei der bewussten Falschschreibung[842], wenn der Domaininhaber eigentlich unter einem völlig anderen Geschäftszeichen firmiert[843], dieser gleich mehrere bekannte Marken als Domains ungenützt „sammelte“[844] oder der Domaininhaber im Verfahren schlicht keinerlei rechtfertigende Stellungnahme abgab[845].

---

839 Second Straff Report on Implementation Documents for the Uniform Dispute Resolution Policy“, einzusehen unter *http://www.icann.org/udrp/udrp-second-staff-report-24oct99.htm.*

840 Exemplarisch: WIPO Case No. D2000-003 Telstra Computers Limited v. Nuclear Marshmallows.

841 WIPO Case No. D2000-0727.

842 WIPO Case No. D2000-0627.

843 WIPO Case No. D2000-0620.

844 WIPO Case No. D2000-0887 und D2000-0732.

845 E-Resolution Case No. AF0349.

In diesen Fällen die Bösgläubigkeit am formalen Merkmal der „inhaltlichen" Nutzung festzumachen, würde in der Tat die einzig zulässige Nutzung der Domain durch den dann ausschließlich Berechtigten vereiteln, was auch im Sinne der UDRP rechtlich nicht darstellbar wäre. 652

(e) Exemplarische Beispiele der Bösgläubigkeit gemäß § 4 (b) (i–iv) UDRP. Unabhängig von dem vorbeschriebenen Meinungsstreit ist von einer Bösgläubigkeit im Übrigen typischer Weise aber immer dann auszugehen, wenn *eines* der nachfolgenden Merkmale in Form der Regelbeispiele vorliegt, welche dann ohne Weiteres das Vorliegen der missbräuchlichen Registrierung *und* der Nutzung indizieren[846]: 653

> (i) circumstances indicating that you have registered or you have acquired the domain name primarily for the purpose of selling, renting, or otherwise transferring the domain name registration to the complainant who is the owner of the trademark or service mark or to a competitor of that complainant, for valuable consideration in excess of your documented out-of-pocket costs directly related to the domain name; or
> (ii) you have registered the domain name in order to prevent the owner of the trademark or service mark from reflecting the mark in a corresponding domain name, provided that you have engaged in a pattern of such conduct; or
> (iii) you have registered the domain name primarily for the purpose of disrupting the business of a competitor; or
> (iv) by using the domain name, you have intentionally attempted to attract, for commercial gain, Internet users to your web site or other on-line location, by creating a likelihood of confusion with the complainant's mark as to the source, sponsorship, affiliation, or endorsement of your web site or location or of a product or service on your web site or location.

Zu den Beispielen im Einzelnen:

(f) Verkaufs-, Vermietungs- oder Lizenzierungsabsicht (§ 4 (b) (i) UDRP). Nach § 4 (b) (i) UDRP indiziert es die „Bösgläubigkeit", wenn nach dem zu Grunde liegenden Sachverhalt der Domainname vorrangig in der Absicht registriert oder erworben wurde, ihn gegen ein Entgelt, welches die mit der Registrierung des Domainnamens verbundenen Aufwendungen übersteigt, an den Beschwerdeführer oder an einen seiner Wettbewerber zu veräußern, zu lizenzieren oder auf andere Weise zu übertragen. 654

Nach der Spruchpraxis der Panels darf dies unzweifelhaft angenommen werden, wenn sich der Domaininhaber zuvor unaufgefordert mit einem entsprechend konkreten Verkaufsangebot an den Beschwerdeführer *direkt* gewandt hat[847], durch *allgemeine Hinweise* zur Abgabe eines entsprechenden Angebotes konkret auffordert[848], oder sich *aus den Umstände* im Übrigen die Bereitschaft des Domaininhabers zur Kommerzialisierung jedenfalls unzweideutig ergibt[849]. 655

Umgekehrt ist aber ein Verkaufsangebot für sich allein dann nicht ausschlaggebend, wenn die Nutzung zuvor über einen relevanten Zeitraum legitim war[850], denn es muss dem redlichen Domaininhaber unbenommen bleiben, nachträg- 656

846 Im Wortlaut: „For the purposes of Paragraph 4(a)(iii), the following circumstances, in particular but without limitation, if found by the Panel to be present, *shall be evidence of the registration and use of a domain name in bad faith*".
847 WIPO Case No. D2000-0146.
848 So z. B. auf seiner Webseite, vgl. WIPO Case No. D2000-0237; oder auf einer kommerziellen Plattform, vgl. WIPO Case No. D2000-0222.
849 So z. B. aus der Registrierung der einer berühmten Marke entsprechenden Domain in daher fraglos vorliegender Kenntnis der tangierten Markenrechte, wobei dann eben auch ohne Angebot von einer „Nutzung" ausgegangen werden kann, siehe die obigen Ausführungen, vgl. auch WIPO Case No. D2000-0123.
850 Vgl. WIPO Case No. D2004-0528.

lich am Wert einer Domain durch eine veränderte „Nachfrage“ am Markt zu profitieren. Diese Intention allein macht ihn noch nicht „bösgläubig“ im Sinne der UDRP.

657 Schon um den Markeninhaber nicht unberechtigt zu privilegieren, muss in diesem Regelbeispiel das Angebot für die Annahme der Bösgläubigkeit im Übrigen wertmäßig über dem liegen, was charakteristischer Weise mit der Inhaberschaft des Domainnamens an Aufwendungen anfällt[851], wobei es freilich keine ausschlaggebende absolute Höhe gibt. Allerdings dürften auch der Höhe nach unbestimmte oder eher wage Angebote darunter fallen, wenn diese nach den obwaltenden Umständen erkennbar deutlich über den nachweisbaren Registrierungs- und Erhaltungskosten als „Sowieso“-Aufwendungen liegen sollten[852]. Keinesfalls können also „gutgläubig“ Beträge gegenüber dem Markeninhaber eingefordert werden, die für darüber hinausgehende Maßnahmen im Zusammenhang mit der Nutzung der Domain anfallen (also z. B. die Erstellung von Webseiten bzw. Webinhalten, Werbemaßnahmen etc.)[853].

658 (g) **Blockierungsabsicht (§ 4 (b) (ii) UDRP).** Unabhängig von § 4 (b) (i) UDRP ist es für die Bösgläubigkeit ausreichend, wenn der Domaininhaber und Beschwerdegegner den Domain Name seinem Verhalten nach in der Absicht registriert hat, den Markeninhaber und Beschwerdeführer an der Nutzung seiner Marke als Domain zu hindern.

659 Da die Blockierungsabsicht des Domaininhabers zwangsläufig dessen Kenntnis um das Markenrecht des Beschwerdeführers voraussetzt, ist nach der Spruchpraxis der Panels zumindest dann ohne Weiteres von der Bösgläubigkeit auszugehen, wenn das Kennzeichen jedenfalls am Sitz des Domaininhabers weithin bekannt ist[854]. Ist dies nicht der Fall, so müssen besondere Umstände vorgetragen und unter Beweis gestellt werden, welche gerade die individuelle Kenntnis des Domaininhabers von dem Markenrecht zum Zeitpunkt der Registrierung belegen (z. B. durch vorherige Kontakte, Anfragen, Geschäftsbeziehungen etc.). Die bloße Publizität einer formellen Registereintragung reicht hier als ein Indiz nicht aus.

660 Liegt insoweit eine Blockierungsabsicht vor, so muss das diesbezügliche Handeln aber überdies „schematisch“ erfolgt sein[855], d. h. es muss über den einzelnen Fall einer Registrierung hinausgehend anhand von objektiven Merkmalen zu erkennen sein, dass der Domaininhaber wiederholt und planmäßig Domainregistrierungen zur „Blockade“ missbrauchen möchte, sei dies gegen einen einzigen oder gar gegen mehrere Markenrechtsinhaber[856].

661 Über die Voraussetzungen, ab welcher Anzahl von mit Markenrechten kollidierenden Registrierungen diese objektive Voraussetzung bejaht werden kann, herrscht freilich wieder Uneinigkeit[857]. Da es der Intention nach um ein „planmäßiges“ und nicht notwendiger Weise um ein gewerbliches Handeln geht, dürften im Zweifel bereits gegenüber einem einzigen Markeninhaber „systema-

---

851 Siehe im Wortlaut § 4 (b) (i) UDRP: „[...] for valuable consideration in excess of your documented out-of-pocket costs directly related to the domain name“.

852 Siehe WIPO Case No D2000-0530: verlangt wurde ein „angemessener Betrag“.

853 Vgl. WIPO Case No. D2000-0045.

854 Siehe National Arbitration Forum Case No. FA95314: „Registration of a well-known trademark by a party [...] with no legitimate purpose to utilize the mark reveals bad faith“.

855 Wörtlich: „[...] provided that you have engaged in a pattern of such conduct“.

856 Siehe WIPO Case No. D2001-0046.

857 Vgl. WIPO Case No. D2000-0010; dagegen WIPO Case No. D2000-0378.

tisch" blockierte Domains ausreichen, wenn dies z. B. in unterschiedlicher Schreibweise und/oder unter verschiedenen TLDs erfolgt; auch dann kann selbst im Einzelfall ein systematisches Blockieren erkennbar sein.

(h) Behinderungsabsicht (§ 4 (b) (iii) UDRP). Im Weiteren ist es für die Annahme einer Bösgläubigkeit ausreichend, wenn die Registrierung mit der Absicht begründet werden kann, in erster Linie die Geschäftstätigkeit eines Wettbewerbers zu behindern. Der Begriff des Wettbewerbsverhältnisses wird hier nicht eng verstanden und wurde auch, soweit ersichtlich, von den Panels entweder recht weit gefasst oder von vorne herein gar nicht geprüft[858]. Der Grund der Behinderung dürfte im Regelfall ein kommerzielles und damit – untechnisch gesprochen – „konkurrierendes" Interesse mit beinhalten, so dass der Schwerpunkt der Prüfung dieses Regelbeispiels auch letztlich immer in der Feststellung der „Behinderung" selbst liegt. 662

Diese kann freilich auf verschiedene Weise erreicht werden: In der Praxis insbesondere und vor allem durch die Ausnutzung der Bekanntheit oder der Publizität einer Marke z. B. durch Registrierungen von ähnlichen Zeichenfolgen oder charakteristischen „Misspellings"[859]. Je bekannter die Marke, desto geringer dürften wiederum die Anforderungen an die Ähnlichkeit mit der streitbefangenen Domain sein. 663

(i) Umlenkung der Internet-Nutzer aus Gewinnabsicht (§ 4 (b) (iv) UDRP). Nahe verwandt mit dem zuvor genannten Regelbeispiel ist die bloße Absicht, die Nutzung der Domain zur Umlenkung der Internetnutzer zur eigenen Webseite konkret dafür zu verwenden, einen kommerziellen Gewinn zu erzielen. Erforderlich ist es zwar daher, dass vor dem Hintergrund einer *konkreten Verwechslungsgefahr* mit der Identität oder den Angeboten des Beschwerdeführers bzw. mit durch diesen legitimierten oder geduldeten Angeboten Dritter die Webseite unter der Domain „aktiv" genutzt und nicht nur registriert gehalten wird[860]. Der Nachweis *tatsächlich eingetretener Verwechslungen* in Bezug auf die Gestaltung oder die Inhalte der unter der Domain aufrufbaren Webseite ist dagegen ebenso wenig erforderlich wie ein tatsächlich (z. B. aufgrund einer Identitätsverwechslung) getätigter Umsatz bzw. Gewinn („actual gain")[861]. 664

Ausreichend ist mithin die erkennbare Absicht der „Umlenkung" von Nutzerströmen vor dem Hintergrund der damit verbundenen potentiellen Schlechterstellung des Markeninhabers. Dabei haben Panels in der Vergangenheit eine „Schlechterstellung" allerdings auch schon dann angenommen, wenn auf der Webseite des Domaininhabers lediglich kritische Bemerkungen über den Markeninhaber kommuniziert wurden[862]. 665

Eine fragliche Praxis zumindest dann, wenn erkennbar keine kommerziellen Inhalte oder wirtschaftliche Interessen befördert werden sollen und eine Verwechslung auf den Webseiten selbst ausgeschlossen ist (z. B. durch einen eindeutigen Disclaimer). 666

858 Siehe WIPO Case No. D2000-0501.
859 Siehe z. B. WIPO Case No. D2000-0323.
860 WIPO Case No. D2000-0574.
861 National Arbitration Forum Case No. FA93667; WIPO Case No. D2000-0025.
862 Siehe WIPO Case No. D2000-1072; WIPO Case No. D2000-0869.

C. Das EURid-Streitbeilegungsverfahren für die .eu Domain

I. Grundsätzliches

667 Im Zuge der Bestrebungen zur Vereinheitlichung des europäischen Wirtschaftsraumes initiierte der Europäische Rat bereits im Jahr 1999 multilaterale Gespräche über eine einheitliche Top Level Domain für Europa. Die Interoperabilität der transeuropäischen Datennetze sollte befördert und der „virtuelle" Binnenmarkt im Internet besser „sichtbar" gemacht werden. Im April 2002 wurde die EG-Verordnung Nr. 733/2002 zur Einführung der TLD-Domain „.eu" auch vom Europäischen Parlament angenommen, in deren Umsetzung ein Jahr später „EURid" als Nonprofit-Organisation in Belgien gegründet und schließlich von der Europäischen Kommission als Register für die TLD „.eu" eingesetzt wurde[863]. Im März 2005 akzeptierte auch ICANN EURid und nahm die .eu-TLD in die Root-Zone des Internetdomänennamensystems auf.

668 Die Top Level Domain .eu wird seitdem gemäß einer Vereinbarung mit der Europäischen Kommission ausschließlich vom „Europäischen Register für Internetdomänennamen" (European Registry of Internet Domain Names, kurz: EURid) mit Sitz in Belgien[864] verwaltet. Sie ist eine gemeinnützige Organisation belgischen Rechtes, deren Gründungs- und „assoziierte" Mitglieder verschiedene nationale Register für ccTLDs[865], das „European Chapter of the Internet Society" (ISOC-ECC) sowie ein Zusammenschluss von europäischer Wirtschaftsverbänden (BUSINESSEUROPE) sind.

669 Rechtliche Grundlagen dieser Ermächtigung bilden die
- VERORDNUNG (EG) Nr. 733/2002 DES EUROPÄISCHEN PARLAMENTS UND DES RATES vom 22. April 2002 zur Einführung der Domäne oberster Stufe „.eu";
- VERORDNUNG (EG) Nr. 874/2004 DER KOMMISSION vom 28. April 2004 zur Festlegung von allgemeinen Regeln für die Durchführung und die Funktionen der Domäne oberster Stufe „.eu" und der allgemeinen Grundregeln für die Registrierung;
- VERORDNUNG (EG) Nr. 1654/2005 DER KOMMISSION vom 10. Oktober 2005 zur Änderung der Verordnung (EG) Nr. 874/2004;
- VERORDNUNG (EG) Nr. 1255/2007 DER KOMMISSION vom 25. Oktober 2007 zur Änderung der Verordnung (EG) Nr. 874/2004[866].

670 In Ansehung der erfahrungsgemäß erheblichen Missbrauchspotentiale bei Einführung einer neuen TLD definierte die Europäische Kommission bereits im Jahr 2004 ein Streitbeilegungsverfahren, welches in deutlicher Anlehnung an das vorbeschriebene ICANN-Schiedsverfahren durch eine „Regel für die Alternative Streitbeilegung in .eu-Domainnamensstreitigkeiten" (Alternative Dispute Resolution, kurz: ADR) der „missbräuchlichen oder spekulativen Domainregistrierung" eine schnelle und effektive Lösung entgegensetzen

---

863 Näheres zur Chronologie der .eu-TLD unter *http://www.eurid.eu/de/ueber-uns/fakten-und-zahlen/hintergrund-zeitplan*.

864 Büros finden sich z. Zt. auch in Stockholm (Schweden), Pisa (Italien) und in Prag (Tschechische Republik).

865 DNS Belgium (Belgien), Instituto di Informatica e Telematica (Italien), Stiftelsen för Internetinfrastruktur (Schweden).

866 Allesamt abrufbar unter *http://www.eurid.eu/de/ueber-uns*.

sollte[867]. Derart sollten auch den trotz der EuGGVO bestehenden verfahrensrechtlichen Schwierigkeiten bei der schnellen Sicherung des Domainnamens begegnet werden.

Nach der „Verordnung des Rates über die gerichtliche Zuständigkeit und die Anerkennung und Vollstreckung von Entscheidungen in Zivil- und Handelssachen" können zwar grundsätzlich auch vorläufige Entscheidungen im einstweiligen Rechtsschutz anerkannt werden, allerdings bleibt bis dahin die Weiterübertragung der Domain natürlich möglich; ergeht zudem die Entscheidung, ohne das zuvor rechtliches Gehör gegeben wurde, also z. B. im Beschlusswege ohne mündliche Verhandlung, so können nach der Rechtsprechung des EuGH derlei Entscheidungen nicht ohne Weiteres anerkannt bzw. vollstreckt werden.

Die Weiterübertragung oder die Freigabe der Domain ist nach Einleitung des Streitbeilegungsverfahrens wiederum durch einen „Lock-Status" ausgeschlossen[868]. **671**

Anfang Dezember 2005 zündete dann von Privatpersonen wie von Gewerbetreibenden und Unternehmen vielbeachtet die erste Stufe der .eu-Registrierung mit der so genannten „Sunrise-Period". Diese bestand aus zwei Phasen von je zwei Monaten: In der ersten Phase durften nur Inhaber früherer Rechte, die nach nationalem und/oder Gemeinschaftsrecht anerkannt sind, sowie öffentliche Einrichtungen die .eu-Domainnamen beantragen. Als „frühere Rechte" galten registrierte nationale und Gemeinschaftsmarken, geografische Angaben oder Ursprungsbezeichnungen. In der am 7.2.2006 angelaufenen sog. Sunrise Period II konnten – sofern sie nach dem einzelstaatlichen Recht des jeweiligen Mitgliedstaats Schutz für sich in Anspruch nehmen konnten – auch die Inhaber von bloßen Namens-, Firmen- und Titelschutzrechten die entsprechenden .eu-Domains für sich sichern. **672**

Die in der Sunrise Period bevorzugten Rechte mussten indes recht mühselig und zur Freude spezialisierter Anwaltskanzleien durch Belege bzw. gar eidesstattlichen Versicherungen nachgewiesen und derart bestätigt werden, dass das „geltend gemachte frühere Recht" auch tatsächlich nach dem nationalen Recht geschützt ist – und zwar durch Verweise auf die entsprechenden gesetzlichen Bestimmungen, wissenschaftlichen Arbeiten und Gerichtsentscheidungen, welche für den dargelegten Schutz konstitutiv sind. Bei einem erfolgten Nachweis begann dann eine 40-tägige Wartefrist, bevor der neue Domain-Name auch benutzt werden konnte. Innerhalb dieser Frist konnten dann Dritte wiederum gegen die Vergabe einer bestimmten Domain im Rahmen eines Schiedsverfahrens nach den ADR-Regeln Beschwerde erheben (allerdings nur gegen das Register selbst, siehe hierzu noch unten Rn. 687). **673**

Seit April 2006 ist die .eu-Domain für alle Personen und Organisationen mit Sitz in der Europäischen Union verfügbar. Will sich ein Rechteinhaber nunmehr gegen eine missbräuchliche Registrierung oder Nutzung unter einer .eu-TLD wehren, so empfiehlt sich in Ansehung der mit dem Verfahren verbunden Rechtsfragen und den EURid-Regularien grundsätzlich, von der Möglichkeit Gebrauch zu machen, ein solches ADR-Schiedsverfahren von einem in der Europäischen Union zugelassenen spezialisierten Rechtsanwalt betreiben zu **674**

867 Art. 22 Abs. 1 der Verordnung (EG) Nr. 874/2004 der Kommission vom 28.4.2004 zur Festlegung von allgemeinen Regeln für die Durchführung und die Funktion der Dömäne oberster Stufe ‚.eu' und der allgemeinen Grundregeln für die Registrierung, ABl. L 162/40 vom 30.4.2004.

868 Siehe Sec. 9 (3)(b) der „.eu Domain Name Registration Terms and Conditions" (abrufbar unter *http://www.eurid.eu/files/trm_con_EN.pdf*) sowie Art. B(1) (e) der Rules.

lassen. Dieser wird das Verfahren anhand der nachfolgend beschriebenen Regeln und Grundsätze zu führen haben.

II. Schiedsorganisation und -gegenstand

675 Die organisatorische Durchführung der alternativen Streitbeilegungsverfahren unter den von EURid erlassenen ADR-Regeln (nachfolgend auch „Rules") sowie den „Ergänzenden ADR-Regeln des Schiedsgerichts bei der Wirtschaftskammer und der Landwirtschaftskammer der Tschechischen Republik"[869] („Supplemental Rules") obliegt ausschließlich der derzeit einzigen Schiedsstelle, dem **Tschechischen Schiedsgericht**[870]. Dieses wurde als gemeinnützige Einrichtung bereits im Jahre 1949 gegründet und im April 2005 von EURid seinerseits ausgewählt, das ADR-Verfahren für Streitigkeiten für .eu-Domainnamen einzurichten. Der Hintergrund hierfür war letztlich, dass das Tschechische Schiedsgericht mit einer bereits vorhandenen organisatorischen Struktur die Durchführung des Verfahrens in allen Amtssprachen der EU gewährleisten konnte.

676 Auch im Falle des ADR-Verfahrens steht als „Spruchkörper" eine Schiedskommission aus einem oder drei Schiedsrichtern zur Verfügung, die je nach Wahl des Beschwerdeführers bzw. -gegners unterschiedliche Gebühren verursachen (siehe hierzu noch unten Rn. 683). Alle zur Verfügung stehenden Schiedsrichter können einer für jedermann einsehbaren Liste[871] entnommen werden, aus der im Falle der gewünschten Entscheidung durch ein dreiköpfiges Panel die Streitbeilegungsstelle gemäß Art. B4(d) der Rules je einen Schiedsrichter aus der Auswahl von Beschwerdeführer und Beschwerdegegner ernennt, und diese um eine eigene Auswahl für den dritten Schiedsrichter ergänzt. Anderenfalls ernennt die Streitbeilegungsstelle das einköpfige Schiedsgericht selbst.

677 Gegenstand der Beschwerdeverfahren vor dem Schiedsgericht (nachfolgend auch „Panel") können nur Second Level Domains unter der TLD .eu sein. Das Schiedsverfahren kann aber auch gegen eine Entscheidung der zentralen Vergabestelle EURid selbst, die gegen Bestimmungen der EU-Verordnungen verstößt, in die Wege geleitet werden (siehe hierzu noch unten Rn. 687).

III. Verfahrensgang und formelle Voraussetzungen

1. Einreichen der Beschwerde

678 Das in der Regel maximal drei Monate dauernde Schiedsverfahren wird durch die Einreichung einer Beschwerde durch den Beschwerdeführer beim Tschechischen Schiedsgericht initiiert. Auch hier ist eine anwaltliche Vertretung zwar nicht vorgeschrieben, aber in Ansehung des recht komplexen Verfahrens wie eingangs bereits dargelegt doch empfehlenswert.

---

869 Siehe *http://www.adr.eu/adr/adr_rules/index.php*.

870 Siehe *http://www.arbcourt.cz*.

871 Siehe *http://www.adr.eu/adr/panelists/index.php*.

Mit dem Eingang der Beschwerde ist ein „Lock-Status“ verbunden, welcher die Übertragung oder Löschung der Domain ausschließt; derart sollen die Rechte des Beschwerdeführers gesichert werden (siehe auch oben Rn. 671 unter „Grundsätzliches“). 679

2. Form und Inhalt der Beschwerde

Inhaltlich hat sich die Beschwerde streng an den vorgeschriebenen Formularen zu orientieren, die online auf www.adr.eu zu bearbeiten und nach Maßgabe von Art. B1(b) der Rules sowohl in Papierform als auch in elektronischer Form einzureichen sind. 680

3. Kommunikation zwischen den Verfahrensbeteiligten

Jede weitere Kommunikation erfolgt über den dann eingesetzten Fallbearbeiter, wobei eine grundsätzliche Wahlmöglichkeit besteht, ob die Eingaben elektronisch oder per Post bzw. Fax erfolgen sollen[872]. Entscheidet sich eine der Parteien für den elektronischen Kommunikationsweg, so werden die übermittelten Inhalte auf der Online-Plattform auf www.adr.eu chronologisch eingestellt. In jedem Falle haben die Parteien für ihre Eingaben die entsprechenden Formulare der Streitbeilegungsstelle zu verwenden, die ebenfalls online abgerufen werden können[873]. 681

Bei Verfahren, die gegen EURid selbst gerichtet sind, ist Englisch die Verfahrenssprache. Im Übrigen ist, soweit die Parteien nicht Anderweitiges vereinbart haben, das Verfahren in der Sprache des Registrierungsvertrages durchzuführen[874]. Der Beschwerdeführer kann aber auch hier – allerdings gebührenpflichtig – beantragen, dass die Verfahrenssprache von der der Registrierungsvereinbarung abweichen soll[875], wenn dies mit dem Vorliegen „außergewöhnlicher Umstände“ begründet werden kann. Derlei Umstände dürften insbesondere dann vorliegen, wenn erkennbar die „Auswahl“ des fremdsprachigen Registrierungsvertrages durch den Domaininhaber erfolgte, um ein Schiedsverfahren gerade zu erschweren. 682

4. Gebühren und Kostentragung

Wie bei den ICANN-Schiedsverfahren hängen auch hier die Gebühren der Verfahren entscheidend davon ab, wie viele Domains streitbefangen sein sollen und mit welcher „Besetzung“ die Parteien das Panel entscheiden lassen will, wobei die Wahl zwischen einem einköpfigen und einem dreiköpfigen Schiedsgremium besteht: 683

872 Siehe Art. B1(b)(3) und B3(b)2 der Rules.
873 Siehe Art. B6 der Rules.
874 Siehe Art. 22 Abs. 4 Satz 1 der Verordnung (EG) Nr. 874/2004 und Art. A3(a) der Rules.
875 Siehe Art. 22 Abs. 4 Satz 2 der Verordnung (EG) Nr. 874/2004 und Art. A3(a) und (b) der Rules.

Number of Domain Names involved in the Complaint	Fee for Panellists			CAC's Administrative Fee	Total Fees	
	Single Panellist	Three Panellists			Single Panellist	Three Panellists
		Presiding Panellist:	Each Co-Panellist:			
1 to 5 domain names	900	1200	600	400 / 700	1300	3100
6 to 10 domain names	1100	1500	800	500 / 900	1600	4000
11 to 20 domain names	1300	1800	900	600 / 1100	1900	4700
21 to 30 domain names	1500	2100	1050	700 / 1300	2200	5500
31 to 40 domain names	1700	2400	1200	800 / 1500	2500	6300
41 to 50 domain names	1900	2700	1350	900 / 1700	2800	7100
51 domain names or more				To be decided in consultation with the CAC.		
Preliminary control of a complaint for administrative compliance				60		
Request for a review of admin. Decision of the CAC (§ 5 (a) of CAC's Spplemental Rules				250		

Quelle *http://www.adr.eu/arbitration_platform/fees.php* – Stand: Januar 2009

Ergeht die Entscheidung durch nur einen Schiedsrichter, hat die Kosten auch im Obsiegensfalle immer der Beschwerdeführer zu tragen; einen Kostenausspruch gibt es nicht. Wurde dagegen auf Antrag des *Beschwerdegegners* ein dreiköpfiges Gremium zur Entscheidung berufen, so hat dieser auch die Differenz zwischen den vorgenannten Kosten der einköpfigen und der dreiköpfigen Schiedskommission zu tragen. Ansonsten könnte der Beschwerdeführer allein durch die Gefahr einer willkürlichen Steigerung des Kostenrisikos auf Veranlassung des Beschwerdegegners abgeschreckt werden.

684 Da die vorgenannten Gebühren im Rahmen einer notwendigen und – da der schnellere und meist kostengünstigere Weg – adäquaten Rechtsverfolgung oder Rechtsverteidigung geltend gemacht werden, kann u. U. ein zivilrechtlicher Schadensersatz vor einem nationalen Gericht bei nachweisbar bösgläubiger, d. h. schuldhafter Handlung des Gegners erfolgreich geltend gemacht werden.

5. Zulässigkeitsprüfung

685 Binnen fünf Werktagen nach Eingang der Beschwerde und dem Ausgleich der einzuzahlenden Gebühren leitet die Streitbeilegungsstelle die Beschwerdeschrift an den Beschwerdegegner weiter, soweit die formellen Voraussetzungen vorliegen. Anderenfalls werden etwaige formelle Fehler dem Beschwerdeführer mitgeteilt und Gelegenheit zur Berichtigung bzw. Ergänzung binnen sieben Werktagen gegeben. Verstreicht diese Frist unbeachtet, so gilt die Beschwerde als zurückgenommen; dem Beschwerdeführer verbleibt das Recht, die Beschwerde jederzeit wieder einzureichen[876].

876 Art. B2(b) der Rules.

686 Verbleibt die Beschwerde indes ohne formelle Mängel und wird die Beschwerdeschrift an den Beschwerdeführer weitergeleitet, so hat dieser wiederum binnen 30 Werktagen unter Verwendung der hierfür von EURid vorgesehenen Formulare in sowohl schriftlicher als auch elektronischer Form zu erwidern[877]. Der Beschwerdegegner wird über die formellen Voraussetzungen der Erwiderung informiert; entspricht die übermittelte Erwiderung dann nicht diesen Vorgaben, so wird dem Beschwerdegegner seinerseits eine siebentägige Frist zur Behebung der Mängel gegeben, nach deren fruchtlosen Ablauf die Erwiderung als nicht eingereicht gilt. Hiergegen steht dem Beschwerdegegner eine Rechtsbehelfsfrist von fünf Werktagen zu[878]. Grundsätzlich gilt, dass die versäumte Frist als „Anerkennung der Ansprüche der anderen Partei" zu gelten hat[879], dies in der Praxis zumindest dann, wenn diese Ansprüche im Parteivorbringen schlüssig substantiiert wurden.

6. Materiellrechtliche Prüfung und Entscheidung

687 Die Streitbeilegungsstelle prüft hiernach das Vorbringen der Parteien und wird zur intendierten Beschleunigung des Verfahrens nur dann weitere Stellungnahmen von den Parteien einfordern, wenn der Sachvortrag noch unklar ist oder unvorhersehbare Einwände des Beschwerdegegners dies geboten erscheinen lassen. Ansonsten ergeht eine (Mehrheits-)Entscheidung im Regelfall schon binnen eines Monats (!) nach Eingang der Beschwerdeerwiderung. Als Rechtsfolge können gegebenenfalls nach dem vom Beschwerdeführer gestelltem Antrag nur in Betracht kommen:

- bei einer festgestellten spekulativen oder missbräuchlichen Registrierung im Sinne des Art. 21 der Verordnung (EG) Nr. 874/2004: **der Widerruf des Domainnamens;**
- bei zugleich erfolgtem Nachweis der Antragsberechtigung nach Art. 4 Abs. 2 (b) der Verordnung (EG) Nr. 733/2002[880]: **die Übertragung der Domain an den Beschwerdeführer.**
- Bei einer Beschwerde gegen eine Entscheidung des Registers selbst: **die Aufhebung der Entscheidung.**

688 Die Entscheidung ist in jedem Falle schriftlich zu begründen[881] und wird auf den Webseiten der „Online Arbitration Plattform" veröffentlicht[882]. Irgendwelche weitergehende Feststellungen z. B. zur Kompensation eines Schadens oder der Unterlassung der in Rede stehenden Zeichen im Übrigen können nicht erfolgen; derlei ist ebenso wie die Frage der Kostenerstattung (siehe oben Rn. 553) Sache des anwendbaren nationalen Rechts und unterliegt ausschließlich der Entscheidungsbefugnis der damit befassten ordentlichen Gerichtsbarkeit.

689 Die Parteien haben natürlich jederzeit und auch nach Einreichung der Beschwerde die Möglichkeit, sich gütlich zu einigen. Wird eine solche Einigung gegenüber der Schiedskommission von beiden Parteien bestätigt, so gilt das Verfahren ohne Weiteres als beendet[883]. Wollen die Parteien über einen Ver-

---

877 Art. B3(b) der Rules.
878 Art. B3(f) und (g) der Rules.
879 Art. B10 der Rules.
880 Siehe Art. B1(b)(12) der Rules: bei dem Beschwerdeführer muss es sich dann um ein Unternehmen handeln, das seinen satzungsgemäßen Sitz, seine Hauptverwaltung oder seine Niederlassung innerhalb der Gemeinschaft hat, oder um eine in der Gemeinschaft niedergelassene Organisation, oder um eine natürliche Person mit Wohnsitz innerhalb der Gemeinschaft.
881 Art. 22 Abs. 11 der Verordnung (EG) Nr. 874/2004, Art. B12(d) der Rules.
882 *http://www.adr.eu/adr/decisions/index.php*.
883 Art. 4(a) der Rules.

gleich zunächst nur verhandeln und ist hierfür mehr Zeit erforderlich, so kann allein der *Beschwerdeführer* beantragen, dass die Schiedskommission das ADR-Verfahren für eine befristete Zeit aussetzt. Die Schiedskommission stellt des Weiteren das laufende Verfahren in dem Moment ein, in dem es erfährt, dass von einem zuständigen ordentlichen Gericht rechtskräftig über denselben Streitgegenstand entschieden worden ist.

7. Vollstreckung und Rechtsmittel

690 Soll nach dem Votum der Schiedskommission die Domain widerrufen oder übertragen werden, so wird diese Entscheidung binnen 30 Tagen ab Zugang durch das Register umgesetzt. Ein „Rechtsmittel" gegen die Entscheidung des Panels selbst ist im Übrigen nicht vorgesehen[884].

691 Während der dreißigtätigen „Karenzzeit" hat der Domaininhaber und Beschwerdegegner allerdings wiederum die Möglichkeit, die Umsetzung bzw. die „Rechtskraft" (besser: die verbindliche Rechtswirkung) des Schiedsspruchs zunächst dadurch aufzuschieben, dass die Anhängigkeit eines ordentlichen Gerichtsverfahrens vor dem wechselseitigen Gerichtsstand (siehe noch unten Rn. 695) nachgewiesen wird[885]. Auch die ggf. zeitgleiche oder nachfolgende Anrufung ordentlicher Gerichte ist – anders als beispielsweise bei formellen Schiedsverfahren nach § 1051 ZPO – grundsätzlich nicht ausgeschlossen bzw. eingeschränkt[886].

692 Die Entscheidung des Panels als solche hat dann insoweit natürlich auch keine präjudizielle Wirkung für das ordentliche Gerichtsverfahren, selbst wenn materiell-rechtlich der „Streitgegenstand" – die Berechtigung der Registrierung der Domain – identisch ist. Der zurückgewiesene Beschwerdeführer kann also auch nach dem Verfahren jederzeit ein ordentliches Gericht anrufen, um den im Schiedsverfahren erfolglosen Übertragungs- bzw. Löschungsanspruch durchzusetzen.

693 Ein Klageverfahren im Interesse des Beschwerdegegners bzw. Domaininhabers kann sich vor dem Hintergrund eines bereits ergangenen Schiedsspruches im Wege der berechtigten Feststellung (§ 256 ZPO) darauf richten, dass der Beschwerdeführer (dann der Beklagte) in Ermangelung eines besseren (Marken- bzw. Kennzeichen-)Rechts keinen Anspruch auf Übertragung oder Freigabe geltend machen kann – was sodann im Erfolgsfall die Vollziehung des anderslautenden Schiedsspruches jedenfalls dauerhaft hemmen würde.

694 Nach fruchtlosem Ablauf der dreißigtätigen Frist ist allerdings nach Maßgabe von Art. 22 Abs. 13 der Verordnung (EG) Nr. 874/2004 das Ergebnis der alternativen Streitbeilegung für die Parteien *verbindlich*, womit sich dann eine erfolgreiche Klage des Beschwerdegegners auf Rückübertragung ausschließt: Art. 22 Abs. 13 der Verordnung (EG) Nr. 874/2004 enthält insofern eine speziell für dieses Verfahren geschaffene Regelung, die im Regelungsumfang als lex specialis dem nationalen Recht vorgeht – und bemerkenswerter Weise daher auch von ordentlichen Gerichten unabhängig von der vorherigen Anrufung eines Schiedsverfahren als *unmittelbar geltendes*, dann doch quasi „europä-

884 Art. B12(a) der Rules.
885 Art. B12(d) der Rules.
886 Siehe Art. 21 Abs. 4 der Verordnung (EG) Nr. 874/2004: „Niemand kann sich auf die Bestimmungen der Absätze 1, 2 und 3 berufen, um die Geltendmachung von Ansprüchen nach nationalem Recht zu behindern".

isches Domainrecht“ angewendet werden kann und in der Praxis zum Teil auch wird[887].

695 Soll also die Vollziehung des Schiedsspruches verhindert werden, so muss binnen der dreißigtägigen Frist Klage vor dem Gericht der „beidseitigen Gerichtsbarkeit“ (mutual jurisdiction) erhoben werden[888]. Dies bezeichnet bei Verfahren gegen den Domaininhaber die Gerichtszuständigkeit an dem Ort,

- an dem sich entweder der Stammsitz der Registrierungsstelle befindet (vorausgesetzt, der Beschwerdegegner hat sich in seinem Registrierungsvertrag dieser Zuständigkeit zur Entscheidung von Streitigkeiten unterworfen, die die Benutzung des Domainnamens betreffen bzw. sich aus dieser ergeben, und vorausgesetzt, das sich das dergestalt bezeichnete Gericht innerhalb der Europäischen Union befindet) oder
- dem der Adresse des Beschwerdegegners entspricht, wie sie sich aus der Registrierung des Domainnamens in der Whois-Datenbank des Registers zu dem Zeitpunkt ergibt, zu dem die Beschwerde beim Anbieter eingeht oder die das Register vom Beschwerdeführer erhalten hat (falls sich diese Angabe nicht der Whois-Datenbank des Registers entnehmen lässt).

IV. Die streitentscheidenden Regeln

696 Mittels des ADR-Verfahrens kann sich wie bereits dargestellt der Beschwerdeführer grundsätzlich gegen zwei „Gegner“ richten: Zum einen (grundsätzlich jedermann) gegen das Register selbst, indem seine Entscheidung einer Rechtmäßigkeitskontrolle in formaler Hinsicht unterzogen wird; in diesem Fall sind grundsätzlich alle einschlägigen Bestimmungen der Verordnungen (EG) Nr. 874/2004 und (EG) Nr. 733/2002 als Prüfungsmaßstab heranzuziehen.

Siehe Art. 22 Abs. 1(b) der Verordnung (EG) Nr. 874/2004 – Relevanz hatten diese Verfahren freilich vor allem vor dem Hintergrund der oben beschriebenen „Sunrise“-Perioden und der damit einhergehenden „gestaffelten“ Registrierung und ihrer Voraussetzungen; da Verfahren gegen das Register zwischenzeitlich an Bedeutung verloren haben, beschränken sich die nachfolgenden Darlegungen auf die in der Praxis relevanten Verfahren gegen Domaininhaber; eine gute Übersicht über die Verfahren gegen das Register selbst findet sich indes unter *http://www.adreu.eurid.eu/adr/categorization_of_decisions/index.php*.

697 Zum anderen – und dies ist für die nachfolgenden Betrachtungen relevant – der Inhaber des durch die Domainregistrierung verletzten Kennzeichens oder Namens gegen den Inhaber einer Domain unter der TLD.eu, wenn die Registrierung **„spekulativ oder missbräuchlich“** im Sinne von Art. 21 der Verordnungen (EG) Nr. 874/2004 ist. Aus dem besonderen Charakter des Streitbeilegungsverfahrens, welches wie gezeigt durchaus der UDRP und deren „Rules“ entlehnt ist, ergibt sich auch hier ein materiell-rechtliches Anspruchsinstrumentarium, welches ausschließlich der interessengerechten Konfliktlösung dient. Dieses lässt es daher – anders als das deutsche Kennzeichenrecht[889] – auf andere anspruchsbegründende Merkmale wie insbesondere das der „Verwechslungsgefahr“ im engen Sinne im Rahmen einer summarischen Prüfung des Parteivortrages gerade nicht ankommen.

---

887 Fraglos eine noch etwas verkannte Besonderheit dieses Schiedsverfahren im Gegensatz zum Regelwerk der UDRP, siehe z. B. OLG Düsseldorf Urt. v. 11.9.2007, 20 U 21/97.

888 Siehe Art. A(1) der Rules, *http://www.adreu.eurid.eu/html/de/adr/adr_rules/adr%20rules_GER.pdf*.

889 Vgl. §§ 14 Abs. 2 Nr. 2 bzw. 3, 15 Abs. 2 und 3 MarkenG.

698 Entscheidend ist dann allein, ob nach von Art. 21 Abs. 1 der Verordnungen (EG) Nr. 874/2004 ein

> „Domänenname mit einem anderen Namen **identisch ist oder diesem verwirrend ähnelt**, für den Rechte bestehen, die nach nationalem und/oder Gemeinschaftsrecht anerkannt oder festgelegt sind, […] ***und*** wenn dieser Domänenname
> a) von einem Domäneninhaber registriert wurde, der selbst **keinerlei Rechte oder berechtigte Interessen** an diesem Domänennamen geltend machen kann, ***oder***
> b) in **böser Absicht** registriert oder benutzt wird."

Auch hier werden dann für die im Übrigen autonom auszulegenden Begriffe *„keinerlei Rechte oder berechtigte Interessen"* sowie *„böse Absicht"* in den nachfolgenden Absätzen der zitierten Vorschrift Regelbeispiele angeführt (siehe unten Rn. 703 ff.).

V. Anspruchsvoraussetzungen

1. Die verletzten Rechte des Antragstellers

699 Nach Maßgabe von Art. 21 Abs. 1 der Verordnung (EG) Nr. 874/2004 kann eine Domainregistrierung widerrufen werden, wenn der in Rede stehende Domainname „mit einem anderen Namen identisch ist oder diesem verwirrend ähnelt, *für den Rechte bestehen, die nach nationalem und/oder Gemeinschaftsrecht anerkannt oder festgelegt sind*".

700 Damit sind die anspruchsbegründenden Rechte einerseits natürlich deutlich weiter gefasst als bei den bloßen „Register- und Benutzungsmarken" der UDRP, was im Ergebnis zum Erfordernis einer genauen Prüfung des jeweiligen nationalen Rechts führt – und nicht immer zu nachvollziehbaren Entscheidungen der Schiedskommission, da diese nicht notwendiger Weise mit dem anzuwendenden Recht bestens vertraut sein muss. Andererseits können Kennzeichenrechte, die außerhalb der Europäischen Gemeinschaft Schutz und Geltung haben, nicht in diesem Beschwerdeverfahren geltend gemacht werden[890].
Art. 21 Abs. 1 der Verordnung (EG) Nr. 874/2004 nimmt dann Bezug auf Art. 10 Abs. 1, wonach als *Rechte* im vorgenannten Sinne exemplarisch gelten:
- registrierte nationale und Gemeinschaftsmarken[891],
- geografische Angaben oder Ursprungsbezeichnungen,
- nicht eingetragene Marken, sofern sie nach dem einzelstaatlichen Recht des jeweiligen Mitgliedstaats geschützt sind[892],
- Handelsnamen,
- Geschäftsbezeichnungen,
- Unternehmensnamen,
- Familiennamen und charakteristische Titel geschützter literarischer oder künstlerischer Werke.

---

890 Den Rechteinhabern verbleibt freilich der Gang vor die nationalen Zivilgerichte.

891 Auch hier ist bei der summarischen Prüfung im Schiedsverfahren die „Löschungsreife" eines Registerrechtes nicht entscheidungserheblich; etwas anderes soll nur dann gelten, wenn „ausreichende Nachweise vorliegen, aus denen sich ergibt, dass die Marke des Beschwerdegegners bösgläubig erworben wurde und folglich die Berufung auf das erworbene Zeichenrecht die unlautere Ausnutzung einer formalen Rechtsstellung gegenüber dem Beschwerdeführer darstellt", siehe CAC Case No. 00283, wie alle Entscheidungen einsehbar unter *http://www.adreu.eurid.eu/adr/decisions/index.php*.

892 Z. B. Benutzungsmarken, siehe § 4 Nr. 2 und 3 MarkenG.

2. Identität oder verwirrende Ähnlichkeit

Liegt ein anspruchsbegründendes Kennzeichenrecht im vorbeschriebenen Sinne vor, so ist also zu prüfen, ob nach Art. 21 Abs. 1 der Verordnungen (EG) Nr. 874/2004 die Domain mit diesem identisch ist oder diesem zumindest „verwirrend ähnelt" („confusingly similar"). 701

Hierbei gelten letztlich dieselben Grundsätze wie im vorbeschriebenen Verfahren unter der UDRP: Abzustellen ist allein auf die „Second Level Domain" unterhalb der „.eu" TLD, wobei wie bereits dargelegt eine „Verwechslungsgefahr" auch hier nicht etwa in einem engen, kennzeichenrechtlichen Sinne vorliegen muss. Es genügt vielmehr eine zwischen Kennzeichen und Domain nach dem Gesamteindruck hinreichende *Zeichenähnlichkeit* in klanglicher oder begrifflicher Hinsicht. 702

3. Keinerlei Recht oder berechtigtes Interesse

a) Alternativitätsverhältnis: Unterschiede zur UDRP. Im Rahmen der UDRP ist aber wie oben unter Rn. 615 gezeigt zumindest grundsätzlich das Recht der Übertragung bzw. die Löschung der Domain immer damit verbunden, dass der Beschwerdeführer als Rechteinhaber selbst einen Sachverhalt vorträgt bzw. beweist, aus dem sich ergibt, dass einem bösgläubigen Domaininhaber im vorgenannten Sinne ***auch kein*** Recht oder berechtigtes Interesse an dem Domain Name zusteht. 703

Der Nachweis des „Nichtbestehens" eines Umstandes (vorliegend eines Rechts oder berechtigten Interesses) ist charakteristischer Weise für den Beweisbelasteten schwierig[893]. Während dem im UDRP Verfahren weitgehend in der praktischen Handhabung dadurch Rechnung getragen wird, dass ein substantiierter Vortrag von Tatsachen ausreicht, aus denen sich ein entsprechender erster Anschein („prima facie") des Fehlens beider Ausschlussgesichtspunkte in ausreichendem Maße verfestigt, erfolgt im ADR-Verfahren ein Widerruf nach Art. 21 Abs. 1 der Verordnung (EG) Nr. 874/2004 bereits dann, wenn ein vergleichbarer „Nachweis" darüber geführt werden kann, dass entweder die Domain bösgläubig registriert bzw. benutzt wird ***oder*** der Domaininhaber keinerlei Rechte oder berechtigte Interessen an dem Domainnamen geltend machen kann[894]. 704

Charakteristischer Weise wird freilich meist derjenige, bei dem der Nachweis der Bösgläubigkeit (wie z. B. in den „Domain-Grabber"-Fällen) geführt werden kann, auch kein Recht oder berechtigtes Interesse geltend machen können, so dass ein „Entlastungsbeweis" (wie unter der UDRP im Rahmen der „sekundären Beweislast") in der Regel auch auszuschließen wäre. Im umgekehrten Fall wird es freilich schon schwieriger: 705

In der Praxis liegt hier der wesentlicher Unterschied zur UDRP darin begründet, dass de facto einer Beschwerde bereits in einer Situation Erfolg beschieden sein kann, bei der vom Domaininhaber lediglich ein Nachweis (bzw. der Gegenbeweis) eines berechtigenden Rechts oder Interesses *ausbleibt* – unabhängig von der (nicht erweislichen) Bösgläubigkeit im Übrigen. Denn zwar ist auch unter der ADR der Beschwerdeführer eigentlich für das fehlende berechtigte Interesse 706

893 Siehe zum Problem unter der UDRP oben unter Punkt B. I. 5. d) (c).

894 Siehe im Wortlaut „...von einem Domäneninhaber registriert wurde, der selbst keinerlei Rechte oder berechtigte Interessen an diesem Domänennamen geltend machen kann, *oder* b) in böser Absicht registriert oder benutzt wird."

des Domaininhabers darlegungsbelastet[895]; es wird aber regelmäßig vor dem Hintergrund der vorbeschriebenen Problematik der Beweisführung wiederum ausreichend sein, wenn er zu Tatsachen vorträgt, die nach dem ersten Anschein (siehe oben Rn. 618) keine solche Rechte oder Interessen vermitteln, insbesondere unter einfacher Bezugnahme auf die Regelbeispiele unter Art. 21 Abs. 2 der Verordnung (EG) Nr. 874/2004 (siehe hierzu noch unten Rn. 711 ff.).

707 Ob dies dann immer zu rechtspolitisch gewünschten Ergebnissen führt, ist fraglich. Denn damit scheinen insbesondere die Fälle problematisch, in denen eben eine bösgläubige Registrierung oder (Nicht-)Nutzung (z. B. in den Domain-Grabber Fällen) gerade nicht erweislich sind und der Domaininhaber mithin insoweit keine erkennbar rechtlich zu missbilligende Absicht verfolgt – sondern die für sich registrierte Domain nur (noch) nicht nutzt, also noch nicht mit einem „redlichen" eigenen Informations- und Inhaltsangebot verbindet. Das ADR-Verfahren sanktioniert damit sozusagen den Domaininhaber bereits im Vorfeld irgendeiner, unter Umständen (nach nationalem Recht) rechtsverletzenden Nutzungshandlung. Eben dies stellt aber eigentlich – insbesondere vor dem Hintergrund der Verordnung (EG) Nr. 874/2004 als *unmittelbar geltenden Rechts* und damit alternativen Anspruchsgrundlage auch vor nationalen Gerichten[896] – einen noch ungelösten Widerspruch zum (deutschen) Kennzeichenrecht dar, welches „Vorbereitungshandlungen" zur Kennzeichenrechtsverletzung in Form der bloßen Registrierung freilich noch nicht als anspruchsbegründend sieht. Allein in den Fällen, in denen der Nutzung einer (z. B. regional bekannten oder den Berechtigten eindeutig beschreibenden) Zeichenfolge schon ihrer Art nach erkennbar kein berechtigtes Interesse zu Grunde liegen kann, dürfte dieser Widerspruch gegenstandslos sein[897] – wobei dann freilich wieder auch eine bösgläubige Registrierung anzunehmen sein dürfte.
Zu den beiden Alternativen im Einzelnen:

708 **b) Keinerlei Recht am Domainnamen.** Nach Art. 21 Abs. 1 (a) der Verordnung (EG) Nr. 874/2004 darf – so die Beschwerde erfolgreich sein soll – der Domaininhaber also keinerlei Recht an der begehrten Domain geltend machen können. Ein solches Recht ist jedes nach einem nationalen Recht darstellbare Kennzeichenrecht (auch „weitervermittelt" im Wege der Lizenz) über eine identische oder jedenfalls wiedererkennbar abgeleitete Zeichenfolge, soweit dieses Recht nicht erst zeitlich nach der Kenntnisnahme des Beschwerdeverfahrens generiert wurde[898].

709 Auf die Frage der prioritätsälteren Nutzung im Verhältnis zum geltend gemachten Markenrecht des Beschwerdeführers kommt es hingegen nicht an; können also im Zeitpunkt vor einem Schiedsverfahren beide Parteien auf ein „Recht" im marken- bzw. kennzeichenrechtlichen Sinne verweisen, so gilt der Grundsatz „First come – First serve". Etwas anderes ergibt sich allenfalls dann, wenn aus den vorgetragenen Umständen des Einzelfalls erkennbar wird, dass gerade das „Recht" des Domaininhabers in rechtsmissbräuchlicher Weise instrumentalisiert wird.

Vgl. generell CAC Case No. 00283 vom 8.6.2006 – lastminute.eu: „...das Schiedsgericht [ist] an den Bestand der Markeneintragung nicht gebunden, wenn ausreichende Nachweise vorliegen, aus denen sich ergibt, dass die Marke des Beschwerdegegners bösgläubig erworben wurde und folglich die Berufung auf das erworbene Zeichenrecht die

---

895 Siehe Art. B12 (g) (2) der Rules.
896 Siehe oben unter Rn. 694 (C. III. 7.).
897 Vgl. CAC Case No. 02791 vom 22.1.2007 – „messe-stuttgart.eu".
898 Vgl. Art. 21 Abs. 2 (a) der Verordnung (EG) Nr. 874/2004: „prior to any notice of an alternative dispute resolution (ADR) procedure".

unlautere Ausnutzung einer formalen Rechtsstellung gegenüber dem Beschwerdeführer darstellt." – Eine einheitliche Linie der Schiedskommissionen ist hier aber nicht erkennbar.

Andererseits dürfte der bloße Erwerb eines formalen Markenrechts zum Zwecke des Erhalts der Domainregistrierung[899] für sich richtiger Weise noch nicht ausschlaggebend sein; es muss dem Domaininhaber vielmehr über den Nutzen an der Domain hinaus (jedenfalls auch) konkret auf die Behinderung des Beschwerdeführers ankommen, was regelmäßig mit irgendwie gearteten persönlichen Beziehungen und/oder Wettbewerbsverhältnissen einhergehen dürfte. 710
Eben hierauf sollte dann schon die Beschwerdebegründung gegebenenfalls Bezug nehmen, wobei dann wohl auch die „Bösgläubigkeit" des Domaininhabers nahe liegt[900].

c) **Kein berechtigtes Interesse.** Nach Art. 21 Abs. 1 (a) der Verordnung (EG) Nr. 874/2004 kann auch das Vorliegen eines „berechtigten Interesses" am Domainnamen die Übertragung oder Löschung ausschließen. Ob geschützte Interessen für den Domaininhaber streiten, ist wiederum eine Frage des Einzelfalls: Die unter Art. 21 Abs. 2 der Verordnung (EG) Nr. 874/2004 benannten Regelbeispiele sind insoweit nicht abschließend, dürften aber die weitaus größten Anwendungsfälle beschreiben. Ein berechtigtes Interesse im Sinne von Abs. 1 Buchstabe a) liegt danach jedenfalls vor, wenn 711
(a) der Domäneninhaber vor der Ankündigung eines alternativen Streitbeilegungsverfahrens den Domänennamen oder einen Namen, der diesem Domänennamen entspricht, im Zusammenhang mit dem Angebot von Waren oder Dienstleistungen verwendet hat oder nachweislich solche Vorbereitungen getroffen hat;
(b) der Domäneninhaber ein Unternehmen, eine Organisation oder eine natürliche Person ist, die unter dem Domänennamen allgemein bekannt ist, selbst wenn keine nach nationalem und/oder Gemeinschaftsrecht anerkannten oder festgelegten Rechte bestehen;
(c) der Domäneninhaber den Domänennamen in rechtmäßiger und nichtkommerzieller oder fairer Weise nutzt, ohne die Verbraucher in die Irre zu führen, noch das Ansehen eines Namens, für den nach nationalem und/oder Gemeinschaftsrecht anerkannten oder festgelegten Rechte bestehen, zu beeinträchtigen.

Damit sind die beschriebenen Beispielsfälle letztlich identisch mit denen von § 4 (c) UDRP, so dass auf die dortigen Ausführungen (Rn. 616 ff.) unter Berücksichtigung folgender Besonderheiten verwiesen werden darf: 712

Nach Art. 21 Abs. 2 (a) der Verordnung (EG) Nr. 874/2004 wird dem Wortlaut gemäß auf das Erfordernis der „gutgläubigen" Verwendung und Vorbereitungshandlung verzichtet. 713

Zum Vergleich der Wortlaut des § 4 (c) (i) UDRP: „… before any notice to you of the dispute, your use of, or demonstrable preparations to use, the domain name or a name corresponding to the domain name **in connection with a bona fide** offering of goods or services".

---

899 So z. B. im Zuge der seinerzeitigen „Sunrise-Periode", zu der häufig generische Begriffe unter produktfernen Waren- oder Dienstleistungsklassen zu Registermarken angemeldet wurden. Vgl. CAC Case No. 00597 vom 4.8.2006 – „restaurant.eu".

900 Siehe hierzu sogleich unten unter Rn. 715 ff. (C. V. 4.).

714 Ähnlich wie beim vorbeschriebenen „Recht am Domainnamen“ muss aber nicht jede Verwendung im Vorfeld eines Streitbeilegungsverfahrens auch rechtlich billigenswert sein, sondern kann auch rechtsmissbräuchlich in Ansehung eines anderen Rechts instrumentalisiert werden. Auch hier dürfte sich daher ein „berechtigtes Interesse“ trotz der frühen Nutzung für den Fall ausschließen, dass das dem Beschwerdegegner bei Registrierung *bekannte* Kennzeichenrecht des Beschwerdeführers gezielt „beschädigt“ oder ausgenutzt werden sollte. Eben dies sollte ggf. im Rahmen der Beschwerdebegründung Berücksichtigung finden.

4. Bösgläubigkeit

715 Die streitbefangene Domain muss unter der Alternative des Art. 21 Abs. 1 (b) der Verordnung (EG) Nr. 874/2004 in böser Absicht registriert *oder* benutzt worden sein, womit eine im Gegensatz zu den entsprechenden, aber eben kumulativen Voraussetzungen der § 4 (a) (iii) UDRP erhebliche Vereinfachung in der Beschwerdebegründung verbunden sein kann[901].

716 Die genannten Tatbestände zum Vorliegen der „Bösgläubigkeit“ sind wiederum nicht abschließend sondern als Regelbeispiele zu verstehen. Vor diesem Hintergrund war dann auch das während der Sunrise-Periode häufig auftretende Phänomen zu bewerten, dass beschreibende Begriffe als Registermarken geschützt wurden, um von der vorrangigen Registrierung zu profitieren. Die meisten Schiedskommissionen lehnten dies als Indiz der Bösgläubigkeit ab: Genauso wie ein formales Markenrecht auch über generische Begriffe grundsätzlich als „Recht“ unter Art. 21 Abs. 1 (a) der Verordnung (EG) Nr. 874/2004 zu berücksichtigen ist[902], muss vor diesem Hintergrund auch die Registrierung einer entsprechenden Domain nicht ohne Weiteres „bösgläubig“ bzw. rechtsmissbräuchlich sein, selbst wenn der Beschwerdeführer seinerseits (dann prioritätsältere) Kennzeichenrechte an dem generischen Begriff geltend machen kann[903]. „Bösgläubiges“ Handeln beinhaltet jedenfalls vorliegend immer die positive Kenntnis der Beeinträchtigung der Rechte Dritter – was nun gerade bei beschreibenden Begriffen schwer darstellbar ist; nur wenn *weitere Anhaltspunkte* hinzukommen, die gerade Rückschlüsse darauf erlauben, dass es dem Domaininhaber gerade auf die Beeinträchtigung bestimmter Kennzeichenrechtsinhaber ankam, mag die Registrierung als missbräuchlich gelten.

717 Im Übrigen wird sich die Beschwerdebegründung aber auch in diesen Fällen an den Regelbeispielen gemäß Art. 21 Abs. 3 der Verordnung (EG) Nr. 874/2004 orientieren können, die in Abweichung von den korrespondierenden Regelungen nach § 4 (b) UDRP allerdings einen etwas weiter gefassten Katalog „bösgläubiger“ Handlungen vermitteln:

718 a) **Verkaufs-, Vermietungs- oder Übertragungsabsicht nach Art. 21 Abs. 3 (a).** Bösgläubigkeit im Sinne von Abs. 1 Buchstabe b) liegt danach vor, wenn aus den Umständen ersichtlich wird, dass **der Domänenname hauptsächlich deshalb registriert oder erworben wurde, um ihn an den Inhaber eines Namens, für den ein nach nationalem und/oder Gemeinschaftsrecht anerkanntes oder fest-**

---

901 Namentlich in den Fällen, in denen der Domaininhaber bspw. die Domain zwar in positiver Kenntnis des Markenrechts „bösgläubig“ registriert, nicht mit irgendwelchen Inhalts- oder Verkaufsangeboten verbindet, also überhaupt nicht „nutzt“. Zu den Problemen im Einzelnen und zum Meinungsstreit unter der UDRP siehe oben unter Rn. 642 ff.

902 Siehe oben unter Rn. 700 (C. V. 1) bzw. (für die UDRP) Rn. 575 (B. I. 5. d (a) (aa) und (bb)).

903 Die freilich nach markenrechtlichen Grundsätzen nicht für die „beschriebenen“ Produkte selbst Schutz beanspruchen werden können, siehe § 8 Abs. 2 Nr. 2 und 3 MarkenG.

gelegtes Recht besteht, oder an eine öffentliche Einrichtung zu verkaufen, zu vermieten oder anderweitig zu übertragen.

Beachtlich im Unterschied zu den Bestimmungen der UDRP ist, dass es insoweit indiziell nicht notwendiger Weise auf den Nachweis der Absicht der Verwertung an den *Beschwerdeführer* (oder seines Wettbewerbers) selbst ankommt. Die böswillige Absicht kann vielmehr schon an dem Umstand festgemacht werden, dass der Domaininhaber an *irgendeinen* kennzeichenrechtlich berechtigten Interessenten verwerten wollte: Bei mehreren, an einer bestimmten Zeichenfolge *zugleich* berechtigten Kennzeichenrechtsinhabern kann es sich dagegen unter UDRP unter Umständen zu Lasten des Beschwerdeführers auswirken, wenn jedenfalls die Kenntnis vom Recht des *Beschwerdeführers* vom Domaininhaber in Abrede gestellt werden kann. 719

§ 4 (b) (i) UDRP im Wortlaut: „... circumstances indicating that you have registered or you have acquired the domain name primarily for the purpose of selling, renting, or otherwise transferring the domain name registration **to the complainant who is the owner of the trademark or service mark or to a competitor of that complainant**, for valuable consideration in excess of your documented out-of-pocket costs directly related to the domain name."

b) Registrierung in Behinderungsabsicht nach Art. 21 Abs. 3 (b). Bösgläubigkeit im Sinne von Abs. 1 Buchstabe b) liegt danach weiter vor, wenn aus den Umständen ersichtlich wird, dass 720

der Domänenname registriert wurde, um zu verhindern, dass der Inhaber eines solchen Namens, für den ein nach nationalem und/oder Gemeinschaftsrecht anerkanntes oder festgelegtes Recht besteht, oder eine öffentliche Einrichtung diesen Namen als entsprechenden Domänennamen verwenden kann, **sofern**:

i) dem Domäneninhaber eine solche Verhaltensweise nachgewiesen werden kann; oder
ii) der Domänenname mindestens zwei Jahre lang ab der Registrierung nicht in einschlägiger Weise genutzt wurde; oder
iii) der Inhaber eines Domänennamens, für den ein nach nationalem und/oder Gemeinschaftsrecht anerkanntes oder festgelegtes Recht besteht, oder der dem Namen einer öffentlichen Einrichtung entspricht, zu Beginn eines alternativen Streitbeilegungsverfahrens seine Absicht erklärt hat, diesen Domänennamen in einschlägiger Weise zu nutzen, dies jedoch innerhalb von sechs Monaten nach dem Beginn des Streitbeilegungsverfahrens nicht getan hat.

Diese Vorschrift darf wohl im Wortlaut der weiteren Voraussetzungen unter i) bis iii) als insgesamt etwas verunglückt gelten, und erfordert jedenfalls nähere Erläuterungen:

c) Indizielle Sachverhaltsbeispiele. So werden unter dem Begriff „sofern" entgegen dem Wortlaut nicht etwa weitere konstitutive Tatbestandmerkmale eingeleitet, sondern vielmehr die „Behinderungsabsicht" wiederum durch – allerdings dann unwiderlegbare – weitere „Indizien" konkretisiert. Anderenfalls käme es unter Ziff. ii) zu dem Paradoxon, dass nach Maßgabe des Art. 21 Abs. 1 (a) der Verordnung (EG) Nr. 874/2004 zwar bereits ein Löschungs- bzw. Übertragungsanspruch bereits dann besteht, wenn kein „berechtigtes Interesse" für den Domaininhaber streitet, andererseits aber „zwei Jahre lang ab Registrierung" die Domain ungenutzt verbleiben kann – ohne dass dies unter der alternativen Anspruchsvoraussetzung „Bösgläubigkeit" anspruchsbegründend wäre. 721

aa) Schematisches Vorgehen. Zu Ziff. i) ist weiter klarzustellen, dass es hier nicht auf den „Nachweis einer Verhaltensweise" („pattern of such conduct") ankommt. Nachzuweisen nach dieser Fallvariante ist wiederum vielmehr ein 722

„schematisches“ Vorgehen des Domaininhabers; gemeint ist also ein bereits einschlägiges Vorverhalten in diesem Sinne.

723 **bb) Untätigkeit nach Aussetzung des Verfahrens.** Auch Ziff. iii) zeichnet sich neben seinen vielleicht sprachlichen Hürden durch eine besondere Unschärfe insoweit aus, als die Voraussetzung

> „... zu Beginn eines alternativen Streitbeilegungsverfahrens seine Absicht erklärt hat, diesen Domänennamen in einschlägiger Weise zu nutzen, ...“

mit der weiteren

> „... dies jedoch innerhalb von sechs Monaten nach dem Beginn des Streitbeilegungsverfahrens nicht getan hat“

tatsächlich wohl nur dann Sinn macht, wenn gerade aufgrund einer schlüssig „erklärten“ Nutzungsabsicht das Streitbeilegungsverfahren ausgesetzt wurde – denn anderenfalls dürfte das Verfahren zeitlich vor Ablauf der sechs Monate eigentlich abgeschlossen sein. (Die durchschnittliche Dauer des Verfahrens liegt bei etwa drei Monaten.) Hintergrund dieser Bestimmung ist mithin wohl allein der Ausnahmefall nach Art. B 12 (g) der ADR-Regeln, der über Art. B 11 (f) (2) (iii) auch auf den inhaltsgleichen Art. 21 Abs. 3 (b) (iii) der Verordnung (EG) Nr. 874/2004 Bezug nimmt, wonach

> „[...] **falls** der Beschwerdeführer
> (1) nachgewiesen hat, dass der Domainname identisch oder verwechselbar mit einem Namen ist, für den ein nach nationalem und/oder Gemeinschaftsrecht anerkanntes oder festgelegtes Recht besteht oder der dem Namen einer öffentlichen Einrichtung entspricht; und
> (2) **nicht nachgewiesen hat**, dass dem Beschwerdegegner keine Rechte und berechtigte Interessen gemäß Artikel B11 (d) (1) (i) dieser ADR-Regeln zustehen; und
> (3) sich auf **Artikel B11 (f) (2) (iii) dieser ADR-Regeln** zum Nachweis der Bösgläubigkeit beruft; und
> (4) keine Bösgläubigkeit aus anderen Gründen nachgewiesen hat,
> die Schiedskommission **eine vorläufige Entscheidung erlassen soll**, in der sie ihre Bewertung für die oben unter (1) bis (4) genannten Tatbestände darlegt, und das Verfahren bis zu einem Zeitpunkt, **der sechs Monate nach dem Zeitpunkt der Einreichung liegt**, aussetzen.“

724 Nur in diesem Fall der zeitlichen „Observation“, binnen derer die „berechtigten Interessen“ des Domaininhabers durch eine angekündigte legitime Nutzung belegt[904] oder eben ausgeschlossen werden können, macht das Regelbeispiel zur Bösgläubigkeit Sinn. Denn in diesem Fall liegt nicht nur kein (dann vom Domaininhaber!) nachzuweisendes „berechtigtes Interesse“ vor; der Domaininhaber hat dann auch bösgläubig seine falsche Absicht dargetan – warum dieser Punkt dann systematisch auch unter der „Bösgläubigkeit“ abgehandelt wird.

725 **cc) Registrierung in wettbewerblicher Behinderungsabsicht nach Art. 21 Abs. 3 (c).** Bösgläubigkeit im Sinne von Abs. 1 Buchstabe b) liegt danach weiter vor, wenn aus den Umständen ersichtlich wird, dass *„der Domänenname hauptsächlich registriert wurde, um die berufliche oder geschäftliche Tätigkeit eines Wettbewerbers zu stören“.*

726 Bei dieser inhaltlich mit der Behinderungsabsicht nach §4 (b) (iii) UDRP korrespondierenden Regelung genügt für die Annahme einer Bösgläubigkeit, wenn die nachgewiesene Behinderung der Geschäftstätigkeit gezielt vor dem Hinter-

904 Vgl. CAC Case No. 00452 vom 11.12.2006 – „wellness.eu“.

grund (irgend)eines kommerziellen Interesses des Domaininhabers erfolgt. Ein Wettbewerbsverhältnis im rechtlichen Sinne ist daher auch hier nicht erforderlich; auf die weiteren Ausführungen zu der vorzitierten Regelung der UDRP darf daher an dieser Stelle verwiesen werden[905].

dd) Registrierung in Umlenkungsabsicht nach Art. 21 Abs. 3 (d). Bösgläubigkeit im Sinne von Abs. 1 Buchstabe b) liegt danach weiter vor, wenn aus den Umständen ersichtlich wird, dass 727

> „der Domainname absichtlich benutzt wurde, um Internetnutzer aus Gewinnstreben auf eine dem Beschwerdegegner gehörende Website oder einer anderen Online-Adresse zu locken, indem eine Verwechslungsgefahr mit **einem Namen, für den ein nach nationalem und/oder Gemeinschaftsrecht anerkanntes oder festgelegtes Recht besteht,** oder mit dem Namen einer öffentlichen Einrichtung geschaffen wird, **wobei sich die Verwechslungsgefahr auf den Ursprung, ein Sponsoring, die Zugehörigkeit oder die Billigung der Website oder Adresse des Beschwerdegegners oder eines dort angebotenen Produkts oder Dienstleistung beziehen kann**".

Diese Regelung korrespondiert inhaltlich zunächst mit der Bestimmung nach § 4 (b) (iv) UDRP[906], wonach weder eine tatsächlich eintretende Verwechslung noch ein tatsächlich (z. B. aufgrund einer Identitätsverwechslung) getätigter Umsatz bzw. Gewinn („actual gain")[907] eingetreten sein muss. Eine Verwechslungsgefahr aufgrund einer „aktiven", also mit Informationsinhalten ausgestatteten Webseite vor dem Hintergrund einer Gewinnerzielungsabsicht unter erkennbarer Ausnutzung (irgend)eines fremden Kennzeichens ist ausreichend. 728

Im Unterschied zur Regelung unter der UDRP wird die „Verwechslungsgefahr" hier aber dann weiter gefasst: § 4 (b) (iv) bezieht sich insoweit allein auf das Recht des Beschwerdeführers („*...by creating a likelihood of confusion with the complainant's mark...*"). Verwechslungsschutz unter den ADR-Regeln erfährt dagegen zum einen nicht nur das Kennzeichenrecht des Beschwerdeführers selbst, sondern auch das eines *jeden anderen Berechtigten*, das in Bezug auf die Zeichenfolge der Domain verwechslungs*fähig* ist. Auch hier vermag sich der Domaininhaber also nicht allein auf die Unkenntnis vom Recht des Beschwerdeführers im Besonderen zu berufen, wenn dieser jedenfalls generell von einem Kennzeichenrechtsschutz der Zeichenfolge gewusst haben muss. 729

ee) Registrierung in wettbewerblicher Behinderungsabsicht nach Art. 21 Abs. 3 (d). Schließlich liegt Bösgläubigkeit im Sinne von Abs. 1 Buchstabe b) vor, wenn aus den Umständen ersichtlich wird, dass 730

> „der registrierte Domänenname der Name einer Person ist und keine Verbindung zwischen dem Domäneninhaber und dem registrierten Domänennamen nachgewiesen werden kann".

Dass im Gegensatz zu dem sachlichen Anwendungsbereich der UDRP auch Namen natürlicher Personen in diesem Beispielskatalog Erwähnung finden, ist zunächst mal dem erweiterten „Schutzbereich" der ADR-Regeln geschuldet, der eben nicht nur auf formelle Markenrechte, sondern auf Kennzeichenrechte im Allgemeinen abstellt. 731

905 Siehe oben „Behinderungsabsicht" im Sinne des § 4 (b) (iii) URDP unter Rn. 662.
906 Siehe oben „Umlenkung von Kundenströmen" im Sinne des § 4 (b) (iv) UDRP unter Rn. 664.
907 National Arbitration Forum Case No. FA 93667; WIPO Case No. D2000-0025.

732 Allerdings ist das Spektrum der Personennamen gerade im paneuropäischen Anwendungsrahmen der ADR-Regeln doch ein recht weites. Das Regelbeispiel erscheint dann inhaltlich jedenfalls unter dem Punkt „Bösgläubigkeit“ eigentlich fehlplatziert, da natürlich auch eine Zeichenfolge vom Domaininhaber registriert werden kann, die zwar den Namen (dann oft einer Vielzahl) von natürlichen Personen bezeichnet und dennoch keine Verbindung zum Domaininhaber aufweist als die, dass er diese Domain als irgendwie interessant für sich sah – dennoch muss diese Registrierung nicht „bösgläubig“ gewesen sein. Bösgläubigkeit als subjektives Unrechtsmerkmal setzt in Bezug auf eine bestimmte Zeichenfolge das Handeln unter positiver Kenntnis diesbezüglicher Rechte Dritter voraus – nicht aber das Handeln unter Unkenntnis eines bestimmten (Nach-)Namens, welches für sich dann noch nicht mal (jedenfalls nicht in jedem Fall) „fahrlässig“ wäre.

733 Hat ein Domaininhaber ein Zeichenfolge registriert, zu der er selbst keinerlei Verbindung hat, so ist dieser Umstand also allein bei der Frage des fehlenden „Rechtes oder berechtigten Interesses“ relevant – nicht aber bei der „Bösgläubigkeit“, so dass dieses Sachverhaltsbeispiel jedenfalls an dieser Stelle erkennbar fehlgeht und insofern nach hier vertretener Auffassung unbeachtlich ist.

Stichwortverzeichnis

Die angegebenen Ziffern beziehen sich auf die Randnummern des Werkes.

Stichwortverzeichnis

Stichwortverzeichnis